Sección de Obras de Economía

AUTOGESTIÓN: LA PRÁCTICA YUGOSLAVA

*El efecto de la descentralización sobre
los sistemas de organización*

ICHAK ADIZES

AUTOGESTIÓN: LA PRÁCTICA YUGOSLAVA

El efecto de la descentralización sobre los sistemas de organización

FONDO DE CULTURA ECONÓMICA

MÉXICO

Primera edición en inglés, 1971
Primera edición en español, 1977

Traducción de
NELLY WOLF

Título original:
Industrial Democracy: Yugoslav Style. The Effect of
Decentralization on Organizational Behavior
© 1971, The Free Press, A Division of Macmillan Publishing Co., Ins. N. York.

D. R. © 1977, FONDO DE CULTURA ECONÓMICA
Av. de la Universidad, 975; México 12, D. F.

Impreso en México

A MIS PADRES
SALAMON y DIAMANTA ADIZES

INTRODUCCIÓN A LA EDICIÓN EN ESPAÑOL

Este libro es un estudio de la autogestión, tal como se practicaba en Yugoslavia en 1967, cuando hice la investigación en que se basa la obra. Desde entonces he seguido de cerca cuanto ha ocurrido en las compañías aquí analizadas. Las he visitado año tras año: por última vez, en el otoño de 1973. El funcionamiento de su estructura de organización aquí descrita no ha cambiado en lo fundamental, y en cambio sí se han reducido los problemas objeto de mi análisis, como consecuencia de las presiones económicas ejercidas después de la descentralización emprendida en 1965, y las organizaciones, con el tiempo, se han adaptado bien a tales presiones. Además, la ideología de la autogestión, tal como aquí se presenta, sigue vigente para los economistas yugoslavos. Por tanto, la descripción y el análisis aquí expuestos también siguen siendo válidos y deben ser tema de estudio para quienes se interesen por el sistema.

Desde 1970, cuando envié al editor los originales del libro, ha habido importantes cambios estructurales en la implantación del sistema y surgieron nuevos enfoques del proceso de la autogestión, especialmente en lo relativo a las dificultades inherentes a la puesta en marcha de la ideología. Algunos de esos cambios y enfoques merecen ser examinados con mayor detalle. Ahora bien, las limitaciones de espacio me impiden tratarlos completamente; pero importa advertir al lector de la existencia de tales fenómenos. Por ello añadí dos nuevos capítulos a la versión castellana. En el primero (capítulo inicial del libro) defino la autogestión como un sistema diferente del de mercado y del estatal (ambos de planificación central) y presento las ventajas que ofrece la autogestión a las naciones en vías de desarrollo. Al final de la obra inserté un apéndice que trata del papel de la gerencia profesional en el sistema de autogestión, y de los problemas de su implantación que han surgido en Yugoslavia desde 1967.

He agregado estas dos disertaciones con la intención de aclarar los equívocos más comunes respecto a la autogestión. Desde 1970 he dado cada año una serie de conferencias en el Perú, donde se me han hecho muchas preguntas sobre el sistema que espero hayan quedado respondidas con estas adiciones.

Ciertos conceptos que expreso en estos capítulos añadidos se basan, no sólo en la experiencia yugoslava, sino también en los intentos que se hacen actualmente en el Perú, Israel y Suecia para establecer

9

organizaciones cooperativas de autogestión o democráticas. He visitado esos países y he dicho conferencias en ellos; también he hecho algunos estudios preliminares de sus estructuras de organización y de las fuerzas que gravitan en sus medios respectivos. Resulta de particular interés la Ley de Empresas de Propiedad Social peruana, promulgada el 2 de mayo de 1974; constituye un intento para establecer empresas de propiedad social administradas por los trabajadores, donde se regula el papel que desempeña el capital, pero no se descarta. El Perú es el primer país no comunista donde se intenta instituir la autogestión como instrumento para lograr los amplios objetivos sociales cuya índole expongo en esta obra. Sin embargo, no hago referencia directa a tal experimento, ya que aún no se lleva a la práctica.

Éste libro es descriptivo y analítico; no pretende establecer normas. Pienso que será útil disponer de la descripción y el análisis del funcionamiento del sistema, para que quienes intenten establecerlo en lo futuro estén conscientes de las dificultades que entraña su implantación. Un modelo normativo, por otra parte, requeriría consagrar todo un libro a su exposición.

Doyne Dawson me brindó su valiosa colaboración y experiencia editorial al revisar los nuevos capítulos, y el profesor Villagrassa, de la Universidad del Pacífico, en Lima, me dio sus autorizados consejos. Para ambos, mi profundo agradecimiento.

ICHAK ADIZES

PREFACIO

Este libro trata de la autogestión en Yugoslavia. En él se presentan estudios concretos de dos compañías industriales de ese país, a las que he llamado la ABC y la XYZ, cuyas operaciones observé directamente durante la primavera de 1967. Al intentar el análisis de diversos aspectos del funcionamiento de la organización, mediante el estudio de su relación con un medio cambiante, describo el proceso de la toma de decisiones a nivel de compañía industrial después de la reforma económica emprendida en 1965 en Yugoslavia (que consistió en una mayor descentralización).

En el estudio se afirma que tanto la más acusada vacilación en los procedimientos como el cambio de índole de la incertidumbre en que operaban las compañías fueron consecuencia de las coyunturas del medio político y económico (es decir, de la descentralización económica y de sus repercusiones políticas) a partir de 1965. Sin embargo, las normas condicionantes de la estructura de la organización autogestora permanecieron invariables en gran medida, y se basaban en aserciones ideológicas que presuponían la certidumbre. Por ello, aunque tal organización se estructuraba en torno de un conjunto de principios ideológicos, las fuerzas cambiantes del medio requerían diferentes estructuras, y se ejerció presión para adaptar la organización autogestora a esos cambios político-económicos. Al final del libro se presenta un estudio comparativo de las fuerzas del medio y de su efecto en las estructuras de organización.

Desde un punto de vista más amplio, nuestro estudio analiza las dificultades a que se enfrentó la gerencia tras la adopción de la reforma en ambas compañías, escollos que pueden presentarse en otros países cuando traten de incrementar la productividad a través de la competencia, pero sin apartarse de los principios de la distribución igualitaria de las utilidades. Conforme el lector vaya avanzando en el estudio, irá advirtiendo la índole de tales dificultades.

El libro consta de tres partes. En la primera, integrada por cuatro capítulos, se añadió una disertación preliminar con el propósito de dar una definición general de la autogestión, como sistema diferente del de mercado y el estatal, y para presentar las ventajas de la organización autogestora desde el punto de vista de las naciones en vías de desarrollo. En el capítulo ii se explican los objetivos, la importancia, y la metodología del estudio; en el iii se describe y analiza el medio cambiante, con la descripción de los antecedentes económicos y sociopolíticos, los conceptos ideológicos de la autogestión y las restricciones legales impuestas a la toma de decisiones, así como la estructura de organización que origina esta ideología. En el mismo capítulo se analizan los diversos grupos que funcionan dentro y fuera de las compañías y que son entidades formalmente constituidas, aunque no formen parte del organigrama, tal como se diseña habitualmente. Además, se hace la descripción de un sistema singular de recompensas aplicado en las organizaciones industriales yugoslavas. En el capítulo IV se relata la historia de cada una de las dos compañías estudiadas y se señalan las diferencias en su eficiencia económica. La segunda parte del libro se compone de los capítulos V, VI y VII, donde se describe y analiza el funcionamiento de la organización autogestora de ambas compañías; también se describen y analizan las diversas decisiones que se toman en el seno de cada organización: el capítulo V trata del proceso de modernización; el VI, de la preparación del plan anual de actividades; el VII, del procedimiento de contratación y despidos, y de las sanciones disciplinarias. Este último capítulo presenta al final la descripción y el análisis de un paro intempestivo en una de las compañías, que presenció el autor, y se compara la apreciación del autor de este fenómeno con las apreciaciones de otros sociólogos yugoslavos.

En la tercera parte de la obra se intenta relacionar los cambios del medio descritos en la primera parte con el funcionamiento de la organización descrito en la segunda. La última parte consta de tres capítulos: el VIII, donde se analiza el sistema de autogestión y se hacen algunas predicciones acerca de su ulterior evolución y lo adecuado que resultaría en otras economías de planificación centralizada que proyecten implantar la descentralización; el IX versa sobre la teoría de la organización autogestora y los conocimientos que pueden obtenerse de su estudio. En este capítulo se compara el cambiante medio norteamericano con el yugoslavo, y se analizan las adaptaciones de estructura de organización que están ocurriendo en ambos países. También se intenta dar una nueva dimensión a las teorías actuales de participación en la organización autogestora, sin dejar de señalar algunas de sus limitaciones, y se trata de contribuir con nuevas ideas al estado actual de nuestros conocimientos en materia de sistemas abiertos, cuya armazón teórica utilizó el autor.

Se agregó a esta edición un apéndice, el capítulo X, donde se analizan el papel de la gerencia profesional y los recientes problemas de implantación de la organización autogestora en Yugoslavia.

AGRADECIMIENTOS

Este libro constituye una revisión de la parte sustancial de mi tesis doctoral, que sustenté en la Universidad de Columbia en 1968 con el título de: *The effect of Decentralization on Organizational Behavior: An Exploratory Study of the Yugoslav Self-Management System* [*El efecto de la descentralización en el funcionamiento de la estructura de la organización: estudio exploratorio del sistema de autogestión yugoslavo*]. Deseo expresar mi reconocimiento a todas aquellas personas que hicieron posible esa disertación de doctorado, particularmente al sinnúmero de personas que me ayudaron en Yugoslavia, miembros de las organizaciones estudiadas, que pasaron noches enteras relatándome "la historia de la compañía" y que siempre estuvieron dispuestas a proporcionarme explicaciones, aclaraciones, datos y toda la asistencia que les solicité. Expreso mi gratitud, asimismo, al Departamento de Cooperación Internacional del Gobierno Federal Yugoslavo, y al Departamento de Información de la República de Servia, por su colaboración irrestricta durante mis investigaciones. Quiero destacar muy especialmente la ayuda que me brindaron el Centar za Strućno Osposobljavanje Rukovodećih Kadrova u Privredi (Centro de Adiestramiento de Dirigentes) de Belgrado y su director de entonces el ingeniero Vlastimir Matejic, quien me facilitó el acceso a la industria, lo cual fue de capital importancia para llevar a cabo mi labor investigadora.

La preparación de la tesis doctoral, y su posterior reedición en forma de libro fue tarea sumamente costosa. La Fundación Samuel Bronfman me dio su amable y generoso apoyo económico en forma de becas y subsidios durante mi candidatura al doctorado en la Escuela de Posgraduados de Administración de Empresas de la Universidad de Columbia. En UCLA (Universidad de California [Los Ángeles]), donde actualmente soy catedrático, el Departamento de Investigaciones de la Escuela de Posgraduados de Administración de Empresas y la Comisión Senatorial de Investigaciones me apoyaron económicamente para terminar el estudio hasta su forma final.

A los sinodales de mi examen doctoral, profesores Boris Yavitz, Margaret Chandler, Jean J. Boddewyn, Robert Richards, y al presidente del jurado, William H. Newman, profesor de Empresas Comerciales Democráticas de la Fundación Samuel Bronfman, les patentizo mi más sincero agradecimiento por la ardua tarea que emprendieron al guiar mis esfuerzos y revisar mis numerosísimos

13

borradores, y por el constante aliento a mis esfuerzos mientras elaboraba la tesis.

A los miembros de la Comisión de Publicaciones de la Escuela de Posgraduados de Administración de Empresas de la Universidad de Columbia, profesores Neil Chamberlain, Margaret Chandler y Nathaniel Leff, mi gratitud por haber revisado los originales de este libro. Los profesores William McWhinney, Barry Richman y Eric Trist, de la Escuela de Posgraduados de Administración de Empresas de la UCLA, así como el profesor Josip Zupanov, de la Universidad de Zagreb, el señor Jan Vanek de la ORR en Ginebra, Suiza, y el profesor Robert Kahn, de la Universidad de Michigan en Ann Arbor, me ayudaron mucho con sus consejos para mejorar mis argumentaciones y exposiciones.

Al profesor Leonard Sayles, de la Universidad de Columbia, mi especial reconocimiento por alentarme a emprender el proyecto, y por sus excelentes consejos sobre metodología. Al profesor Samuel Richmond, también de Columbia, y a la señora Richmond, mi gratitud por su apoyo y confianza cuando más los necesité.

Todo libro en elaboración requiere un sinnúmero de borradores, que es preciso mecanografiar, corregir y afinar hasta producir un documento aceptable. Fui muy afortunado al contar con excelentes colaboradores en estas tareas; mi gratitud, también a mis secretarias, que trabajaron conmigo con toda lealtad, paciente y concienzudamente, y que se adaptaron a laborar en situación de "gerencia en crisis". La señorita Alice Bloch mecanografió la tesis; la señora Margaret Tisa la preparó y ordenó en su actual forma de libro, y la señorita Mirta Bezjak hizo la bibliografía. La señorita Karen Paulson intervino en la revisión final, y el señor M. Harlev me ayudó en las investigaciones de última hora.

El doctor Irwin Pincus y su esposa Lena tuvieron la gentileza de invitarme a su hermosa residencia de Malibú, California, donde pude trabajar en paz, interrumpido únicamente por el rodar de las olas en la playa.

Al profesor William Newman, ya mencionado, le agradezco mucho más que haber sido el presidente del jurado. Le debo mi interés por la administración de empresas, la confianza que puso en mí y la comprensión y los alientos que siempre me prodigó, sin los cuales jamás habría yo terminado el presente estudio.

Con auxiliares de tan alta calidad, este libro no debe tener errores. Sin embargo, de haberlos, son achacables exclusivamente a mí.

ICHAK ADIZES

Pincus Estate, Malibú (California), diciembre de 1970.

Primera Parte
INTRODUCCIÓN

I. LAS NACIONES EN VÍAS DE DESARROLLO Y LA AUTOGESTIÓN

1. Otras opciones diferentes del sistema de mercado y del estatal [1]

El estudio de la autogestión es un tema que interesa tanto a los países desarrollados como a los que están en vías de desarrollo. Pero resulta especialmente interesante para estos últimos; de hecho, ciertos aspectos del sistema yugoslavo ya han sido adoptados por el Perú y por otros países. Consideremos las razones de tal interés.

Las naciones en vías de desarrollo tienen ante sí una tarea de proporciones gigantescas. Deben alcanzar cierto nivel de crecimiento económico y determinado ingreso *per capita* para mejorar el nivel de vida de sus ciudadanos, y para competir con las naciones desarrolladas.

Pero se enfrentan a tremendos escollos que se oponen a su adelanto integral en los órdenes social, político y económico. La condición de "en vías de desarrollo" o de "subdesarrollado" lleva aparejados el analfabetismo, la falta de movilidad social, el atraso tecnológico, las costumbres sociales inveteradas que obstaculiza la industrialización, y la escasez de recursos humanos imbuidos de espíritu emprendedor. La dificultad no estriba sólo en el atraso económico; la combinación de estos factores estrechamente relacionados entre sí es la que determina el bajo índice de crecimiento económico.[2]

En sus esfuerzos para incrementar el crecimiento económico, los

---

[1] Algunos temas esbozados en este capítulo se tratan más a fondo en *The Participatory Economy: An Evolutionary Hypothesis and a Strategy for Development*, de Jaroslav Vanek (Cornell University Press; Ithaca, 1971). Vanek también considera la autogestión como sistema diferenciado de los de planificación centralizada y de mercado. Su libro constituye un intento de establecer un modelo teórico del sistema autogestor, basándose en el ejemplo yugoslavo. Considera que la más importante ventaja económica de este sistema radica en que este tipo de empresas puede ser muy competitivo, sin necesidad de suprimir a sus contrincantes, por lo que podría evitarse en esta forma la tendencia a la superconcentración y al monopolio, inherente al sistema de mercado (ver especialmente las pp. 21-38). Otros aspectos de la tesis de Vanek se mencionarán en el lugar oportuno.

[2] Las diversas teorías del desarrollo económico —cuya descripción se encontrará en Benjamin Higgins, *Economic Development* (N. N. Norton; Nueva York, 1959)— reconocen alguna combinación de estos factores.

17

países en vías de desarrollo han intentado aprovechar las experiencias de otros sistemas políticos y sociales que puedan aplicarse en su propio medio. Los dos grandes sistemas político-económicos que se les presentan como opciones son: el estatal (de planificación centralizada), y el de mercado. Existen algunas variantes de estos dos sistemas básicos, pero no las considero tan conceptualmente diferentes de sus respectivos sistemas originarios como para dedicarles un estudio por separado.

Ambos sistemas tienen mucho en común. Los dos se basan en 1) micromecanismos para resolver los conflictos; 2) estructuras jerárquicas; 3) objetivos exclusivos; 4) gobierno univalente.

a) Los macromecanismos

Examinemos el primer común denominador: ambos sistemas dan por sentado que los conflictos suscitados entre los diversos grupos de intereses dentro de la sociedad serán resueltos por fuerzas externas a tales grupos. Estos conflictos ocurren en el estado de incertidumbre que caracteriza a todo medio cambiante; y este elemento de inseguridad se acentúa, porque los objetivos sociales, político-ideológicos y económicos se logran en diferentes tiempos y compiten entre sí por los recursos y las prioridades políticas. El sistema estatal presupone que, para empezar, hay unidad de intereses, que éstos sólo necesitan interpretarse para que el gobierno establezca los distintos objetivos y aplique a ellos las adecuadas partidas del presupuesto. Por su parte, el sistema de mercado presupone que los conflictos de intereses entre los distintos objetivos socioeconómicos y políticos se resolverán con el mecanismo de mercado.[3]

Si un país en vías de desarrollo adopta el modelo de la economía estatal, el gobierno nacionaliza la mayoría de las empresas industriales y comerciales, y monopoliza los recursos naturales, financieros, y *el capital* humano (con el término de capital humano me refiero a aquel sector de la población que posee tanto espíritu direc-

[3] La mayoría de las teorías socialistas modernas, salvo el socialismo gremial y el sindicalismo, suponen la necesidad de un consejo central de planificación. Véase B. E. Lippincott (ed.): *On the Economic Theory of Socialism* (University of Minn. Press; Minneapolis, 1938), y B. N. Ward: *The Socialist Economy* (The Random House; Nueva York, 1967), pp. 1-162. En la medida en que la teoría del capitalismo ha abandonado su fe en la "mano oculta" del mercado, preconizada por Adam Smith, ha tenido que confiar cada vez más en la intervención gubernamental, o en las corporaciones oligopólicas. Véase Andrew Shonfield, *Modern Capitalism* (Oxford U. P.; Oxford, 1965. Hay ed. esp. fce, 1967), y Daniel Bell, *The Coming of Post-Industrial Society* (Basic Books; N. Y., 1973).

tivo y emprendedor). Estos recursos, tan escasos, son nacionalizados: quedan controlados por un solo patrono —el gobierno, o el organismo militar— y se destinan a diversos usos. Además, para poder controlar plenamente el medio, el gobierno tiene también que supervisar las actividades sociopolíticas.

Este enfoque del crecimiento económico a través de la nacionalización y el control gubernamental del capital, de conocimientos técnicos y de las actividades sociopolíticas, puede lograr el crecimiento económico a corto plazo, pero también puede tener repercusiones nefastas a largo plazo tanto en el crecimiento económico mismo como en el bienestar social y político. La nacionalización refuerza las atribuciones del gobierno y acarrea a la larga la democratización de la sociedad; los ciudadanos dependen excesivamente del gobierno para sobrevivir en lo económico y en lo político, situación enajenante que reduce la participación de la sociedad, en conjunto, en las actividades políticas. Conviene señalar, además, que el crecimiento económico basado en la planificación centralizada, al parecer sólo es funcional mientras la planificación se aplica a "macrocambios" en la actividad económica; es decir, cuando se hace la transferencia de recursos de la agricultura a la industria pesada. En cambio, cuando se intenta incrementar la productividad en la industria directamente relacionada con el consumo, el aparato burocrático de la planificación centralizada puede cometer graves errores. Es necesario implantar cierto grado de descentralización para inducir reacciones rápidas a los cambios que se operan en el mercado; la diversificación en la toma de decisiones reduce el riesgo de incurrir en tales errores, pues la planificación defectuosa, en el sistema descentralizado, puede equilibrarse mediante los distintos participantes en el mercado local. Pero una vez que el gobierno centralizado se ha vuelto omnipotente, el proceso mediante el cual se logra la descentralización económica, y eventualmente la democratización de la sociedad, se torna largo y problemático, dado que la descentralización suele suscitar la hostilidad de quienes detentan el poder, que temen perder el control político. Esto ocurrirá incluso si el gobierno advierte la necesidad de hacer más flexible la centralización para poner en juego las fuerzas del mercado.[4] En estas condiciones el enfoque estatal del crecimiento económico tiene repercusiones sociopolíticas: la toma de decisiones

---

[4] En *Economic Reforms in Eastern Europe* (Wayne State University; Detroit, 1968) de Michael Gamarnikow, se habla de la desilusión que actualmente siente el bloque comunista ante la planificación centralizada, y las dificultades a que se enfrentan los partidos comunistas por la descentralización implantada en los últimos años (96-111).

está centralizada, y la expresión política, limitada. Este enfoque puede conducir fácilmente a establecer un sistema político petrificado,
intrínsecamente resistente al cambio. No origina mecanismos de cambio social a largo plazo, ni de desarrollo económico, ni de moviliza-
ción política de las masas.[5]

El otro enfoque del crecimiento económico, o sea el sistema de
mercado, utiliza el mecanismo del mercado para asignar capital financiero y capital de gerencia a las actividades que considera prio-
ritarias. Este segundo enfoque alienta la aportación de capitales desde
el exterior, ya que existen muchas oportunidades de obtener grandes
dividendos de las inversiones en los países donde hay poca competencia interna y el mercado interno no se ha explotado suficientemente; además, el alto nivel de utilidades en la empresa privada
estimula a la hiperactividad económica. Tal enfoque puede originar
pronto un "milagro" económico, y a corto plazo parece democrático, ya que es económicamente pluralista. Pero este enfoque también puede tener repercusiones sociopolíticas prolongadas y nefastas.
Los elementos de la sociedad que están mejor equipados en lo cultural, en lo educativo y en lo económico para competir, generarán
un cuantioso rendimiento monetario por sus conocimientos y con el
tiempo este proceso producirá la polarización económica que inhibirá
de raíz la movilidad social y la actividad política, todo ello expresado
en mayor desigualdad en la estructura de clases. Además, el capital
importado, cuyo interés casi exclusivo estriba en obtener el máximo
rendimiento económico de su inversión, no se preocupa necesariamente por el bienestar social *general* de la sociedad en que opera.
Si los negociantes difícilmente se tornan "socialmente responsables"
en sus propios países, ¿por qué habría de asombrarnos que obren en
forma socialmente irresponsable en el extranjero? En términos generales, los elementos de la sociedad incapaces de competir y que no
se benefician del crecimiento económico, caen en trampas culturales
y económicas de las que es difícil salir, puesto que la brecha entre
"los que tienen" y "los que no tienen" se ahonda con gran rapidez.
La polarización del ingreso también producirá una polarización de la
actividad política, pues quienes detentan el bienestar y el poder
económico tendrán una mayor participación en la política, participación que a su vez mejorará su posición económica; se convertirán
en un grupo de intereses mucho más fuerte que aquellos cuya pobreza

---

[5] Rudolf Bicanic, en su "Economic Growth Under Centralized and De-
centralized Planning: Yugoslavia-A Case Study", en *Economic Development and
Cultural Change* (octubre de 1957), 64-75, muestra las desventajas del modelo
estatal, y presenta como prueba la experiencia yugoslava.

les obliga a tratar de satisfacer sus necesidades económicas básicas, en vez de adquirir influencia política.[6]

También existen límites al crecimiento económico en este sistema de mercado, como los hay en el sistema de planificación centralizada. El crecimiento económico *per se* se considera cada día menos deseable, ya que la utilidad marginal buscada obviamente resulta inferior al costo marginal: contaminación del aire y del agua, congestión del tráfico urbano y enajenación social. Actualmente hay más interés en buscar el cambio sociopolítico óptimo, generalizado y de participación en el poder político, en vez del solo crecimiento económico llevado al máximo. Este cambio de orientación, expresado en la regulación legal de las instituciones comerciales, con el tiempo acabará con las motivaciones del comercio empeñado en concentrar sus energías únicamente en la expansión económica.

Sin embargo, la reducción del índice de crecimiento económico, por sí misma, no mejora necesariamente los objetivos sociales. Para lograr estas mejoras es preciso originar cambios estructurales y de sistema.

En consecuencia, sostengo que, tanto el sistema estatal como el de mercado, semejantes en cuanto a que se basan en macromecanismos *externos* para guiar el funcionamiento de las organizaciones en el seno de sus sociedades, obtendrán resultados que acaso sean funcionales a corto plazo en el ámbito económico, pero a largo plazo resultarán disfuncionales en los ámbitos económico, social y político.

b) *La jerarquía en la organización*

Los dos sistemas mencionados también se parecen en que las organizaciones que los constituyen están jerárquicamente estructuradas. La característica más sobresaliente de la estructura de tipo jerárquico es la estricta distinción entre la gerencia y la fuerza de trabajo. La gerencia es nombrada por gente ajena a la empresa; define los objetivos de la organización y tiene a su cargo la responsabilidad de cumplirlos. La fuerza de trabajo, en cambio, se considera un solo medio para lograr ese fin.[7] Se le paga según los dictados

---

[6] Véase el simposio sobre "Empresas Transnacionales", en *Foreign Policy*, 12 (1973), 79-112, donde hay una exposición de los temas actualmente en debate sobre los efectos del sistema de mercado en los países en vías de desarrollo. Véase también "The Multinational Enterprise: Power Vs. Sovereignty", *Foreign Affairs*, 49 (1970-1971), 736-51.

[7] Véase la definición de la función de la gerencia, en cualquier manual escolar, por ejemplo en Harold Koontz y Cyril O'Donnel, *Principles of Management* (McGraw-Hill; N. Y., 1955), 46-65.

del mercado de trabajo, o el salario que el gobierno juzga adecuado; los trabajadores se consideran una extensión de la maquinaria, y se les sustituye por ésta, cuando para ello existe una razón económica.

En el sistema de este tipo, las funciones esenciales de la gerencia son la planificación y la supervisión. La gerencia debe planificar lo que los miembros de la organización tienen que hacer, y debe supervisarla en forma tal que se cumpla el plan o programa. Los trabajadores, en la mayoría de los casos, no intervienen ni en la planificación ni en la supervisión. Tal es el concepto de la gerencia opresora, explotadora y oligárquica. Se contrata la fuerza de trabajo para hacer cierta obra, y cuando ya no se le necesita se le despedirá o se volverá a adiestrarla. El papel de la gerencia no consiste en defender los intereses de la mano de obra, sino utilizarla de la forma más productiva desde el punto de vista de los objetivos de la organización, objetivos en cuya determinación no participa la fuerza de trabajo.

Este tipo de explotador y jerárquico de estructura corporativa no es exclusivo del sistema capitalista; también lo encontramos en los sistemas de planificación centralizada de los Estados comunistas, donde los obreros son controlados desde arriba, en la misma forma explotadora y manipuladora.

Como son *intrínsecamente* explotadores, estos sistemas no se preocupan primaria ni intrínsecamente por desarrollar el capital humano. Por capital humano entiendo la conciencia política de los miembros de la organización y consecuentemente de la población en general, y el grado de su participación en las tareas sociales y políticas; para mí, este concepto abarca sus necesidades culturales, educativas, sociales, físicas y de salud mental. El capital humano es la organización de las capacidades humanas, no sólo para producir resultados económicos, sino para participar en la vida social y política. Integra los recursos humanos necesarios para utilizar los recursos naturales y económicos. Cuanto mayor sea la inversión en capital humano, será más potente la capacidad de los individuos para desenvolverse en forma independiente, creadora, con ímpetu emprendedor, y, a la larga, su actitud será gerencial o directiva. La falta de inversión en capital humano en los países en vías de desarrollo es una deficiencia importante, ya que el fomento de la capacitación directiva local en este dominio vital debería ser una de sus metas básicas, si desean originar fuentes internas de crecimiento.

c) Los objetivos exclusivistas

Una tercera característica común, tanto del sistema de planificación centralizada como del de mercado, es que en teoría cada organización persigue un objetivo exclusivo. Para el economista clásico, lo mismo que para el negociante tradicional, "el objeto de los negocios es hacer negocio", es decir, obtener utilidades.[8] En las economías de planificación centralizada, a cada organización o empresa se le encomienda una tarea, generalmente medida en términos de productividad, de la que debe apartarse. En ambos sistemas, las metas sociales son sólo medios para alcanzar el objetivo último: hacer reditar la productividad. La motivación se considera un mero vehículo para obtener mayor productividad, en vez de ser un objetivo en sí mismo. Por todas partes encontramos ejemplos de esta orientación manipuladora. Una vez pregunté a un gerente si estaría dispuesto a reestructurar su empresa para lograr mayor motivación y bienestar entre los obreros, aunque no hubiera seguridad de que la productividad aumentara. Me miró perplejo y respondió: "Tengo que pensarlo." En una película sobre motivación que vi hace poco, el conferenciante empezó así su disertación: "Este filme trata de cómo motivar a la gente; de *cómo sacarle el mejor partido posible.*" Los factores humanos, para este administrador, eran sólo una de tantas variables que hay que manipular para lograr una mayor eficiencia económica.[9] En la mayoría de los estudios de motivación su eficiencia se mide en términos de productividad económica, como si tal fuera el único propósito: motivar a la gente.

d) El gobierno univalente

La cuarta y última similitud entre los dos sistemas mencionados radica en que ambos se basan en un gobierno estructurado de manera univalente. Las instituciones políticas de este género se basan en el principio representativo: sus cuadros dirigentes son políticos

[8] La obra *Capitalism and Freedom*, de Milton Friedman (U. of Chicago Press; Chicago, 1962), es una hábil defensa de esta posición, preparada por un economista moderno; los objetivos sociales son a la postre la derivación de un sistema cuyo único móvil reconocido es obtener utilidades en los negocios.

[9] Cualquier estudio de los problemas de motivación y personalidad en los textos sobre gerencia contemporánea, revela esta actitud. Véase el tratamiento teórico que le da Chris Argyris, en *Personality and Organization* (Harper; N. Y., 1957) y su nota sobre los estudios recientes sobre el tema, en "Personality and Organization Theory Revisited", en *Administrative Science Quarterly*, 18 (1973), 1-17.

profesionales, cuya función consiste en fijar las vías óptimas para la sociedad, y en resolver la inevitable competencia que se suscita entre los diversos objetivos sociales, económicos e ideológicos, tanto en lo que respecta a los recursos como a los compromisos. El papel del político profesional consiste en descubrir las necesidades de los diversos grupos de intereses que constituyen la sociedad y tratar de equilibrar sus exigencias.[10] Este tipo de gobierno frecuentemente obtiene resultados disfuncionales. Cuanto más agudo sea el conflicto entre los objetivos sociales, mayor será el poder del político profesional encargado de resolverlos. La sociedad puede tratar de poner coto a este poder mediante la rotación frecuente en los cargos políticos, pero con esto no se eliminan los conflictos iniciales, ya que sólo se sustituye un gobierno fuerte por otro débil. En ambos casos habrá resultados disfuncionales. En el primero, bien podría redundar en la pérdida de la democracia para la sociedad. En el segundo, habrá mayor intranquilidad e insatisfacción, que pueden conducir a una grave desilusión ante el sistema político democrático y puede originar las condiciones de la vuelta a un gobierno más fuerte, más centralizado y menos democrático. Encomendar a los políticos profesionales la fijación de las metas sociales y dar a un gobierno de estructura monolítica la misión de implantarlos, lleva en última instancia, en mi opinión, a un gobierno más fuerte y a la pérdida de la democracia de esa sociedad.

Cuando los cuadros dirigentes del gobierno son políticos profesionales, el juego político interno a corto plazo prevalecerá a menudo para determinar la acción; los políticos pueden atrincherarse en sus posiciones y utilizar su poder político para reelegirse. El proceso democrático podría reducirse así a un ritual o a un mero formulismo.

Cada uno de estos sistemas es un espejo del otro; ambos se caracterizan por establecer organizaciones de estructura jerárquica que persiguen exclusivamente sus propios objetivos. Los conflictos

[10] La teoría de la representación que se describe más adelante domina el pensamiento político moderno. Véase "The Nature of Political Representation", en *American Political Science Review*, 24 (1940), pp. 236-248, 456-466. Toda representación política en las democracias modernas se basa virtualmente en el número o en cierta demarcación territorial, pero se han llegado a hacer algunos experimentos con la representación funcional, y aunque no ha sido formalmente reconocida, existe como grupos de intereses. Véase E. J. Meehan y colaboradores, en su *Dynamics of Modern Government* (McGraw Hill: N. Y., 1966), pp. 75 *ss*. G. D. H. Cole, en su *Guild Socialism Restated* (Parsons; Londres, 1920), pp. 27-41, presenta una argumentación en favor de la representación funcional, preferible a la numérica, similar a la que aquí se propone. Véase *Industrial Democracy*, de Paul Blumberg (Schocken; N. Y., 1969), 194-196 donde se habla de la similitud entre la autogestión y el socialismo gremial.

sociales, en ellos, se resuelven mediante mecanismos ajenos a las organizaciones.

Las variantes de estos dos sistemas no aportan ningún nuevo concepto: se caracterizan por sus organizaciones jerárquicas, sus objetivos exclusivistas y los "macromecanismos" externos destinados a resolver los conflictos entre los diversos intereses.

EL SISTEMA ESTATAL (DE PLANIFICACION CENTRALIZADA)

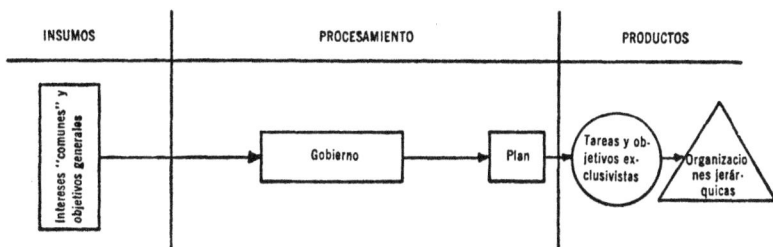

INSUMOS	PROCESAMIENTO	PRODUCTOS

Intereses "comunes" y objetivos generales → Gobierno → Plan → Tareas y objetivos exclusivistas → Organizaciones jerárquicas

EL SISTEMA DE MERCADO

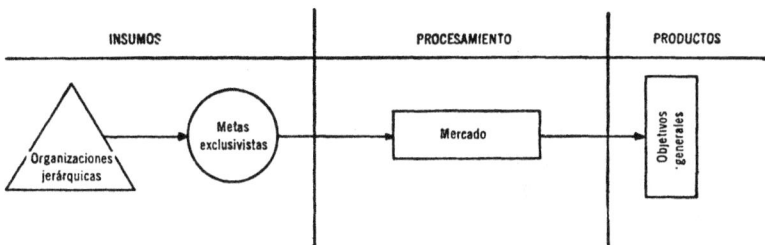

INSUMOS	PROCESAMIENTO	PRODUCTOS

Organizaciones jerárquicas → Metas exclusivistas → Mercado → Objetivos generales

SISTEMA DE MERCADO SOCIALISTA (SISTEMA ESTATAL PARCIALMENTE DESCENTRALIZADO)

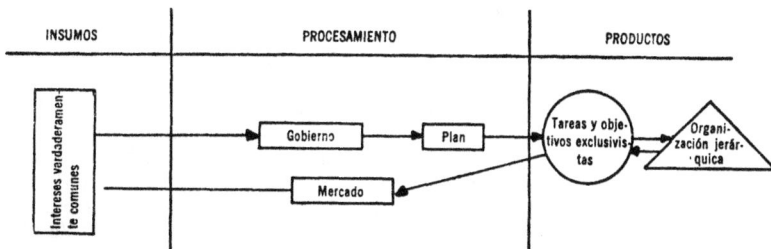

INSUMOS	PROCESAMIENTO	PRODUCTOS

Intereses vardaderamente comunes → Gobierno → Plan → Tareas y objetivos exclusivistas → Organización jerárquica

Mercado

2. Otra opción: la autogestión

Si lo que buscamos es un sistema que nos permita lograr un cambio global, que abarque el crecimiento económico, la movilidad social y el acceso de las masas al poder político, opino que el sistema de autogestión, tal como se ha desarrollado en Yugoslavia, merece un estudio atento. Con ello no pretendo que la forma yugoslava de tal sistema tenga que ser copiada fielmente, pero afirmo que representa un punto de partida útil para tratar de construir un modelo de autogestión como opción diferente de los sistemas de mercado y estatal.

SISTEMA DE MERCADO REGLAMENTADO

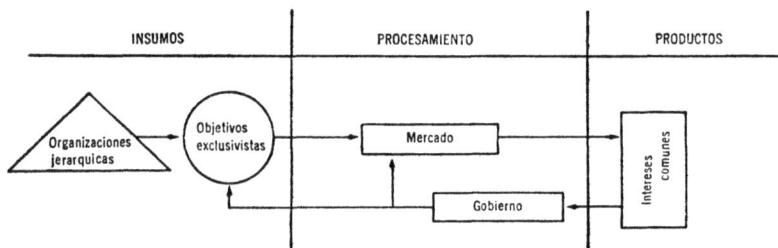

La autogestión significa, esencialmente, la participación de todos los miembros de una organización en la propiedad y en el control de la organización. En ella, la gente no es un nuevo objeto de la planificación y el control ejercidos por un grupo oligárquico, con la prerrogativa exclusivista de tomar las decisiones; en la organización autogestora la gente participa en la fijación de los objetivos que ella misma habrá de perseguir.[11] La autogestión es, por tanto, un

[11] La gran mayoría de los textos sobre autogestión no toman en cuenta la cuestión de los objetivos como tales. Parece ser un supuesto común que los objetivos de las organizaciones autoadministradas serán tan exclusivistas, como ocurre en las organizaciones de otros sistemas. Véase *Workers' Management and Workers' Wages in Yugoslavia*, de H. M. Wachtel (Cornell University Press; Ithaca, 1973), donde se analiza la bibliografía económica sobre la materia. Vanek, en su *Participatory Economy* (12-14), admite la existencia de muchos alicientes en las organizaciones autogestoras, pero no explica con claridad si admitiría la existencia de muchos *objetivos*. Considero que los economistas suponen la singularidad de objetivos para facilitar la elaboración de modelos. Sin embargo, mis pruebas sociológicas empíricas demuestran que las organizaciones industriales autogestoras, ya sea que se encuentren en Yugoslavia o en los kibbutzim de Israel, sí persiguen objetivos adicionales que van más allá de la obtención de utilidades. Son algo más que empresas; son comunidades, y como tales procuran

sistema *desarrollista y humanista.* Desarrollista, puesto que tiende a capacitar a cada individuo de una organización para gobernarse a sí mismo: se le debe capacitar para que participe y se retribuya a sí mismo. Humanista, porque pone la organización al servicio de cada uno de los individuos que la integran, en vez de tratar a cada individuo como un instrumento en manos de la organización.

Este concepto humanista y desarrollista de la gerencia apunta hacia la creación de un nuevo tipo de sociedad. Intenta producir un "hombre nuevo": un hombre que no esté subordinado al proceso tecnológico: que no sea un elemento manipulado dentro de un macrosistema sobre el cual no tiene ningún poder; un hombre que sea dueño de su propio destino. Por ello afirmo que el sistema yugoslavo de autogestión tiene dimensiones políticas y sociales; no sólo económicas. No se limita a ser un programa para reestructurar las empresas individuales, sino que reestructura a toda la sociedad.

La autogestión se identifica a veces con la participación de los trabajadores, o democracia industrial; pero en Yugoslavia esta institución sólo se considera un elemento más de un sistema plenamente desarrollado de autogestión. Al utilizar como modelo el sistema yugoslavo, me gustaría ampliar el concepto de autogestión, para atribuirle las siguientes características: *a*) el mecanismo del mercado de trabajo; *b*) la gerencia democrática de todas las organizaciones; *c*) la propiedad social del capital social; *d*) el gobierno polivalente; *e*) la descentralización del gobierno, y la delegación de la mayoría de sus funciones en las organizaciones comunitarias.[12]

La autogestión difiere de los sistemas estatal y de mercado en diversos aspectos. Sus organizaciones son democráticas, en vez de jerárquicas; persigue objetivos múltiples, en vez de los exclusivamente económicos; el gobierno es polivalente en vez de univalente. Se basa en mecanismos de mercado, donde el capital como fuente

el bienestar de sus miembros en la educación, la salud y la cultura, en vez de esperar que tales necesidades se satisfagan extrínsecamente, por medio del mercado general.

Por ello, gracias a su estructura de propiedad social y toma de decisiones democrática, pueden permitirse la consecución de objetivos múltiples, tanto para la empresa como para sus integrantes.

[12] Vanek presenta una definición de la autogestión, basada en el sistema yugoslavo, en su *The General Theory of Labor-Managed Market Economics* (Cornell U. Press; Ithaca, 1970), 1-3 (cf. *Participatory Economy* 7-14), que se aproxima mucho a la definición que hemos dado aquí, salvo que se limita a tratar los aspectos económicos del sistema y hace caso omiso de las instituciones políticas, cuestión esta última importantísima, en mi opinión, puesto que los objetivos de la autogestión son de una índole que trasciende lo meramente económico.

de poder está restringido, y los trabajadores tienen poder para manejar las empresas y determinar la distribución de las utilidades.

a) *El mecanismo del mercado de trabajo*

La autogestión depende del mecanismo del mercado para regular la actividad económica, puesto que es un sistema democrático, y la de-

LA AUTOGESTION

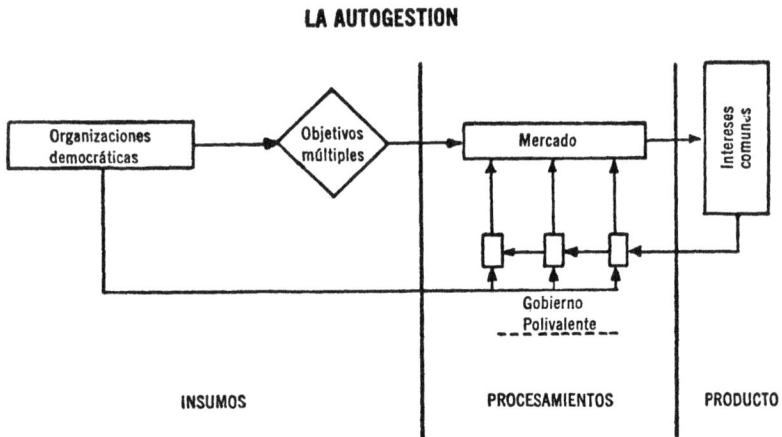

mocracia supone el pluralismo en las fuentes del poder. Un mecanismo de mercado eficaz crea pluralismo en el poder económico, y al mismo tiempo permite una distribución racional de los recursos y de los alicientes, según el rendimiento del trabajo.

b) *La gerencia democrática*

Por gerencia democrática de las empresas entiendo un sistema en el que los integrantes de la organización son los encargados de nombrar y despedir a sus gerentes, y éstos tendrán que rendirles cuentas de sus actos. Por ello, el sistema alemán de cogestión y otros de participación obrera, donde los gerentes son nombrados desde arriba y por autoridades ajenas a la organización, de ninguna manera pueden considerarse sistemas plenamente desarrollados de autogestión, si nos atenemos a la definición que aquí damos de ella. Sin esta salvedad, la gerencia tiende a convertirse en un grupo exclusivista, en el que se ejercen métodos oligárquicos en la toma de decisiones.

Como los gerentes tradicionales tienen una mejor formación académica que los trabajadores, poseen mayor información sobre los asuntos de la empresa y participan en decisiones importantes, siempre tenderán al oligarquismo. Éste ha sido el caso también en Yugoslavia, donde tales tendencias se combaten políticamente y a veces inclusive están penadas por la ley, como ocurrió con el director de la fábrica Franja Kluz, quien fue sometido a investigación por la Federación Sindical y aun se le enjuició por su conducta autoritaria.

La organización debe descentralizarse de tal manera que permita a todos sus integrantes intervenir en la toma de decisiones estratégicas y políticas. Sólo deben quedar en manos de los profesionales en la materia los aspectos administrativos. Así, todos los miembros de la organización pueden decidir sobre los asuntos que conciernan a sus intereses, en vez de servir de instrumentos para alcanzar objetivos ajenos. Todos los demás puntos incluidos en el cuadro que presentamos a continuación —el flujo de la delegación de poder, procedimiento que se sigue para resolver los conflictos, la constitución de consejos directivos, la autoridad legal para tomar decisiones, etcétera— están diseñados para conservar la índole democrática de la organización, y para eliminar el carácter oligárquico de la gerencia.

El siguiente cuadro yuxtapone la estructura democrática de la organización que se autogestiona a la estructura jerárquica que caracteriza a las empresas, tanto en el sistema de mercado como en el de planificación centralizada.

c) *La propiedad social*

El sistema de autogestión se basa en la propiedad social. La propiedad social representa una divergencia radical de todas las formas de propiedad privada. La propiedad privada concede a un individuo o a un grupo de individuos el derecho intrínseco de disponer de un bien o de beneficiarse del usufructo de su posesión. En la propiedad social, un individuo o un grupo de individuos puede utilizar recursos que son propiedad de la sociedad y puede beneficiarse con su utilización; pero no pueden disponer de los bienes de producción, que son propiedad social, ni pueden beneficiarse de ellos si no trabajan con ellos efectivamente. Esto significa que una vez que una persona abandona una compañía, dejará de beneficiarse de sus bienes; no puede haber en este régimen de propiedad social una propiedad en ausencia, ni disfrute sin aportar trabajo. Los yugoslavos consideran la propiedad social el principio básico y la condición necesaria de la autogestión. Las prerrogativas gerenciales exclusivistas sólo se conceden a aquellos que han ganado ese derecho por su relación de trabajo con la organización.

DIFERENCIAS ENTRE UNA EMPRESA Y UNA ESTRUCTURA DE ORGANIZACIÓN COMUNITARIA [13]

Jerárquica: empresa	*Democrática: entidad comunitaria*

Estructura de organización variable

	Jerárquica: empresa	Democrática: entidad comunitaria
Metas	Exclusivistas, es decir, esencialmente económicas (en organizaciones industriales).	Metas amplias en lo social, económico y político (para toda organización).
Metas sociales:	Medios para lograr las metas económicas.	Objetivos en sí mismos.
Autoridad legal para fijar metas	Propietarios legales, probablemente ajenos a la organización, representados por la gerencia.	La membrecía total de la comunidad.
La organización es instrumento legal para:	El inversionista (propietarios) o gobierno.	Toda la comunidad.
Centros de toma de decisiones	Esencialmente una situación centralizada.	Esencialmente una situación de descentralización.
Flujo legal de la autoridad	La delegación de facultades se hace de arriba hacia abajo.	De abajo hacia arriba (circular).
{ Distribución de prerrogativas directivas	Política y decisiones administrativas tomadas por la gerencia profesional.	Decisiones políticas tomadas por todos; decisión administrativa por la gerencia profesional.

[13] Adaptado de I. Adizes, "The Role of Management in Democratic Organizations", en *Annals of Public and Cooperative Economy*, 42 (1971), p. 403.

DIFERENCIAS ENTRE UNA EMPRESA
Y UNA ESTRUCTURA DE ORGANIZACIÓN
COMUNITARIA [conclusión]

Jerárquica: empresa	*Democrática: entidad comunitaria*
Estructura de organización variable	

Contribución a la sociedad	Directa: esencialmente económica.	Directa: económico-socio-política.
Medio supuesto [14]	Atomista (competitivo).	"Escama de pescado" (cooperativa).
Solución de conflictos entre insumos (capital y mano de obra)	Mediante *negociaciones* entre los trabajadores y la gerencia.	Mediante el *consenso* de toda la comunidad.
Representación del Consejo Directivo:	Exclusivamente representantes de los propietarios o del gobierno, consistente principalmente de gente ajena a la organización.	Representación de intereses múltiples aceptada y compuesta principalmente por gente de dentro.

Para mayor claridad, he aquí un estudio comparativo de las diferentes formas de propiedad: [15]

Distingo cuatro tipos de propiedad: la privada, la comunal, la estatal y la social. En este libro, la propiedad se aceptará como el derecho legal de usufructuar los bienes según los propios deseos, y como el derecho y la capacidad de beneficiarse de los frutos futuros de las inversiones pasadas que representa tal propiedad.

Por tanto, propiedad *privada* significará el derecho de utilizar, dentro de las limitaciones legales, la propiedad, y beneficiarse con el producto de su utilización.

[14] Por medio *atomístico* entendemos aquel en que un individuo se siente parte de un grupo de intereses, en competencia con otros; por medio de *escama de pescado* entendemos el que se compone de grupos de intereses que se sobreponen parcialmente unos sobre otros y cuya relación es de cooperación, no de pugna competitiva.

[15] El siguiente pasaje es de I. Adizes y E. Mann Borgese, *Self-Management: New Dimensions to Democracy* (ABC-CLIO; Santa Bárbara, California, 1975).

La propiedad *comunal* significa que en la comunidad o en el sistema de participación aquí estudiado, todos sus integrantes o sus representantes legales deciden sobre el uso de la propiedad y sobre la distribución de sus frutos. La propiedad comunal es, por tanto, una extensión de la propiedad privada. Básicamente es propiedad privada de varias personas, que se ponen de acuerdo en la manera de usufructuar y beneficiarse de la propiedad compartida, conservando la libertad de retirar su participación individual.[16]

La propiedad *estatal* es la propiedad comunitaria en una escala mayor, donde la sociedad está representada por el Estado, así como la comunidad tiene representantes electos para decidir cómo administrar la propiedad comunitaria. Sin embargo, en la propiedad estatal, los individuos de la comunidad no poseen el derecho de retirar su parte, y en esto difiere de la propiedad privada. Por tanto, la propiedad estatal, aunque relacionada con el concepto de la propiedad privada, no es una ampliación de ella.

El concepto de propiedad *social* se aparta radicalmente de toda ampliación de la propiedad privada. Los recursos de propiedad social no pertenecen a nadie en particular, sino a la sociedad en general, lo cual significa esencialmente que no es de nadie, y es de todos al mismo tiempo. En este tipo de propiedad no hay ninguna institución que pueda arrogarse la representación legal de los propietarios de los bienes. Quienes trabajan con los recursos pueden beneficiarse del resultado del uso de los bienes; sin embargo, sólo podrán incrementar la suma total de los recursos y nunca disminuirlos. Cuando un individuo se retira de alguna organización de propiedad social, no tiene ningún derecho que reclamar basado en las contribuciones que haya hecho en el pasado para incrementar tales recursos.

d) *El gobierno polivalente*

Por gobierno polivalente entiendo un sistema en el que los diversos grupos de intereses de que se compone determinada sociedad disponen de canales institucionalizados para intervenir en la toma de decisiones en el nivel más amplio; esos canales son independientes de los políticos profesionales.

Una breve descripción de la constitución yugoslava servirá para explicar este concepto.[17] El parlamento federal yugoslavo se compone de cuatro cámaras. La Cámara Popular consta de 20 represen-

---

[16] Las cooperativas son ejemplos de propiedad comunal.
[17] Véase la *Constitución de la República Socialista Federativa de Yugoslavia*, publicada por Sluzbeni List (Belgrado, 1973).

tantes de cada una de las seis Repúblicas Federadas y de 10 de cada uno de los dos Territorios Autónomos, todos ellos elegidos por los parlamentos locales de sus Repúblicas y Territorios. La Cámara Social-Política, que cuenta con 120 legisladores, es elegida por sufragio popular directo y es numéricamente representativa de la población yugoslava. Las otras cámaras, de 120 miembros cada una, representan a intereses especiales y son elegidas por comités electorales compuestos de delegados de los parlamentos comunales y de las diversas organizaciones que los integran; los individuos elegidos para formar estas cámaras deben trabajar realmente en la actividad que representan y sus mandatos se asignan según los índices proporcionales establecidos en la elección de la Cámara Social-Política. La Cámara de Economía representa a las organizaciones industriales y a las cámaras de comercio; la Cámara de Educación y Cultura, a las universidades y a otras instituciones educativas, artísticas y culturales; la Cámara de Sanidad Social, a las asociaciones médicas y a otras instituciones dedicadas a la salud y el bienestar públicos.

La Cámara Popular y la Cámara Social-Política ejercen conjuntamente la supervisión de las relaciones exteriores, del presupuesto, del nombramiento y despido de los ministros y de todos los asuntos de política interna que no estén específicamente encomendados a otras cámaras. Además, la Cámara Popular tiene autoridad independiente para regular las relaciones entre las Repúblicas que constituyen la Nación. Las disposiciones de índole económica son responsabilidad de la Cámara de Economía; las decisiones educativas, culturales y científicas competen a la Cámara de Educación y Cultura; todo lo relacionado con la asistencia social es incumbencia de la Cámara de Sanidad Social.[18]

Los parlamentos de las Repúblicas y territorios constituyentes están estructurados de la misma manera.

La característica más sobresaliente de esta estructura es, insista-

[18] El Presidium Federal no forma parte de la estructura parlamentaria. Se compone de los presidentes de los parlamentos regionales y los representantes adicionales de cada uno de ellos. En la actualidad todo su poder se encuentra concentrado en manos del Presidente, Mariscal Tito; pero, después de que muera, el Presidium se arrogará el poder de nombrar a los jefes militares y a los embajadores y presentará candidatos para los ministerios. Los ministros deben ser elegidos de entre los miembros del Parlamento Federal y su nombramiento debe contar con la aprobación del Parlamento; el Ejecutivo está sujeto a la supervisión conjunta del Parlamento y del Presidium. El Presidium puede someter iniciativas al Parlamento Federal, pero no tiene injerencia en las tareas legislativas.

mos, la existencia de canales institucionales a través de los cuales
pueden estar directamente representados los diversos grupos de intereses de la sociedad. Los representantes, elegidos al parlamento
regional o federal por sus respectivas compañías y organizaciones,
siguen en la nómina de éstas y las representan con lealtad; por otra
parte, estos cargos de elección se van rotando con cierta periodici-
dad, y no se permite que nadie sea miembro del parlamento en
dos períodos consecutivos, para que quienes ocupan tales cargos
nunca formen un grupo de políticos profesionales, y para que el
puesto conserve intacto su carácter de participación. El gobierno
polivalente tiende ante todo al fomento de la democracia de participación directa, más que a la democracia representativa. El sistema
está diseñado expresamente para impedir el surgimiento de un sistema de partido y las influencias aparejadas a tales sistemas, carac-
terizados esencialmente por la profesionalización del cargo político
y por las pugnas en pos de la supremacía. El sistema yugoslavo se
basa en la participación directa de los trabajadores a través de representantes que laboran con ellos en la misma comunidad; como todas
las entidades gubernativas están obligadas a consultar a estos delegados directos de las unidades autogestoras, no hay necesidad de
que el Parlamento se organice según los lineamientos clásicos del
sistema de partidos. Sólo la Cámara Social-Política se compone
de representantes políticos en el sentido clásico, y carece de autoridad para legislar sin la aprobación de la Cámara Popular, cuyos
miembros son elegidos por y entre los parlamentos regionales, organizados en concordancia con los principios de la participación
directa.[19]

El gobierno polivalente está íntimamente vinculado a la institución de la gerencia democrática que hemos venido estudiando; de
hecho, me parece que la gerencia democrática en el seno de las
organizaciones es virtualmente esencial para el buen funcionamiento
de tal sistema de gobierno. En cuanto los obreros comprenden que
pueden gobernar sus propias empresas ejerciendo control sobre los
resultados de su labor y sobre su grupo administrativo, su interés
irá más allá de las preocupaciones salariales inmediatas. Los trabajadores han presionado a sus representantes ante los organismos le-
gislativos tanto locales como estatales y, en general, para imponer

---

[19] Se encontrará una descripción más detallada de la base teórica del gobierno polivalente en el artículo "Further Development of Self-Management
in Yugoslavia and its Social-Political Aspects" de Anton Vratusa, Viceprimer
Ministro de Yugoslavia, en: Adizes y Borgese, *Self-Management: New Dimensions to Democracy.*

leyes con mejoras sociales y políticas. Aquí presentamos muchos ejemplos de estas instancias. Los trabajadores advierten inmediatamente que los resultados económicos son directamente afectados por las decisiones políticas e ideológicas y exigirán tener participación directa en estos terrenos.

La descentralización económica emprendida en Yugoslavia resultó contraproducente para la Liga de Comunistas Yugoslavos. Se le pre-

EL GOBIERNO UNIVALENTE

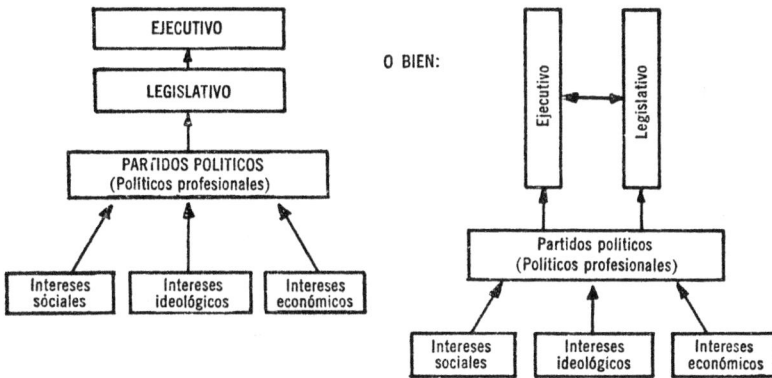

EL GOBIERNO POLIVALENTE

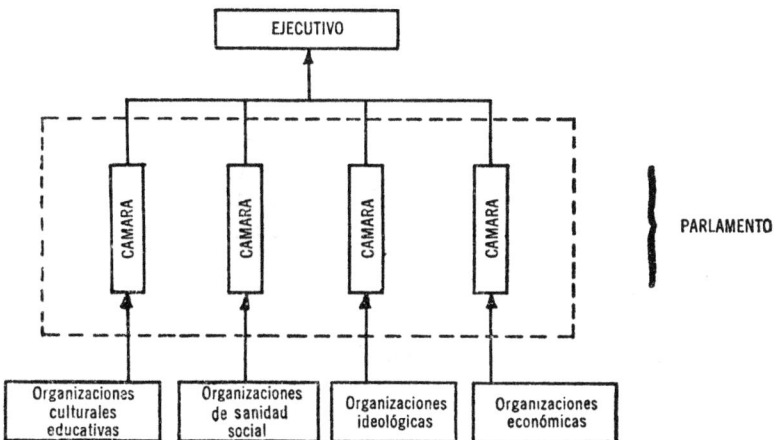

sionó para que descentralizara: para que aceptara el pluralismo y las divergencias ideológicas. El hecho de que el Partido no estuviera dispuesto a ceder parte de su poder ante estas presiones, y que desde diciembre de 1972 tratara de recobrar su poder en asuntos económicos y políticos, sólo es un ejemplo de cómo una mayor libertad en la toma de decisiones económicas incide en lo político. El sistema de autogestión a través del gobierno polivalente representa en realidad una amenaza para el Partido en el poder, pues reduce las atribuciones del Partido exclusivamente al ámbito ideológico, lo cual se opone a la naturaleza de la misma de los partidos políticos; éstos tienden a acumular poder; no a distribuirlo. La adquisición de poder económico de las empresas a través de los mecanismos del mercado, la estructuración democrática de las organizaciones y el gobierno polivalente promoverán la participación política directa de los trabajadores, y no apuntalarán a los políticos profesionales. Ahora bien, es especialmente deseable quitar fuerza a los políticos profesionales en la sociedad cuya población mayoritaria es pobre, carece de instrucción y no está acostumbrada a los procedimientos democráticos; en tales sociedades la democracia representativa acusa gran tendencia a tornarse oligárquica y ritualista.

Para mí, el gobierno polivalente es un elemento esencial de la autogestión: es un vehículo fundamental para lograr la transformación socioeconómica y política de la sociedad, y un instrumento imprescindible para su desarrollo democrático. El gobierno polivalente minimiza el papel de los partidos políticos y hace posible la legislación social y económica que emana de representantes elegidos por los distintos grupos de intereses a través de canales institucionales; además, establece procedimientos, regulados constitucionalmente, que le impiden volverse oligárquico. Sin tales canales institucionales, el gobierno tenderá al autoritarismo excesivo; sus cuadros dirigentes serán políticos profesionales que, en las naciones en vías de desarrollo, precisamente por el atraso político y social de la población será cada vez más oligárquico en su actitud y en su acción.

Este sistema oligárquico limitará inevitablemente la participación política de las masas y anulará el progreso democrático.

e) *La organización comunitaria*

El último elemento de la autogestión es la organización comunitaria. Este punto requiere una amplia explicación, puesto que no lo estudiamos por separado en ningún otro capítulo de esta obra. La descentralización de las funciones gubernamentales, aunada a la polivalencia de las instituciones gubernativo-políticas, que ya hemos tratado, deben crear una sociedad donde la mayoría de las decisiones fundamentales se tomen localmente.

Consideremos, por ejemplo, la comuna o pequeña comunidad donde están situadas las fábricas cuyo funcionamiento describo en este libro. Todos los integrantes de los organismos responsables de las decisiones de la comuna lo eran también de las diversas empresas situadas en el perímetro geográfico de esa comuna. Estos representantes siguen en la nómina de la empresa, si bien durante su mandato se dedican casi exclusivamente a resolver asuntos de la comunidad. Contar con ingresos estables y seguros permite a estos delegados ocuparse de los asuntos de la comunidad toda la jornada, sin tener que recurrir (como es el caso de los políticos profesionales) a las instrucciones del Partido, y sin depender de su posición jerárquica en él. Es más: estos delegados proceden de diversas instituciones, ya sean económicas, educativas, sociales, de sanidad, culturales, etcétera. Cuando se toma una decisión respecto a ciertos asuntos que afectan a la comunidad, los representantes locales pueden fijar en términos generales los objetivos, tanto sociales como económicos. No tienen que acudir a la burocracia oficial distante para resolver los problemas comunitarios. Los asuntos de bienestar social son competencia de la empresa local; ésta resuelve, asimismo, las carencias del teatro local, etcétera. Supongamos que la dificultad estriba en la contaminación del agua; la comunidad puede presionar a los representantes de las empresas que originan contaminación para que turnen la reclamación de esa comuna al Consejo de Trabajadores de la fábrica contaminante, y el delegado debe, a su vez, informar de la reacción de la empresa al respecto. Esta representación múltiple, estructura de organización en cadena a nivel de pequeña comunidad, está armada de tal forma que permite resolver los conflictos entre los diversos intereses económico-sociales, no exclusivamente a través del mecanismo de mercado, sino también mediante un procedimiento político en que no es necesario que intervenga ningún partido. El procedimiento político a que me refiero consiste en suscitar debates, plantear claramente los problemas y "ejercer presión" con buenos argumentos.

Para que una comunidad adquiera conciencia comunitaria y sea capaz de tomar decisiones, el gobierno central de Yugoslavia ha delegado últimamente mucho poder en las Repúblicas, y éstas, a su vez, en las comunas. En 1973 me asombró cuánto había cambiado la situación que prevalecía en 1967, e incluso en 1970. Para conseguir un permiso para investigar, ya no tuve que acudir al gobierno central ni al gobierno de la República, sino a la comuna del sector de la ciudad donde estaba situada la compañía que me interesaba estudiar. Hoy los individuos con ambiciones políticas buscan altos puestos en las comunas, en vez de cargos en el gobierno. Se eliminaron varios ministerios y se distribuyeron sus funciones entre las Repúblicas. Esta tendencia a la descentralización podría atribuirse al regionalismo, ciertamente, pero creo que también es achacable al sistema de autogestión, que estableció los canales apropiados para lograr el éxito parcial de las presiones nacionalistas.

La descentralización es un elemento importantísimo de la autogestión. Como el sistema se propone la plena realización de todos y cada uno de los integrantes de la sociedad, necesita más la democracia directa que la representativa, y para ello es esencial instituir la descentralización. Ésta crea un ambiente de fiesta popular en la cual participan todos los miembros de la comunidad en la toma de decisiones a través de la rotación; facilita la conciliación institucional de los intereses divergentes en el proceso de la toma de decisiones, y por ello la mayoría de los problemas se resuelven a nivel local sin la intervención de las autoridades más altas.

3. EL PORQUÉ DE LA AUTOGESTIÓN

Tratemos ahora de resumir las argumentaciones en pro de la autogestión y sus ventajas sobre los sistemas de mercado y estatal, especialmente desde el punto de vista de las naciones en vías de desarrollo.

a) *El crecimiento económico* [20]

La autogestión, como el sistema capitalista, tiene la ventaja de generar un rápido crecimiento económico. Se basa en un mecanismo de mercado reglamentado, pero descentralizado y competitivo, que recompensa la eficiencia económica y estimula la producción. Al mismo tiempo, evita la tendencia a la super-concentración y también la de querer resolver los conflictos a través de la intervención gubernamental, tendencias ambas inherentes al sistema de mercado

---

[20] Algunas argumentaciones económicas a favor de la capacidad de la autogestión para generar un rápido crecimiento económico las presenta Vanek en su *Participatory Economy* (véase nota 1); la base teórica de estas aserciones se describe más ampliamente en su *General Theory*. Vanek también subraya la capacidad de la autogestión para alentar la acumulación (145-148) y el capital humano (158-161).

reglamentado. La autogestión es, por definición, un sistema descentralizado, y la descentralización ayuda a sobrevivir en un medio complejo. También promueve la formación de capital mejor que como lo hace el sistema de mercado: los participantes de la organización autogestora están dispuestos a sacrificar parte de su ingreso para invertirlo en la empresa, pues saben que todos tendrán participación en las utilidades.

b) *Evita la polarización de los estratos sociales*

Al mismo tiempo que genera crecimiento económico, la autogestión evita la principal desventaja del sistema de mercado libre, ya que no permite la polarización desordenada del bienestar económico. Las desigualdades de ingresos están restringidas por el consenso de los integrantes de cada organización y por la legislación estatal; y cuando no obstante ocurre tal polarización, hay pocas probabilidades de que llegue a ser permanente, pues el sistema de participación en la gerencia hace que todas las decisiones en materia de escala salarial sean objeto de revisión por parte de *todos* los miembros de la organización.

c) *Elimina la explotación*

La autogestión suprime la relación de explotación entre la gerencia y la fuerza de trabajo, característica de todas las organizaciones de tipo jerárquico. Ya hemos señalado que esta eliminación tiene ventajas económicas. Más adelante explicaremos sus ventajas sociales. Por lo pronto importa recalcar que esta idea, en sí, entraña cierto valor humanista: restablece en el individuo perteneciente a la organización la conciencia de ser humano capaz de manejar su medio inmediato; ya no se siente un insumo de la producción, ni un mero instrumento para lograr fines ajenos a él.

d) *Crea recursos humanos*

La supresión de la dicotomía trabajadores-gerencia redundará en facilitar el cambio social. Para producir determinados resultados, los obreros tienen que aprender a administrar sus propias organizaciones; no podrán participar si no saben en qué están participando; por ello, la autogestión proporciona experiencia administrativa, gerencial, a un gran grupo de personas relativamente grande, y en un tiempo relativamente corto. Es una magnífica escuela de prácticas administrativas y espíritu emprendedor, recursos humanos que tanto necesitan los países en vías de desarrollo.

A menos de que los países en vías de desarrollo posean los conocimientos administrativos que les permitan explotar con provecho la tecnología y adaptarla a la situación local, dependerán de la tecnología importada más tiempo del que pueden permitirse. El problema de estos países no es sólo la escasez de capitales; es también su falta de suficientes conocimientos administrativos para que el capital disponible se utilice en el desarrollo económico. Sin estos conocimientos, el capital importado no reducirá la brecha entre los poseedores y los desposeídos; además, importar capital sin disponer de experiencia administrativa local significa importar gerencia, con lo cual esa nación en vías de desarrollo seguirá dependiendo indefinidamente de la ayuda exterior.

El sistema jerárquico clásico da acceso a la práctica gerencial sólo a unos cuantos de sus integrantes. Cuanto más jerárquica sea la organización, menos personas gozarán de la oportunidad de tener acceso a la toma de decisiones y a los riesgos que esto implica, así como al sentido de recompensa intrínseco en estas actividades. El sistema de autogestión democrática permite a todos los miembros de la organización tomar decisiones y asumir riesgos. En esta forma, el sistema autogestor ataca el problema medular de los países en desarrollo; constituye un ambiente de aprendizaje para la sociedad en general, puesto que permite la formación de un numeroso grupo de gerentes en un plazo muy breve. Cuando a la sociedad de este tipo se le ofrece capital y tecnología del exterior, cuenta con la mano de obra y los recursos humanos emprendedores y gerenciales necesarios para explotar el capital importado en su propio beneficio.

e) *Educación política*

La autogestión promueve la participación política. En cuanto la gente se siente económicamente segura y capaz de gobernar su futuro económico, también se sentirá más segura para participar en actividades políticas. La gente económicamente dependiente de sus gobernantes es menos activa en política que la autosuficiente; la democracia se ha basado siempre en una clase media numerosa e independiente en lo económico.

f) *Limitaciones al gobierno*

El sistema autogestor también restringe el poder gubernamental.

No se apoya en los partidos políticos ni en el aparato político para resolver los conflictos. La economía descentralizada y dirigida por los trabajadores permite resolver la mayoría de los conflictos en el ámbito de la empresa; cuando es necesaria la intervención del gobierno, las instituciones políticas descentralizadas y de participación les imponen severas limitaciones.

Conclusiones

Desde el punto de vista de los países en vías de desarrollo, reviste particular importancia la capacidad de la autogestión de generar un cambio global en las esferas social, económica y política. Tal capacidad ha quedado demostrada en el caso de Yugoslavia, que en veinte años de autogestión se ha colocado en el mismo nivel que las naciones desarrolladas.[21] El país ha conocido en ese lapso una gran transformación económica, tecnológica, socio-demográfica y política. Ha adoptado la economía de mercado, e hizo una redistribución masiva de la población, de las zonas rurales a las urbanas, sin provocar malas condiciones de vida en las ciudades, ni desigualdades permanentes en los ingresos, ni revueltas políticas. Hubo ciertamente, dificultades entre las diversas nacionalidades, pero en mi opinión éstas habrían ocurrido de cualquier manera y probablemente habrían llegado a causar derramamientos de sangre en cualquier sistema diferente de la autogestión. Pienso que las presiones surgidas de estos cambios habrían acarreado la resistencia, y aun la rebelión de los trabajadores en un sistema corporativo donde los obreros son tratados como sujetos pasivos del cambio. El sistema de autogestión, al crear organizaciones sumamente flexibles y orientadas hacia el cambio, permitió al país sortear pacíficamente estos cambios sociales, políticos, técnicos y económicos.

Un sistema que permite los cambios acelerados y eficaces debe tener un especial interés para los países en vías de desarrollo, sobre todo para tratar de eludir algunos de los problemas a que se enfrentan actualmente algunas naciones más desarrolladas. Los países más avanzados (particularmente los que han alcanzado la llamada etapa posindustrial) han llegado a un punto en que los costos del crecimiento económico continuo son mayores que sus beneficios, y, en

[21] Los altos índices de crecimiento económico e inversión y el mejor nivel de vida alcanzado en Yugoslavia son temas que comentan todos los estudiosos de la autogestión. Véase: Vanek, *Participatory Economy*, 45-50; Blumberg *Industrial Democracy*, 221-223; Wachtel, *Workers' Management*, 2-5; y *Job Power*, de David Jenkins (Doubleday; Garden City, N. Y. 1973).

consecuencia, sus sociedades se enfrentan a graves problemas de reajuste. La perspectiva de tener que limitar el crecimiento económico ha amenazado a muchos grupos de intereses y ha originado un cúmulo de conflictos entre gobierno, fuerza laboral, capital y gerencia. Tanto en el sistema de mercado como en el estatal, estos conflictos deben resolverse desde afuera de las "micro-organizaciones", mediante negociaciones de estira y afloja entre el gobierno y los diversos grupos de intereses, o a través de negociaciones entre los grupos de intereses que operan en el mercado, o bien con pugnas faccionales en el seno del gobierno. Estos conflictos pueden resultar costosísimos cuando se resuelven en el mercado. Las huelgas pueden paralizar a todo un país y dar origen a tendencias inflacionarias incontenibles. Cuando se resuelven mediante reglamentaciones gubernamentales, las autoridades reafirmarán su poder hasta un grado mayor que el deseable para que haya democracia de participación; en el sistema de mercado, aumentará el costo de operación del gobierno a expensas del contribuyente, y en el sistema estatal, este fenómeno redundará en la formación de oligarquías más fuertes y autoritarias. Los países en vías de desarrollo deben tratar de evitar estos problemas. Si adoptan ahora mismo un sistema orientado hacia el cambio general de estructuras no tendrán que enfrentarse en lo futuro a esos problemas de readaptación. Con la implantación del sistema autogestor es posible lograr un mayor índice de crecimiento económico, como lo ha hecho Yugoslavia; también puede crear así una estructura que resuelva los conflictos, estructura que buscan actualmente todos los países desarrollados. Sería nefasto que los países en vías de desarrollo importaran, junto con la tecnología necesaria para su progreso, las estructuras tecnócratas, oligárquicas y explotadoras, y los sistemas de valores con los que sólo lograrían empeorar su situación en vez de resolverla. Las estructuras de explotación muchas veces son ajenas a las estructuras cooperativas tradicionales que todavía existen en las sociedades tribales y agrícolas; en todos los países avanzados, de donde se importan los métodos explotadores, tales estructuras son objeto de ataques cada vez más fuertes y se les considera cada vez más disfuncionales y anticuados.

Cuando los países en vías de desarrollo imitan a los desarrollados deben adoptar lo moderno de sus sistemas, y no lo anticuado. Las naciones desarrolladas incrementan actualmente la participación de los trabajadores en la toma de decisiones, en muchos campos. Están implantando importantes cambios en la administración de las empresas y en los programas de varios partidos políticos, que tienden a facilitar una mayor participación de los obreros, y a permitirles compartir el producto de su trabajo. En Noruega y en Suecia, los sindicatos emprenden actualmente una gran actividad para implantar la democracia industrial; desde 1951, la Alemania Occidental creó el sistema de cogestión; y los socialistas franceses consideran la autogestión el ideal del socialismo. Los *tories* de la Gran Bretaña debaten a fondo las posibilidades de lograr un mayor grado de participación obrera. En Estados Unidos, la participación en la gerencia, la participación en las utilidades, la democratización del lugar de trabajo y una serie de proyectos para mejorar la calidad de la vida del trabajador, son síntomas de un movimiento encaminado a proporcionar a todos los miembros de la sociedad mayores oportunidades de realizarse a sí mismos, y que pueden llevar con el tiempo, a alguna forma de autogestión. En Holanda, Bélgica, Dinamarca, Israel y otros países más, se han promulgado leyes para instituir una mayor participación de los trabajadores en la toma de decisiones. Por todo ello, podemos afirmar que existe un movimiento mundial para acabar con la jerarquización y la propiedad ausentista y lograr la democratización de la sociedad y de sus piedras angulares, es decir, las diversas organizaciones que la constituyen.[22]

Estoy convencido de que, si los países en vías de desarrollo desean el cambio social, económico y político global, deben tender a adoptar un sistema capaz de generar el crecimiento económico, y de estimular simultáneamente el sistema de autogestión y de educación política. La ventaja que ofrece el sistema de autogestión consiste en que es capaz de alcanzar estos objetivos sin incrementar el poder del gobierno, sin eliminar el mercado y sin causar la polarización del bienestar económico.

4. LOS ORÍGENES DE LA AUTOGESTIÓN Y SUS MANIFESTACIONES MODERNAS

La noción de autogestión no es completamente nueva. Tiene sus antecedentes en la Comuna de París; los Soviets rusos; los Consejos de Trabajadores del norte de Italia apoyados por el diario *Ordine Nuovo*; los Consejos de Trabajadores de Alemania de 1918-19; el

---

[22] En *Job Power*, de David Jenkins, "Workers' Participation in Western Europe"; *Participation in Industry* de Campbell Balfour (Rowman and Littlefield; Totowa, N. J., 1973, 181-212, y en I. Adizes y E. Mann Borgese, *Self-Management: New Dimensions to Democracy* (Santa Bárbara: ABC/CLIO 1925), se encontrarán relatos de experimentos recientes con la autogestión en países desarrollados.

movimiento de sobrestantes en Inglaterra; las empresas autoadministradas durante la guerra civil en España; el movimiento en favor
de la cogestión en Alemania; las consultas bipartitas en Inglaterra;
las organizaciones del kibbutz y del moshav en Israel. Ha surgido
espontáneamente en épocas de revolución, como ocurrió en Polonia
y Hungría en 1956, y en Checoslovaquia en 1968. Los teóricos del
movimiento fueron Fourier, Owen, Bakunin, Proudhon, Marx, En-
gels, Trotsky, Sorel, De Leon, Lenin y Rosa Luxemburgo, por no
citar sino a los más importantes.

Sin embargo, el concepto de autogestión no es peculiar del pensamiento socialista, cuando menos no en todos sus elementos. Los
cuadros dirigentes estadunidenses también han llegado a pensar que
los gerentes deben representar a toda la comunidad de la que forman
parte, y no sólo los intereses exclusivistas de los accionistas; advierten que deben defender los intereses de la sociedad, en general, más
que buscar la máxima obtención de utilidades. La teoría contemporánea de la administración de empresas en Estados Unidos es
más humanista que en el pasado; trata de retribuir los esfuerzos del
trabajador con algo más que su salario y de motivar a las empresas
comerciales para que persigan objetivos más amplios que los meramente económicos. Las escuelas del ramo enseñan ahora que hay
que ganar la autoridad por aceptación y por influencia, en vez de
apoyarse en el poder jerárquico. La tendencia hacia la participación
en las utilidades y otras prácticas de esta índole demuestra la influencia de este cambio de actitud.[23]

El nuevo capitalismo posindustrial es humanista, pero esto no
cambia la estructura capitalista básica; la gerencia es oligárquica; la
fuerza de trabajo está sujeta a manipulaciones. La sociedad capitalista se asienta sobre conflictos porque cada grupo tiende a hacer
que prevalezcan sus propios objetivos. La gerencia de participación
sólo trata de dar mayor flexibilidad a la estructura y de tornarla más
representativa; no cambia sus principios básicos.

Algunos movimientos, como la teoría de la organización de participación, que trata de imprimir más flexibilidad en las empresas
y de mejorar el nivel de vida de los trabajadores, en mi opinión
equivalen a tomar aspirinas para combatir el cáncer. En los sistemas

---

[23] Se está difundiendo cada vez más tal concepto de la responsabilidad social
de la gerencia: al respecto, consúltese: *Business and Society*, de George Steiner
(Random House: Nueva York, 1971), pp. 112-121. En *Job Power*, de Jenkins,
pp. 188-245, se describen experimentos recientes en la participación empren-
didos en Estados Unidos: cf. los ensayos en: L. E. Davis y J. C. Taylor, *Design
of Jobs: Selected Readings* (Penguin; Baltimore, 1972).

de mercado la sociedad está plagada de tendencias a la centralización y al gobierno autoritario; la fuerza de trabajo tiende a establecer un poder opuesto a la vez al gobierno y a la gerencia, y esta oposición origina tremendas inflaciones, fenómenos en los que salen perdiendo por igual la fuerza de trabajo y la gerencia. La participación en las utilidades y otros movimientos de este tipo destinados a mejorar la suerte de los obreros son positivos, pero la mejoría que con ellos se logra es insignificante. Los cambios que se implantan en el lugar de trabajo tampoco pueden resolver el problema fundamental, que en mi opinión es el sistema mismo. El sistema que se apoya en "la mano oculta del mercado" ha llegado a su límite como método capaz de generar el bienestar público. La mano oculta es cada día más visible, y lleva el sello del gobierno. Aparentemente, vamos por buen camino hacia un estado de beneficencia, aunque la mayoría de la población no tenga nada que opinar respecto a su destino político, social, y económico.[24] La autogestión es un sistema nuevo que encierra una promesa, porque persigue objetivos generales sociales y políticos sin suprimir el mercado, y sin reforzar la mano del gobierno.

En los siguientes capítulos estudiaremos cómo opera en la práctica el sistema autogestor, y los problemas a los que se ha enfrentado su implantación.

---

[24] *Capitalism and Freedom*, de Friedman, constituye una expresión extrema de la relación que existe entre la libertad económica y la política. Se encontrará una evaluación más moderada de los peligros políticos que entraña la descentralización en Shonfield, *El capitalismo moderno. El cambio de equilibrio de los poderes público y privado*, FCE, México, 1967.

CUESTIONARIO

1. En este capítulo se describieron los resultados disfuncionales de aplicar, ya sea el sistema de mercado, o el de planificación centralizada, a un país en vías de desarrollo. ¿Podría usted identificar estos resultados en su propio país? ¿Ha observado resultados diferentes a los señalados? ¿Está usted de acuerdo con las conclusiones derivadas de lo que se estudió en este capítulo?

2. Describa el sistema económico de su país, según la clasificación presentada en las gráficas del presente capítulo. ¿Lo clasificaría entre los de planeación centralizada, de mercado, o entre alguna variante de éstos?

3. ¿Le parecen importantes los beneficios que se podrían derivar de la autogestión en su país? ¿Considera que se podrían obtener los mismos beneficios con otros sistemas?

4. ¿Qué atractivos tiene el sistema de planificación centralizada para los países en desarrollo? ¿Qué ventajas tiene sobre el sistema de mercado?

5. ¿Qué atractivos ofrece el sistema de mercado para los países en vías de desarrollo? ¿Qué ventajas tiene sobre el sistema de planificación centralizada?

6. ¿Qué significa "socialmente responsable"?

7. ¿En este capítulo se considera la polarización del ingreso como resultado del sistema de mercado en los países en vías de desarrollo? ¿Puede ocurrir otro tanto en las economías de planificación central? De ser así, ¿en qué medida?

8. ¿Por qué se considera necesaria la participación para crear el "capital humano"? ¿Es posible que un sistema jerárquico provea alicientes similares para el desarrollo del capital humano?

9. ¿Por qué se caracterizan, tanto el sistema de mercados como el centralmente planificado, por organizaciones de tipo jerárquico? ¿Sería posible suprimir la jerarquía y conservar al mismo tiempo el sistema de mercado? ¿Y en el caso del sistema de planificación centralizada?

10. ¿Por qué se observa que ambos sistemas se caracterizan por objetivos exclusivistas? ¿Por qué la autogestión es capaz de librarse de ellos?

11. Se afirma aquí que la tendencia a la superconcentración económica es un defecto, tanto del sistema de mercado, como del de planificación centralizada. ¿Cómo logra la autogestión superar este fenómeno?

12. Se presenta aquí un argumento contra el gobierno representativo de corte clásico. ¿Podría usted presentar argumentos en favor de este tipo de gobierno?

13. ¿Sería posible establecer un gobierno polivalente sin implantar la democracia industrial?

14. ¿Por qué se llama a la descentralización un "método para sobrevivir en un medio complejo"?

15. Aquí se presenta como un mal la polarización de la estructura social. ¿Existen argumentos en su favor?

16. En la página 42 se afirma que la organización industrial de tipo jerárquico es ajena a los valores de las sociedades tradicionales. Explique usted por qué.

17. Se presenta aquí como negativo el gobierno muy centralizado. ¿Podría usted defenderlo?

18. ¿Es verdad que todas las empresas de corte jerárquico suponen un medio "atomístico", como se señala en las páginas 30-31? ¿Se aplica esto a las empresas en ambos tipos de sistema?

19. Se afirma que las organizaciones que adoptan la autogestión no persiguen objetivos exclusivistas. ¿Significa ello que el objetivo de toda organización puede ser lo que sus integrantes deseen en un momento dado? ¿Piensa usted que hay limitaciones necesarias a esta libertad?

II. OBJETIVOS, IMPORTANCIA Y METODOLOGÍA DEL ESTUDIO

Objetivos e importancia

El objetivo de este libro consiste en describir y analizar cómo funciona el sistema de organización industrial yugoslavo, para obtener algunos conocimientos sobre los procedimientos de gerencia en las organizaciones democráticas, y para colegir, de qué manera difieren estos métodos de los de otras organizaciones.

Ya hemos detallado los motivos por los cuales nos parece importante este estudio. Se ocupa de un tipo de funcionamiento de organización, de una estructura de organización y de un medio muy diferentes de los que generalmente exploran los estudiosos de la administración de empresas. Nuestro estudio analiza específicamente lo que ocurre en Yugoslavia, país precursor de la descentralización. El análisis de los acontecimientos puede ayudar a los investigadores a comprender la evolución de otros países de planificación centralizada y orientados hacia la descentralización. Por último, el sistema de autogestión creado en Yugoslavia ha atraído el interés de países en vías de desarrollo de África y América Latina.

Los textos acerca de la administración profesional de empresas han utilizado los estudios de funcionamiento en organizaciones industriales de estructura vertical, donde la posición, el prestigio, los beneficios y el poder aumentan al irse ascendiendo en la pirámide, hasta su máximo, en la cúspide de la organización, es decir, en el puesto de presidente. Todos conocemos este tipo de estructura, especialmente en las instituciones comerciales actuales. Aparte de su estructura vertical, todas las organizaciones comerciales estudiadas en Estados Unidos se caracterizan principalmente por funcionar en medios de diferentes grados de actividad competitiva.

Escasean los estudios que se ocupan de organizaciones industriales de estructura horizontal, que funcionan en un medio cambiante, aunque reglamentado.[1] Por tanto, nuestra investigación de dos compañías yugoslavas ofrece una nueva dimensión en el estudio comparativo de sistemas de organización compleja.

---

[1] A. Sturmthal, *Workers' Council* (Cambridge, Mass.: Harvard University Press, 1964); Jiri Kolaja, *Workers' Councils, The Yugoslav Experience* (Londres: Tavistock Publication, 1964). Sin embargo, ninguno de estos estudios estableció una relación entre el medio y los cambios de organización. Por lo tanto, no se ajustan al enfoque de nuestro estudio.

En una estructura horizontal: 1) la distribución del poder se hace partiendo de la clara distinción entre el poder administrativo y el legislativo (en el modelo vertical, estas funciones quedan englobadas en la "gerencia"); 2) el derecho de veto, en vez de atribuirse sólo al dirigente empresarial de mayor jerarquía, está en manos de todos los integrantes de la organización, o en las de sus representantes; 3) los nombramientos, selección y el despido, especialmente de los directivos clave, dependen de la decisión de todos los integrantes, o de sus representantes. Los administradores pueden reelegirse, o se les puede cesar, según el éxito de su gestión, a juicio de sus electores.[2]

La gran mayoría de los especialistas contemporáneos en la administración de empresas preconiza una estructura más horizontal, de mayor "participación".[3] El sistema yugoslavo de autogestión posee varias características de los sistemas de organización propuestos por tales tratadistas. Además de estar estructurado horizontalmente (según la estructura democrática de Katz y Kahn), el sistema yugoslavo ha integrado en sus organizaciones grupos (destacamentos *ad hoc* o "fuerzas por tareas"), que persiguen objetivos comunes y en los que se fomentan las estructuras sociales (como sugiere Likert). Si desea ser reelegida la administración debe estar orientada hacia la fuerza de trabajo, y prevalece una atmósfera de alto nivel de apertura cuando los dirigentes la fomentan, ya que la ideología de la autogestión anima a los trabajadores a intervenir en la dirección. Estas condiciones cumplen algunas recomendaciones de Argyris y Bennis.

Aunque el sistema de autogestión yugoslavo representa el extremo en la gama de estructuras horizontales-verticales, vale la pena estudiarlo, ya que puede servirnos de comparación en la valoración de las diversas teorías de la administración democráticas y de participación. Además, en este estudio se examinan los cambios que impone la descentralización al funcionamiento de la organización, y por ello nos ofrece una evaluación crítica del camino que acaso sigan hacia la descentralización otros países de planificación centralizada,[4] si

---

[2] Los elementos distintivos de las estructuras horizontal y vertical se tomaron de D. Katz y R. Kahn, *The Social Psychology of Organizations* (Nueva York: Wiley, 1967), pp. 221-223. Utilizamos los términos de estructura vertical y horizontal, en vez de "jerárquica" y "democrática", como lo hacen ellos, para evitar cualquier connotación peyorativa.

[3] W. Bennis, *Changing Organizations* (Nueva York: McGraw Hill, 1968); C. Argyris, *Integrating the Individual and the Organization* (Nueva York: Wiley, 1967); R. Likert, *The Human Organization* (Nueva York: McGraw Hill, 1967).

[4] "La piedrita en el agua, la libertad en Yugoslavia, hace olas para el Bloque Oriental." *Christian Science Monitor*, 18 de noviembre de 1967. Véanse "Central Planning in a Guided Market Model", *Acta Oeconomica Academiae Scien-*

hacemos caso omiso de las intervenciones políticas, cuya magnitud e índole son difíciles de predecir.[5] Los acontecimientos recientes en Yugoslavia son importantes, porque parecen adelantarse en varios aspectos a los demás países comunistas.[6] Parece que Yugoslavia se está enfrentando ahora a problemas que otros países comunistas seguramente habrán de encarar en lo futuro: los conflictos que origina la descentralización, la tendencia hacia adoptar una economía de mercado, sin por ello dejar de perseguir los valores sociales comunistas. Al mismo tiempo que Yugoslavia es el país que va a la vanguardia en las políticas de descentralización, ha servido de modelo a los países del Tercer Mundo, o emergentes, que se enfrentan a problemas sociopolíticos semejantes a los de Yugoslavia.[7]

METODOLOGÍA

Nuestro estudio se limita a dos compañías yugoslavas, observadas y analizadas con profundidad por este investigador durante la primavera de 1967, así como a una docena de otras empresas estudiadas durante ese mismo periodo. El autor estuvo en Yugoslavia durante el verano de 1966, con el fin de preparar el terreno para el estudio, y regresó a esas dos compañías en 1968, para enterarse de lo que había pasado desde su última visita. El análisis se basa en una eva-

tiarum Hungaricae, 1, 1966, y la conferencia del Ministro de Justicia de Hungría, "Legal Status of Enterprises in Hungary's New Economic Mechanism Defined", publicada en Figgelo, 24 de mayo de 1967 (Budapest); también "New Leaf, Hungary Ushers in Profit Basis", Christian Science Monitor, 2 de enero de 1968. Véase "Profit Plan", Christian Science Monitor, 2 de febrero de 1968; también "Stymied Soviets", en The Wall Street Journal, 27 de diciembre de 1967; "Rumania Promises Consumer Gains", Christian Science Monitor, 10 de enero de 1968; "Rumania Decentralizes", Christian Science Monitor, 20 de enero de 1968; "Czechs Welcome Signs of Break with Past", Christian Science Monitor, 5 de febrero de 1968; Todor Zhivkov, The New Systems of Economic Management (Sofia: Foreign Languages Press, 1966); Todor Zhivkov, Ninth Congress of the Bulgarian Communist Party Report and Concluding Speech (Sofia, Foreign Languages Press, 1967).

[5] En cuanto a los peligros, tal como los consideraban los rusos, de descentralizar el poder económico y el político simultáneamente, la confrontación de 1968 entre la URSS y Checoslovaquia puede servir de ejemplo.

[6] Cabe señalar, sin embargo, que rechazan el establecimiento de Consejos de Trabajadores, es decir, el estilo de autogestión llevado a sus últimas consecuencias.

[7] Tekariv an Muhemet El-Wafd El Arabi Fi Zeyaratehy Li Yugoslavia (Informes de la visita de la misión árabe en Yugoslavia). (Ministerio de Planificación, Secretariado Permanente de los dos Comités permanentes de personal técnico y mano de obra. El Cairo, Egipto, 1966.)

luación de los cambios ambientales y su relación con las variantes ocurridas en la organización (enfoque de sistemas abiertos).[8]

Las dos empresas que se escogieron como tema principal de estudio eran similares en once factores, pero diferían en una variante independiente clave, o sea, en la pauta que seguía la dirección; se seleccionaron precisamente para obtener una visión general del funcionamiento de la organización al cambiar con esta variante independiente.

Las dos empresas seleccionadas eran similares en las siguientes características: [9]

1. La tecnología que utilizaban.
2. El tamaño (un promedio de 2 800 o de 2 600 empleados, respectivamente).
3. El valle agrícola de donde procedía su fuerza de trabajo (pequeños poblados de los alrededores de Belgrado).
4. La proporción entre trabajadores y trabajadoras.
5. Los mercados a que las empresas destinaban sus productos, y los canales de distribución que utilizaban.
6. Los instrumentos económicos gubernamentales que aplicaban (políticas de reglamentación).
7. Las leyes externas que determinaban la estructura de organización formal y la manera como se aplicaba la ideología de autogestión.
8. La dispersión geográfica de las fábricas (una distancia de varios kilómetros de las oficinas centrales).
9. La antigüedad de las empresas, medida desde la fecha aproximada de su fundación.
10. La misma estructura de organización formal, en términos generales.
11. La composición de los integrantes de los órganos responsables de tomar las decisiones, medida en educación académica, adiestramiento y puesto desempeñado por los funcionarios de esos órganos.

Las pautas de dirección, es decir, el estilo empleado por los directores de cada empresa para guiar la organización y efectuar las decisiones de grupos (*leadership*), se encontraban en extremos opues-

[8] En el Apéndice A de este libro se da una explicación detallada de la metodología adoptada.
[9] En el capítulo IV se encontrará una descripción más detallada.

tos de la gama autoritario-tolerante.[10] Como este estudio describe el funcionamiento de la organización en los extremos de la gama mencionada, es probable que otro tipo de funcionamiento, atribuible a diferencias de estilo en las pautas de dirección, caiga entre los extremos descritos, lo cual daría aún más valor a nuestra investigación.

Los cambios en el medio se estudiaron analizando las variantes en la situación económica-política y social. Se analizaron las limitaciones a la organización mediante el estudio de las leyes que determinan la organización formal y regulan su óptima operación.[11]

La ideología del sistema de autogestión como parte del medio se presenta en este libro para familiarizar al lector con el sistema político establecido (el *establishment*) y los objetivos (resultados esperados) que impone a la organización industrial. Pensamos que estas expectativas ejercieron gran influencia en el funcionamiento que observamos en esas empresas.

Para apreciar la manera como operaban estas organizaciones en determinado medio, se examinaron tres tipos de decisiones, desde su origen hasta su implantación: 1) modernización de la compañía; 2) elaboración de planes anuales; 3) medidas disciplinarias: entre otras contrataciones y despidos.

Estos tres tipos de decisiones presentaban las siguientes variantes:

a. La *cantidad* de información que era necesario manejar para tomar la decisión.

b. La *complejidad* de los datos que debían manejarse para tomar la decisión, y por ende, la cantidad de *conocimientos profesionales* requeridos.

c. El efecto de la decisión sobre la organización, en términos de gastos e ingresos probables (principio de compromiso).

Sin dejar de considerar el estilo de dirección como una variable independiente, y analizando las mismas tres decisiones en dos compañías virtualmente idénticas, pudimos esclarecer una serie de diferencias en los procedimientos administrativos.

1. Comparación de las diversas decisiones en la misma compañía (es decir, la compañía es constante y las decisiones variables).

2. Comparación de esas decisiones en las dos empresas (o sea, la decisión permanece constante, las empresas varían).

[10] Véase el capítulo IV.

[11] Los últimos cambios en el medio legal, que establecen las estructuras de organización, como la Enmienda Quince de la Constitución y la legislación subsecuente (1968-1969), no se presentan aquí, puesto que no existían en el momento de hacer el estudio, y por ello no afectaron el funcionamiento observado.

3. Comparación de la participación en la toma de decisiones entre varios órganos que ejercen esta prerrogativa en la misma empresa (o sea, la empresa permanece constante, los órganos de decisión varían).

4. Comparación entre el procedimiento de toma de decisiones en el mismo órgano, en las dos empresas (o sea, permanece constante el órgano de toma de decisiones, y varían las empresas).

Se analizaron los cambios en la estructura de la organización siguiendo los cambios en la autoridad, las obligaciones y las responsabilidades de diversos cuerpos de organización.

Con el fin de obtener algunos datos comparativos de la eficiencia de estas dos empresas, se hicieron y compararon mediciones de los rendimientos económicos y del capital humano. La medición de los resultados económicos se hizo mediante el cómputo con indicadores uniformes, los *jedinstveni pokazatelji*. [12] Las cifras referentes al capital humano se obtuvieron midiendo el ausentismo, los retardos, los castigos (magnitud de las medidas disciplinarias tomadas), y la movilidad o cambio de posiciones en la fuerza de trabajo. Incluso una huelga intempestiva en una de las empresas nos ofreció la oportunidad excepcional de analizar ciertos problemas de relaciones humanas.

El método aplicado fue esencialmente el de la observación participante. (También se recurrió al análisis de archivos y documentos.) No obstante, el método clásico de observación participante tuvo que alterarse en este caso. Este método requiere: 1) que el observador sea imparcial; que anote sus observaciones sin intervenir, y por tanto sin ejercer influencia en la conducta de las personas observadas, y 2) como dijo Madge: "Cuando el observador logra que su corazón lata al unísono con el de algún integrante del grupo en observación, en vez de obrar como emisario ajeno, perteneciente a algún laboratorio distante, se ha ganado el título de observador participante." [13]

El investigador logró que "su corazón latiera al unísono con los corazones de los integrantes del grupo" gracias a su presencia diaria en la fábrica, a su conocimiento del idioma y a su estrecha afinidad con la cultura del grupo. Sin embargo, no pudo hacer el estudio sin que surgiera una interacción con los observados, aunque trató por

[12] *Jedinstveni pokazatelji* es un sistema yugoslavo para medir la eficiencia económica de una empresa. En *Metodologija Koriscenja Jedinstvenih Pokazatelja i Uporedivanja Poslovnih Rezultata Privrednih Organizacija* (Belgrado, Jugoslovenski Zavod za Produktivnost Rada, 1963) se encontrará una explicación del enfoque que se adopta en este sistema.

[13] John Madge, *The Tools of Social Science* (Garden City, N. Y.: Doubleday, 1953), p. 137.

I - MODELO DE INVESTIGACION

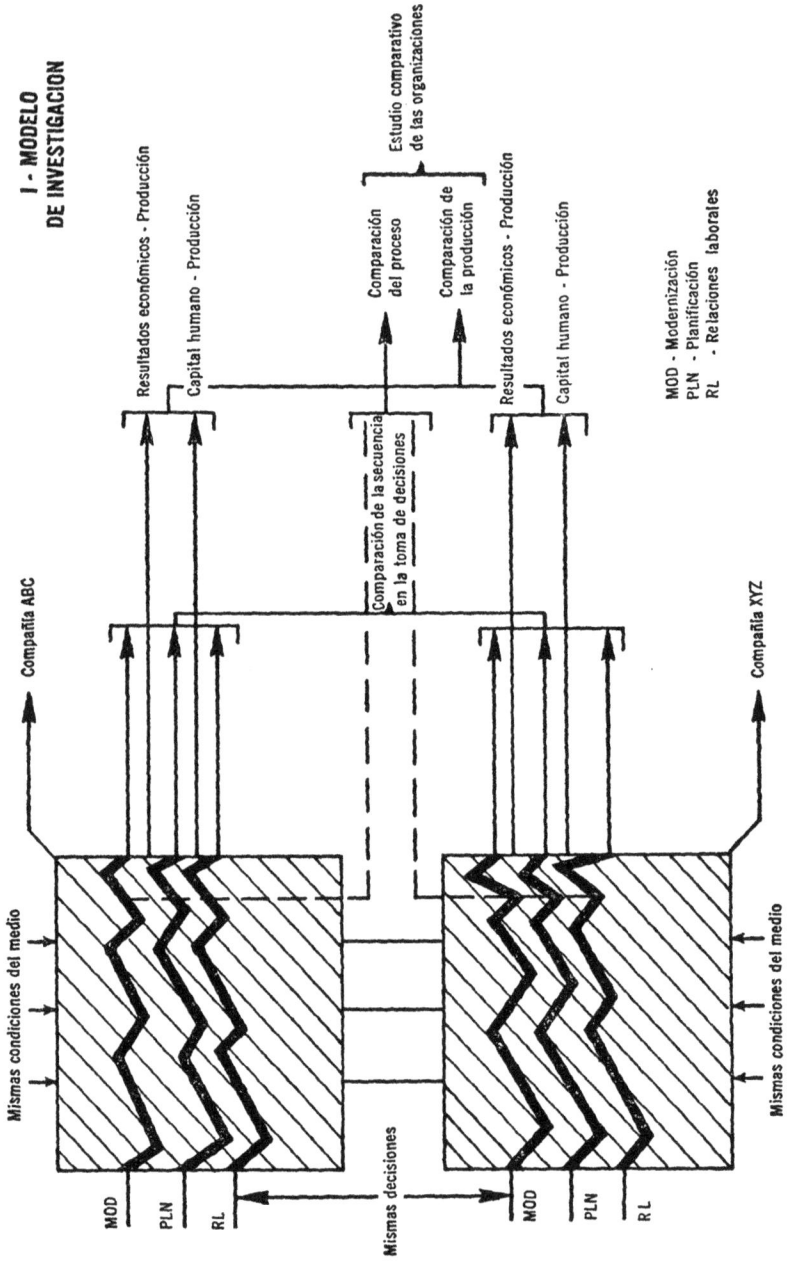

Estudio comparativo de las organizaciones

Comparación del proceso

Comparación de la producción

Resultados económicos - Producción

Capital humano - Producción

Resultados económicos - Producción

Capital humano - Producción

MOD - Modernización
PLN - Planificación
RL   - Relaciones laborales

Compañía ABC

Comparación de la secuencia en la toma de decisiones

Compañía XYZ

Mismas condiciones del medio

Mismas condiciones del medio

MOD

PLN

RL

Mismas decisiones

MOD

PLN

RL

todos los medios de minimizar el efecto de tal interacción. No intervenir en nada y simplemente anotar sus observaciones habría convertido al observador en una figura conspicua, lo cual habría afectado la conducta de los observados. Tres acontecimientos habrían convertido al investigador en objeto de sospechas por parte de los observados.

1. En enero de 1967, un mes antes de que el autor saliera rumbo a Belgrado, Estados Unidos suspendió sus remesas de trigo a Yugoslavia; este acto político suscitó cierta animadversión hacia los norteamericanos.

2. Durante la semana en que el autor salió hacia el lugar de su investigación (la tercera semana de febrero de 1967), un grupo terrorista hizo estallar bombas en las embajadas yugoslavas en Estados Unidos y Canadá. Este acontecimiento fue muy comentado en los diarios del país y, en consecuencia, me retiraron su apoyo algunas personas con quienes me había puesto previamente en contacto.

3. Al llegar el investigador a Yugoslavia, los diarios norteamericanos informaron que la CIA estaba financiando a la Asociación Nacional de Estudiantes y que tenía a sueldo a estudiantes extranjeros para promover actividades anticomunistas.[14]

Por si fuera poco, el investigador es de nacionalidad israelí y este factor afectó la duración de su estancia en Yugoslavia. Hacia fines de mayo de 1967, la situación política del Oriente Medio se tornó demasiado tensa (el 5 de junio estalló la guerra), con lo que surgió el peligro de que fuera detenido y deportado, no sin antes confiscarle sus notas.

Todas estas limitaciones políticas complicaron el diseño de una metodología de la investigación, por lo que fue preciso hacer algunos cambios al enfoque clásico de las observaciones participantes. (En el Apéndice A aparece una descripción detallada del método seguido para compilar los datos.)

En el verano de 1966 el autor fue a Belgrado, estableció relaciones para una colaboración futura y concibió algunas ideas sobre los problemas metodológicos a que tendría que enfrentarse. Durante las primeras semanas de febrero de 1967 visitó unas diez empresas situadas en Belgrado o cerca de esa ciudad. A la postre se eligieron dos industrias textiles y el Ministerio de Información concedió el permiso para emprender el estudio. En realidad las empresas en cuestión no estaban obligadas a cumplir con la solicitud de ese mi-

---

[14] *Politika Express*, en su número del 31 de marzo de 1967, aseguraba que la CIA había pagado $ 10 000 a algunos estudiantes extranjeros para que se convirtieran en traidores. (El autor es yugoslavo de nacimiento.)

nisterio; sin embargo, el investigador estableció relaciones firmes con las compañías, sobre todo con los responsables de las decisiones durante entrevistas informales celebradas en las dos semanas de la encuesta inicial. Una vez establecida la confianza, a nivel personal, se solicitó el permiso para visitar con mayor frecuencia esas empresas.

En la empresa ABC nadie quiso permitir al investigador el acceso sin la aprobación previa del estudio por parte del director. Este permiso se obtuvo en cuanto el Ministerio de Información envió una carta de presentación y entonces el autor logró el acceso a todas las reuniones y a los documentos de la empresa. En la empresa XYZ el director prefirió eludir la responsabilidad de la decisión final y turnó el asunto al Consejo Directivo de la empresa, al que el autor hizo una apelación personal. Se votó y se le permitió permanecer allí el tiempo que deseara, así como asistir a todas las reuniones. En los seis meses de observaciones, asistió a todas las juntas y gracias a que dominaba el idioma, anotó las discusiones sin recurrir a un intérprete. En ambas empresas la gente se mostró en la mejor disposición de conversar con el investigador y proporcionarle los datos que necesitaba, y se empeñó en hacerle agradable su tarea.

Hacia el final de su permanencia en el país, el autor mostró sus análisis a los directivos de ambas compañías y halló que en parte éstos habían llegado a conclusiones similares. Durante las últimas tres semanas espació sus visitas a las empresas, con excepción de las reuniones, y comenzó a entrevistarse con funcionarios yugoslavos responsables del sistema autogestor, profesores en administración, economistas, directores y miembros de instituciones de investigación (veintiocho en total). En esta fase de su estudio les sometió sus conclusiones con vistas a un análisis crítico. En la mayoría de los casos, las personas entrevistadas estuvieron de acuerdo en que éstas eran similares a las propias. Un día el investigador presentó su investigación y análisis ante treinta y cinco directores de empresas yugoslavas. La mayoría de sus observaciones sobre el funcionamiento de la organización fueron compartidas por las empresas. Por ello, tanto los actores como los exponentes teóricos en la materia afirmaron que los descubrimientos del autor eran válidos más allá del marco de estas dos empresas, con lo cual reconocieron que su alcance iba más allá del estudio de estos casos.

En la última semana de su estadía, el autor viajó a Zagreb y Ljubljana para entrevistar a cuatro autoridades en la autogestión yugoslava. Al presentarles sus observaciones, todos, menos uno, estuvieron de acuerdo con la mayoría de sus conclusiones.

Cabe señalar que el momento en que se hizo la investigación

puede haber ejercido cierta influencia en tales conclusiones. Las dos empresas del ramo textil fueron estudiadas durante la primavera de 1967, cuando la reforma de 1965 tuvo mayor impacto en estas industrias. Por ello, se observaron en el momento culminante de la crisis. El lector deberá tener en cuenta esta circunstancia, que hizo anómala la situación que se describe en este libro. No obstante, estudiar una organización en el momento de su crisis, tuvo ciertas ventajas metodológicas; permitió identificar "los puntos débiles" del sistema; aquellas debilidades que no resaltan con claridad cuando una organización opera en situación normal. Si toma el lector en consideración este aspecto metodológico al sacar sus propias conclusiones acerca de las ventajas y desventajas del sistema, al proceder del diagnóstico al pronóstico, verá que la desventaja metodológica de estudiar una organización en tiempo de crisis no resulta muy importante.

Definición de términos clave utilizados en este libro

Autoridad se define como el derecho legal para determinar o resolver en cierta forma los problemas y tomar las decisiones. Las personas adquieren autoridad al ocupar un puesto de cierta jerarquía, y esta autoridad no depende de la personalidad de quien ocupe el puesto.[15]

Autoridad profesional es un derecho adquirido para determinar y decidir, derivado de los conocimientos profesionales en un tema acerca del cual se toma una determinación o decisión. La autoridad profesional depende de la persona, y, en ciertos casos, del puesto que desempeña. Una persona deriva autoridad profesional de su puesto únicamente si quienes reciben las órdenes y la información de él consideran que su puesto debe ser ocupado por alguien con conocimientos profesionales especiales. La autoridad profesional no incluye necesariamente la autoridad legal.

Autoridad por aceptación es una variante de la autoridad profesional. Puede definirse como autoridad profesional *pura*, donde el subordinado hace caso omiso de la posición jerárquica y basa su aceptación del mando *únicamente* en la personalidad y en la confianza (o en ambas) que le inspira la persona que toma la decisión.

Poder se define como la posesión o el control de los medios de recompensa y castigo. La autoridad legal puede ser una fuente de poder.

Liderazgo o calidad de dirigente, según Tannenbaum y sus co-

---

[15] Esto suele conocerse como "autoridad legal". Véase R. Carzo y J. Yanouzas, *Formal Organization, a Systems Approach* (Homewood, Ill.: Richard D. Irwin and Dorsey Press, 1967), p. 50.

laboradores, es "influencia interpersonal, ejercida en cierta situación y tendiente, a través del proceso de comunicación, hacia el logro... de objetivos".[16] La definición de Tannenbaum incluye alcanzar "un objetivo o varios objetivos específicos". Para incluir el espíritu emprendedor en nuestra definición del liderazgo, omitimos esto de "objetivos específicos", porque precisamente parte de la función del dirigente de empresas es la especificación de los objetivos.

Gerencia o gestión administrativa se define como un procedimiento social, compuesto de una serie de actos mediante los cuales se toman decisiones, y que llevan a la identificación y la realización de los objetivos. La gerencia abarca tanto el liderazgo como el mando, la coordinación, la organización, la planificación y la supervisión. (Debemos recalcar que esta definición abarca más que el proceso de tomar decisiones por medio de las cuales se alcanzan ciertos objetivos. También abarca los procesos de identificación de los objetivos, y las características del espíritu emprendedor.)

Cabe indicar que estos términos están interrelacionados; más aún, existen divergencias sobre su definición. No obstante, estas definiciones se adoptaron sin tener en cuenta el debate de los tratadistas al respecto (ya que habría sido preciso dedicarle un libro aparte), y con el deseo de aclarar al lector la exposición de las conclusiones.

---

[16] R. Tannenbaum, I. Wechsler y F. Massarik, *Leadership and Organization: A Behavioral Science Approach* (McGraw-Hill, Nueva York, 1961), p. 24.

CUESTIONARIO

1. ¿Qué argumentos podría usted presentar en favor del establecimiento de Consejos de Trabajadores en la Europa Oriental? ¿En qué se podría basar la objeción de dichos establecimientos?
2. ¿Cuáles son los objetivos de la autogestión? ¿Pueden alcanzarse estas metas en un régimen muy centralizado, sin necesidad de implantar una descentralización política?
3. ¿Qué ventajas y desventajas se derivan del estudio de una organización durante una época de crisis?
4. ¿Cómo se define aquí la gerencia o gestión administrativa? ¿Cuál es el papel de la gerencia en las empresas donde se ha implantado la autogestión? ¿Es necesario el papel de la gerencia en una organización administrada por los trabajadores? ¿Ve usted alguna diferencia entre la "gerencia" definida como grupo de personas y "gerencia" definida como procedimiento social? Si la gerencia es un procedimiento social, ¿puede ejercerla un grupo de personas? Si la ejercen los trabajadores, ¿cuál es entonces el papel de la gerencia profesional?

III. EL MEDIO Y LA ESTRUCTURA
DE ORGANIZACIÓN INDUSTRIAL
YUGOSLAVA

LA PRIMERA parte de este capítulo trata de tres temas generales: 1) la situación económica en Yugoslavia y, más específicamente, los procedimientos y las repercusiones de la descentralización; 2) la situación sociopolítica que acaso refuerce o retarde el fenómeno de la autogestión, y 3) la ideología de la autogestión, que ha suscitado diversas expectativas y ha fijado ciertos objetivos, los cuales han afectado mucho la estructura de organización y su funcionamiento.

La segunda parte trata de los ordenamientos legales destinados a asegurar la correcta aplicación de la autogestión, y de la estructura de recompensas con que se intenta motivar a las organizaciones para hacerlas alcanzar el funcionamiento óptimo y la realización de los ideales.

EL MEDIO

El medio económico

En los últimos treinta años Yugoslavia ha sufrido una serie de trasformaciones revolucionarias. En una sola generación el país ha pasado aceleradamente de la etapa preindustrial a la industrialización; actualmente fomenta los valores de una sociedad posindustrial. Además de esto, el país está viviendo una revolución sociopolítica y debe mencionarse también que dentro de este periodo padeció una guerra mundial trágica y destructora, en la que pereció uno de cada nueve de sus ciudadanos. Por una parte, se intenta unir a nacionalidades hostiles entre sí desde hace varias generaciones, y, por otra, descentralizar el poder en el ámbito de las decisiones económicas. Como el poder económico y el político están íntimamente vinculados entre sí, la descentralización de los poderes económicos podría ahondar las rivalidades nacionalistas. Por ello, el deseo de descentralizar el poder económico y al mismo tiempo unir las diversas nacionalidades ha originado dificultades adicionales en las decisiones que implantan determinadas políticas.

Para comprender el medio en que tenían que operar las organizaciones industriales tema del estudio, es necesario analizar cada factor de este medio tan turbulento.

Antes de la segunda Guerra Mundial la economía yugoslava se basaba en una población campesina, en su mayoría analfabeta. Las empresas industriales operaban en pequeña escala, y era muy raquítico el comercio internacional. En 1921, el 78.7 por ciento de la población era agraria, y no había más que 2 000 empresas con más de 83 trabajadores. La renta anual *per capita* era de $ 70.[1] En 1939 la relación entre la población campesina y la urbana se redujo a 74:26, y en 1960 era ya de 50:50.[2] El cambio de importancia de la agricultura a la industria se expresó en el producto nacional bruto.

CUADRO 1. *Contribución al producto nacional bruto, por sectores* *

Año	Industria	Agricultura	Otros
1939	26.8	44.3	28.9
1960	43.5	23.9	32.6

* V. Zeković y S. Novaković, *Ekonomika Jugoslavije*, 2ª ed. (Rad., Belgrado, 1964), p. 164.

La rápida industrialización de Yugoslavia redundó en cambios demográficos. Los campesinos se mudaban a las ciudades o acudían a las fábricas desde sus pueblos, aunque seguían cultivando sus campos durante su tiempo libre. Como eran analfabetos (fenómeno muy común en las sociedades agrícolas), tuvieron que aprender a leer y escribir, necesidad de primer orden en las sociedades industriales.

Antes de la segunda Guerra Mundial cerca del 90 por ciento de

CUADRO 2. *Porcentaje de analfabetos entre la población en edad de trabajar* *

Grupo de edades	1953	1961
15-19	12.8	6.4
20-34	16.3	13.9
35-49	33.3	24.1
50-64	41.5	39.1

* *Estudio estadístico yugoslavo*. Secretaría Federal de Información de Yugoslavia (Belgrado, julio-septiembre de 1966), vol. II, p. 3727.

[1] V. Zeković y S. Novaković, *Ekonomika Jugoslavije*, 2ª ed. (Rad, Belgrado, 1964), pp. 24, 31.
[2] *Ibid.*, p. 71.

las exportaciones de este país consistía en productos agrícolas y madera. A partir de 1950, la industria ligera ha ido cobrando importancia, y en los últimos años sus productos han llegado a integrar el 25 por ciento de las exportaciones. En 1950 las exportaciones de productos agrícolas habían descendido al 50 por ciento del total, lo cual refleja el rápido incremento de la industrialización.[3]

También ha crecido el interés yugoslavo por los mercados extranjeros. Sus exportaciones se incrementaron, de 125.4 millones de dólares en 1937, a 323.4 millones en 1956. Diez años después en 1966, esta cifra se cuadruplicó, alcanzando la suma de 1 223 millones de dólares; es decir, que se multiplicó por diez en el lapso de treinta años. Sin embargo, sus importaciones aumentaron quince veces esta cifra en el mismo periodo.

Además de la revolución tecnológica de la industrialización, el medio económico yugoslavo ha pasado por un proceso de descentralización, que es en sí mismo una fuente importante de inquietud. La nación cambió, de ser una economía de planificación centralizada antes de 1950, a una economía relativamente de mercado y socialista tras la reforma económica de 1965.

En los años de la posguerra se nacionalizaron todos los recursos y medios de producción. Se elaboraron planes obligatorios que fijaban el tipo y la cantidad de producción que debía lograrse, en los niveles federal, regional y nacional. El Estado determinaba el monto del ahorro de las corporaciones, lo absorbía totalmente y luego asignaba estos recursos a inversiones específicas en las diversas industrias y empresas industriales. Los directores de empresa eran nombrados por el gobierno, y nadie, ni el director, podía ser contratado o despedido sin la previa aprobación oficial. Los precios, que también fijaba el gobierno, servían para fines contables, como mecanismos de trasferencia entre los diversos sectores industriales del gobierno.

El mercado era esencialmente de vendedores.[4] La demanda era muy rígida y los productores consideraban que la única manera de aumentar los ingresos consistía en alzar los precios o incrementar la producción. Los márgenes de utilidades estaban regulados, y las utilidades se definían como la diferencia entre el costo y los ingresos planificados y los reales. Como la mayoría de los factores que afectan los costos e ingresos planificados y los reales estaba fuera del alcance de cada empresa, no existía la motivación de la ganancia. En vez de ello, la motivación de la empresa consistía en sobrepasar el

---

[3] I. Drutter, "Sistem Cijena I Trzisnih Odnosa", en D. Gorupić, M. Novak e I. Drutter, *Poduzece u Reformi* (Zagreb, Informator, 1968), p. 107.

[4] *Ibid.*

plan de producción: era el único factor que quedaba a discreción de las empresas. No obstante, la producción óptima como único objetivo sólo podía ser funcional mientras prevaleciera el mercado de vendedores.

En 1950 los yugoslavos sustituyeron el sistema de planificación centralizada por el conocido concepto marxista de "los medios de producción en manos de los trabajadores". Favorecía este cambio el concepto de que la centralización de la planificación y los medios de producción en manos del Estado sólo acentuaba la concentración central del poder. La centralización del poder no armoniza con la idea de "desestatización", o de "supresión del Estado", piedra angular del socialismo como etapa de transición hacia el comunismo.[5] Además, los yugoslavos consideraban que la planificación centralizada adolecía de imperfecciones económicas.[6]

El lema "las fábricas para los trabajadores" significó el establecimiento de Consejos de Trabajadores que en lo sucesivo administrarían las industrias, en vez del gobierno central. (Hasta entonces los Consejos de Trabajadores sólo funcionaban como organismos asesores.) Sin embargo, el cambio sólo fue nominal, ya que los factores fundamentales de la toma de decisiones seguían en manos del Estado: 1) La mayoría de los ingresos aún eran absorbidos por el gobierno a través de la tributación; en consecuencia, las empresas carecían de recursos económicos para apoyar las decisiones independientes. 2) Las decisiones relativas a inversiones continuaban haciéndose a nivel oficial, frecuentemente según racionalizaciones políticas que constituían reacciones a diversas presiones nacionalistas. 3) Los precios estaban estrictamente regulados; del 70 al 80 por ciento de la producción tenía marcados precios oficiales. 4) Las exportaciones se fomentaban a través de una serie de cuotas de intercambio, que variaban a voluntad del gobierno; por ello, muchos productos resultaban reditables o irreditables, según le apeteciera al gobierno y, así, este factor no era de la competencia de las empresas. Por otra parte, la exportación se hacía con listas de exportadores y las empresas se veían obligadas a utilizar su influencia en todos los medios para que las incluyeran en la lista adecuada. 5) El Partido Comunista gozaba de una gran influencia, y los dirigentes del Partido eran canalizados hacia las empresas que se intentaba ampliar. De este modo era muy importante la intervención política externa, y en

---

[5] Dusan Bilandzić, *Social Self-Government* (Medunarodna Politika, Belgrado, 1965), p. 2.

[6] Zeković, Novaković, p. 174.

cambio no existían los mecanismos económicos de mercado como tales.

En estas circunstancias, las empresas podían incrementar sus operaciones y sus ingresos más efectivamente a través de componendas con las dependencias oficiales que mediante operaciones productivas y eficientes.[7] A todos estos factores debemos agregar que Yugoslavia resentía las presiones inflacionarias resultado de las altas tasas de inversión y de la acelerada industrialización, que no siempre estaban bien equilibradas. Si el índice del costo de vida en 1956 era de 100, en 1957 alcanzó la cifra de 102.7; de 120.4 en 1960, y de 151.4 en 1963.[8]

Por una parte, la inestabilidad del mercado, y por otra la incapacidad de los administradores para tomar decisiones independientes en cuestiones vitales para el éxito de la empresa, hicieron que éstos tendieran a fijar políticas a corto plazo. Tal tendencia se acentuaba porque el gobierno fijaba un objetivo principal: la producción máxima, alta y de ser posible, por encima de lo planificado. En tales condiciones surgieron muchos fenómenos disfuncionales, como el establecimiento de objetivos precarios en la planificación, con el fin de sobrepasarlos fácilmente, y costos estimados demasiado altos, para obtener un elevado nivel de ahorro. Ambas prácticas resultaron poco funcionales más adelante, cuando a consecuencia de una mayor des-

CUADRO 3. *Distribución del ingreso neto* * (en %) **

Asignación	1960	1961	1962	1963	1964	1965***	1966***
A la sociedad (Gobierno federal y local)	56.8	54.1	54.4	54.3	49.0	45.2	40.3
Queda en la compañía	43.2	45.9	45.6	46.7	51.0	54.8	59.7
Total	100.0	100.0	100.0	100.0	100.0	100.0	100.0

* O sea, la cantidad total asignada a los diversos órganos ajenos a la empresa, en comparación con la cantidad que conservaba ésta.
** K. Dzeba y M. Beslać, *Privredna Reforma* (Zagreb: "Stvarnost", 1965), p. 104.
*** M. Novak, "Privredna Organizacija..." en D. Gorupic *et. al.*, *Poduzeca u Reformi* (Zagreb: Informator, 1968), p. 42.

[7] K. Dzeba y M. Beslać, *Privredna Reforma* ("Stvarnost", Zagreb, 1965), p. 58.
[8] *Ibid.*, p. 117.

centralización comenzaron a operar las fuerzas del mercado y cuando la información deliberadamente errónea comprometió seriamente la capacidad de las empresas para tomar decisiones competitivas.

Entre 1950 y 1965 se otorgó mayor poder en la toma de decisiones a los Consejos Obreros, así como el poder económico a discreción a cada empresa. Tal cambio se hizo mediante el incremento de la participación de utilidades que quedaba en manos de cada empresa. Además, se atribuyó a los bancos la facultad de asignar recursos de inversión basándose en criterios económicos, disposición que también acentuó el "deshielo" parcial de la influencia política en tales decisiones.

Pero el proceso de descentralización no abarcaba aún todos los frentes. Los precios seguían siendo objeto de regulación oficial; en 1965 el 70 por ciento de la producción industrial operaba con el régimen de los precios oficiales [9] y con el de las limitaciones al margen de utilidades que podía lograr cada empresa.

Era enorme la complejidad en la administración de una economía muy regulada. Dzeba lo expresó así:

En la situación de gran inestabilidad económica con tendencias inflacionarias, amén de amplia intervención oficial en la administración... los resultados de las actividades comerciales y los intereses materiales del individuo y de la compañía misma no dependían suficientemente de los resultados del trabajo, la productividad real y la eficiencia económica. Por el contrario, dependía en gran medida de las decisiones administrativas, de la interrelación de los precios regulados, etc. En tales condiciones, las colectividades de trabajo [las empresas] *tendían a dedicar gran parte de su tiempo a cuestiones ajenas a la productividad y a los costos, tiempo que consagraban a discutir con los diversos órganos gubernamentales, ejerciendo presiones y negociando subsidios y mayores precios para sus productos*... Con esos factores deformados, resultaba imposible determinar el costo real de la producción... y como se carecía de indicadores objetivos de evaluación, resultaba imposible diseñar una política económica sana.[10] [Las itálicas son mías.]

El intento yugoslavo de estimular la productividad redundó en la reforma económica de 1965, que consistió esencialmente en una mayor descentralización. Esta reforma abarcó varias facetas.

Con el objeto de activar la competencia a través del comercio in-

[9] Drago Gorupić, *Tendencije u Razvoju Radnickog Samoupravljanja u Jugoslaviji* (Zagreb, Informator, 1967), p. 113.

[10] Dzeba, p. 58. El pasaje anterior traducido del yugoslavo al inglés por I. Adizes, 1968.

ternacional, y también para disminuir el enorme peso del sistema, con todos sus efectos distorsionantes, el *dinar* se devaluó mucho y se disminuyeron las diversas tasas de intercambio. Además de esto, se redujeron las tarifas arancelarias, de un promedio de 23.3 por ciento, a 10.8 por ciento, con lo cual se incrementó la competencia entre los artículos extranjeros en el mercado interno.[11] En 1965 se eliminaron los precios oficiales a 18 grupos de productos, y en 1967 se agregaron otros 31 grupos a la lista.[12] En 1967 la liberación de los precios oficiales alcanzó nuevos límites. Para alentar la competencia, se permitió a las empresas conservar y utilizar una parte mayor de sus ingresos, según lo juzgaran conveniente (*véase el cuadro 3*). Un aspecto interesante de la reforma consistió que, según las nuevas regulaciones, los precios en el mercado interno tendrían que reflejar los precios del mercado mundial. Los cambios en las tarifas arancelarias y las nuevas regulaciones de precios tendían a aumentar la competencia para el productor yugoslavo, para lograr así una mayor productividad.

A la reforma económica se agregaron ciertas declaraciones políticas. *El Partido Comunista resolvió luchar por una mayor competencia en el mercado,* y consideró que sus afiliados debían oponerse a las presiones ejercidas para conservar las empresas no redituables mediante regulaciones de precios, subsidios y otros tipos de ayuda que podrían dificultar la operación adecuada del mecanismo de mercado.[18]

La mayor descentralización del sistema después de 1965 no fue meta fácil, ya que el gobierno central quería descentralizar sin perder el poder político. Como se estaba descentralizando el poder económico, la manera de conservar el poder político consistía en recurrir a la legislación de los procedimientos, ya fuera para permitir o limitar el uso de los recursos asignados. En 1966 la Tesorería o Secretaría de Hacienda publicó 630 decretos reglamentarios. Se promulgaron un gran número de leyes federales en el ámbito económico:

en 1963:   753
   1964:   718
   1965:   982 (es decir, 3 cada día hábil)
   1966:   800

[11] *Ibid.,* p. 123.
[12] Mijo Novak, "Privredna Organizacija..." en: Gorupić *et al.,* 1968, pp. 37, 38.
[18] *Aktuelni Problemi Borbe Saveza Komunista Jugoslavije za Sprovodenje Reforme,* Treći Plenum CK SKJ (*Komunist,* Belgrado, 1966), p. 323.

Las leyes arancelarias cambiaban de ocho a nueve veces al año. Y se trataba sólo de leyes federales. El número de leyes estatales y locales era mayor aún y a veces las empresas no lograban encontrar la ley más reciente aplicable a ciertas actividades.[14]

La Cámara de Nacionalidades trabaja en las enmiendas a la Constitución, sin hacer caso del mandato del sastre, "mide tres veces para cortar una vez".

Borba (Belgrado), 17 de febrero de 1966.

Los cambios descritos alteraron la índole de la incertidumbre en que operaban las compañías. Tal inseguridad era más bien una función de la atmósfera política, de las relaciones políticas y de la política económica del gobierno, que de la descentralización posterior. Por ello, la incertidumbre estaba determinada por factores incontrolables para cada empresa, o que por lo menos no se relacionaban directamente con los esfuerzos de mejorar la productividad en cada compañía. En realidad las empresas disfrutaban de una especie de seguridad por no intervención, ya que no se les podía responsabilizar por decisiones que no podían tomar. El efecto de la descentralización consistió en que las empresas que tomaban decisiones competitivas debían correr cierto riesgo, que antes era respon-

[14] Novak, "Privredna Organizacija...", en Gorupic *et al.*, 1968, p. 55.

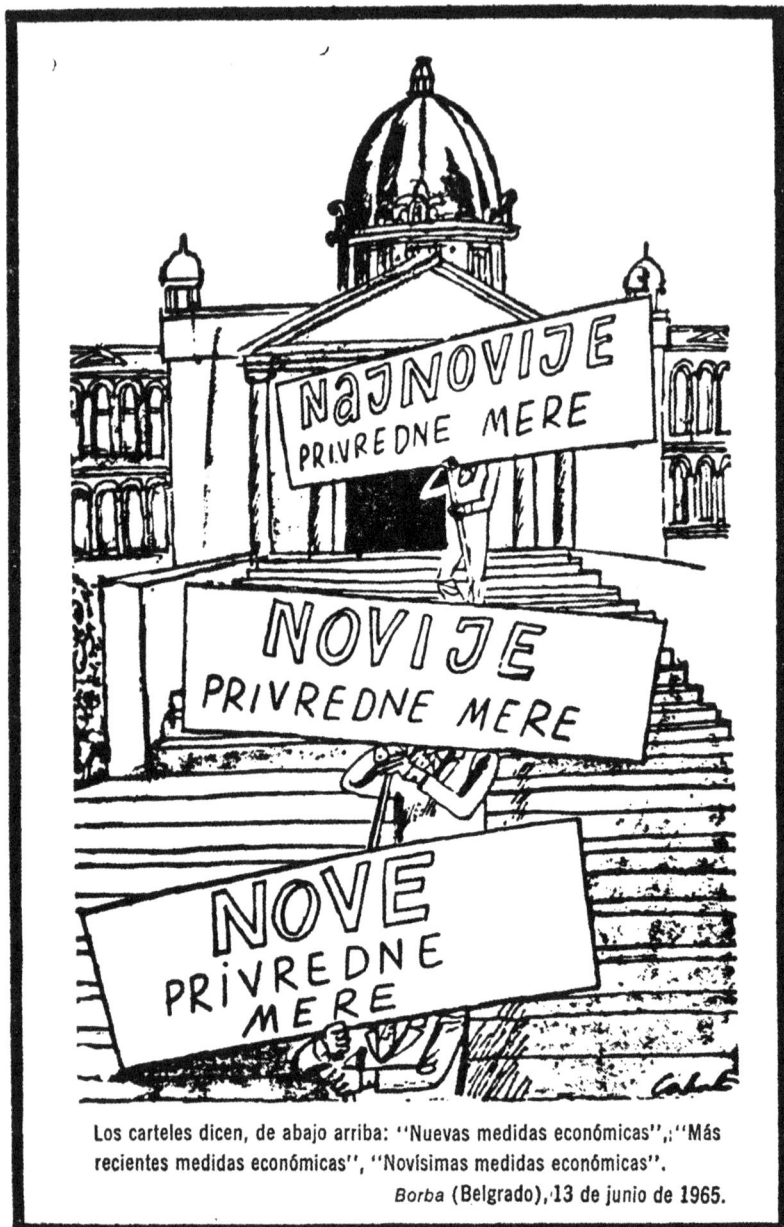

Los carteles dicen, de abajo arriba: "Nuevas medidas económicas",; "Más recientes medidas económicas", "Novísimas medidas económicas".

Borba (Belgrado), 13 de junio de 1965.

sabilidad del gobierno central. Además, la producción óptima, que anteriormente se había fijado como objetivo, resultó poco funcional en calidad de meta única, ya que podía llevar a la acumulación exagerada del inventario, y no necesariamente a un incremento de las ventas.

El aumento en la responsabilización de riesgos requiere de un incremento correlativo en las recompensas, para conservar el equilibrio contribución-alicientes.[15] Aumentar las recompensas a quienes se hacen responsables de los riesgos al tomar decisiones competitivas puede significar la promoción del espíritu emprendedor. Este espíritu está relacionado con la libertad individual; las recompensas para el empresario se otorgan según las oportunidades explotadas, más que según el trabajo real en la línea de producción. No obstante, estos cambios (libertad individual y recompensas a los individuos por las oportunidades explotadas) pueden derivar hacia la adopción de los valores sociales "capitalistas", que tienen repercusiones políticas potenciales en la ideología política.

La tendencia a dar una mayor libertad a las empresas en la toma de decisiones, indispensable para el desarrollo del espíritu emprendedor acarreó presiones por el cambio de las disposiciones legales del gobierno. En una economía centralizada, o con mucha intervención del gobierno, "todo está prohibido, a menos que se permita específicamente. Lo necesario, en las nuevas coyunturas, era que se permitiera todo, a menos que estuviera específicamente prohibido".[16] Tales cambios en el medio legal habrían tenido importantes repercusiones políticas y habrían ampliado la libertad de opción que ya existía. A pesar de todo, muchos políticos conservadores, conocidos como "sindicalistas", consideraron demasiado radical este cambio. En la época posterior a la reforma, las luchas políticas internas se concentraron alrededor de la magnitud deseable de descentralización de la política económica, y esto incrementó la incertidumbre en que funcionaban las empresas.

El medio sociopolítico

Los cambios económicos y tecnológicos estaban preparando el terreno para implantar los necesarios cambios sociales, demográficos y políticos. Al hacerse hincapié en la productividad como patrón de medición del éxito de la empresa, al insistirse en mejor educación

[15] Según la teoría de J. March y H. Simon, *Organizations* (Wiley, Nueva York, 1958), una organización es viable en tanto que sus miembros puedan obtener de ella cuanto invierten en ella.

[16] Novak, "Privredna Organizacija..." en: Gorupic *et. al.*, 1968, p. 56.

y mayor adiestramiento, así como en la especialización profesional, estos factores llegaron a ser más importantes para el éxito que la mera afiliación al Partido. La emigración hacia las ciudades agravó los problemas de la vivienda, que de por sí ya eran gravísimos, por la destrucción que había causado la guerra. En tal situación, era realmente tarea gigantesca preservar el espíritu de colaboración entre los trabajadores. En el ámbito político, aun después de la reforma, no resultó claro hasta qué punto el gobierno deseaba llegar en sus medidas de descentralización política. Parecía haber una lucha interna permanente entre quienes estaban a favor de la regulación central y quienes estaban dispuestos a experimentar con la descentralización. Las repercusiones políticas podían ser de gran envergadura, pues la descentralización económica amplió el radio de acción de los centros de poder, los cuales podrían oponerse a las políticas oficiales. En efecto, el pluralismo económico alienta la movilidad de la fuerza de trabajo, lo cual a su vez puede fomentar la libertad de expresión. En las economías de planificación central el burócrata disidente podía ser privado de sus medios de subsistencia, ya que el gobierno era el único patrono. En el Estado en que las decisiones se toman esencialmente en organismos descentralizados, el individuo no considera que la condición exclusiva de su supervivencia y progreso depende de sus buenas relaciones con el gobierno, lo cual le permite criticar la actuación de éste.

La descentralización del poder económico era necesaria, pero no bastaba para incrementar la libertad política. La estructura política misma tuvo que ser sometida a "deshielo". En Yugoslavia, aparentemente por causas de rivalidad política, tanto Rankovic, secretario de lo Interior (Gobernación), como Stefanovic, a cuyo cargo estaba la Policía Secreta, fueron depuestos en 1966. Ambos eran servios, y aparentemente había lucha por el poder dentro del Partido.[17]

Limitar la intervención política en las decisiones económicas, liberar a los individuos de la amenaza de la Policía Secreta e incrementar el poder económico independiente en cada empresa, fueron factores que pesaron en la creciente libertad de éstas para operar en el mecanismo posterior a la reforma, orientado hacia el mercado. Se logró una mayor libertad cuando el secretario general del sindicato, Todorovic, expresó la opinión de que los trabajadores tenían derecho a hacer huelga, privilegio que anteriormente no les habían reconocido plenamente. Sin embargo, resultaría demasiado simplista

---

[17] En: Ilija Jukic, "Tito's Last Battle" ["La última batalla de Tito"], *East Europe*, núm. 16 (abril, 1967), pp. 2-11, puede encontrarse el relato de los acontecimientos.

afirmar que hubo una trasformación global. Las amenazas de intervención política seguían en pie en el momento de hacer este estudio, en 1967. Las resoluciones del Partido fueron cuidadosa y cautelosamente interpretadas, y se concedió un plazo para poner a prueba su validez, especialmente porque la principal fuerza impulsora del movimiento hacia la descentralización, Tito, era de edad avanzada, y se planteaba continuamente el problema de quién sería su sucesor, de qué nacionalidad y filosofía.

Las empresas obtuvieron varias lecciones de estos cambios en el medio: 1) Resulta difícil o imposible predecir el futuro; por tanto, no vale la pena esforzarse mucho en hacer predicciones. 2) Hay que aprovechar cualquier oportunidad, porque posiblemente no se vuelva a presentar. 3) Hay que elevar al máximo la producción, o aumentar los precios hasta donde sea posible; con esto se incrementan los ingresos y las utilidades. 4) Es difícil predecir el medio político; por ello, la actitud más segura consiste en apegarse a los reglamentos.

Tal era la atmósfera que prevalecía en el momento de hacer este estudio. En la Parte II de este libro analizaremos su efecto en el funcionamiento de la organización.

El medio ideológico

Los yugoslavos no sólo están pasando simultáneamente por el proceso de industrialización y por el de la descentralización económica, sino que también están seriamente empeñados en desarrollar una sociedad con valores posindustriales. De la ideología de la autogestión resulta evidente que el sistema hace hincapié en las ventajas de la autorrealización, la expresión del individuo y su interdependencia con los demás miembros de la sociedad, amén de alentar las relaciones de colaboración, los objetivos coordinados y la posesión social de los medios de producción. Esto difiere de los valores sobresalientes en la sociedad en vías de industrialización, que acentúa más los logros que la realización de las personas, el gobierno de sí mismo, más que la autoexpresión, y prefiere la independencia a la interdependencia, las relaciones de competencia a las de colaboración, los objetivos separados a los coordinados entre sí, y un Estado en que los recursos se consideran posesión privada absoluta, más que posesión compartida por toda la sociedad.[18]

[18] En *Urban North America, The Challenge of the Next Thirty Years; a Social Psychological Viewpoint,* de Eric Trist, se puede encontrar una breve introducción a los valores sobresalientes de la sociedad industrial y posindustrial. Discurso principal pronunciado en la Reunión Anual y Conferencia del

Los conceptos básicos de la autogestión son los siguientes: 1) En un proceso, una etapa de transición, en que el "Hombre nuevo" será educado y adiestrado para funcionar en una sociedad sin Estado; entonces su conciencia será su única guía. 2) Los integrantes de cualquier organización deben estar libres de los vínculos que establecen la jerarquía y la enajenación; estos vínculos son subproductos de una organización vertical, que distingue entre trabajadores y administradores. En la autogestión todos los integrantes de las organizaciones son trabajadores y administradores. 3) Las fuentes de influencia en la autogestión no se basan en puestos jerárquicos por investidura, sino en la autoridad profesional y en la autoridad pura por aceptación.

En el sistema de autogestión, el individuo debe tener plena conciencia social; debe ser una persona capaz y adiestrada para tomar decisiones que beneficien, tanto a la sociedad, como al individuo. Debe ser un "individuo servo-mecánico", que no necesite atenerse a instrucciones impuestas ni a actos de regulación por parte de un superior en cuyo nombramiento no haya intervenido. El "Hombre nuevo" debe buscar la propia realización y la autoexpresión. Debe buscar sus recompensas en la colaboración con sus iguales, en un grupo cuya composición él ha ayudado a integrar. Sus objetivos, los objetivos de su grupo y las metas sociales, deben armonizarse mediante la estructura de recompensas y la conciencia del individuo, el faro-guía del "Hombre nuevo" que participa cabalmente en la construcción del destino de su empresa.

Por ello, "participación", "descentralización" y "compromiso", son los lemas del sistema. Los trabajadores no deben ser contratados. "Ser contratado" significa estar subordinado a un superior; significa estar reducido a esclavitud. Los trabajadores participan como iguales en las organizaciones, son aceptados como iguales y participan en la creación y distribución de las recompensas mediante el voto democrático. En la autogestión no tienen cabida los grupos exclusivistas y oligárquicos que "manejen" a los demás; todo integrante de la organización se maneja a sí mismo. Existe un grupo de coordinadores y administradores, pero no hay gerentes. Los derechos de la autogestión, el derecho y la responsabilidad de participar y decidir, se apoyan en la garantía constitucional y están defendidos por la ley; la violación de estos preceptos por algún administrador autocrático puede ser causa de enjuiciamiento legal.

Una de las piedras angulares del sistema autogestor y del sistema

Instituto de Planificación Urbana de Canadá, Minaki, Ontario, 26 a 28 de junio de 1968, p. 20.

sociopolítico yugoslavo en general, es el concepto de propiedad social. En Rusia "propiedad social" es sinónimo de "propiedad del Estado"; el Estado contrata, despide al trabajador y fija las recompensas. En Yugoslavia, "propiedad social" significa que los recursos están en manos de la sociedad en general, y no de un individuo ni de una agencia de esa sociedad. Por ello, el activo de una empresa es propiedad de la sociedad; los miembros de la organización pueden disponer de él, obtener utilidades y distribuirlas entre ellos, después de asignar una parte de tales ganancias a la sociedad, como intereses devengados por el uso de esos recursos. Un individuo puede disfrutar de tales beneficios mientras trabaje en la empresa. En cuanto la abandone, ya no estará capacitado para pedir su participación en los beneficios; no tiene ningún derecho sobre la acumulación pasada o futura de riquezas, y la ley obliga a la empresa a no reducir su propio valor neto. Por ejemplo: la empresa no puede vender su activo fijo ni distribuir salarios más elevados.[19] Además, el director está legalmente obligado a representar a la sociedad en general, y a vigilar que no se vulneren los intereses sociales.[20]

Por esta pauta de propiedad social, la autoridad interna formal de las empresas yugoslavas es de tal magnitud que ningún grupo de la empresa puede sentirse representante del propietario y por consiguiente con el derecho legal exclusivo de tomar las decisiones.[21] Como la propiedad es ejercida por la sociedad, es decir, por una entidad legal abstracta, y como todos los miembros de la organización han alquilado los medios de producción, hay igualdad legal entre los miembros para administrar estos recursos en igualdad de circunstancias. Los integrantes nuevos tienen los mismos derechos y responsabilidades en la gerencia que cualquier trabajador antiguo de la empresa. El mozo y el director general poseen los mismos derechos y les incumben las mismas obligaciones de cuidar la buena marcha de la compañía.[22] Por tanto, se elimina aun la fuente más mínima de

[19] *Osnovni Zakor O Preduzecima* (*Sluzbeni List*, Belgrado, 1965), párrafo 17.

[20] Compárese esto con la "Conspiración de Precios de las Empresas Eléctricas en Estados Unidos", donde algunos directivos afirmaban ignorar tal conspiración.

[21] Se encontrará un estudio detallado de la propiedad social en: Radomir Lukić, *Drustvena Svojina i Samoupravljanje* (*Savremena Skola*, Belgrado, 1964), pp. 18-52.

[22] Véase: Bilandzić, p. 33. La ley lo define así: Decreto para Promulgar una Ley Básica que rija las Relaciones Laborales, *Sluzbeni List*, Belgrado, número 17, abril 7 de 1965 (traducido por la Oficina Internacional del Trabaio, Ginebra), párrafo 2, subpárrafo 2.

autoridad exclusiva formal derivada jerárquicamente desde arriba, y se refuerza la autoridad por aceptación.

La propiedad social y el proceso de libertar al individuo de la jerarquía tienden a eliminar las características enajenantes de la confrontación obrero-patronal. Se arguye que esta confrontación existe en las organizaciones de propiedad privada y estructura vertical, y para que el proceso de liberación sea continuado, la autogestión debe abolir cualquier tendencia burocrática (es decir, las jerarquías podrían establecerse mediante su perpetuación, la adquisición del poder fuera de dominio de los gobernados). Esto se logra implantando el principio de rotación.

Nadie puede ser elegido varias veces sucesivas para un cargo público o político (con excepción de Tito).[23] Toda persona elegida debe volver a su trabajo anterior, entre la gente que lo eligió, en cuanto termine su mandato. En la autogestión, todo el mundo debe tener la oportunidad de actuar como gerente y de comprometerse en actividades administrativas.

Braut afirma que la autogestión en las organizaciones implica los siguientes derechos y deberes para los integrantes de ellas:

Administrarlas *directa o indirectamente*, a través de consejos de dirección elegidos por ellos mismos, para organizar la producción o cualquier otra actividad de las organizaciones.

Tomar decisiones en *todos* los asuntos de la organización; decidir sobre la distribución del ingreso, asegurando simultáneamente el desarrollo futuro de la empresa, es decir, por lo que respecta a inversiones, etc. Decidir acerca de la admisión de nuevos integrantes [*contratación*] o la expulsión de trabajadores [*cese*].[24] [Las itálicas son mías.]

Los teóricos o tratadistas de la autogestión interpretan la teoría occidental de la administración de empresas como la que parte de una situación centralizada y que especifica las circunstancias en las cuales se debe descentralizar, para determinar en seguida la manera de hacerlo y conservar al mismo tiempo el dominio. En contraste, el sistema autogestor comienza por el extremo opuesto. Empieza con una situación de descentralización absoluta, en la que todo el mundo participa y decide. En seguida, se pregunta en qué momento la toma de decisiones debe delegarse hacia arriba, qué derechos están dis-

[23] Mirko Perović, *Drustveno Uredjenje* SFRJ (Zavod Udbenika SRS, Belgrado, 1964), p. 92.
[24] R. Braut, A. Jaeger y M. Novak, *Pirucnik o Organizaciji Poduzeca* (Informator, Zagreb, 1966), p. 70.

puestos a ceder los integrantes de la organización, y la manera de supervisar los resultados.[25]

Suponiendo que el lector ya está familiarizado con los medios económico, político, social e ideológico, describamos la estructura de la organización en el sistema autogestor. Tal descripción es necesaria para que el lector pueda comprender la implantación o puesta en práctica de los conceptos ideológicos. Además, le ayudará a entender las aparentes contradicciones entre las limitaciones de la estructura de la organización y las necesidades del medio cambiante, que analizaremos en los capítulos siguientes.

La estructura de organización en el sistema autogestor

Entidades de gobierno y administración

Para libertar a los individuos de los vínculos jerárquicos y darles el derecho de gobernarse a sí mismos, el sistema de autogestión distingue entre las funciones administrativas y las de gobierno (*rukovodjenje y upravljanje*). Juntas, estas dos funciones constituyen lo que se conoce comúnmente como el proceso de gerencia. (El término "gerencia" *per se* ni siquiera existe en el lenguaje yugoslavo.) La distinción entre los dos tipos de poder —el poder de gobernar y el poder de administrar— constituye la base misma de la democracia industrial. El conjunto de integrantes gobierna, mientras que los administradores, nombrados o elegidos, son los que administran.

La rama administrativa del sistema autogestor *sugiere* las decisiones a la entidad gobernante y las implanta, mientras que la principal atribución de la rama de gobierno consiste en *tomar decisiones*. Los límites a la toma de decisiones están consignados en un gran número de leyes que conceden a las entidades de gobierno el poder de manejar la producción, y todas las decisiones que afectan el aspecto económico, de personal y de mercadeo. La autoridad y las obligaciones de los organismos administrativos deben especificar los cuerpos autogestores de cada compañía.

Cabe señalar que se trata de una desviación importante de la práctica habitual de las instituciones comerciales de Occidente, en lo que respecta a la gerencia, ya que en éstas hay más bien un flujo de "arriba hacia abajo" de la autoridad formal, y no de "abajo hacia arriba". El funcionario dirigente estadounidense tiene amplia libertad para obrar como mejor le parezca dentro de una "zona de indiferen-

[25] M. Novak, *Organizacija Poduzeca u Socijalizmu* (Informator, Zagreb, 1967), p. 2.

II - FUNCIONES, ESTRUCTURA Y CENTROS DE TOMA DE DECISIONES

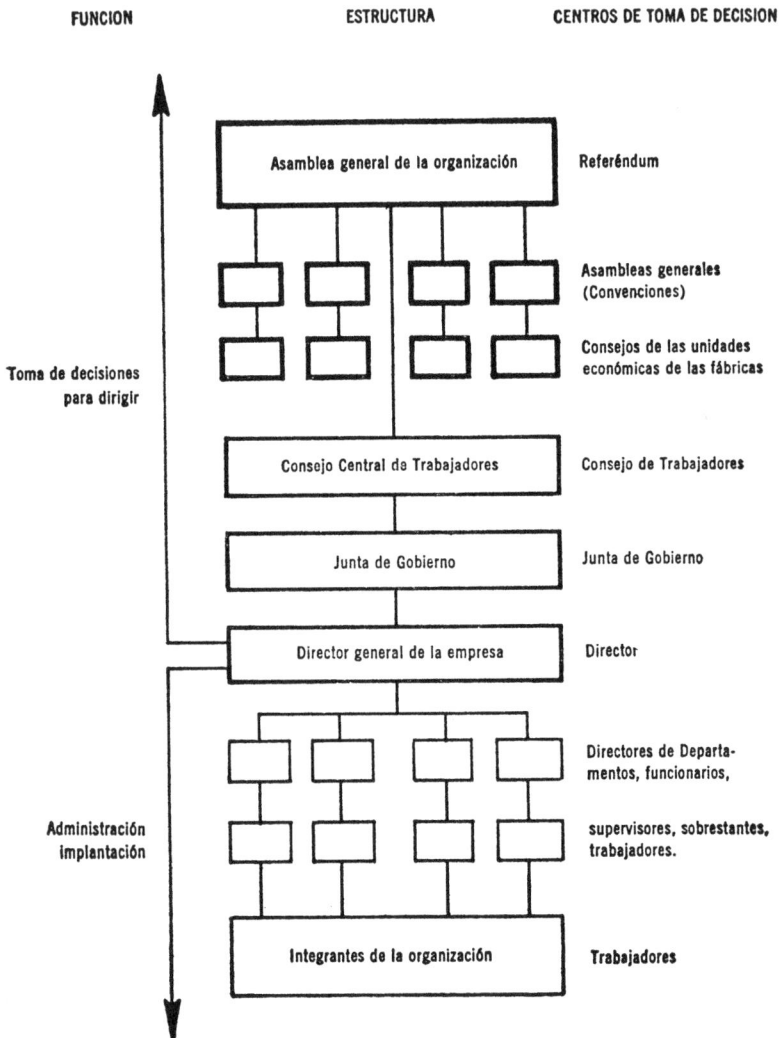

FUNCION   ESTRUCTURA   CENTROS DE TOMA DE DECISION

Asamblea general de la organización — Referéndum

Asambleas generales (Convenciones)

Consejos de las unidades económicas de las fábricas

Toma de decisiones para dirigir

Consejo Central de Trabajadores — Consejo de Trabajadores

Junta de Gobierno — Junta de Gobierno

Director general de la empresa — Director

Directores de Departamentos, funcionarios,

supervisores, sobrestantes, trabajadores.

Administración implantación

Integrantes de la organización — Trabajadores

cia" de las partes interesadas mientras no viole leyes y mientras llene los requisitos del Consejo de Administración. En Yugoslavia, en cambio, el funcionario empresarial *no tiene libertad de actuación* a menos que la entidad autogestora le otorgue concretamente el derecho de hacerlo, y esta entidad está constituida por todos los integrantes de la compañía o por sus delegados elegidos.

La función de gobierno se compone de varias entidades de organización. El mayor de ellos lo constituye todo el personal de la empresa, y ejerce su mando a través de referendos o Convenciones de Trabajadores (*Zbors*) de los diversos talleres o departamentos. Además de lo anterior, la asamblea general de trabajadores elige el Consejo de Trabajadores, que a su vez elige un consejo ejecutivo, o sea el Comité Directivo. El Consejo de Trabajadores nombra al director general, quien se presenta a reelección cada cuatro años, así como a los demás funcionarios principales de la empresa.

Cada empresa se compone de varias Unidades Económicas. Cada Unidad es una entidad separada; esta separación se basa en la independencia tecnológica, económica y social de las demás Unidades. En otras palabras, si puede haber una línea de separación entre lo tecnológico y lo económico (puede identificarse el costo), y si el grupo no es demasiado grande, se constituye una Unidad Económica. Las Unidades Económicas compran y venden competitivamente sus servicios a otras Unidades, ya sea dentro o fuera de la empresa, y en las más descentralizadas de ellas distribuyen entre sí las utilidades que por ello obtienen. Según su tamaño, cada taller o fábrica tiene un Consejo de Trabajadores, que gobierna el medio socioeconómico interno. El sobrestante de cada Unidad es elegido, así como los diversos comités autogestores, inclusive los comités disciplinarios. Además, cada Unidad dispone de un comité de reclutamiento, a cuyo cargo corre la contratación y el adiestramiento de gente nueva. El Consejo de la Unidad decide todo lo referente a las normas de producción, presupuesto y hasta en materia de conflictos de relaciones humanas dentro de su esfera. El sobrestante sólo existe para sugerir y coordinar las actividades tendientes a alcanzar los objetivos que fija la propia Unidad.

Cada empresa tiene una gran variedad de manuales de reglamento, que elaboran las entidades de gobierno, y que sirven de procedimientos normativos para los administradores. Cada empresa tiene su propio estatuto interno, constitución interna, con declaración de objetivos, medios, políticas básicas, derechos de los integrantes y las diversas entidades de la organización. El estatuto y los diversos manuales de procedimientos son elaborados por la asamblea general,

mediante una amplia participación en los debates y el voto democrático. Esto asegura la supervisión de los comitentes a sus administradores, cuyo poder se limita en esta forma.

Como vemos, cada miembro de la organización queda comprometido, o tiene oportunidad de estarlo, cuando se trata de tomar decisiones. Un integrante de la organización puede ejercer influencia
a través de un referendo, de Convenciones, o formando parte de los
Consejos de Unidades Económicas, del Consejo de Trabajadores
de la empresa, del Consejo Directivo o Consejo de Administración
o de sus diversos comités. La Compañía XYZ, en la que se hicieron
observaciones para elaborar este estudio, puede servirnos de ilustración. El Consejo de Trabajadores XYZ tiene 6 comités permanentes,
con un total de 26 delegados; su Consejo Directivo tiene 3 comités
permanentes, con un total de 20 miembros. Además, hay 6 comités *ad hoc*, con 54 delegados. Por tanto, la empresa en conjunto tiene
15 comités, formados por 100 miembros, de los cuales sólo 15 integran las entidades de gobierno ordinarias, tales como el Consejo
y el Consejo de Administración. Si a esto se agregan los 34 miembros del Consejo de Trabajadores de la Fábrica, los 54 delegados del Consejo de Trabajadores de la empresa, los 73 miembros
de los 11 comités de la fábrica y los numerosos comités a nivel de
Unidad Económica, es obvio que los puestos representativos donde
se toman las decisiones están abiertos al 40 por ciento de los trabajadores de la organización. Y como en cada puesto hay rotación,
virtualmente ningún integrante de la organización puede eludir enfrentarse con los problemas de la compañía, ni la participación en el
proceso de la toma de decisiones.[26] La participación del ciento por
ciento puede alcanzarse si se consideran acontecimientos tales como
las elecciones y los nombramientos, los referendos o las convenciones de la empresa, donde la asamblea toma directamente las decisiones, en vez de hacerlo a través de un representante.

El sistema también fomenta la participación en las organizaciones
sociopolíticas, tales como el Partido Comunista, para lo cual es necesario ser nombrado y elegido; el Sindicato (al cual pertenecen todos
los miembros de la empresa) y las Brigadas Juveniles, a las que
pertenecen las generaciones jóvenes. Estos tres organismos tienen sus
propias entidades de toma de decisiones, en cuyo seno se debaten los

---

[26] Para mayores detalles acerca de las leyes que rigen el proceso de toma
de decisiones en una empresa de autogestión, véase I. Adizes, "The Effect of
Decentralization on Organizational Behavior, An Exploratory Study of the
Yugoslav Self-Management System" (tesis doctoral, Universidad de Columbia,
1968), cap. 4.

asuntos de la compañía, y este juicio contribuye al proceso total de la toma de decisiones. En teoría, no pueden imponer una decisión, sino sólo adoptar una posición y apoyarla con argumentos.[27] En este sistema, un mozo o barrendero puede ser miembro del Comité Ejecutivo del Partido Comunista, delegado del Consejo de Trabajadores y presidente del Comité Disciplinario de su Unidad Económica. Tal interrelación de la organización permite el flujo constante de información y la reevaluación de los objetivos y de medios para lograrlos desde diversos niveles de organización, sociales y políticos.

Las organizaciones sociopolíticas deben vigilar que la responsabilidad ante la sociedad subraye las decisiones importantes. Tal responsabilidad social queda definida y se discute en los órganos centrales de estos organismos externos. Como los principales activistas de cada organismo político son miembros de los comités políticos locales o estatales, las resoluciones políticas se trasmiten con toda rapidez a las diversas empresas.

1. *La función de gobierno interno.* Los miembros de la organización se gobiernan a través de diversos instrumentos, tales como los referendums, las convenciones (Zbors), los Consejos de diferentes niveles y sus comités, y el Comité Directivo con sus subcomités. En este apartado describiremos la autoridad legal y los deberes de cada una de estas entidades.

Referéndum: Según el estatuto de la empresa, se debe convocar a referéndum siempre que la compañía tenga que buscar un nuevo emplazamiento para su fábrica, cuando se estudie la posibilidad de fusionarse con otra empresa, o cuando exista algún desacuerdo entre el Consejo de Trabajadores y alguna Unidad Económica de la compañía. Por tanto, las decisiones de gran peso, con efecto a largo plazo, son objeto de referéndum.

Zbors (Convenciones): Eligen y revocan a todas las entidades de gobierno y votan sobre enmiendas al estatuto. Se les consulta respecto a todas las decisiones importantes, tales como la modernización, las políticas laborales (por ejemplo el aumento o la disminución de la mano de obra) y las decisiones presupuestarias que afectan los salarios.

Consejos de las Unidades Económicas: Cada Unidad Económica

[27] Sin embargo, en la realidad la diferencia entre adoptar una posición e imponerla es sumamente dudosa, puesto que estas organizaciones derivan una gran parte de su poder de su poderosa "organización matriz", exterior a la empresa.

tiene un Consejo compuesto usualmente de 11 miembros, elegido por un periodo de dos años, inamovibles durante ese lapso. La convención delega autoridad y obligaciones en su Consejo de la Unidad Económica. Por ejemplo, en XYZ, las convenciones tienen derecho a programar las vacaciones con goce de salario y sin él, a tomar las decisiones respecto a despidos y contrataciones, y a determinar la asignación de fondos. En cambio, en la empresa ABC, estos derechos los detenta la convención. Por tanto, en este aspecto la compañía XYZ estaba mucho más descentralizada que la ABC.

El Consejo Central de Trabajadores: Ésta es la más importante entidad de toma de decisiones en la empresa, con excepción de aquellos casos en que el estatuto delega tal función exclusivamente en la asamblea general de trabajadores. El Consejo de Trabajadores legisla (da el voto final) en la elaboración del estatuto y en la de diversos manuales de procedimientos de la compañía. Fija presupuestos, la política de producción (v. g., los productos que deben fabricarse y sus precios, a menos que estén regulados por el gobierno), y la política mercadotécnica (es decir, los canales, las estrategias publicitarias) y determina el tamaño de las fábricas y la organización de la empresa (es decir, el establecimiento o la eliminación de las Unidades Económicas). Este Consejo decide acerca de la tasa de inversiones y la parte de los ingresos que se distribuirán como ingresos personales. Aun aquellas decisiones que no se refieren necesariamente al establecimiento de políticas —tales como desechar maquinaria o determinar índices de depreciación, la compra de una máquina nueva o de un nuevo vehículo— quedan a cargo del Consejo. Cuando así lo ordena el estatuto, algunas de estas funciones pueden delegarse en los administradores.

El Consejo Central debe fijar las políticas de personal: el método de distribución del ingreso, la designación de los funcionarios, promociones, aprobación de vacaciones, viajes y becas de estudios. Basándose en las recomendaciones del Consejo de las Unidades Económicas o de la Convención, el Consejo toma la decisión última cuando es necesario despedir a uno de sus integrantes.

También es este Consejo el que aprueba el plan anual que le somete la rama administrativa de la empresa, y aprueba o rechaza el balance o estado financiero al finalizar el año. Cualquier cambio en precios, precios de transferencia entre Unidades Económicas, cambios en los manuales, salarios mínimos, definición de tareas, etc., requieren la aprobación del Consejo.

Para impedir que los administradores manipulen el Consejo con el sencillo expediente de no convocarlo, la ley establece que éste debe reunirse cuando menos cada seis semanas, y que es obligación del administrador informar de sus actividades en cada reunión.

El *Comité Directivo*: Este Comité tiene la responsabilidad de transformar las decisiones del Consejo en tareas que implantará el cuerpo administrativo. El Comité Directivo también hace las indagaciones preliminares sobre los asuntos que se presentarán al Consejo de Trabajadores para su resolución definitiva. Como entidad intermediaria entre la toma de decisiones y su implantación, el Comité Directivo propone al Consejo de Trabajadores los cambios deseables en los manuales; sugiere planes anuales y a largo plazo, aprueba las modificaciones del plan anual, siempre y cuando no altere sus proporciones básicas, y si no varía con ello el ingreso esperado.[28]

Tanto en la compañía ABC como en la XYZ el Comité Directivo tiene el derecho de vetar los viajes de negocios a países extranjeros de los directores o de los miembros de la entidad colectiva. Además, es su responsabilidad vigilar que los administradores ejerzan sus funciones obedeciendo todas las decisiones y según el espíritu de las leyes correspondientes.

En cuanto a los cambios en los salarios o cargos, el Comité Directivo también actúa como junta de conciliación para las reivindicaciones obreras. Sin embargo, cuando tal cambio requiere enmiendas importantes en los manuales, es el Consejo Central el que debe decidir al respecto. (Las quejas contra los funcionarios se ventilan en el seno de los diversos comités disciplinarios electos.)

2. *La función administrativa*. En el sistema autogestor yugoslavo el director general de la compañía, los directores de fábrica, talleres y departamentos, así como los sobrestantes, constituyen la rama administrativa. La estructura de organización de la rama administrativa es vertical, y en ella se asciende por riguroso escalafón.

Como hemos señalado en párrafos anteriores, la diferencia teórica entre la estructura vertical (típica de la administración de las empresas estadounidenses) y la estructura horizontal de la autogestión estriba en que el acceso a la toma de decisiones está segmentado en la segunda. La rama administrativa sólo tiene poder para administrar; no para gobernar. De esta manera, la jerarquía administrativa, en la autogestión, no permite que haya una correlación entre una mayor capacidad para tomar decisiones y el poder, ni un mayor poder sobre la fuente de recompensas o castigos. En el sistema autogestor, el

---

[28] *Estatutos* de las empresas ABC y XYZ. (En términos generales, cuando las leyes son internas, derivan de los Estatutos y de otros manuales de las dos compañías objeto de estudio.)

cargo directivo más importante coordina un ámbito más amplio de la organización, y el poder inherente a tal coordinación queda específicamente definido por el Comité Directivo.

Para comprender cabalmente el sistema de autogestión y las complejidades que suscita la distinción entre administración y gobierno, es necesario describir y analizar detenidamente la autoridad formal del director general, establecida por las leyes del gobierno. Las restricciones legales al poder del director en cuanto a la toma de decisiones se cuentan entre los factores de mayor peso que afectaban la actuación del administrador.

El director general.[29] El director general es esencialmente un coordinador, cuya autoridad depende de su capacidad de liderazgo.[30] Junto con su personal profesional, asesora a toda la organización respecto a lo que debe o puede hacerse. La asamblea general, o su entidad representante elegida, deliberan sobre las iniciativas del director general, y luego las aprueban, ya sea en su forma original, o con enmiendas. En seguida se faculta al director general para implantar tales decisiones con la ayuda de los cuadros profesionales y la asamblea general de la organización. La palabra "con", en vez de "a través de", se usó en la frase anterior, porque, cuando menos en teoría, la colectividad debe tener el mayor interés en ejecutar actividades cuya finalidad, importancia e índole han sido decididas previamente.

Al consultar el material reunido, es obvio que los derechos y los deberes legales del director general son esencialmente administrativos. Con la sola excepción del derecho a votar en el Comité Directivo, carece virtualmente de cualquier derecho a gobernar, función que no le otorgan ni las leyes federales ni los manuales de procedimientos de la empresa. Además, existe cierta ambigüedad respecto a la autoridad que se le puede delegar a través del reglamento interno, en cuanto a la toma de decisiones.

La Constitución Federal establece, en términos muy generales, que el director general de una organización administra sus actividades, implanta las decisiones del Consejo de Trabajadores y de otras entidades de gobierno interno, y representa a la organización,[31] es decir,

---

[29] Se encontrarán mayores detalles sobre los derechos legales del director general en la tesis publicada de Hussein I. Kratina, *Polozaj Direktora u Sistemu Samoupravljanja* (Instituto *Drustvenih Nauka*, Belgrado, 1965), y en Hussein I. Kratina, *Pravna Odgovornost Direktora i Rukovodilaca Sektora* (Informator, Zagreb, 1967), y en *Direktor u Samoupravnim Odnosima* (Informator, Zagreb, 1967), que incluye una lista de contribuciones. Véase también la bibliografía, al final de este libro.

[30] Nótese que bien puede ser un liderazgo maquiavélico.

[31] Constitución Federal de Yugoslavia, artículo 93.

es la única persona autorizada para firmar a nombre de la empresa. (La Constitución también señala en quién y en qué circunstancias se puede delegar este derecho de firmar.) Resulta difícil esclarecer todos los demás derechos legales del director general, sobre todo porque no están enunciados en detalle, como los atribuidos a las entidades de mando o gobierno. Esta situación obedece a que teóricamente el derecho de tomar decisiones pertenece exclusivamente a los Comités Directivos y no al director general.

Para comprender mejor los derechos legales del director general en la implantación de las decisiones, celebré entrevistas con los directores mismos. Pero este método no fue eficaz, puesto que quedó demostrado que ni siquiera ellos sabían a ciencia cierta cuáles eran sus derechos.[32] En un estudio hecho por varios profesores de la Facultad de Leyes de la Universidad de Belgrado [33] acerca de la legalidad de los estatutos y su aplicación en las empresas yugoslavas, se dice que los derechos del director general, en aspectos disciplinarios, han quedado diluidos a través de frecuentes enmiendas a la Constitución Federal, hasta el punto de que resulta casi imposible delimitar qué le está permitido o qué se le prohíbe hacer. Para poner al día e interpretar estos cambios en las leyes federales, se necesitaría todo un batallón de abogados, a los que tendrían que recurrir los administradores para evitar problemas futuros, al ser acusados de tomar decisiones ilegalmente.

Tampoco los estatutos o reglamentos internos determinan adecuadamente los derechos del director general. Una de las razones de ello es que la mayoría de los estatutos se apegan casi literalmente a las leyes federales en cuanto a la materia misma de lo reglamentable. Por tanto, si la ley federal no legisla sobre alguna materia, probablemente tampoco la trate el estatuto. Por ello, los estatutos de las dos empresas analizadas en nuestro estudio señalan los derechos del director general simplemente como autorización para firmar a nombre de la empresa y representarla en las transacciones.

Aunque ni las leyes federales ni los estatutos internos de las empresas ABC y XYZ especifican concretamente el derecho del director general a tomar decisiones, en cambio le asignan la responsabilidad

[32] Hay un chiste yugoslavo al respecto; uno pregunta al otro "¿cuál es la diferencia entre un oso y un director general ", a lo que responde: "El oso está protegido por la ley; el director general no".

[33] Draskić, Petrović, Subotić, *Funkcije Statuta u Privrednim Organizacijama Yugoslavije* (Universidad de Belgrado, Facultad de Derecho, estudio inédito, Belgrado, 1965). No fue posible obtener los números de las páginas, porque el documento se mecanografió varias veces y cada versión tenía diferente paginación.

personal de la correcta aplicación de las decisiones tomadas. Entre las tareas vagamente descritas, o sea, la implantación de las decisiones tomadas, el director general está facultado para actuar independientemente. Esto de "actuar independientemente" significa que, dentro de los límites de sus atribuciones bien definidas, puede dictar soluciones, resoluciones y otras instrucciones de coordinación de actividades, sin necesidad de pedir su aprobación al grupo que toma las decisiones. (Por otra parte, en las entidades de gobierno ningún individuo tiene tal independencia. Las decisiones se toman por votación mayoritaria.) Los términos "soluciones", "resoluciones" e "instrucciones de coordinación" son peculiarmente yugoslavos, y se utilizan para definir los instrumentos de gerencia de que dispone un director general para llevar a su empresa hacia la consecución de sus decisiones. Se hace hincapié en que no tiene poder directo para hacer cumplir esas decisiones. Este concepto difiere del de "ordenar", el cual implica la existencia del poder.

Acabamos de enumerar los contados derechos del director general, pero también es necesario analizar sus responsabilidades legales. La ley establece que el director general es responsable de asegurar el fiel cumplimiento de las leyes federales, de la República e internas (estatutos y manuales). Si el director general se entera de la transgresión de una ley por parte de algún subordinado y no toma las medidas necesarias para corregir el delito se expone a ser llevado ante los tribunales.[34] Tiene la responsabilidad *legal* de hacer cumplir las actividades económicas y otras propias de la empresa, *dentro* de las limitaciones impuestas por las leyes. Si se comprueba la negligencia de un director general, por ejemplo:

Que no ha seguido las prácticas comerciales o éticas adecuadas en sus relaciones y conexiones comerciales con otras personas; que puede haber sido negligente en la supervisión de las entidades de gobierno de la compañía o de otras personas responsables dentro de la empresa,[35] o si firmó un contrato nocivo para la empresa, sin la debida autorización de las entidades de gobierno, se le puede considerar personalmente responsable [36] (con ciertos límites)[37] por los daños a la empresa derivados de tal negligencia.

Ciertas violaciones de las responsabilidades del director se consideran delitos penados por la ley. Por ejemplo:

[34] Hussein Kratin, *Pravna Odgovornost...*, p. 222.
[35] *Ibid.*, p. 223.
[36] Artículo 190 de la Ley General del Establecimiento de Empresas, citado en *ibid.*, p. 224.
[37] H. Kratina, *Pravna Odgovornost...*, p. 222.

...si no respetó la ley en lo que se refiere a las relaciones laborales, o si a sabiendas hizo caso omiso del Manual de Distribución del Ingreso, de las horas de trabajo reglamentarias o de las disposiciones en materia de horas extraordinarias.[38]

Si el director general firma un contrato sabiendo que resultará nocivo para la compañía, o si firma un contrato sin que previamente le otorgara tal autoridad el Comité Directivo, no sólo será responsable civilmente (ver más arriba), sino que podrá ser procesado penalmente.[39]

Los directores generales y otros funcionarios administrativos son responsables de la organización sociopolítica,[40] especialmente ante el Partido Comunista, si están afiliados al Partido (como lo están la mayoría), de la adhesión a las resoluciones de los diversos Congresos del Partido, específicamente a las que se refieren a prácticas de autogestión y a los derechos que ésta consagra. Las sanciones por violar estas normas son morales; la más severa es la expulsión del Partido. Habitualmente el director general debe comparecer ante el Partido para explicar las razones por las cuales su empresa no obedeció las instrucciones del Partido, etc. La falta de prácticas democráticas en el trabajo, la tibieza del director general para fomentar la participación de los trabajadores en la autogestión (es decir, conducir la empresa en forma autoritaria, dominando las reuniones, estorbando la libre expresión de los trabajadores), la incapacidad de adaptarse al proceso de descentralización con el incremento de la participación de los trabajadores en la toma de decisiones, o su interferencia que redunde en un retraso en el proceso de delegación de poderes en las Unidades Económicas... Todo esto puede considerarse infracción de las responsabilidades sociopolíticas del director general.

En virtud de que la promoción y la reelección dependen en algunos casos del apoyo del Partido, éste se reserva el derecho de obligar a los directores generales a cumplir con las normas políticas establecidas. Si el Partido no puede intervenir en la promoción, en cambio sí puede pedir a un afiliado explicaciones acerca de sus actos, cosa que eluden cuidadosamente la mayoría de los directores generales.

La ambigüedad en torno a la delimitación a la autoridad independiente del director acaso resulte de la difícil distinción entre gobierno y administración. Esta distinción parece pesar mucho en

[38] Artículo 314 de la Ley Penal, citado en *ibid.*, p. 227.
[39] Artículo 217, fracción 1, Ley Penal, citado en *ibid.*, p. 226.
[40] Hussein Kratina, *Pravna Odgovornost...*, pp. 228-230.

III - FLUJO DE LA AUTORIDAD Y DELIMITACION DE LA RESPONSABILIDAD

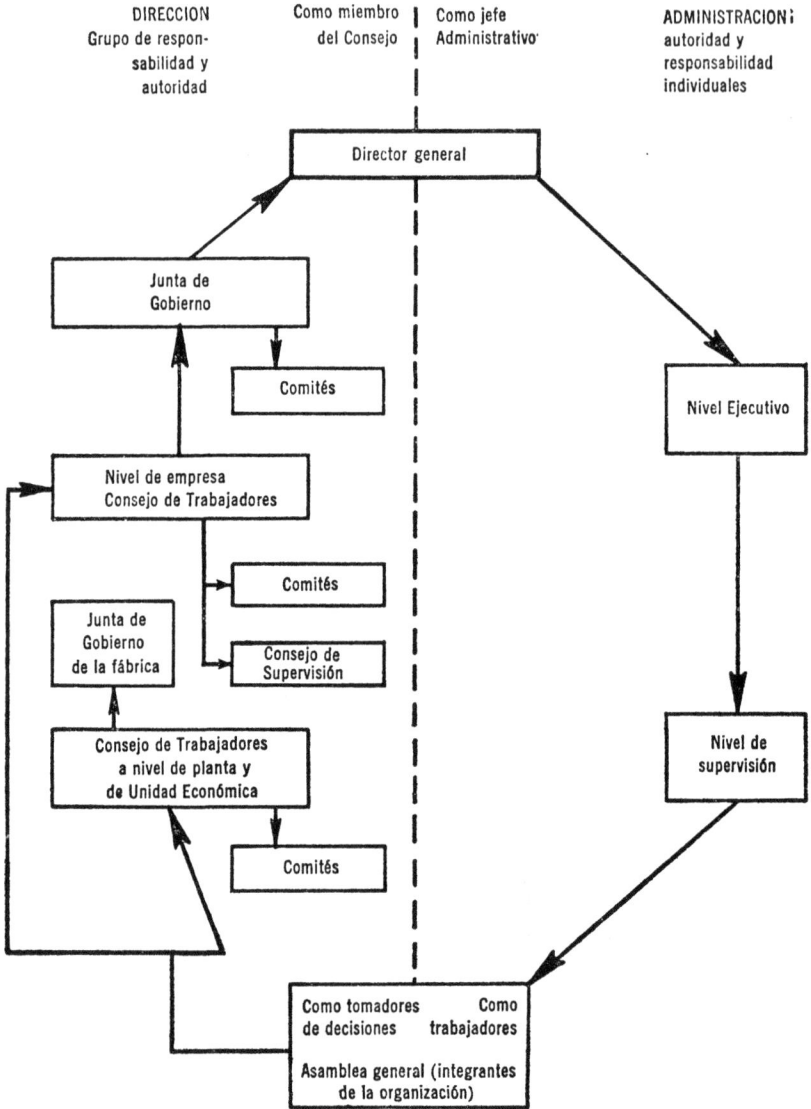

DIRECCION
Grupo de respon-
sabilidad y
autoridad

Como miembro
del Consejo

Como jefe
Administrativo

ADMINISTRACION:
autoridad y
responsabilidad
individuales

Director general

Junta de
Gobierno

Comités

Nivel Ejecutivo

Nivel de empresa
Consejo de Trabajadores

Comités

Junta de
Gobierno
de la fábrica

Consejo de
Supervisión

Nivel de
supervisión

Consejo de Trabajadores
a nivel de planta y
de Unidad Económica

Comités

Como tomadores
de decisiones

Como
trabajadores

Asamblea general (integrantes
de la organización)

el criterio personal para tomar decisiones. Mientras que por una parte, y a causa de esta ambigüedad, se limita mucho la autoridad, por otra, la responsabilidad es muy considerable, ya que el director general, como jefe de la empresa, tiene que sugerir las decisiones correctas a las entidades de gobierno y obtener los resultados óptimos. Con ello se crea una brecha en la que las responsabilidades del director sobrepasan, con mucho, a su autoridad.

Otros funcionarios: Excepto el director general, los demás altos funcionarios son responsables sólo de aquellas tareas que se les encomiendan explícitamente en el estatuto. En la compañía XYZ, los sobrestantes son elegidos por las Unidades. Su autoridad se limita a sugerir decisiones a las entidades de gobierno y a los encargados de poner en práctica las decisiones tomadas. Si un trabajador debe ser cambiado de una máquina a otra, tal cambio estará en conformidad con las decisiones tomadas por el Consejo de Trabajadores. Por ejemplo, el sobrestante no puede ordenar al trabajador su cambio a otra máquina como castigo; todo cambio de esta índole debe obedecer a una necesidad de producción.

El sobrestante elabora el plan de actividades de su Unidad Económica, pero este plan debe recibir el visto bueno de los trabajadores y de los dirigentes de la empresa. Aunque una de las principales tareas del sobrestante consiste en adiestrar a los trabajadores, no tiene derecho a disciplinarlos; es decir, no puede despedir ni castigar a ninguno. Lo que sí puede hacer es presentar una queja, pero el veredicto será emitido por el comité disciplinario de la Unidad Económica. No puede determinar las normas de producción, ya que la Convención es la encargada de ello, basada en estudios de tiempo y movimientos realizados por un grupo de profesionales de la empresa. El sobrestante informa de las desviaciones de la norma a la Convención o al Consejo de la Unidad, pero son éstos los que determinan la acción correctiva, en su caso.

El Collegium: En cada compañía existe un grupo dirigente denominado *Collegium*, que integran los principales administradores, y que ayuda al director general a tomar las diversas decisiones necesarias para cumplir las tareas de la empresa. Entre sus miembros se cuentan los jefes de los diversos departamentos, presididos por el director general. (Éste es el único organismo de la compañía que preside el director general.) El *Collegium* no puede tomar las decisiones legalmente asignadas a los comités directivos; por tanto, en esencia, es una reunión de los cuadros dirigentes, en la que se discuten las diversas alternativas y donde se evalúan y determinan las iniciativas, las que se someten al Consejo de Trabajadores.

El Collegium en pleno: Además del *Collegium* como *grupo dirigente,* existe otro mayor que abarca a los sobrestantes, a los sobrestantes de turnos y a la mayoría de aquellos que ocupan puestos administrativos y dirigentes en fábricas y talleres, o sea los economistas, los planificadores, los analistas, los ingenieros de investigación y desarrollo y los miembros del *Collegium*. El *Collegium en pleno* discute los asuntos que le son turnados por el *Collegium* y se reúne siempre que sea necesario. (Más adelante describiremos su función específica.)

Politikal Aktive: La *Politikal Aktive* es el único grupo que abarca todas las "ramas" del sistema de autogestión. Los principales miembros de la jerarquía administrativa, tales como el director general y los jefes de departamento, están representados allí. Además, también se invita a los jefes de los órganos de juntas de gobierno, es decir, el presidente de los Consejos de Trabajadores a todos los niveles: de compañía, de fábrica y de las Unidades Económicas, así como al presidente del Comité Directivo. También se halla representada aquí la tercera "rama" del sistema, es decir, los secretarios de los Comités del Partido Comunista, del Sindicato y de la Brigada Juvenil de la compañía.

La *Political Aktive* discute los puntos incluidos en su temario por cualquier grupo miembro del organismo. Cabe señalar que el *Collegium,* el *Collegium en pleno* y la *Politikal Aktive* son grupos no electos que no aparecen en las leyes federales ni en los estatutos de la empresa. Estos grupos se reúnen a invitación de los administradores, y existen virtualmente con la misma composición en todas las empresas. (Su existencia y su operación parecen estar dictadas por las necesidades de la organización: se requiere de un grupo central, unificador, para actuar como fuerza centrípeta cuando la autoridad y el poder de la empresa están segmentados por intrusiones administrativas, de gobierno y sociopolíticas, y cuando existe una fuerte descentralización, que hace caso omiso de las necesidades tecnológicas y de las limitaciones de tiempo.)

Grupos informales o extraoficiales

Los maestros: Este grupo se compone de los trabajadores calificados encargados de reparar la maquinaria. No aparecen en el organigrama, pero se les localiza entre los sobrestantes y los trabajadores. Se les menciona específicamente porque el investigador descubrió que se trata de un grupo de mucha cohesión y gran influencia. Como todos los trabajadores son remunerados según los resultados de su labor, el poder de los maestros se deriva de su capacidad de afectar los ingresos de los trabajadores, con la reparación rápida o lenta de las máquinas.

Fracasados potenciales: El investigador también encontró un grupo informal compuesto por aquellos trabajadores que estaban a punto de ser despedidos por la Convención, ya sea por lo poco satisfactorio de su trabajo, o porque su conducta resultaba inaceptable. Sin embargo, como los miembros de los órganos de gobierno tienen fuero contra el despido, la manera de evitarlo consiste en hacerse elegir al Consejo de Trabajadores, o cualquier otra entidad electiva de gobierno. Tal interés común era el lazo de unión entre estos trabajadores, quienes iniciaban sus propias campañas para asegurar su elección. Por otra parte, los administradores hacían esfuerzos desesperados para encontrar una manera legal de justificar la eliminación de los nombres de tales trabajadores de la lista de candidatos.

Otros grupos informales: El *club* es otro tipo de grupo informal dentro de la empresa. El Sindicato y la Organización Juvenil tienen muchos clubes para fomentar la vida social de la compañía. Organizan grupos dedicados al ajedrez, al alpinismo, al "libro del mes", que se reúnen tanto durante el tiempo libre como durante el trabajo.

En toda empresa se dictan cursos de capacitación para sus dirigentes, en los que tanto los trabajadores como los dirigentes estudian métodos de investigación de operaciones, nuevas tecnologías, economía, prácticas comerciales, etc., después de las horas hábiles. Estos cursos también facilitan la formación de grupos informales, que se reúnen durante el tiempo libre y las horas de trabajo.

Rotación y "pluralismo" en la organización

Para evitar la formación de un grupo selecto y oligárquico que llegara a gobernar la empresa sin tener sus raíces en la asamblea general, se implantaron la rotación y el pluralismo en la organización. La rotación funciona en el seno de toda entidad de gobierno. El Consejo de Trabajadores es elegido por un periodo de dos años, y la mitad de sus miembros son reelegidos anualmente; nadie puede ser reelegido por dos periodos consecutivos. El Comité Directivo se elige por un año y no es reelegible en el periodo inmediatamente posterior.

La rotación, como el pluralismo, dificulta aún más la formación de un grupo selecto y exclusivista. Según este principio el director general no puede ser presidente del Consejo ni del Comité Directivo; el presidente del Consejo no puede ser miembro del Comité Directivo. Gracias a este procedimiento, los tres puestos clave: el director general, el presidente del Consejo y el del Comité Directivo, están en manos de tres personas diferentes. Además, los secretariados generales del Partido Comunista de la empresa, del Sindicato y de la Brigada Juvenil suelen confiarse a tres personas adicionales. Y como cada uno de ellos goza de cierto poder en su puesto, este pluralismo del poder y el proceso de rotación ya descrito dificultan la formación de un grupo de gobierno con intenciones de perpetuación. (Sin embargo, esto también dificulta el surgimiento de un grupo directivo de gran cohesión, puesto que los administradores tienen que readaptarse cada año tanto a ellos mismos como a las políticas de la empresa.)

El sistema de recompensas

Uno de los objetivos de la autogestión consiste en facilitar la desaparición del Estado. El sistema sostiene que, hacia la consecución de esta meta, todo individuo debe ser capacitado para tomar sus propias decisiones. Ello se consigue mediante la implantación de un sistema de recompensas y sanciones, que alientan la dirección de sí mismo. Las recompensas deben estar en consonancia con los resultados obtenidos, y todo individuo debe ser recompensado por colaborar con su grupo productor inmediato, y debe recibir una remuneración proporcional al rendimiento de su Unidad.

Por tanto, el sistema de remuneración personal yugoslavo se basa en varios componentes: el salario básico individual, las primas basadas en el rendimiento personal, la participación de las utilidades de la Unidad Económica y la participación en las utilidades de la empresa. Toda suma adicional al salario básico y a las primas personales se considera "parte variable", porque cambia según el rendimiento de todos los integrantes de la organización.

1. *El salario básico.* El salario básico se fija mediante la evaluación del trabajo y su relación con la diferencia deseable entre el salario base máximo y el mínimo en la empresa. Por ejemplo, a través del Manual de Distribución del Ingreso, la asamblea general puede decidir que el salario del director general no debe exceder a cinco veces el del barrendero. En consecuencia, en la empresa ABC el ingreso básico del mozo es de 31 408 dinares, y de 157 506 dinares el del director general. El resto de los integrantes de la organización se sitúa en este espectro mediante una evaluación de sus tareas.

La dificultad del puesto, la responsabilidad (es decir, la medida en que el puesto afecte el rendimiento total de la empresa), el nivel de educación y los años de experiencia, son factores que determinan el lugar que se ocupa en la escala de salarios. El Consejo de Trabajadores determina la educación y la capacitación mínimos necesarios para cada puesto. (En ambas empresas estudiadas se decidió que quienes no hubieran adquirido el adiestramiento suficiente para 1970, serían automáticamente transferidos a otro puesto.) La dificultad del puesto es una variable importante en la determinación del salario básico. Parece haber un respeto considerable por el esfuerzo auténtico como determinante de la remuneración; por tanto, el trabajador manual que atienda las calderas tendrá un salario básico superior a otro obrero no calificado que se dedique a barrer los pisos.

El salario básico constituye el fundamento de la distribución proporcional de la parte variable del ingreso: cuanto mayor sea éste, más grande será la proporción variable de las utilidades asignada al trabajador.

2. *Primas por rendimiento individual a los trabajadores.* Existe una tabla en la que se indica la magnitud de las primas que se concederán a los diversos niveles de rendimiento por encima de la norma, en aquellos casos en que se puede diseñar tal norma. Al principio, la prima se basó únicamente en el rendimiento físico y en el costo de producción. Cuando surgieron dificultades en el mercadeo de los productos y comenzaron a aumentar los inventarios, las compañías introdujeron la calidad como otro factor determinante de la norma (en la compañía ABC).

Se decidió que las normas no podían alterarse más de una vez al año. En general, el nivel de las normas se situaba por *debajo* del máximo de producción. Tal práctica aparentemente era un vestigio de la era de planificación centralizada, cuando la meta consistía en sobrepasar las normas. Esto continuaba satisfaciendo a los obreros porque recibían primas, y satisfacía también a los gerentes de producción, ya que demostraba que había sobrepasado el plan. No obstante, se le concedía cierto valor a las variaciones máximas "justas" entre el nivel y el rendimiento. En la compañía XYZ se consideraba justa una disparidad del 51 al 20 por ciento achacable a un esfuerzo superior al normal, y del 5 por ciento en la empresa ABC. En consecuencia, todo el mundo tenía un rendimiento superior al normal. La diferencia radica en el grado. (Del 15 al 20 por ciento representaba la diferencia entre el nivel fijado de antemano y la producción del obrero medio). El que sobrepasaba el tope —el que producía más— obtenía una mayor gratificación, pero también contribuía al mayor rendimiento de la Unidad. Como las utilidades de la Unidad se dividen entre todos los trabajadores, cada uno de ellos participa en los logros "exagerados" del sobrepasador del tope. Por ello, quien se esforzaba por sobrepasar el tope máximo era bien visto por la comunidad.

3. *Primas por rendimiento individual de los cuadros dirigentes.* El principio en que se basa la evaluación de los cuadros dirigentes, consiste en medir los factores en que puede incidir una persona y fijar un nivel que pueda considerarse normal. Para los cuadros dirigentes, el cuadro de primas engloba las variables que se consideran bajo su dominio, inclusive los ingresos y las utilidades totales, así como el costo de las ventas. La tasa de las primas no es uniforme para todos los cuadros dirigentes; la cifra que alcanzan éstas depende de la medida en que logra afectar la variable, medida previamente.

En el cuadro 4 se indica el hincapié que se hace en diversos elementos de diferentes tareas; por ejemplo, el porcentaje del salario básico que se pagará como prima por cada porcentaje del rendimiento alcanzado, que se desvíe del 95 por ciento de lo planificado (en la empresa ABC, según cada elemento supervisado de la toma de decisiones).

CUADRO 4.* *Tasas de primas a administradores* **

Puestos	Utilidades sobre la producción	Ventas totales	Costo de producción (Prima por menos del 95 %)	Total
Director General	3.60	2.16	1.44	7.20
Director del Departamento de Producción de Hilados	3.84	2.56	—	6.40
Director de Mercadeo o Mercadotecnia	2.56	3.84	—	6.40
Director de la Unidad de Mantenimiento	1.80	1.20	3.00	6.00
Director de Control de Calidad	2.60	1.56	1.04	5.20
Director de Finanzas	3.00	1.80	1.20	6.00
Director de Abastecimientos	2.60	1.56	1.04	5.20

* Compañía ABC, *Manual de distribución del ingreso personal.*
** Porcentaje del ingreso básico pagado como prima por el porcentaje del ingreso superior (o por debajo, si se desea) al 95 % del total planificado.

Nótese que en la compañía ABC la gratificación del director general se determina en relación con el incremento de las utilidades, las ventas y la reducción del costo de producción, pero se supone que su injerencia en los costos de producción es menor que la del jefe de mantenimiento. Por otra parte, se considera que el gerente de producción (director del departamento de producción de hilados) tiene mayor capacidad para intervenir en las utilidades derivadas de la producción, lo cual generalmente significa una producción superior y a un costo inferior que lo planificado. Sin embargo, si se consideran las tasas de primas totales, existe un orden jerárquico en el cual el director general recibe la mayor parte (*véase el cuadro 4*).

4. *Distribución de las utilidades. En las Unidades Económicas.* El ingreso de cada Unidad Económica queda determinado por el monto de su producción, a los costos planificados (sin salarios básicos). Si la Unidad logra producir a un costo menor, o fabrica más de lo planificado al mismo costo, recibe una prima que puede distribuirse entre el ingreso personal de sus miembros o entre los fondos de la Unidad, o entre ambos. Los precios de transferencia entre las Unidades se determinan, ya sea según los precios prevalecientes en el mercado, o según los costos más la fórmula de la unidad productora y abastecedora del servicio de producción. La suma de los incrementos en los precios de transferencia, en teoría, no deben ser superiores al precio de mercado del producto terminado. El término "en teoría" se emplea para calificar la aserción anterior, ya que los precios varían en el mercado, y por ello resulta difícil cambiar en forma equivalente los precios de transferencia en la compañía. En consecuencia, puede ocurrir que el precio del producto terminado sea superior en un momento dado al que quiera pagar el mercado.

Entre las unidades de producción y de servicios existe una diferencia básica para la determinación del ingreso; las unidades de servicios reciben sus ingresos a partir de las contribuciones de las unidades productivas, y éstas se determinan por la cantidad de servicios planificados e implantados por la unidad de servicios. Cada unidad productiva paga una cantidad determinada por ellos. Como incentivo, las unidades de servicios reciben una gratificación basada en el ahorro sobre el costo de producción planificado. Por ello, se supone que deben ofrecer servicios que redunden en la máxima baja de los costos de producción.

El personal administrativo, que constituye una Unidad Económica separada, percibe primas según los resultados financieros globales de la empresa. Por tanto, aunque la unidad de mantenimiento recibe primas incluso si no se logran vender los productos, si los costos de producción resultaron inferiores a lo planificado, los servicios administrativos, en cambio, tienen que lograr ciertos resultados en el mercado para obtener su participación variable del ingreso.

Los precios de transferencia, las primas, etcétera, están reglamentados en el Manual de Distribución del Ingreso, que es en sí un documento legal y por tanto requiere de trámites legales para poder modificarlo.

5. *Distribución de las utilidades. Al nivel de empresa.* La compañía, en su conjunto, genera ingresos mediante la venta de sus productos y servicios en el mercado. El ingreso se distribuye proporcionalmente entre las Unidades Económicas, según el ingreso alcanzado, el cual se determina por los precios de transferencia y sus lotes de producción. Cada Unidad Económica decide qué parte de su ingreso asignado ha de distribuirse como ingreso personal, como ingreso variable, y la parte que se destinará a fondos (fondo de reserva, fondo de actividades sociales, fondo para la vivienda, etcétera).

Suponiendo que se venderá toda la producción, el ingreso se distribuye entre las Unidades Económicas según los niveles de producción de la empresa. Se hace una reevaluación periódica de las ventas y se reajusta la distribución del ingreso, para que concuerde con las ventas, más que con la producción. Puede darse el caso de que una empresa produzca pero no venda, es decir, que sus inventarios se acumulan mucho; al final del año verá que distribuyó ingresos no devengados. Entonces se puede pedir a todos los empleados la devolución de aquella parte de sus salarios que no concuerde con las ventas reales. Como no es posible recuperar lo distribuido, ya que posiblemente fue consumido, se opta por distribuir menos en los meses inmediatamente posteriores, hasta alcanzar el nivel en que el ingreso personal refleje las ventas totales, en vez de la producción.

Y como una gran parte del ingreso personal queda afectada por la eficiencia general de la empresa, así como por la de las Unidades Económicas, el integrante de una empresa yugoslava no sabe cuál es su ingreso exacto durante un mes dado hasta el momento de abrir su sobre de pago. Para ilustrar las enormes variaciones en el ingreso y la flexibilidad en los salarios, se reunieron los siguientes datos acerca del cheque mensual recibido por el director general adjunto de una de las empresas estudiadas. Estos datos reflejan las tendencias salariales en todo el resto de la organización.[41]

---

41 Término acuñado por el autor para describir el fenómeno.

El ingreso personal mensual del director general adjunto fue como sigue:

1951-1952	5 800 dinares al mes: salario fijo, fijado ese año por el Departamento Federal de Industria.
Junio 1952 Julio 1953	8 700 dinares.
Julio 1953	13 000 dinares, en promedio.
1953-1955	Su ingreso varió *cada mes* durante estos años; las cifras extremas eran 18 500 y 26 000 dinares.
1956	*Reducción* a 18 500 dinares, en promedio.
1957-1958	*Incremento* a 22 500 dinares, en promedio.
1959-	Enero, 31 000 dinares; febrero, 51 000 dinares; marzo, abril, mayo, 33 000; junio, julio, agosto, 34 000 dinares. En septiembre, octubre y noviembre, se *duplicó* hasta 68 000 dinares al mes. Cuando llegó diciembre y se prepararon los balances, y tras hacer los reajustes para que los salarios concordaran con las ventas, y no con la producción, el director general adjunto recibió en ese mes *menos de la mitad de su salario del mes anterior*: 33 000 dinares.
1960-1961	Durante estos años también hubo grandes fluctuaciones en los ingresos mensuales; los extremos mínimo y máximo fueron de 41 000 y 82 000 dinares.
1962	Durante este año fue mucho menor el ingreso personal por mes, porque resultaron inferiores los ingresos, y superiores los costos de producción. La empresa estaba haciendo una fusión, por lo que hubo necesidad de transferir gente, volver a adiestrar al personal, etcétera.
1963-1964	El ingreso siguió más o menos fijo en 61 000 a 62 000 dinares mensuales, en promedio.
1965	En enero, sus ingresos aumentaron considerablemente. La integración tecnológica comenzó a dar frutos. El director general adjunto percibió 101 000 dinares en enero, y en diciembre sus ingresos alcanzaron la cifra de 221 000 dinares.
1966	El incremento continuó y sus ingresos variaron entre 146 000 y 278 000 dinares mensuales.
1967	Aparentemente, este fue el año en que la reforma económica comenzó a incidir en los ingresos. En enero se *redujo* a 166 000 dinares; en marzo, era de sólo 130 000.

Hubo diferencias entre las empresas XYZ y ABC en cuanto a la distribución del ingreso. Según la última tendencia de la descentralización, XYZ delegó el "poder de obtener utilidades" en las Unidades Económicas. Esto equivalió a que éstas determinaban los precios de transferencia, basándose en el aumento planificado de costo, o en los precios de mercado.

Existe un cierto "toma y daca" entre la unidad administrativa central y las de producción, para determinar los precios de transferencia. Hacen negociaciones para definir el costo adecuado al que habrá que agregar las utilidades planificadas, calculadas en porcentaje. Claro está que cada Unidad tratará de estimar el costo más elevado posible, para lograr los mayores ahorros, los cuales, a su vez, redundarán en primas más altas. La compañía ABC no delegó estos poderes, sino que los retuvo bajo la autoridad del Consejo Central de Trabajadores y el personal planificador (véase más adelante lo referente a planificación). Además, siguió centralizada la autoridad responsable de la distribución del ingreso en ABC, mientras que XYZ delegó tal función en las Unidades Económicas.

Un examen de ABC nos permitirá ilustrar cómo se distribuye el ingreso total.

6. *Distribución del ingreso.* ABC vende sus productos y servicios. El ingreso derivado de tal actividad se define como *ingreso obtenido,* para diferenciarlo del *ingreso planificado.* Este último puede definirse con la fórmula: producción planificada por precios planificados, mientras que la primera es la cantidad vendida multiplicada por los precios obtenidos. El *ingreso obtenido,* menos las cuentas incobrables y los deudores diversos, es la cantidad designada con el nombre de *ingreso general.*

El *ingreso general* se distribuye como sigue: [42] el 86 por ciento se dedica el ingreso personal y el 14 por ciento restante se destina a diversos fondos. En el caso de que el ingreso procediera de factores ajenos al dominio de la empresa, a discreción del Consejo, se destinará a fondos el ingreso total (inclusive el 86 por ciento asignado al ingreso personal). Por ejemplo: si los precios fueron incrementados por la empresa, con lo que se aumenta el ingreso, el total del 86 por ciento del ingreso incrementado reunido se destinaría al ingreso personal, y el 14 por ciento, a fondos. Pero si el precio del producto estuviera reglamentado por el Organismo Gubernamental de Regulación de Precios y el aumento se hubiera logrado sin la intervención de la compañía, la cifra total correspondiente a este renglón se destinaría a fondos. Lo mismo se aplica a los cambios

---

[42] No es posible comparar los dinares con los dólares, porque Yugoslavia sufrió varias devaluaciones. Además de ello, los salarios no representan un poder adquisitivo comparable, por las variables en el índice de precios.

surgidos en los reglamentos arancelarios, o a la fluctuación del tipo de cambio por dólares exportados. En otras palabras, si el ingreso general es resultante de cambios ocurridos en el medio, en los cuales la empresa no tiene ninguna intervención, el ingreso adicional no se asigna al ingreso personal. El principio en que se basa esto es que sólo se debe disfrutar de aquella proporción del ingreso a que se ha contribuido con el trabajo. Como las ganancias inesperadas son imposibles de regular, y por ende no hay contribución de la mano de obra en su obtención, no están sujetas a ser distribuidas en forma de ingreso personal.

Esto, de paso, ilustra notablemente cómo ejerce influencia la ideología en los dictados de las técnicas administrativas. La ideología de la autogestión pretende establecer nuevas relaciones sociales entre la gente; preconiza estar creando una relación "justa", donde se remunera, se recompensa, etcétera, sólo según su aportación personal. Los ingresos generados por fuerzas externas se asignan a fondos que se utilizan para subvenir las necesidades sociales de los miembros de la colectividad, y de la sociedad en general, tales como la modernización de la empresa, o la construcción de viviendas para los obreros, y no se distribuye como ingreso personal para su consumo.

A la inversa, lo mismo es aplicable a las pérdidas inesperadas. Si el gobierno cambia las tarifas de transportes, con lo que se incrementan los gastos de la empresa, sin que sea posible ni encontrar una opción más barata, se resta de los fondos la cantidad global por este concepto.

Los fondos son los siguientes:

1. Fondo de reserva: parte obligatoria (estipulada en la Ley Federal).

2. Fondo de reserva: parte no obligatoria.

3. Fondo para gastos de la comunidad: en efectivo, según los balances.

4. Capital de trabajo de la empresa: en efectivo, según los balances.

La parte del ingreso que por mandato de la Ley Federal se destina a fondos de reserva alcanza el 2 por ciento del promedio del activo circulante de la empresa en un año. Se asignan partidas a este fondo hasta que llegue al 10 por ciento del promedio del activo circulante de la empresa durante los últimos tres años. Tal reserva se deposita en el banco, y puede utilizarse siempre que la compañía tenga pérdidas en operaciones de una magnitud tal que le impidan pagar el ingreso básico de sus trabajadores. La proporción del fondo de reserva que se utilice para este fin será fijado por el Consejo de Trabajadores. También puede utilizarse el fondo como capital de trabajo, pero en estos casos, la Ley Federal impone serias restricciones.

Si así lo desea una empresa (por decisión del Consejo de Trabajadores), puede asignar recursos mayores a otro fondo de reserva (opcional) para asegurar los ingresos de sus trabajadores, en previsión de que se enfrente a pérdidas anormales en lo futuro. Estos fondos de reserva, depositados en el banco, y que no reditúan ningún interés, se asemejan al tipo de presupuesto "familiar" primitivo, donde se aparta cierta cantidad en efectivo para los "días difíciles". Esto hace las veces de "seguro de ingresos" para los trabajadores. El investigador inquirió acerca del razonamiento en que se basa la existencia de este "seguro de ingresos" y se le indicó que dados los cambios frecuentes e inconsistentes de las políticas económicas yugoslavas, las empresas muchas veces no están preparadas para enfrentarse a las nuevas situaciones, y se encuentran insolventes e incapaces de pagar a los integrantes de su organización. Por ello se establece un fondo que asegure los salarios básicos para esos tiempos difíciles.

Las Unidades Económicas también disponen de fondos de reserva, que se utilizan cuando no logran suficientes ingresos para distribuirlos entre sus miembros. Ello sólo puede ocurrir por culpa de la Unidad, y no por fuerzas extrañas o fuera de su dominio. En tal caso, la Unidad retira su ingreso planificado del fondo común, al que han contribuido todas las Unidades. Los ingresos de las Unidades Económicas no deben variar en más del 20 por ciento; es decir, que si el precio de mercado de un artículo producido por cierta unidad aumenta mucho, no deberá originar un incremento mayor a este 20 por ciento sobre el ingreso de otras unidades. Los incrementos superiores al 20 por ciento se destinan al fondo común, y se utilizan como ya se dijo.

Este sistema de recompensas está diseñado para lograr dos objetivos: la igualdad dentro de la competencia, y una distribución del ingreso acorde con resultados que se pueden medir. Se llega a la igualdad determinando los límites dentro de los cuales puede variar el ingreso. La distribución del ingreso según la participación en el resultado, que se debe poder medir, está destinada a alentar una mayor productividad y mayor "justicia", ya que ninguno es recompensado a menos que contribuya a la creación del valor. En otras palabras, el dinero ganado como consecuencia de que cada cual esté "en el lugar adecuado y en el momento oportuno" se considera una ganancia inmerecida, y se destina a la modernización de la empresa o a la construcción de viviendas para los trabajadores.

IV - DISTRIBUCION INTERNA DEL INGRESO

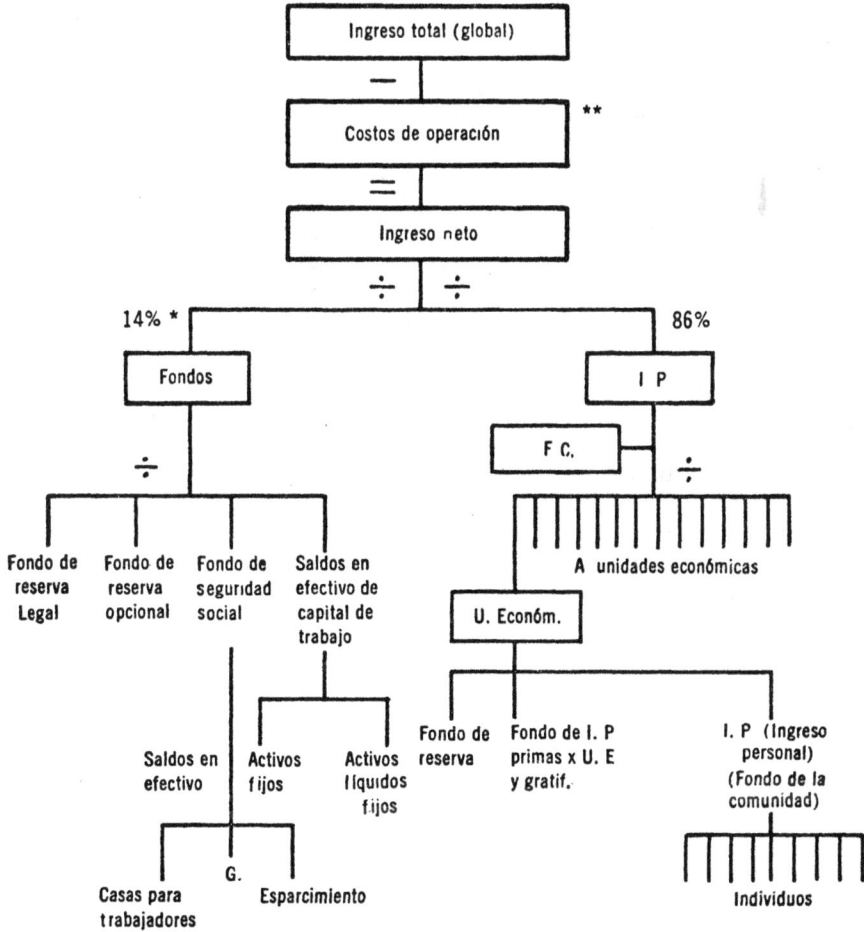

```
                    ┌─────────────────────────┐
                    │  Ingreso total (global) │
                    └─────────────────────────┘
                               —
                    ┌─────────────────────────┐
                    │   Costos de operación   │  **
                    └─────────────────────────┘
                               =
                    ┌─────────────────────────┐
                    │      Ingreso neto       │
                    └─────────────────────────┘
                          ÷          ÷

        14% *                              86%
    ┌─────────────┐                  ┌─────────────┐
    │   Fondos    │                  │    I P      │
    └─────────────┘                  └─────────────┘
          ÷                    ┌─────────────┐
                               │    F C.     │
                               └─────────────┘
                                         ÷

  Fondo de  Fondo de  Fondo de  Saldos en          A  unidades económicas
  reserva   reserva   seguridad efectivo de
  Legal     opcional  social    capital de    ┌─────────────┐
                                trabajo       │ U. Económ.  │
                                              └─────────────┘

                    Saldos en  Activos   Activos   Fondo de  Fondo de I. P    I. P (Ingreso
                    efectivo   fijos     líquidos  reserva   primas x U. E    personal)
                                         fijos               y gratif.        (Fondo de la
                                                                              comunidad)

              Casas para       G.                                            Individuos
              trabajadores   Esparcimiento
```

CLAVE: F. C.- Fondo Común; I. P - Ingreso Personal; U. Económ. Unidad Económica; G-Guarderías

*100% del ingreso se asigna a los fondos siempre y cuando haya sido
generado por factores fuera de control.

**Incluyendo los impuestos; pero con *exclusión* de sueldos y salarios.

Para hacer una distribución acorde con la contribución personal de cada quien, es necesario medir los resultados, lo cual lleva al sistema yugoslavo a cuantificar prácticamente todo proceso de insumo y producción. El ingreso individual está ligado a la labor de otras personas y, gracias al establecimiento de las Unidades Económicas, el individuo puede identificar y regular esta correlación.

Debemos hacer hincapié en que este sistema origina conflictos, ya que promueve la competencia en la distribución del ingreso. Reciben primas aquellos que funcionan mejor de lo planificado, cuando lo planificado es la situación "normal". Sin embargo, como lo "normal" se determina con el consenso de la asamblea general de los trabajadores, y como nunca hay una información perfecta para establecer normas cabalmente objetivas, las aportaciones subjetivas a este proceso de creación de un consenso pueden suscitar fuertes roces en la organización. Es decir, las primas se determinan por la estimación de la aportación individual; y puesto que tal estimación se hace siempre a través de las decisiones tomadas en grupo, los participantes de ese grupo valoran unos a otros sus respectivas aportaciones y compiten por una participación mayor en las recompensas. El resultado obvio es el roce entre los individuos, especialmente si es tensa la competencia por las primas y si son debatibles las normas objetivas que sirven de base para medir las aportaciones individuales al resultado o rendimiento general.

CUESTIONARIO

1. ¿Cuáles fueron las condiciones sociales, económicas y políticas imperantes en Yugoslavia que estimularon la autogestión? ¿Qué factores la inhibieron?

2. ¿Fueron más importantes los factores negativos, o los positivos? ¿Habría usted recomendado la implantación de la autogestión en ese país? De ser así, ¿qué dificultades habría previsto?

3. ¿Es posible que la autogestión puede tener resultados positivos aun donde no sea posible implantarla con rapidez? ¿Considera usted que este sistema puede iniciar un proceso educativo capaz de modificar la situación de Yugoslavia como país subdesarrollado?

4. En una economía centralmente planificada, ¿por qué es el gobierno el que nombra y designa a los directivos y gerentes profesionales? ¿Existen motivos económicos para ello? ¿Cuáles son los efectos políticos de esta práctica? De perder este poder el gobierno, ¿qué repercusiones políticas cabría esperar? ¿Pueden los grupos de gerencia independientes del gobierno, pero con el poder suficiente para dirigir los destinos de sus empresas, originar una tecnocracia profesional?

5. Si todas las compañías de un medio competitivo distribuyeran la totalidad de sus ingresos en sueldos y salarios, ¿a qué empresas corresponderían, a su entender, los salarios más altos? ¿Disfrutarían de mayores salarios las compañías de fuertes inversiones en capital que las dedicadas a servicios, por ejemplo, los bancos? ¿Qué acontecimientos políticos cabría esperar si fueran los bancos y no el gobierno los que asignaran las inversiones en las empresas y, a su vez, obtuvieran sus recursos de las compañías que invierten en bancos? ¿Se convertirían los bancos en una fuerza independiente y poderosa y, por ende, en una amenaza para el poder del partido?

6. ¿Piensa usted que un medio competitivo debe producir necesariamente la polarización del ingreso? ¿Es posible la coexistencia de la competencia y de la igualdad?

7. Analice los efectos que tienen sobre la gerencia las modificaciones frecuentes de las leyes federales y estatales. ¿Qué ventajas tienen? ¿Y qué desventajas? ¿Cuál es el papel que desempeñan en el cambio social? ¿Considera usted que las leyes determinan los cambios sociales, o que más bien los reflejan? Según usted, ¿las leyes *deberían* determinar, o reflejar los cambios sociales?

8. ¿Piensa usted que se lograría disminuir la cantidad de reglamentaciones legales existentes en Yugoslavia, de disponerse de un plan económico, social y político a largo plazo? ¿Sería factible elaborar y realizar tal plan? ¿Sería posible que los cambios en los ordenamientos legales estuvieran relacionados con el ritmo de aprendizaje del liderazgo yugoslavo, factor que no es posible pronosticar?

9. ¿Piensa usted que los cambios frecuentes en las leyes obstaculizan el proceso de aprendizaje de los trabajadores?
10. ¿Por qué el fomento de la habilidad empresarial conduce a la aceptación de valores sociales capitalistas? ¿Es necesario el espíritu emprendedor en la autogestión? ¿Acaso la autogestión necesitaría un tipo diferente de habilidad empresarial? ¿Cuán diferente? ¿Podría esto deberse a que la autogestión implica necesidades diferentes?
11. ¿Por qué resulta necesaria una mayor libertad en las empresas para alentar el espíritu emprendedor?
12. Se dice que, en una economía de mercado, se permite toda actividad económica, a menos que esté específicamente prohibida. Dé usted ejemplos que confirmen o refuten esta aseveración.
13. ¿Considera usted que las tendencias actuales del sistema político de Europa Occidental estén orientadas hacia el modelo centralizado, en el *que* se prohíbe todo cuanto no esté específicamente permitido? ("Todo" no debe interpretarse literalmente).
14. ¿Por qué representa un peligro para quienes detentan el poder el cambio hacia un sistema de mercado? ¿Qué se entiende por "todo" en este contexto?
15. La descentralización económica origina centros de poder independientes que ponen en peligro la hegemonía del gobierno. Cite ejemplos que ilustren este fenómeno, diferentes de los que se presentan en el texto.
16. Se considera que la mayor aceptación de riesgos requiere de mayores recompensas. ¿Por qué? ¿Qué sucedería si la compañía no aumentara las recompensas a quienes corren riesgos? De existir tal desequilibrio entre riesgo y recompensa, ¿tenderán los gerentes a oponerse a la descentralización? ¿Por qué?
17. ¿Por qué resulta insuficiente la descentralización económica para lograr la descentralización política? ¿Puede usted citar ejemplos de descentralización económica sin descentralización política, en Europa Oriental?
18. Los trabajadores yugoslavos adquirieron el derecho de huelga como resultado de un "deshielo" político. ¿Por qué fue necesaria la huelga, si los trabajadores ya tenían en sus manos la empresa? ¿Cuál es la función de una huelga en la autogestión? ¿Contra quién se hace?
19. ¿Sería posible implantar la autogestión en un país donde la mayoría de la población carece de preparación y adiestramiento para trabajar en la industria? ¿Presenta alguna ventaja la autogestión en este tipo de sociedad? ¿Conviene pedir a los trabajadores que tomen ellos mismos las decisiones antes de que sean capaces de hacerlo? ¿Estimularía esto el proceso de aprendizaje, o más bien lo estorbaría? ¿Qué condiciones habría que satisfacer para convertir esta situación en un "medio de aprendizaje" positivo?
20. ¿Qué condiciones tendrían que prevalecer para que la gerencia pro-

fesional (en un sistema de autogestión) estuviera a favor o en contra del "medio de aprendizaje"?

21. El sistema de autogestión implica la independencia, la colaboración, la autorrealización y la propiedad social. ¿Cuáles características de una sociedad preindustrial entrarían en conflicto con estos valores? ¿Tendría alguna ventaja diseñar un sistema posindustrial para adaptarlo a una sociedad preindustrial?

22. ¿Sería posible que un país de escasos recursos económicos insistiera en la autorrealización antes que en el buen funcionamiento como meta?

23. ¿Puede usted identificar otros tipos de organización o sociedad del pasado donde se haya practicado la propiedad social? ¿Qué tipo de propiedad existe, por ejemplo en la orden jesuita?

24. ¿Qué diferencia hay entre la propiedad estatal y la social?

25. ¿Existen en la sociedad capitalista occidental recursos de propiedad social, tal como se define en el caso de Yugoslavia?

26. ¿Cómo regula la sociedad capitalista occidental la utilización de los recursos sociales?

27. ¿Es posible pensar que los trabajadores administren una compañía con plena autoridad legal, sin que por esa razón exista la propiedad social?

28. ¿Puede considerarse la contratación colectiva de "regateo", tal como se practica en los Estados Unidos y en otros países occidentales, una forma de participación de los trabajadores en la toma de decisiones? De ser así, ¿en qué difiere de la autogestión? ¿Qué sistema se caracteriza más por la confrontación? ¿Cuál por la cooperación? ¿Podría usted imaginar casos en que la contratación colectiva de "regateo" se basara en la cooperación, y la autogestión en la confrontación? ¿En qué circunstancias podría ocurrir esto?

29. ¿Qué peligros entraña la rotación de gerentes?

30. ¿Qué ventajas ofrece la rotación de gerentes?

31. ¿Existe otro método que permita obtener las ventajas de la rotación de gerentes, sin sus desventajas?

32. ¿Puede usted citar ejemplos tomados de la teoría de administración de empresas que demuestren que ésta supone la centralización? ¿Puede dar ejemplos en que la teoría de administración implique la conservación del poder por parte de la gerencia? ¿Puede citar ejemplos tomados de la teoría de la autogestión que demuestren que ésta exige como requisito previo la descentralización?

33. ¿Existen otros sistemas de organización en los que se haga la distinción entre las funciones de administración y las de gobierno? ¿O la distinción entre el personal médico y el administrativo, en un hospital? ¿O entre el personal administrativo y el docente, en una universidad? ¿O entre el personal artístico y el administrativo de una empresa artística? ¿Quién administra en estas instituciones? Si administran conjuntamente, ¿por qué es necesario hacer tal distin-

ción? ¿Qué ventajas ofrece hacerla? ¿Qué peligros habrá que sortear si no se hace esta distinción?

34. En este capítulo se describe cómo opera la rama administrativa de la autogestión *sugiriendo* las decisiones e implantándolas, pero *sin tomarlas*. ¿Es esto aplicable a la educación, la sanidad y a los administradores de empresas artísticas?

35. ¿Qué ventajas ofrece la situación en la que los funcionarios puedan obrar según su criterio propio, dentro de la "zona de indiferencia" de la parte interesada, en comparación con la situación donde el funcionario *no* tiene libertad de obrar hasta que le sea otorgada expresamente?

36. ¿Qué ventajas ofrece para una empresa tener los derechos y las obligaciones especificados en los *estatutos* aprobados por votación de la asamblea general? ¿Crearía esto un medio de aprendizaje? ¿Originaría enajenación? ¿Suscitaría algún conflicto constructivo?

37. Haga usted una lista de las ventajas y desventajas (económicas, sociales, políticas) de una participación al ciento por ciento.

38. Haga una lista de las ventajas y desventajas de la "articulación de organización".

39. ¿Qué argumentos pueden defenderse para conceder al grupo de una organización la atribución de vigilar la responsabilidad social? ¿Qué se entiende por "responsabilidad social" en los países menos desarrollados? ¿Cómo podrían ser irresponsables los trabajadores?

40. Compare el funcionamiento de una estructura corporativa con el de otra autogestionada, que tuvieran que tomar una decisión para cambiar de lugar una fábrica. Una de ellas decidirá según las instrucciones recibidas, y la otra por referéndum. ¿Qué ventajas económicas y qué efectos sociales habrá con cada uno de los dos métodos? Si la decisión resulta desastrosa, ¿quién "paga" por el error? Si se logra el éxito, ¿quién gana? Valore el precio económico y la ventaja social de referéndum.

41. ¿Qué puede aducirse para permitir que los trabajadores decidan sobre política obrera en los países menos desarrollados? ¿Qué ventajas educativas acarrearía? ¿Cuál sería su costo económico? ¿Qué sería más importante?

42. En este capítulo se describió al director general como un "super-administrador", cuya tarea consiste esencialmente en coordinar. ¿Sería posible que tal director se convirtiera en dictador en su empresa? ¿Podría hacerlo a través de los cauces legales?

43. ¿De qué manera acepta responsabilidades un director general en la autogestión? Si usted fuera director general de una empresa sujeta a este régimen, ¿cuáles serían sus responsabilidades?

44. En una sociedad muy autoritaria, aun en sus relaciones familiares, ¿qué tensiones cabe esperar por la índole de las demandas sociales de la autogestión? ¿Cuáles serían las consecuencias del desarrollo a largo plazo?

45. ¿Quién debe asumir el liderazgo para implantar cambios sociales? ¿Cómo deben implantarse éstos? ¿Permite la autogestión un cambio más rápido?

46. ¿Considera usted que el partido político es componente necesario de la autogestión? ¿Debe ejercer influencia en la toma de decisiones?

47. Se arguye que en la autogestión la responsabilidad del director general sobrepasa su autoridad. De ser así, ¿qué efectos tiene esta situación en el funcionamiento del director general? ¿Qué alternativas existen ante tal situación? ¿Podemos predecir el tipo de conducta que puede presentarse?

48. Se ha demostrado que la *politikal aktive* abarca todas las ramas de una empresa autogestionada. ¿Por qué es necesaria su existencia? ¿Qué efecto tendría su ausencia en la organización? ¿Por qué convocan a junta de la *aktive* los administradores?

49. ¿Qué ventajas y qué desventajas ofrece el pluralismo de organización?

50. Desde el punto de vista del crecimiento económico, ¿qué ventajas ofrecen los salarios flexibles en una sociedad turbulenta? ¿Posee el capitalismo una flexibilidad hacia abajo?

51. ¿Qué ventajas y desventajas tiene la variación, mes con mes, en los salarios? Si piensa usted que las desventajas son más que las ventajas, ¿cuál cree que debería ser la función de los salarios? Si la función de los salarios consiste en proporcionar seguridad, y si resulta necesario correr riesgos, ¿quién debe correrlos? De absorberlo el trabajador, ¿cómo logrará obtener salarios fijos?

52. Si no se le permite a la gente beneficiarse de los acontecimientos inesperados, ¿se convertirán en mejores gerentes por este hecho?

53. ¿Se justifica el fondo de igualdad? ¿Deben diferir los ingresos de las unidades en más del 20 por ciento? ¿Por qué no?

54. Se asegura que este sistema de recompensa crea conflictos. ¿Sería más conveniente que los gerentes decidieran lo relativo a la distribución de recompensas mediante la valoración del trabajo de sus subordinados? Aunque permitir a la gente fijar su propia recompensa cree conflictos, ¿se logra mayor justicia con este sistema, al permitir la libre discusión del valor de la aportación de cada integrante de la empresa?

IV. LAS ORGANIZACIONES ESTUDIADAS Y SU MANERA DE MEDIR LA PRODUCCIÓN

APROVECHAREMOS los temas tratados hasta ahora como material básico para explicar el medio, la ideología y la estructura de organización prevalecientes en Yugoslavia al hacer este estudio, para que el presente capítulo sirva de puente entre la descripción del medio general y el funcionamiento específico observado en las organizaciones objeto del estudio, el cual se presentará en la Parte II del libro; para ello iniciaremos la descripción detallada de la atmósfera que prevalecía en las compañías ABC y XYZ.

LAS "CAJAS NEGRAS"

Antecedentes históricos

Tanto ABC como XYZ están en las afueras de Belgrado, y ambas tienen una fábrica a varios kilómetros de sus instalaciones principales. (Las dos fábricas de XYZ se designan como TC y RN en este libro). Las casas matrices de ambas empresas estaban a menos de un kilómetro de distancia entre sí, y la fábrica de ABC, a un kilómetro y medio de la fábrica de XYZ. Ambas se dedicaban a elaborar productos textiles; XYZ hacía telas de lana, y ABC telas de algodón. Básicamente, su tecnología era similar, igual que sus mercados, en términos de canales de distribución y reglamentación oficial. No obstante, no entraban en competencia directa entre sí. También tenían una capacidad semejante; XYZ empleaba a un promedio de 2 600 trabajadores, y ABC unos 2 900. Con excepción de sus intentos en el campo de la modernización, la historia de las dos empresas es similar. ABC se fundó en 1903, y XYZ en 1890.

Un resumen de la historia de ABC familiarizará al lector con las organizaciones, le ofrecerá un punto de vista detallado del medio en que opera y le dará una idea de la "memoria de organización" que puede haber afectado al funcionamiento de organización cuando hicimos nuestro estudio. La historia de XYZ no difiere mucho de la descripción que damos a continuación.

ABC fue fundada en 1903 por un propietario ausentista, ya que vivía paseando por Francia e Italia, "gastando el dinero", como decía un trabajador. La empresa operó con ocho telares hasta 1914. En 1917 el propietario vendió la mitad de las acciones al director general, a los principales funcionarios y a los maestros que llegaron de Checoslovaquia y se avecindaron en Belgrado. En aquel tiempo la producción de ABC era de cerca de 2 millones de metros de tela anuales.

Los checos trajeron un equipo viejo que Checoslovaquia ya no necesitaba, puesto que entonces ya era un país desarrollado. En 1934 la empresa quebró a causa de la depresión, y fue adquirida por una firma inglesa. En 1941 seis bombas hicieron impacto directo en la fábrica y la destruyeron casi por completo; en 1967 todavía no se había sacado de una de las fábricas una bomba sin explotar, de 180 kilos. Durante la segunda Guerra Mundial huyeron todos los empleados extranjeros; los alemanes administraron la compañía y destruyeron las máquinas al no poder darles mantenimiento adecuado. Los obreros y maestros sobrevivientes de la guerra regresaron a la compañía en 1967, y ésta sigue empleando a algunos trabajadores con antigüedad de treinta y cinco años.

Terminada la guerra no quedaba mucho más que una marca de fábrica. No existían virtualmente fábricas en operación; el personal administrativo estaba en el extranjero, las máquinas eran viejas (algunas databan del siglo pasado), y la mayoría de los edificios habían sido destruidos.

En 1945, inmediatamente después de la guerra, la compañía fue nacionalizada y el gobierno confiscó todas las acciones. Se nombró una administración militar, y la compañía empezó a producir artículos de algodón para el Ejército. En 1946, la administración militar fue remplazada por directores que nombró el Ministerio del Trabajo. La dependencia del Ministerio a cargo de Cueros, Textiles y Caucho determinó el tipo de producción y le asignó materias primas, capital de trabajo y mano de obra. Nadie podía contratar o despedir empleados sin la previa anuencia del Ministerio; se consideraba que de esta forma la mano de obra calificada, tan escasa en la posguerra, podía "nacionalizarse" y asignarse a los sitios en que más la necesitara el país.

Los trabajadores no pudieron reconstruir hasta 1951, mediante trabajo voluntario, lo que había quedado destruido. Durante ocho horas diarias, seis días a la semana, producían artículos de algodón, y en sus horas libres y los fines de semana reconstruían las instalaciones y reparaban la fábrica. Hasta ese año, 1951, la producción no alcanzó su nivel de 1917, de 2 600 000 metros de tela (en 1967 la producción había llegado a 20 millones de metros).

En la época de la reconstrucción existía un gran espíritu de solidaridad; la gente se regocijaba cada vez que la sirena anunciaba el

cumplimiento de un plan de trabajo. Todos competían entre sí para
ver quién podía triplicar o cuadruplicar las metas de producción.
Los trabajadores de más elevado nivel eran aquellos que lograban
hacer trabajar sus máquinas con mayor celeridad, y consecuentemente producir más, y había una correlación directa entre el rendimiento y las recompensas monetarias. La gente se sentía segura mientras no pusiera en tela de juicio la situación política. Muchos
trabajadores entrevistados recordaron con nostalgia aquellos tiempos, aunque la comida no abundaba entonces. Diariamente se distribuía sopa de frijol desde un perol colocado en el centro de la
fábrica, donde se daba igual ración al director general y al mozo.
Prevalecía una atmósfera de igualdad y participación. Un funcionario habló con orgullo de aquella época:

Recuerdo que carecíamos de guantes. Estábamos a mediados del in-
vierno y helaba. La mudanza de las máquinas de un lugar a otro era
tarea titánica. Las manos se adherían al hierro congelado y no se podían desprender de él. Pero es una época que no olvidaremos jamás.
Trabajamos hombro con hombro. Ahora [1967] todo eso ha cambiado.

El 26 de junio de 1950 se promulgó la ley que transfería la propiedad de las fábricas a los trabajadores. Aquel día nació la autogestión. Los trabajadores eligieron su primer Consejo de 56 miembros, y su primer presidente fue un obrero. Sin embargo, la función
de este Consejo era meramente de asesoramiento, ya que no estaba
facultado para tomar decisiones.

La mayoría de los obreros vivía en los poblados de las afueras
de Belgrado y se transportaba por ferrocarril o autobús al lugar de
trabajo. Como el primer turno iniciaba labores a las 6:00 de la mañana y las conexiones distaban mucho de ser perfectas, algunos obreros tenían que salir de casa a las 4 de la madrugada para llegar a
tiempo. (Tal situación continuaba prevaleciendo en 1967, al hacerse esta investigación.) Los que se mudaron a la ciudad vivían en
pequeños departamentos construidos por la empresa. Los que no
consiguieron departamento, vivían en casas semiderruidas o en pequeñas unidades de habitación sumamente congestionadas. Analfabetos, carentes de tradición laboral industrial, sin una gerencia profesional capaz, y enfrentados a su fábrica en ruinas, tuvieron que
aportar entre todos su sentido común para administrar y reconstruir
la empresa.

Según la ley de autogestión de 1950, la empresa podía decidir qué
produciría, pero las inversiones eran asignadas por el gobierno,

que también regulaba los precios. El único elemento que dominaba la empresa eran sus lotes de producción. En la época de la posguerra la demanda era alta; la producción creció enormemente y, en consecuencia, hubo la necesidad de establecer tres turnos de labores. El año 1956 la producción había llegado a 3 millones de metros; vendía toda su producción.

En 1958 la empresa comenzó a elaborar sus propios planes y a distribuir sus ingresos, la mayoría de los cuales se destinaba a la construcción de viviendas para los trabajadores y administradores. Con el tiempo se facultó más a la empresa para tomar sus decisiones y se le permitió disponer de una mayor proporción de sus ingresos. Tales cambios condujeron a la modernización.

Hasta 1960 la modernización de la empresa fue de escasa magnitud, inclusive la adquisición de nuevas máquinas y equipo de teñido, mobiliario, etcétera, después de lo cual hubo un cambio de importancia: la construcción de una nueva fábrica de hilados. El tiempo invertido en su construcción fue mínimo, ya que los obreros la erigieron después de cumplir sus turnos; en 1962 ya estaba en plena producción. El siguiente paso en la modernización ocurrió en el departamento de tejidos, de donde se eliminaron las máquinas viejas, y se instaló la última palabra en equipo automático. En 1963 la empresa se incorporó a otra, y así surgió ABC. La integración fue vertical, gracias a lo cual ABC se liberó de la dependencia de sus abastecedores de hilo de algodón. Esta fusión permitió operar con mayor eficiencia, indispensable entonces para enfrentarse a la competencia, que ya estaba surgiendo.

La plena integración de las empresas incorporadas tardó un año y medio (en 1967 XYZ todavía luchaba por incorporarse a TC y RN). Hubo que consultar a la asamblea general de los trabajadores; el sindicato de la empresa, el Partido y una comisión de representantes de Belgrado se abocaron a discutir el asunto y a otorgar su consentimiento. La viabilidad económica y la política de personal, es decir, el destino que debía darse a la mano de obra excedente, fueron algunos de los problemas que se ventilaron entonces. Sin embargo, nos aseguraron que ningún obrero fue despedido a resultas del proceso de modernización e incorporación. La empresa se limitó a dejar de contratar gente nueva, conservó y volvió a adiestrar a su fuerza de trabajo, y la colocó en los puestos adecuados. Hubo una salida de trabajadores hacia Alemania Oriental y hacia otras compañías yugoslavas, pero la salida voluntaria fue la única forma en que la empresa se deshizo de la mano de obra excedente.

Desde 1963 ABC estuvo ya en condiciones de exportar a Italia, consecuencia de una tasa de intercambio favorable de dólares obtenidos de las exportaciones. Durante ese período, la compañía trabajaba tres turnos y la producción seguía siendo su principal objetivo y su actividad clave. En 1965 se instituyó la reforma económica. Durante algún tiempo el mercado siguió absorbiendo toda la producción, pero en 1967 quedó saturado, y los artículos extranjeros invadieron el país. Comenzó a acumularse el inventario de ABC, ya que la empresa tenía dificultades internas para reducir la producción planificada (véase el Capítulo VI, sobre planificación). En marzo de ese año se habían acumulado en los inventarios tres meses de ventas, pero seguían trabajando los tres turnos. Comenzó a bajar la calidad, y menguaron los ingresos personales. Hubo un paro intempestivo y dejó de prevalecer el anterior espíritu de participación. La compañía se enfrentaba a una fuerte competencia, carecía de recursos para pagar los salarios, y además tenía un excedente de mano de obra imposible de despedir.

A continuación describiremos y analizaremos los organigramas de organización de ABC y XYZ, tal como operaban en el momento de hacer el estudio: son el organigrama administrativo formal y el de gobierno, en ninguno de los cuales se incluyen los grupos sociopolíticos.

Organigramas administrativos (Análisis de las diferencias)

XYZ estaba fuertemente orientada hacia la producción. El puesto de director técnico era importantísimo; seguía jerárquicamente al director general de la compañía. En comparación con ABC, casi se hacía caso omiso de la mercadotecnia (la empresa XYZ no tuvo director de mercadotecnia durante varios años; esta función la desempeñaba el director general). El departamento de mercadotecnia de XYZ constaba de menos de una docena de personas; en cambio, había 39 mercadotécnicos en ABC.

Era evidente que ABC estaba más orientada hacia el mercado. Empleaba a profesionales en investigación de mercados; sus departamentos estaban separados según los productos; contaba con un importante departamento de planificación económica, e inclusive disponía de equipo electrónico de procesamiento de datos. También tenía un departamento de personal importante, formado por 12 personas, en comparación de las 5 que integraban ese mismo departamento en XYZ. Con mucho personal en su casa matriz, ABC estaba más centralizada que XYZ y había formado un personal de economistas con árbitros para analizar los resultados de cada Unidad Económica y planificadores para regular las actividades de las Unidades dentro de la empresa. XYZ sólo tenía 5 personas en el departamento de planificación, mientras que ABC tenía 30 planificadores. El mismo patrón se repetía en el sector financiero: ABC empleaba en él a 54 personas, mientras que XYZ tenía menos de 20. Además, la libertad de tomar decisiones (como en la planificación) estaba más centralizada en ABC que en XYZ (véase más adelante). XYZ tenía varias cadenas de mando duplicadas, con lo cual hacía hincapié en la responsabilidad conjunta, que no existía en ABC.

En términos generales, XYZ poseía más cuerpos directivos, y en más niveles, que ABC. Como la capacidad de tomar decisiones de esos cuerpos era mayor que en ABC, XYZ estaba mucho más descentralizada. El número de comités nos da otra pauta de la descentralización, ya que su número en XYZ superaba con mucho a los existentes en ABC. Respecto a los cuerpos políticos también XYZ estaba más descentralizada, puesto que cada una de sus dos fábricas tenía un Comité Directivo, que no existía en ABC. Más aún, sus cuerpos políticos a nivel de fábrica parecían mucho más activos y acometedores que los de ABC. Por todo ello, podemos concluir que, virtualmente en todos los aspectos, ABC estaba más descentralizada que XYZ.[1]

La diferencia más marcada entre las dos empresas radicaba en las personalidades y en el poder de sus directores generales. Según las pruebas reunidas a través de muchísimas entrevistas, parece que las diferencias en estructura de organización mencionadas eran resultado de las diferencias en el liderazgo.

El director general de ABC era una persona joven, de poco más de treinta años, emprendedor, con fuerza en el Partido y dotado de un increíble poder de persuasión. Cuando se dirigía a los trabajadores, sus conferencias estaban perfectamente estructuradas. Era ingeniero universitario, grado que en el medio norteamericano estaría entre la maestría y el doctorado. Mientras proseguía sus estudios durante la noche, trabajaba como técnico en ABC, donde alcanzó el puesto de gerente de producción, y por último el de director general. Disfrutaba de excelentes relaciones de amistad con organismos políticos y económicos. Lo eligieron vicepresidente del banco local

[1] Nos damos cuenta perfectamente de que no estamos usando la definición de centralización, que no incluye necesariamente la departamentalización como variable. La definición corriente sólo considera la distribución del poder de la toma de decisiones. Sin embargo, al haber más gente en cargos administrativos en el centro, y menos cuerpos a cuyo cargo está la toma de decisiones a nivel de Unidad (pues hay menos unidades), se modifica la fuente de la toma de decisiones, como veremos en otros capítulos.

V-CUADRO EJECUTIVO-XYZ

FUENTE: Archivos de la Compañia

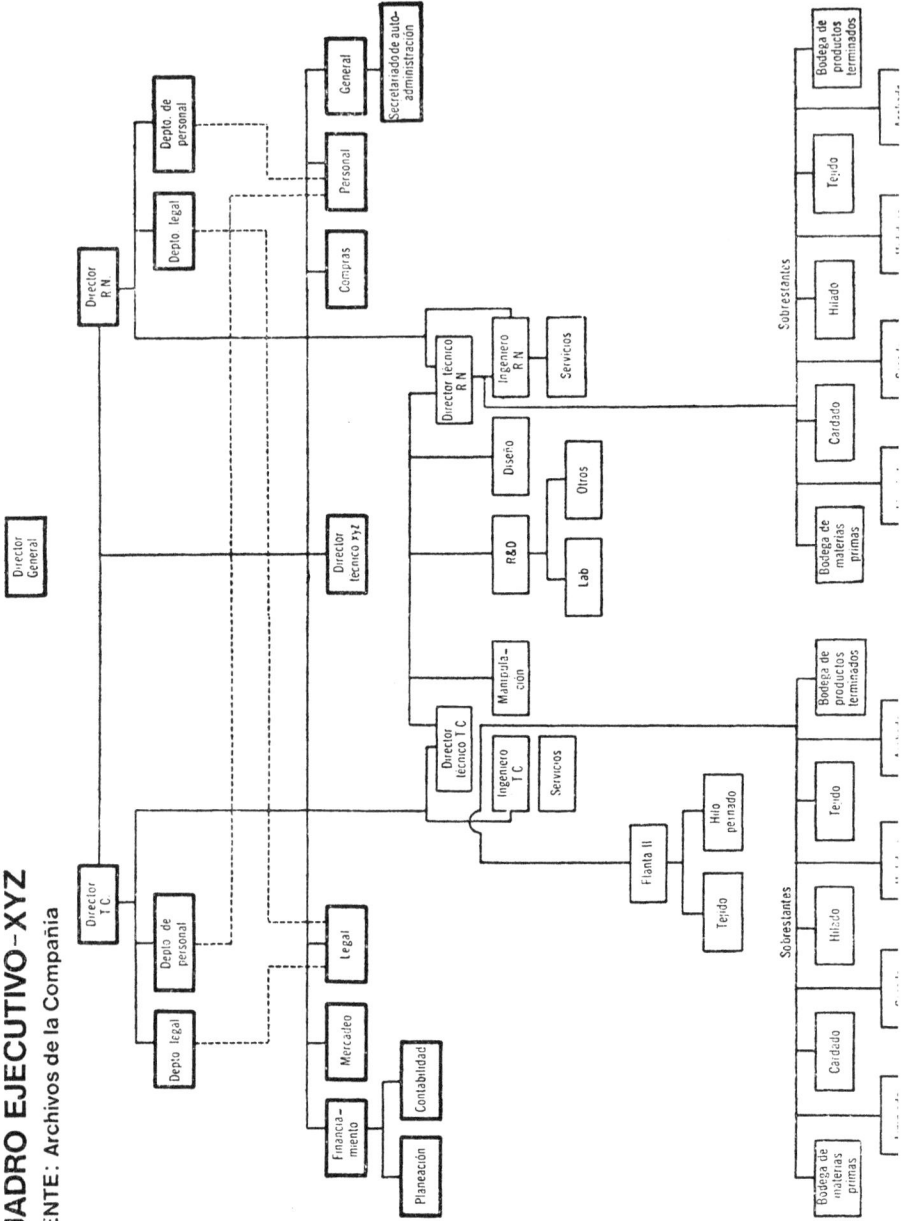

Director General

Director T C

Director R N

Depto legal

Depto de personal

Legal

General

Personal

Compras

Secretariado de auto-administración

Financia-miento

Mercadeo

Planeación

Contabilidad

Director técnico XYZ

Director técnico T C

Director técnico R N

Ingenero T C

Ingenero R N

Servicios

Servicios

Manipula-ción

R&D

Diseño

Lab

Otros

Planta II

Tejido

Hilo peinado

Sobrestantes

Bodega de materias primas

Cardado

Hilado

Tejido

Bodega de productos terminados

Sobrestantes

Bodega de materias primas

Cardado

Hilado

Tejido

Bodega de productos terminados

VI- ORGANIGRAMA - ABC

Fuente: En el Manual de distribución del ingreso aparecen las diversas unidades.
No habla en la empresa un organigrama propiamente dicho.

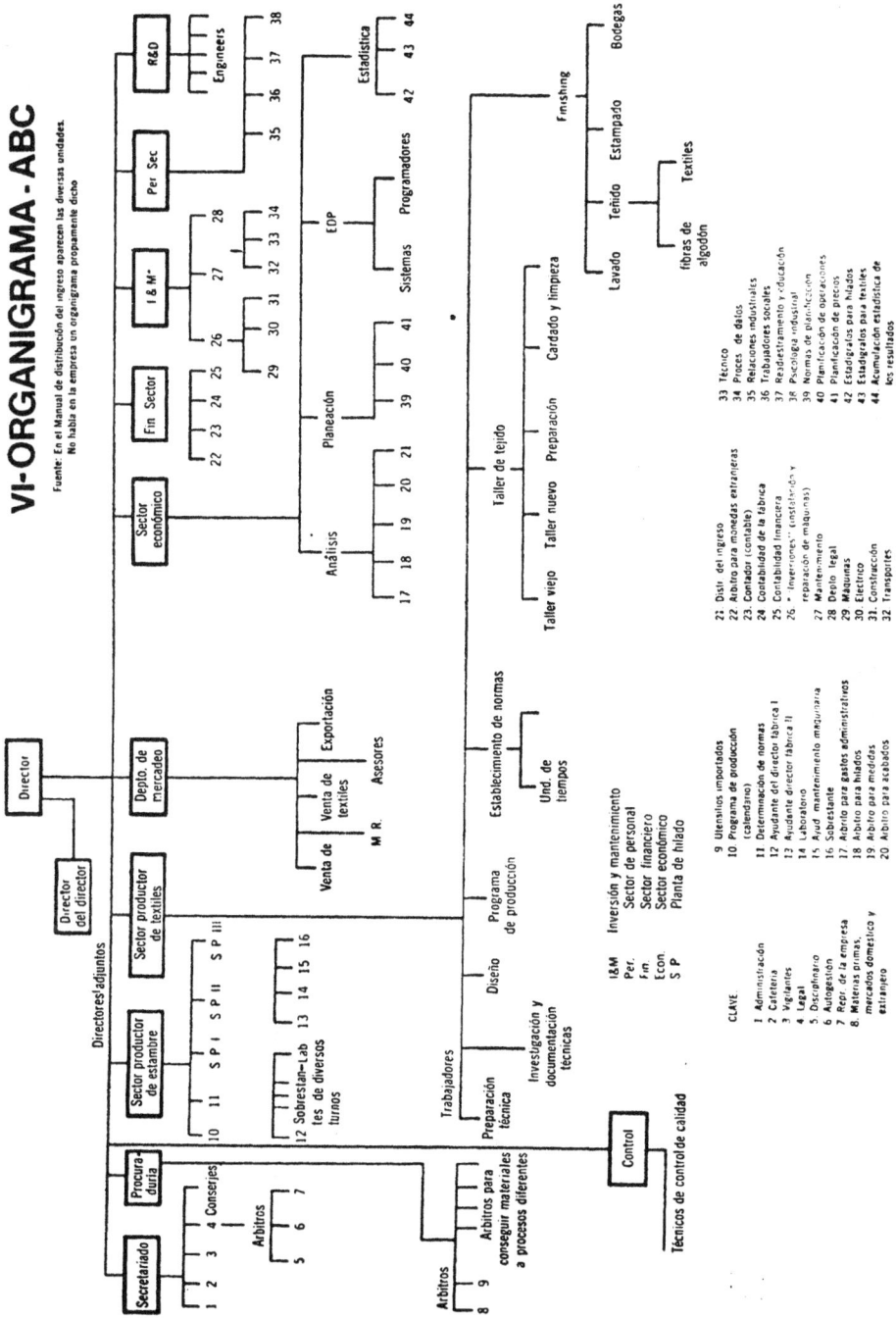

Director

Director del director

Directores adjuntos

Secretariado — Procuraduría — Sector productor de estambre — Sector productor de textiles — Depto. de mercadeo — Sector económico — Fin Sector — I & M· — Per Sec — R&D — Engineers

Árbitros
Conserjes
Árbitros para conseguir materiales a procesos diferentes
Técnicos de control de calidad
Control

S P I   S P II   S P III

Sobrestan—Lab tes de los diversos turnos

Venta de — Venta de textiles — Exportación
M. R.   Asesores

Investigación y documentación técnicas
Diseño
Programa de producción
Establecimiento de normas
Und. de tiempos
Inversión y mantenimiento
Sector de personal
Sector financiero
Sector económico
Planta de hilado

I&M   Per.   Fin.   Econ.   S P

Preparación técnica
Trabajadores

Análisis — Planeación — Cardado y limpieza
EDP — Sistemas — Programadores
Estadística

Taller viejo — Taller nuevo — Taller de tejido
Preparación

Lavado — Teñido — Estampado
fibras de algodón — Textiles
Finishing — Bodegas

CLAVE

1 Administración
2 Cafetería
3 Vigilantes
4 Legal
5 Disciplinario
6 Autogestión
7 Repr. de la empresa
8 Materias primas, mercados doméstico y extranjero
9 Utensilios importados
10 Programa de producción (calendario)
11 Determinación de normas
12 Ayudante del director fábrica I
13 Ayudante director fábrica II
14 Laboratorio
15 Ayud. mantenimiento maquinaria
16 Sobrestante
17 Árbitro para gastos administrativos
18 Árbitro para hilados
19 Árbitro para medidas
20 Árbitro para acabados
21 Distr. del ingreso
22 Árbitro para monedas extranjeras
23 Contador (contable)
24 Contabilidad de la fábrica
25 Contabilidad financiera
26 "Inversiones" (instalación y reparación de máquinas)
27 Mantenimiento
28 Deplo. legal
29 Máquinas
30 Eléctrico
31 Construcción
32 Transportes
33 Técnico
34 Proces. de datos
35 Relaciones industriales
36 Trabajadores sociales
37 Readiestramiento y educación
38 Psicología industrial
39 Normas de planificación
40 Planificación de operaciones
41 Planificación de precios
42 Estadígrafos para hilados
43 Estadígrafos para textiles
44 Acumulación estadística de los resultados

VII - ORGANISMOS DIRECTIVOS Y UNIDADES ECONOMICAS - ABC

Fuente: Entrevistas del autor

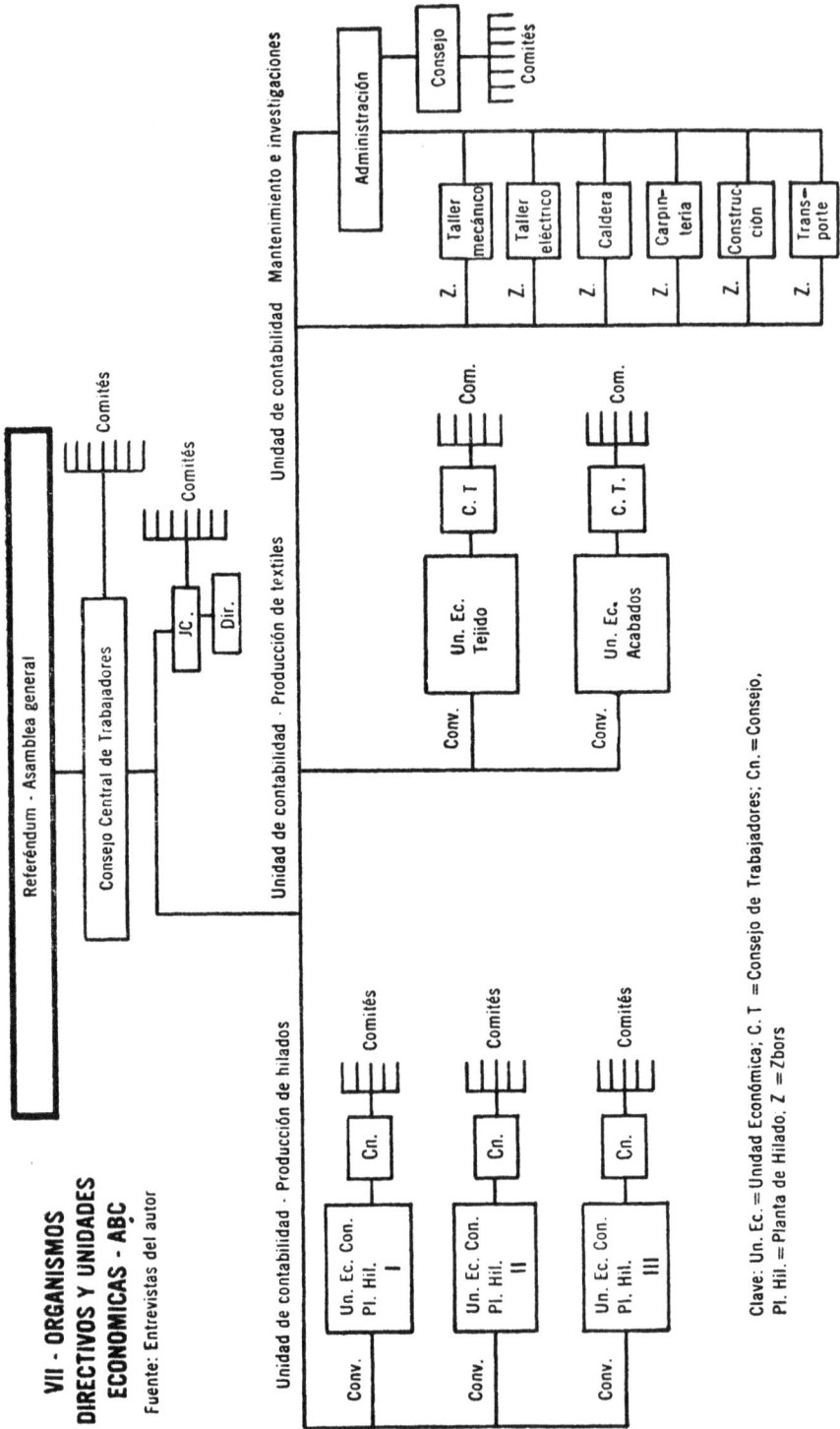

Referéndum - Asamblea general

Consejo Central de Trabajadores

Comités

JC.

Dir.

Comités

Unidad de contabilidad · Producción de hilados

Unidad de contabilidad · Producción de textiles

Unidad de contabilidad · Mantenimiento e investigaciones

Administración

Consejo

Comités

Z. Taller mecánico

Z. Taller eléctrico

Z. Caldera

Z. Carpintería

Z. Construcción

Z. Transporte

Conv.

Un. Ec. Tejido

C. T

Com.

Conv.

Un. Ec. Acabados

C. T.

Com.

Conv.

Un. Ec. Con. Pl. Hil. I

Cn.

Comités

Conv.

Un. Ec. Con. Pl. Hil. II

Cn.

Comités

Conv.

Un. Ec. Con. Pl. Hil. III

Cn.

Comités

Clave: Un. Ec. = Unidad Económica; C. T = Consejo de Trabajadores; Cn. = Consejo,
Pl. Hil. = Planta de Hilado. Z = Zbors

FUENTE: Entrevistas del autor

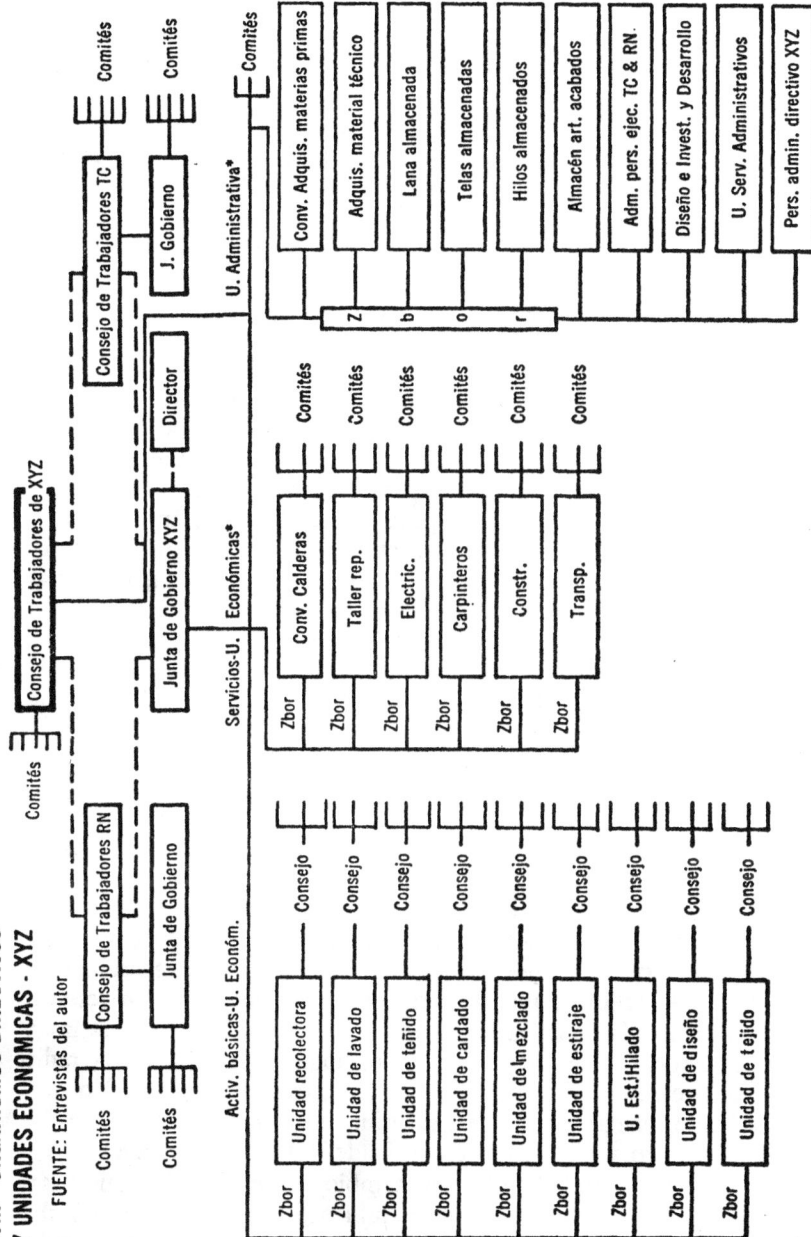

Consejo de Trabajadores de XYZ

Comités

Consejo de Trabajadores RN — Consejo de Trabajadores de XYZ — Consejo de Trabajadores TC

Comités — Junta de Gobierno — Junta de Gobierno XYZ — J. Gobierno — Consejo de Trabajadores TC

Comités — Comités

Director

Activ. básicas-U. Económ.

Zbor	Unidad recolectora	Consejo
Zbor	Unidad de lavado	Consejo
Zbor	Unidad de teñido	Consejo
Zbor	Unidad de cardado	Consejo
Zbor	Unidad de mezclado	Consejo
Zbor	Unidad de estiraje	Consejo
Zbor	U. Est.iHilado	Consejo
Zbor	Unidad de diseño	Consejo
Zbor	Unidad de tejido	Consejo

Servicios-U. Económicas*

Zbor	Conv. Calderas	Comités
Zbor	Taller rep.	Comités
Zbor	Electric.	Comités
Zbor	Carpinteros	Comités
Zbor	Constr.	Comités
Zbor	Transp.	Comités

U. Administrativa*

Comités

Zbor

| Conv. Adquis. materias primas |
| Adquis. material técnico |
| Lana almacenada |
| Telas almacenadas |
| Hilos almacenados |
| Almacén art. acabados |
| Adm. pers. ejec. TC & RN. |
| Diseño e Invest. y Desarrollo |
| U. Serv. Administrativos |
| Pers. admin. directivo XYZ |

* Estas unidades no tienen consejos pues sus dimensiones son muy pequeñas; el Zbor cumple con las funciones del consejo.

y miembro de los grupos de toma de decisiones del Partido, así como del gabinete de la República de Servia. La gente lo temía y lo respetaba; y también tenía enemigos. Su poder en la compañía era notorio; casi nadie quiso proporcionar información al investigador sin el permiso previo del director general. Sin embargo, comparada con la actitud autoritaria habitual en los Estados Unidos, la del director general de ABC se consideraría más bien complaciente. Asistía a todas las juntas de los trabajadores, visitaba las Unidades, conversaba con los obreros (cuyos nombres se sabía casi siempre) y practicaba la política a puertas abiertas. Era frecuente que acudieran al director general los trabajadores descontentos por alguna resolución del Comité Directivo (su órgano elegido). Cuando la empresa atravesó por una situación económica difícil, él redujo voluntariamente su propio sueldo, para poner el ejemplo. Su fuerte liderazgo le atrajo la colaboración de gente muy valiosa, convencida de que con tal guía ABC iría hacia el éxito. Privaba en la empresa un gran respeto por los administradores, pero no era ésta una actitud generalizada en Yugoslavia en la época en que hice esta investigación. A pesar de que otras empresas intentaron atraerse a los dirigentes de ABC ofreciéndoles sueldos más altos, éstos prefirieron conservar sus puestos en la empresa, confiando en la continuada expansión de su compañía gracias a la habilidad de su director general.

El director general de ABC derivaba su poder, principalmente, de sus relaciones con la banca local y con el Partido, de su experiencia técnica y de su personalidad. El banco era importante, por los préstamos que concedía. Sus relaciones en el Partido también pesaban, porque sólo un director general fuerte podía oponerse a las presiones sindicalistas tendientes a implantar una descentralización máxima, presiones que frecuentemente simplificaban demasiado las complejidades administrativas de la gerencia.

El director general tenía un estilo específico para dirigir. Siempre aclaraba perfectamente su posición en cualquier problema; proponía alternativas (siempre dos), y recurría a su poder de persuasión para lograr que se aceptara una de estas opciones. Aceptaba sin reservas su responsabilidad por la calidad de las alternativas propuestas y por los resultados de la aceptación opcional. Hablaba en la radio y en la televisión, y lo eligieron para altos cargos políticos. No obstante, cabe señalar que no existía ningún liderazgo notable en los niveles primero y segundo por debajo de la dirección general.

El director general de XYZ, en cambio, era un hombre que pasaba de los sesenta años, próximo a jubilarse. Su formación no iba más allá de la enseñanza secundaria, pero era un excelente vendedor, factor muy importante para su ascenso al cargo. Estaba afiliado al Partido, sin ser propiamente militante. Sus fuentes externas de poder eran mínimas. A diferencia del director de ABC, cuyas ambiciones políticas eran evidentes, él parecía carecer de ellas. Su pauta de conducta consistía en tratar de obtener el consenso, aplicar la ley correspondiente y acatarla, en vez de mostrar iniciativa de dirigente. Hacía recaer la responsabilidad en la asamblea general, y parecía considerar su papel como un factor de equilibrio, o como cristalizador de ideas ya expresadas. Su participación en las discusiones era menor que la de cualquiera de los funcionarios (el director general de ABC llevaba la voz cantante el 90 por ciento del tiempo).[2] El director general de XYZ era querido y respetado, y casi nadie le temía. Durante todo el estudio no hubo ni un solo comentario desagradable respecto a él. Debajo de él había un grupo de funcionarios prominentes (capaces de ocupar su puesto en cualquier momento) y que en realidad dirigían más debates para definir las opciones y decidir que él mismo.

EL RENDIMIENTO ECONÓMICO

El rendimiento económico[3] difería en una y otra empresa. El cuadro 5 presenta el cómputo de los resultados económicos de ambas, así como una comparación entre ellas con la industria yugoslava en general (después de multiplicar por una constante, para proteger a las compañías). Este método se designa con el nombre de *jedinstveni pokazatelji* (de indicadores uniformes).[4]

Se recomienda interpretar estos cuadros con mucho cuidado, ya que pueden ocurrir diferencias más importantes entre la eficiencia de la gerencia y la de organización en una economía regulada (como lo es la yugoslava) que en otra que lo esté menos. La diferencia entre ellas consiste en que la eficiencia de la organización incluye la eficiencia de la gerencia, y en cambio la eficiencia de la gerencia incluye en la medición del insumo y del producto sólo aquellas partes que dependen de los esfuerzos de la gerencia.[5] Por tanto, en

---

[2] Véase mi tesis doctoral *The Effect of Decentralization...*, capítulo VII.

[3] Se presentarán por separado las producciones de capital humano en el capítulo VII de este libro.

[4] En cuanto al método, véase *Metodología, Koriséenja jedinstvenih pokazatelja i uporedivanja poslovnih rezultata privrednih organizacija* (Jugoslovenski Zavod za Produktivnost Rada, Belgrado, 1963).

[5] Se encontrará un estudio sobre organizaciones comparables a éstas en Barry M. Richman, "Empirical Testing of Comparative and International Management Research Model" en *Proceedings of the 27th Annual Meeting of the*

Cuadro 5. Indicadores uniformes *

Año y empresa	Éxito económico **					Condiciones de operación **						Distribución **					
Indicadores uniformes												En 10 000 dinares			En 10 000 dinares		
	1	2	3	4	5	6	7	8	9	10	11	12	13	14	15	16	17
Industria																	
'66	135	1 999	58	199	5 871	2 915	68	87	111	52	92	793	969	13	447	82	117
ABC																	
'64	164	1 435	42	203	4 008	3 210	96	87	72	42	127	525	776	n.d.	n.d.		
'65	194	2 162	29	220	5 030	3 011	80	92	100	44	83	718	1 184	13	486	39	109
'66	103	1 620	39	190	5 169	3 488	86	92	100	64	125	788	969	n.d.	n.d.		
XYZ																	
'64	n.d.	1 949	83	216	4 910	1 713	21	81	103	36	86	568	1 002	12	263	n.d.	n.d.
'65	264	2 547	100	260	5 091	2 033	38	84	113	52	68	724	844	34	862	n.d.	n.d.
'66	65	2 097	55	221	6 656	2 657	47	78	109	37	95	846	1 086	12	445	n.d.	n.d.

n.d.: No disponible.
   * Todas las cifras fueron multiplicadas por una constante a fin de proteger a las empresas.
   ** Por lo que toca a los diversos indicadores *véase* la siguiente página.
Fuente: Computado por el investigador de XYZ a partir de sus estados financieros. ABC tenía sus propios cálculos. Las cifras industriales fueron tomadas de una entrevista de la Dependencia de Cuentas Sociales, Belgrado, Yugoslavia.
Acotación: Las siguientes explicaciones numeradas se refieren a las columnas de igual número en el cuadro 5.

Favor de tener en cuenta que la traducción de los términos es más bien literal; no existe identidad entre lo que los yugoslavos entienden por costo de producción y lo que puede entenderse en los Estados Unidos. La traducción exacta es imposible, pues en inglés se desconocen los términos que pueden utilizarse para expresar la terminología contable yugoslava; sin embargo, pueden compararse ABC y XYZ y aprender algo de su desempeño económico.

Esta traducción fue posible gracias a un epistolario personal que sostuve con el Instituto de Productividad de Belgrado. Puede no ser exacta debido a las disparidades arriba señaladas.

1. Tendencia del "producto neto" (es decir, el valor de las ventas totales menos el costo de materiales y reserva por el consumo de capital); año base = 100 %.

2. "Producto neto" por trabajador de la empresa; valores expresados en decenas de millares de dinares.

3. Eficiencia del capital en giro (es decir, la razón entre "producto neto" y capital en giro).

4. Razón entre el valor de las ventas totales y "costos de producción" (es decir, costo de los materiales más la reserva por el consumo de capital, exceptuando los salarios).

5. Valor de las ventas totales por trabajador de la empresa; valores expresados en decenas de millares de dinares.

6. Valor total inicial de maquinaria y equipo por trabajador de la empresa; valores expresados en decenas de millares de dinares. (Indica intensidad de capital.)

7. Razón entre el valor inicial de maquinaria y equipo, y valor actual de los activos fijos, en porcentaje.

8. Razón entre el valor actual e inicial de maquinaria y equipo, únicamente, en porcentaje.

9. Razón entre la "distribución del ingreso" (es decir, el valor de los salarios y sueldos más la ganancia neta de la empresa) y el "producto neto", en porcentaje.

10. Razón entre salarios y sueldos, únicamente, y el "producto neto", en porcentaje.

11. Razón entre salarios y sueldos incluyendo contribuciones para pensión y asistencia médica, y "distribución del ingreso", en porcentaje.

12. Valor medio de salarios y sueldos pagados anualmente dentro de las ventas totales, por trabajador de la empresa, en decenas de millares de dinares.

13. Salarios y sueldos medios pagados dentro del producto total de la empresa, por trabajador, en decenas de millares de dinares.

14. Razón entre ganancia neta y capital de la empresa, en porcentaje.

15. Ganancia neta por trabajador de la empresa, en decenas de millares de dinares.

16. Parte de la ganancia neta destinada a fines sociales por trabajador, en decenas de millares de dinares.

17. Razón entre las horas efectivas de producción que corresponden a las horas pagadas dentro de las ventas totales, y el total de horas efectivas dentro del producto, en porcentaje.

medios muy regulados, pero no del todo, las organizaciones pueden dar resultados satisfactorios, no por las decisiones acertadas que tome la gerencia, sino por el medio económico favorable, o por la reglamentación gubernamental.

La tasa de crecimiento del ingreso medio del trabajador (que se llama "productividad" en Yugoslavia), era mayor en ABC que en XYZ. Ello pudo deberse a las inversiones iniciales de ABC. Las columnas 5 y 12 indican que, si bien XYZ y ABC obtenían casi el mismo ingreso medio por trabajador, XYZ distribuía una cantidad mayor por concepto de ingreso personal. Esto se explica también, en parte, porque ABC invertía más en la modernización, con lo que reducía el ingreso. Lo cual coincide con las indicaciones que nos dan las relaciones laborales,[6] en el sentido de que ABC logró tomar decisiones más "dolorosas" que XYZ.

En la columna 6 aparece el inicio de la modernización en XYZ, que se emprendió un poco después que en ABC.[7] Las columnas 9 y 10 comprueban este hecho y señalan que el proceso fue de escala moderada en XYZ. Esta compañía seguía considerando sus fondos como fuente de ingreso personal, mientras que ABC, que había agotado la mayor parte de sus fondos en la modernización, en los años de 1966 y 1967 se encontró desprovista de los recursos necesarios para pagar salarios, especialmente porque su capital líquido estaba invertido en inventarios. Al examinar los datos presentados en este capítulo, parece que ABC creció con mayor rapidez, y que se modernizó más pronto, a pesar de la turbulencia provocada por los cambios en la política gubernamental. Esto puede significar que ABC está dispuesta a asumir más riesgos, y que su orientación va más hacia el mercado, mientras que XYZ opera en forma más cautelosa, y aparentemente considera en primer término los intereses a corto plazo de sus trabajadores, dejando en segundo término los de la compañía, que considera cuando así lo requieren los dictados de las tendencias económicas generales.

Las implicaciones políticas, especialmente en cuanto a estrategia del crecimiento, parecen indicar que ABC debía limitar su crecimiento e iniciar una "estrategia de atrincheramiento", mientras que XYZ avanzó con demasiada lentitud, y necesitaba acelerar su modernización para sobrevivir. ABC necesita desacelerar su tasa de

Academy of Management (*Memoria* de la 27ª Reunión Anual de la Academia de Administración), 27-29 de diciembre de 1967.

[6] Véase el capítulo VII de este libro.

[7] Las columnas 3 y 4 del cuadro 5 indican las conclusiones señaladas más arriba: que XYZ no modernizó tanto, ni tan rápidamente, como ABC.

crecimiento, porque su financiamiento a corto plazo está sobrecargado. La empresa se renovó a una tasa tal que surgieron dificultades para aprovechar su modernización. Si ésta no da rendimientos satisfactorios, ABC acaso se vea en una situación muy difícil. En cambio, XYZ invirtió durante los años buenos, pero cuando hubo mala situación en el mercado la empresa prefirió limitar sus inversiones en vez de los sueldos de sus empleados. Tal tendencia puede observarse en los cambios del ingreso personal. En 1965 XYZ redujo el ingreso personal para incrementar sus fondos; en 1966 aumentó el ingreso personal para equilibrar tal efecto. En cambio, ABC siguió haciendo inversiones, independientemente de la situación del mercado, y parecía tener la capacidad de convencer a la colectividad de que debía modernizar, a pesar de las reducciones en el ingreso personal.

En consecuencia, según la Tabla de rendimientos económicos, ABC se modernizó más rápidamente; es decir, logró adaptarse con mayor celeridad, y tal vez inclusive sobrepasó las limitaciones del medio. ABC aceptó más riesgos, y pudo tomar más decisiones "dolorosas"; por ejemplo, la reducción del ingreso personal. Por otra parte, XYZ obtuvo buenos rendimientos a corto plazo, puesto que producía con equipo viejo, cuyo valor y costo eran reducidos, y pagaba al gobierno intereses muy bajos. Sin embargo, XYZ se encontraría en una situación difícil si cambiaran las leyes, y si la empresa tuviera que depender totalmente de su equipo y de su productividad para sobrevivir.

Tanto en términos de la estructura de organización (especializada y con una mejor definición de la autoridad), como en términos de equipo, ABC era más moderna que XYZ. Sin embargo, XYZ tenía mejores relaciones laborales, como demostraremos en el capítulo VII.

CUESTIONARIO

1. Identifique los factores que pueden utilizarse como indicadores de éxito económico en las empresas descritas en este capítulo, comenzando desde la ubicación de éstas. ¿Hay alguna prueba de que fue correcta la elección del lugar para erigirlas?
2. Cite usted, del texto de este capítulo, ejemplos de ánimo emprendedor y capital humano positivo.
3. Cite ejemplos en que el proceso de industrialización (incluyendo la transferencia de gente a las ciudades y los problemas sociales que ello implica) se haya logrado más rápidamente en un sistema donde existe la autogestión, que en otro sistema.
4. Compare el proceso por el que dos compañías se incorporan en una estructura corporativa, con la fusión de dos empresas autogestionadas como las que aquí se describen. ¿Cuál es preferible desde el punto de vista económico? ¿Y desde el punto de vista social? ¿Qué proceso es el mejor desde el punto de vista de un país en vías de desarrollo?
5. ¿Por qué piensa usted que XYZ se orientaba hacia la producción?
6. ¿Piensa usted que es de esperar que haya más empresas yugoslavas que se irán orientando hacia el mercado? ¿Ocurrirá esto por los mismos motivos que en XYZ y ABC? ¿Considera usted que existen otros motivos, además de la personalidad del director general?
7. En ambas empresas descritas, los directores generales proceden de la base. ¿Es más probable que esto ocurra en una empresa autogestionada, que en una estructura corporativa?
8. ¿Cómo se explica que "no existía un liderazgo digno de ese nombre en una o dos categorías por debajo del director general en ABC?" ¿Es más fácil de superarse este fenómeno en el sistema autogestor que en la estructura corporativa?
9. Si el director general de XYZ era un excelente vendedor, ¿por qué la empresa estaba orientada hacia la producción?
10. ¿Qué prueba se da en este capítulo de que los trabajadores estaban dispuestos a sacrificarse en aras del crecimiento de la compañía y de una mayor eficiencia? ¿Podría ocurrir esto en una estructura corporativa?
11. Con el tiempo, ABC logró reducir los salarios de sus trabajadores para hacer mayores inversiones. ¿Podría ocurrir esto en una estructura corporativa de tipo occidental? ¿O en una estructura corporativa de sistema estatal? ¿Qué ventajas tiene la reducción voluntaria de salarios para dedicarlas a inversiones? ¿Qué efectos en la productividad? Cuando es necesario reducir salarios, ¿cómo debe procederse?
12. ¿Cuál de las compañías tenía mejores planes a largo plazo? ¿De

qué manera estos planes pasaron por alto la turbulencia del medio a corto plazo? ¿Cuál de las dos empresas fue más eficaz a corto plazo? ¿Y a largo plazo?

13. ¿Qué indica lo anterior en cuanto al valor de la planificación en un medio turbulento?

Segunda Parte

EL PROCESO DE LA TOMA DE DECISIONES

¿Cómo operan en realidad las empresas yugoslavas? ¿Cómo funciona una organización cuando las decisiones tienen que tomarse con el consenso de la asamblea general de trabajadores, que posee el derecho exclusivo de tomarlas? ¿Cómo opera una organización cuando sus más altos funcionarios ocupan puestos con poder muy restringido, ya que son nombrados por sus subordinados (en otros sentidos) por un tiempo limitado y pueden ser removidos por ellos en cualquier momento?

¿Ante qué presiones externas está reaccionando este sistema? ¿Cómo se enfrenta a un medio muy turbulento, en el que tiene que generar rendimientos económicos para poder sobrevivir, y seguir operando "democráticamente" al mismo tiempo? ¿Pueden convivir la busca del consenso general y la toma de decisiones competitivas?

En los tres próximos capítulos describiremos el proceso de la toma de decisiones en esta situación; es un proceso que conocen bien las organizaciones que operan sin utilidades y que no compiten en el mercado, pero insólita para una empresa industrial, orientada hacia la obtención de rendimientos económicos.

V. LA MODERNIZACIÓN DE LA EMPRESA

CUANDO se hizo este estudio, tanto ABC como XYZ habían implantado una amplia modernización y muchos cambios de organización. En este capítulo describiremos el proceso administrativo mediante el cual se logra e implanta la decisión de modernizar la empresa. En la primera parte del capítulo analizaremos la toma de decisiones sobre cambios importantes en la organización. En la segunda, presentaremos tres casos que ilustran el proceso en la toma de decisiones, y las conclusiones basadas en este material.

EL PROCESO

Aunque existe tanto similitudes como diferencias en los procesos que se llevaron a cabo en XYZ y ABC, cabe subrayar un fenómeno común a ambas empresas. Para tomar una decisión de gran magnitud, deben satisfacerse dos requisitos: El primero es que la colectividad debe estar plenamente convencida de que "ha llegado el momento de hacer algo respecto a la situación actual". El segundo es que un individuo de gran influencia debe tener suficiente interés para dedicar tiempo y esfuerzos al intento de hacer aprobar e implantar tal decisión.

La disposición general de los ánimos para favorecer los cambios se difunde en la organización con el tiempo, y tras acontecimientos que estimulan pensar en el tema. Puede comenzar en uno o varios individuos, a causa de presiones o estímulos externos, o por intereses internos, o por ambos. Si se anticipan compensaciones suficientes del cambio propuesto, el deseo de cambiar se difunde con relativa rapidez. Generalmente, para obrar en este sentido es necesario que el deseo se arraigue profunda y ampliamente hasta alcanzar cierta saturación. Estas condiciones surgen normalmente cuando la situación es mala, al grado de que lo advierta la mayoría de los integrantes de la organización. Cuando se llega a la saturación se consideran varias sugerencias individuales para implantar mejoras. Estas alternativas pueden haberse formulado con anterioridad y pueden haber estado presentes en el "subconsciente de organización",[1] pero aparentemente no "afloran" a la superficie hasta el momento en que se logra el nivel de saturación.

[1] "Subconsciente de organización" es una expresión que hemos acuñado para describir la coyuntura en que existen diversos datos fragmentarios y sugeren-

El que presenta una sugerencia o iniciativa tiene que estar muy motivado para lanzarla a través de todas las fases de la toma de decisiones, pues habrá de pasar por varios "filtros", en los que diversos grupos discuten su validez. La satisfacción de este individuo puede derivarse de asumir en ese momento el papel de líder. Pero si sólo persigue su interés personal, esto generalmente queda detectado al principio del proceso, y sus sugerencias serán rechazadas. El que presenta la iniciativa puede pertenecer a cualquier grupo, ya sea administrativo, de gobierno o sociopolítico. Si pertenece a cualquier grupo que no sea el administrativo, sus ideas serán sometidas al escrutinio de su grupo en primera instancia, para luego someterlas a debate en el *Collegium*.

Para que la idea inicial adquiera cierto grado de formulación orgánica, es necesario tener el apoyo básico de un núcleo de personas. Cuando es preciso implantar cambios (lo cual se percibe en un alto nivel de saturación de la empresa), este núcleo se integra con rapidez. Los factores determinantes en cuanto a quién ha de formar parte de este grupo son, entre otros: el adiestramiento previo del individuo, su sentido de la realidad, su puesto en la organización en relación con las de redes de información, y la ganancia o pérdida potenciales que habría al apoyarlo.

El núcleo no es un grupo elegido ni nombrado; se compone de voluntarios. Debe formular una propuesta para asegurarse un mayor apoyo de la base, si quiere ver su propuesta aceptada e implantada. Lograr este apoyo no es tarea fácil. Primero se suscita un intercambio de opiniones acerca de la propuesta en los niveles más altos de la jerarquía dirigente, o en el grupo al que pertenece el ponente. En seguida se discuten varias opciones; se formulan nuevas posibilidades y se constituyen nuevos núcleos. Como se requiere de un núcleo fortísimo para impulsar una decisión de gran envergadura, la propuesta no sale del grupo hasta que estén constituidos los diversos núcleos, con lo cual se consolida un frente unido. En caso de no surgir este frente unido, al ponente le quedan dos recursos: uno de ellos consiste en dejar reposar su propuesta hasta el momento en que surjan las condiciones objetivas para que la situación misma imponga una solución; el otro consiste en hacer caso omiso de la jerarquía dirigente y comenzar a ejercer presión en los niveles inferiores, hasta que los dirigentes adviertan el apoyo de la base y vean la conveniencia de obrar sin tardanza.

cias para adoptar alguna acción en la empresa, pero que se hallan fuera de los canales usuales donde se trata de fijar las diversas opciones.

El apoyo de base para cierta opción lo logra quien posea más datos y más convincentes que los grupos opositores. Deben ser datos difíciles de refutar; un grupo impulsor puede recurrir al uso de fuentes internacionales, pruebas estadísticas, etcétera, para apoyar sus argumentaciones. Aparentemente no existe aquí el "juego polí-

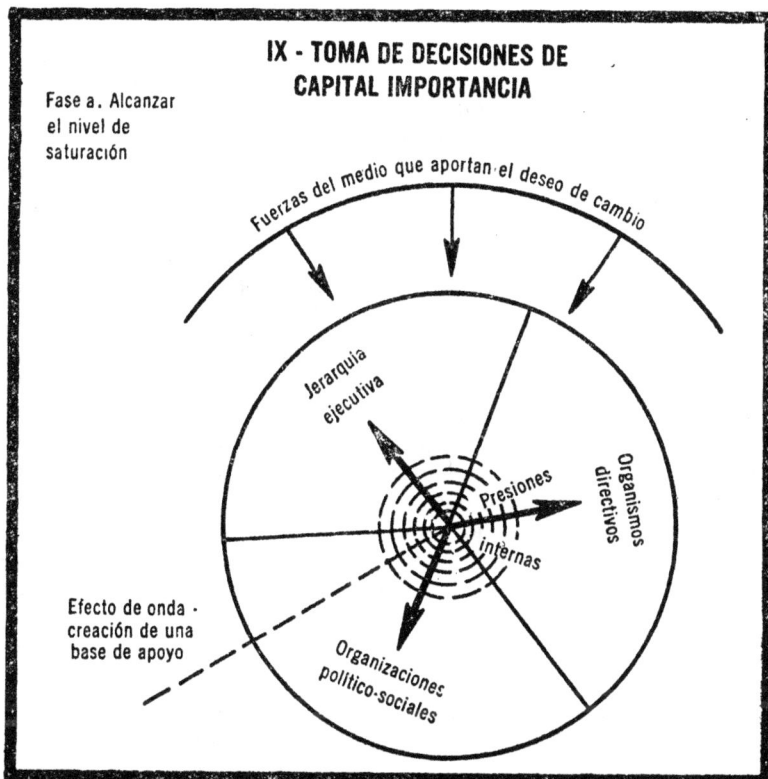

IX - TOMA DE DECISIONES DE CAPITAL IMPORTANCIA

Fase a. Alcanzar el nivel de saturación

Fuerzas del medio que aportan el deseo de cambio

Jerarquía ejecutiva

Presiones internas

Organismos directivos

Efecto de onda - creación de una base de apoyo

Organizaciones político-sociales

tico", en términos de intercambio de favores, ya que la entidad que toma las decisiones, es decir, la asamblea general de trabajadores, es la que en última instancia vota por alguna de las opciones, y con ello quedará derrotada la propuesta que carezca de valores obvios para todos los integrantes de la organización. A menos que el grupo impulsor de una iniciativa pueda convencer a la asamblea general del valor de su propuesta, quedará derrotado. Podría ocurrir el "juego político" si se necesitara llegar a un compromiso para la decisión, es decir, de haber varios grupos que hubieran encontrado una solución intermedia, asegurándose la mayoría de votos. Pero no es éste el caso, ya que las decisiones deben tomarse por unanimidad.

Un creciente apoyo de la base se adquiere de la siguiente manera: el grupo que apoya cierto asunto lo presenta ante una junta de los funcionarios administrativos principales, o sea, ante el *Collegium*. Este grupo debate la propuesta. Cada individuo posee el mismo derecho de voto y la oportunidad de expresar su opinión, pero en estas discusiones no da ninguna ventaja el puesto jerárquico que se tenga. Los principales administradores son interpelados por sus colegas o por los obreros, y por tanto, necesitan recurrir a fuertes argumentos basados en datos comprobables, si desean convencer a sus compañeros. Estas discusiones no siempre son comprendidas, por las diferencias en la educación de los integrantes de los grupos que toman las decisiones. No obstante, se intenta lograr la decisión unánime. La presión disminuye como el efecto ondulante, que va abarcando unidades de organización cada vez más amplias.

El resultado de la reunión es que los administradores han expresado claramente su posición acerca del asunto, y se procede entonces a preparar una nueva propuesta, con nuevas limitaciones. Esta reunión no es secreta; el secreto provocaría la sospecha de que los administradores deciden "tras bambalinas", para luego presentar a los tomadores legales de decisiones alternativas plenamente formuladas, y para servirse del Consejo o de la asamblea general simplemente como de espaldarazo final. Los administradores pueden ser enjuiciados si obran de tal manera, pues carecen del derecho legal de tomar decisiones en forma independiente. La mayoría de los integrantes de la organización saben que se están debatiendo diversas opciones. En el sistema de autogestión, donde se promueve la interacción de organización, es difícil que haya secretos. Cuando existen los "gabinetes exclusivos", su finalidad generalmente consiste en formular nuevas propuestas, antes de que se pase a la siguiente fase de la toma de decisiones.

Al ir madurando el proceso, el grupo informal, iniciador de la propuesta, crece en número hasta abarcar cada vez más hombres clave de la estructura de organización de las diversas "ramas" o grupos sociopolíticos, y de las oficinas administrativas, etcétera. Ya sea en forma simultánea o subsecuente, el Comité Central del Partido Comunista y el Secretariado del Sindicato discuten el problema y las propuestas que ya estudiaron los administradores. Estas discusiones se suscitan con toda facilidad, puesto que los principales administradores suelen ser miembros del Partido; aun en el caso de no serlo, se les invita a participar en la reunión y a exponer sus puntos de vista. El Sindicato, por lo general, no tiene un poder tal que lo faculte para convocar al director general, pero sus principales funcionarios asisten a las reuniones del Partido, lo cual les permite obtener fácilmente la información del caso.

X - EFECTO DE ONDA EN LAS DECISIONES DE CAPITAL IMPORTANCIA

Fase b. Obtención del consenso general

Nótese que el efecto de onda abarca toda la organización

El Partido y el Sindicato adoptan posiciones respecto al asunto, en debate, aunque formalmente no se pueden ni tomar decisiones ni intentar manipular fuerzas en la compañía para obtener la aceptación de iniciativas del Partido o del Sindicato. Su decisión debe ser exclusivamente un elemento más del proceso de la toma de decisiones. En teoría, la distinción entre "tomar partido" e "imponer su opinión" consiste en que el Partido no debe utilizar su poder para distribuir recompensas a sus afiliados; es decir, no debe impulsar a su propia gente, etcétera. En vez de ello, debe deliberar acerca del asunto y luego someter a la colectividad sus razonamientos y conclusiones.

Como siguiente paso del proceso se reúnen las tres "ramas" del sistema administrativo yugoslavo en la *Politikal Aktive*: 1) los administradores que tienen la información, 2) los líderes políticos y sociales que se suponen guardianes de los juicios sobre valores de conciencia, y 3) los presidentes de los cuerpos de gobierno, que son dirigentes formales de las entidades que toman las decisiones legales. Todos ellos se han enterado del tema de discusión al iniciarse el proceso, a través de las discusiones formales e informales en el seno de sus organizaciones. Durante los debates que siguen, los administradores y los principales líderes políticos generalmente "presionan desde dentro" hasta que se logra un consenso acerca de lo que hay que hacer. El proceso de lograr el consenso suele ir acompañado de un ambiente de premura, así como de la unión del grupo que apoya la propuesta.

Esta fase del proceso de la toma de decisiones generalmente abarca discusiones acerca de las diversas limitaciones, y también puede servir de "tamiz" para contestar las preguntas dirigidas a los oradores. Gracias a la composición de la *Politikal Aktive*, los miembros de diversos sectores pueden hacer preguntas. Los mozos, que además son dirigentes políticos, señalan el efecto que pueda tener la propuesta en su trabajo. La misma pregunta puede hacerla un sobrestante que sea presidente del Comité Directivo, etcétera. Los administradores toman conciencia de las implicaciones potenciales de la propuesta, que de otra manera no habrían podido advertir, por estar lejos de las diversas tareas. Aquí ocurre una discusión totalmente libre, que debe terminar con el consenso general.

El penúltimo paso consiste en "acudir a la colectividad". En esta etapa ya todos los dirigentes formales han deliberado acerca de la propuesta y la han aceptado. Los dirigentes informales no fueron identificados en XYZ, sobre todo porque en el sistema había tantos puestos formales de liderazgo, que cualquiera podía llegar a ellos con toda facilidad. Es decir, el sistema era tan accesible a la participación que no había necesidad de imponer ningún liderazgo exterior. Además, si algún líder, cuya opinión se respetaba, no había sido incluido en las discusiones formales, podía exponer sus argumentos en las convenciones.

En las Convenciones, los debates se entablan por separado en cada Unidad y turno, o bien se convoca a convención general. La estrategia depende de cuánto se cree durará la discusión, y del peligro potencial de que la propuesta quede ahogada entre procedimientos burocráticos o entre conflictos de intereses. En general, los conflictos quedan allanados en las reuniones anteriores de los diversos grupos: de otra manera, la propuesta virtualmente no tiene oportunidad de pasar intacta por las convenciones. También se usa este foro para calmar angustias, responder a preguntas, aclarar dudas, etcétera.

Si se llega a esta fase sin oposición considerable, se incluye la propuesta en su forma semifinal en la orden del día del Comité Directivo. Una vez aprobada por este Comité se somete al Consejo de Trabajadores. En esta etapa, la mayoría de los trabajadores están familiarizados con la propuesta de modernización. Se les comunican las alternativas, así como una lista de las sugerencias rechazadas, junto con los razonamientos en que se basó el rechazo. (El Comité Directivo de XYZ cumple esta tarea.) Si transcurrieron sin demora todas las fases previas de la toma de decisiones, y si surgió poca oposición que pudiera malograr el consenso general, la discusión se centra alrededor de las formalidades en el Consejo; es decir, se procede a la votación. Esto ocurre siempre, ya que la propuesta no habría llegado hasta el Consejo si hubiera encontrado una fuerte oposición en las etapas anteriores. El Consejo, al parecer, vota por lo que considera decidido en los debates generales previos.

La implantación de la decisión sigue el mismo patrón ya descrito. Cada problema de cierta importancia que surge, sin que se haya previsto en las discusiones anteriores, se trata mediante la creación de un apoyo de la base para resolverlo. Se reúnen datos y se presentan argumentos hasta lograr el consenso general acerca de la manera de implantar la decisión.

El proceso no es ni tan rápido ni tan indoloro como podría colegirse de la descripción anterior. Como hay que suscitar un consenso general para la acción, y como puede existir conflicto de intereses y cierta falta de tiempo, la argumentación se hace más emocional y suele ocurrir que ciertos compañeros muy cercanos en la empresa, que necesitan comunicarse por la índole misma de sus puestos, dejen de hablarse varias semanas.

El proceso puede representarse en esquemas, como aparecen más arriba. En la Gráfica XI se describe la opción número 2, donde la iniciativa queda estancada en la rama administrativa, y el individuo que lanzó la sugerencia acudirá a la colectividad si desea insistir en su ponencia. Tanto en este caso como en el primero, necesita crear una base de apoyo. Comenzará con una Unidad Económica, dentro de la cual pueda recurrir a la amistad personal. El apoyo de su Unidad de base incluso se le podrá conceder de modo natural, ya sea por circunstancias fortuitas o gracias a su persuasión respecto a las necesidades individuales. El enlace entre la base de apoyo y la asamblea general de la Unidad Económica generalmente la aportan los maestros, quienes no son ni administradores ni obreros, sino cuadros "intermedios" que gozan de mucho respeto. Constitu-

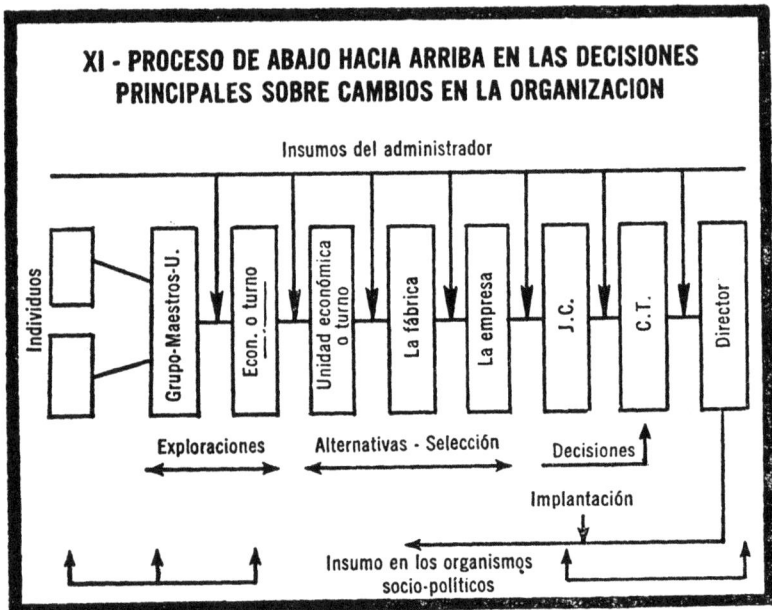

XI - PROCESO DE ABAJO HACIA ARRIBA EN LAS DECISIONES PRINCIPALES SOBRE CAMBIOS EN LA ORGANIZACION

yen un enlace esencial, y es indispensable lograr su apoyo. De ser así, y si su Unidad dispone de los recursos necesarios para la implantación, la idea del ponente se difunde en otras Unidades en las que sea aplicable y represente ventajas para ese grupo. En este caso, la presión es ejercida desde abajo; los administradores tienen que respetarla, puesto que su autoridad y sus cargos dependen de que los acepte la colectividad. (Que sepamos, esta segunda alternativa nunca se utilizó en ABC.)

La diferencia entre ABC y XYZ. No hubo diferencias de importancia entre ABC y XYZ en la secuencia de la pauta que hemos descrito, pero sí existía una diferencia en su contenido y en su índole.

En ABC la iniciativa era lanzada por el director general o por otros dirigentes; no se encontraron pruebas de la estrategia de "abajo hacia arriba" en la toma de decisiones importantes. Además, parece que, dada la atmósfera prevaleciente en la empresa, donde la asamblea general confiaba en los administradores para que tomaran la delantera, y éstos a su vez confiaban en el director general, la aplicación de tal estrategia era imposible. En las etapas de la toma de decisiones, el tiempo transcurrido entre el lanzamiento de la idea y la elección era mucho más breve en ABC. Se consultaba a los diversos grupos, pero la manera ordenada en que se desarrollaban las reuniones y la personalidad imponente y los conocimientos profesionales del director general parecían desalentar a muchos polemistas potenciales. El número de limitaciones impuestas a la decisión desde su inicio en el *Collegium* hasta su aprobación en el Consejo, fueron mínimas, si es que las hubo. Sin embargo, cabe subrayar que en *todas* las etapas de la toma de decisiones ocurrió el efecto ondulatorio, y tanto en ABC como en XYZ se buscaba el consenso general.

Los siguientes casos ilustran la pauta del proceso de toma de decisiones.

CASOS ILUSTRATIVOS

Iniciativa importante de modernización de XYZ (estrategia de arriba hacia abajo)

1. *Logro del nivel de saturación.* XYZ se fundó el 1898. El equipo adquirido en aquella época consistía en máquinas usadas. Era práctica habitual en aquel tiempo comprar equipo descartado por un país industrializado, equipo asequible a bajo precio, y que además era el único que XYZ podía pagar. (En 1967 XYZ todavía tenía maquinaria *usada* adquirida en 1905 y en 1910.)

El departamento de contabilidad de esa empresa había señalado una elevación constante en el costo de las reparaciones, y con frecuencia insistió en la necesidad de renovar el equipo. Los obreros mismos (que perdían ingresos por las frecuentes reparaciones de sus máquinas) clamaban por la modernización. Siempre que los administradores reclamaban a los obreros por la baja calidad de su producción, pidiéndoles una mayor dedicación personal para mejorarla, éstos respondían: "Ya quisiéramos verlos a ustedes trabajando con estas máquinas arcaicas. Dennos algo con qué trabajar bien." En consecuencia, hacía mucho que todos sentían la necesidad del cambio.

El director del departamento de Investigación y Desarrollo, Rajko, fue el instrumento de la modernización subsecuente. Este investigador opina que las actividades y las características personales de ese funcionario representan el tipo de liderazgo y motivación necesario para imponer una decisión en XYZ.

Rajko había ingresado en la empresa como obrero en la línea de producción. Se mostró muy activo en los cuerpos de gobierno de XYZ y lo eligieron presidente del Consejo de Trabajadores. Terminado su mandato, el Consejo le otorgó su apoyo para que se le concedieran dos años de estudio pagados, práctica muy común, ya que una parte del ingreso obtenido por la empresa se destina normalmente a la educación de los integrantes de la organización. Más tarde, Rajko se graduó de ingeniero textil y fue nombrado director de Investigación y Desarrollo. Además de ello, lo nombraron presidente del Comité Supervisor.

Dedicaba 12 y a veces hasta 14 horas diarias a la empresa, 8 de ellas en su puesto, y el resto en reuniones en la fábrica o con diferentes Unidades, a las que había que persuadir de algo. Dos veces a la semana asistía a clases vespertinas en la empresa, donde se enseñaban teoría administrativa, métodos cuantitativos y por lo menos una lengua extranjera. También estaba casado y tenía dos hijos. Hay que señalar que no recibía un salario básico adicional por esas horas extraordinarias dedicadas a la empresa.

Era notable la habilidad de Rajko para convencer a la gente. Durante los cuatro meses en que lo observamos, notamos que sus opiniones siempre eran escuchadas con interés y que sus argumentos se debatían con respeto. Rajko había convencido a la empresa de que se suscribiera a un gran número de publicaciones extranjeras, gracias a las cuales advirtió que la productividad de XYZ (la relación entre el rendimiento y el trabajo) era inferior a la de otros países.

Según se desprende de las entrevistas que hizo este investigador, ocurrieron los siguientes hechos:

En el pasado, la productividad no era de importancia primordial para la operación eficaz de la empresa. Hasta 1963 se importó la materia prima, y las licencias para importarla se concedían con relativa facilidad, atendiendo a la *capacidad de producción* de la empresa. Los precios de los productos estaban regulados, así como los de las materias primas. Había pocos fondos internos para inversiones, porque la mayor parte del ingreso la absorbía el gobierno. No se insistía en que la productividad sobrepasara del 5 por ciento de la norma; cuando era mayor, la Agencia Gubernamental Reguladora de Precios cambiaba los precios para mantener el tope del 5 por ciento. El gobierno también asignaba las inversiones y hasta cerca de 1963, se interesaba por invertir en industrias básicas, donde era más breve el tiempo de recuperación. Por tanto, no había ni el estímulo ni los medios económicos para modernizar, aunque la empresa lo considerara necesario.

En el decenio de 1960 a 1969 hubo una serie de cambios. En el renglón de la oferta, el gobierno comenzó a asignar más fondos a las industrias productoras de artículos de consumo y en cuanto a la demanda, como consecuencia de la rápida urbanización de Yugoslavia, y del incremento en los ingresos personales, hubo mayor necesidad de productos textiles. Además se intensificó la competencia, porque las industrias quedaron libres de la regulación oficial, y empezaron a tomar decisiones en materia de competencia en el mercado. En aquel tiempo se puso en vigor una nueva ley de cambio de moneda extranjera, que ligaba la importación a la exportación; es decir, si la compañía deseaba importar materias primas por valor de $1 326, tenía que exportar cuando menos el equivalente a un dólar de sus artículos. Además, se fomentaba la exportación mediante primas por las exportaciones en dólares a los mercados occidentales.

Como resultante de los cambios en la oferta, XYZ tuvo que entrar en la competencia con mercados más complejos y competitivos. La empresa hizo considerables esfuerzos para exportar, pero vio que sus productos no tenían aceptación en Europa Occidental, por su elevado costo y baja calidad. En cuanto a la oferta de capital, no tardó en advertir que, con argumentos sólidos, no le resultaría difícil obtener fondos para modernizarse.

Como dijo Rajko: "Era el momento de entrar en acción. Lo que siempre pensamos que debía hacerse tenía que cumplirse en las nuevas circunstancias. No había más remedio que competir o declararse en quiebra. Ya no teníamos subsidios; el gobierno ya no nos ayudaría."

2. *La formulación de opciones.* En 1962 varios tejedores de XYZ fueron enviados a visitar otras empresas textiles del país. Vieron que sus competidores producían *kamgarn,*[2] que resultaba más fácil de tejer, y luego comenzaron a hablar con el Consejo de Trabajadores acerca de la posibilidad de trabajar con esas fibras sintéticas. Rajko, al leer la literatura internacional sobre la especialidad, notó que la producción internacional estaba utilizando cada vez más las fibras sintéticas mezcladas con la lana, en vez de pura lana. Para XYZ, esto no sólo requería nueva maquinaria, sino también una tecnología diferente.

[2] Sintética: fibra hecha parcialmente de lana y de fibras sintéticas.

En 1963 Rajko sometió al *Collegium* la iniciativa de modernizar la empresa mediante la adopción de la tecnología de fibras sintéticas. En la discusión que suscitó la ponencia, el director general de la empresa sugirió una segunda opción: modernizarse y expandirse con la tecnología disponible para fabricar telas de pura lana.

Las limitaciones presupuestarias suscitaron una discusión sobre las asignaciones y sus finalidades. Entre quienes se oponían a Rajko en el *Collegium* sobresalían los directivos del departamento de hilados. El cambio a las fibras sintéticas les afectaría sobre todo a ellos y no les facilitaría el trabajo, como en el caso de los tejedores. El director general de la empresa, que trabajaba en la industria lanera desde hacía cuarenta años, también fue partidario de la pura lana. De ideas conservadoras, declaró que la tela de lana tenía mucho más aplicaciones y era de mayor duración que la sintética. A la que tildó de moda pasajera. El gerente de producción de la fábrica RN, que había trabajado con pura lana desde hacía 25 años, ni siquiera juzgó dignas de atención las sugerencias de Rajko. El motivo principal de su actitud parecía radicar en que RN operaba en su mayor parte con pura lana mientras que la fábrica TC era de creación más reciente; de adoptarse una nueva tecnología, seguramente se aplicaría en TC, y no en RN.

El gerente de producción de XYZ estaba a favor de las fibras sintéticas. Había trabajado para el ex propietario de la empresa antes de la segunda Guerra Mundial, antes que fuera nacionalizada. El dueño había sido un empresario, propietario de varias fábricas de productos textiles, hablaba varios idiomas y viajaba mucho; como diría uno de los funcionarios: "estaba al tanto del mundo moderno". Después de la nacionalización, el gobierno empleó al ex propietario como asesor de la que había sido su compañía. Desde hacía mucho trataba de convencer a los trabajadores de que debían adoptar la producción de las fibras sintéticas, pero no lo habían escuchado. El gerente de producción de XYZ, que había trabajado para el ex propietario muchos años, al parecer había heredado el deseo de modernizar, mediante la adopción del procesamiento de fibras sintéticas.

El gerente de finanzas favorecía la opción menos costosa, ya que perseguía una liquidez máxima en los bancos. El gerente de mercadotecnia apoyaba las fibras sintéticas, porque había mercado potencial para estas telas. El gerente de abastecimientos también estaba en pro del cambio, porque los componentes sintéticos eran más fáciles de obtener que la pura lana. Rajko había trabajado en las máquinas de fibras sintéticas en sus tiempos de aprendiz; conocía bien esta alternativa y la apoyaba, además, por los motivos mencionados.

Durante los cuatro meses que observó la empresa, el investigador se familiarizó con la manera en que el *Collegium* celebraba sus reuniones, y sus observaciones le permitieron imaginar cómo transcurrieron los debates relativos a la modernización. Los participantes eran los principales funcionarios de la empresa: el director general, el director de producción de XYZ, el director de producción de RN y de TC, el gerente de mercadotecnia, Rajko (director de Investigación y Desarrollo), el gerente de abastecimientos y los gerentes de finanzas y contabilidad. El director de autogestión, es decir, el secretario general de la compañía, responsable de las prácticas de autogestión y de guiar a los cuerpos directivos (el Comité Directivo, etc.) a través de los procesos de toma de decisiones, participó en las reuniones del *Collegium*, pero hicieron caso omiso de él y casi no intervino en ellas. (Sin embargo, en las reuniones de los cuerpos de gobierno fue el epicentro de muchos debates.)

Los miembros más importantes del *Collegium*, después del director general, eran Rajko y el gerente de producción de XYZ. Ambos se ocupaban de la producción, que había sido la más decisiva actividad de la empresa hasta que se implantó la reforma económica. Con la nueva orientación hacia el mercado, había adquirido más significación el gerente de mercadotecnia. Y como el gerente de mercadotecnia anterior había abandonado la empresa para aceptar otro empleo mejor remunerado, el director general se arrogó sus funciones. Durante el período de esta investigación, la empresa intentó contratar un nuevo gerente de mercadotecnia, pero no logró encontrar a ninguno que tuviera experiencia profesional. Por su importancia, el puesto no fue delegado en otro empleado, sino que quedó en manos del director general.

3. *La obtención del consenso; el efecto ondulatorio*

Las reuniones del Collegium. Las reuniones del Collegium eran más tranquilas que las del Consejo o las de Trabajadores de Comité Directivo. Los participantes se sentaban alrededor de una mesa larga en la oficina del director general; los asientos no estaban previamente asignados; cualquiera que se encontrara más cerca de la silla del director general se sentaba en ella. Además, el director general pocas veces se sentaba a la cabecera, y resultaba difícil saber quién presidía la sesión. Se tomaba la palabra por turnos, para sostener los argumentos; es decir, hablando cada cual en tono más alto, y

lograban el uso de la palabra con el expediente de hablar el primero. Se servía café turco en tazas baratas que utilizaban todos los
trabajadores en la cafetería. En el muro colgaba un retrato de Tito.
Cerca de la mesa del director general, apoyado en la pared, había
un organigrama de la compañía. Nunca se utilizó, ni nadie se refi-
rió a él durante las juntas a que asistió el investigador; además, no
existía ninguna copia de ese organigrama en las otras oficinas de la
empresa (ABC ni siquiera poseía organigrama). Adosadas a las pare-
des había estanterías con unos cuantos libros: uno de ellos, de Marx:
Das Kapital; los demás eran manuales de mercadotecnia (en inglés) y otros de administración.[3]

Las palabras que más se pronunciaban en cada junta eran "since-
ramente" y "estamos de acuerdo en que..." La palabra "sincera-
mente" fue repetida virtualmente por cada participante, al parecer
se utilizaba para apoyar un argumento que no contenía interés personal, sino que trataba de promover los intereses de la colectividad.
La frase "estamos de acuerdo en que...", empleada por diversos
participantes en diferentes ocasiones, parecía servir de medio de
identificación de la resistencia a ciertos argumentos. El debate transcurría de esta manera hasta que alguno pusiera en duda "estamos
de acuerdo en que...", frase que solía ser el signo de que se había
logrado llegar a una conclusión mediante el consenso general. No
había votación, y las actas se consideraban "conclusiones" de la reunión. Según el procedimiento general, las actas de las sesiones se
distribuían únicamente entre los miembros del *Collegium*.

Durante una de estas juntas, Rajko presentó su argumentación a
favor de la modernización mediante la adopción de las fibras sintéticas. Le resultaron sumamente útiles sus revistas extranjeras, ya
que la lectura de éstas le permitió comparar el número de bastidores que hay en Grecia con el de Yugoslavia. Señaló que, a pesar
de ser Grecia un país más pequeño, poseía lo doble de bastidores.
Se sirvió de estos datos para apoyar sus argumentos, diciendo que
existía un sitio para la industria textil en los mercados internacionales, y que Yugoslavia (y consecuentemente XYZ) estaba atrasada.
En seguida mencionó las estadísticas de las Naciones Unidas, según

[3] En otra compañía se indicó al autor que los libros de Lenin, Marx, etcétera,
se estaban sustituyendo por textos de administración de empresas, y que los
que se vendían más eran las traducciones de los libros de P. Drucker. En una
empresa el autor vio el *Production Management* sobre el escritorio del director
general. Se observó la misma tendencia en los escaparates de las librerías. Durante el verano de 1966, el autor vio varios libros rusos, pero para la primavera
de 1967, apenas encontró alguno de estos. Los escaparates exhibían esencialmente obras inglesas de economía y comercio.

las cuales el crecimiento de la producción natural de lana estaba limitado, mientras que por otra parte había una creciente demanda de artículos textiles, como resultado de la explosión demográfica. "Inevitablemente —concluyó—, habrá que recurrir a las fibras sintéticas para llenar el hueco."

Tras varias discusiones se logró obtener el consenso general para adoptar las fibras sintéticas y para sugerir el cambio al Consejo de Trabajadores. Cuando se pidió a algunos funcionarios que comentaran la manera en que el director general de XYZ y el director de RN fueron persuadidos, respondieron: "Discutimos el asunto hasta que los convencimos". Apoyado en sus observaciones de muchos procesos similares de convencimiento mutuo, el investigador opinó que sus reacciones correspondían a la realidad. Las deliberaciones siempre se reanudaban mientras hubiera argumentos fuertes de cada parte. Cada una de ellas aportaba datos cada vez más convincentes: estadísticas de las Naciones Unidas, estadísticas rusas, etcétera, hasta que un bando dejó de oponer resistencia; si era necesario adoptar rápidamente una resolución, lo más probable era que los disidentes cedieran más pronto a las argumentaciones de la mayoría. Se obtenía el consenso mediante una presión creciente sobre el individuo disidente, para que conformara su opinión a la del grupo.

Durante los cuatro meses de estudio de XYZ, las discusiones proseguían en un grupo hasta lograr la votación unánime. Tal proceso acaso se deba a que se alentaba históricamente más el colectivismo que el individualismo: posiblemente también existía la necesidad de originar una base de apoyo fuerte y solidario, con mucha movilidad, para que las decisiones evolucionaran a través del proceso de difusión. El efecto ondulatorio, al parecer, consumía grandes cantidades de esta energía móvil.

Cuando se logró el consenso general en el *Collegium,* Rajko y los tres miembros restantes del grupo a favor de la idea, se encargaron de preparar una propuesta para el Consejo. Estos grupos son voluntarios; a decir de uno de los funcionarios, "si no hay *fanáticos* para apoyar y hacer pasar el punto a través de todas las fases de la toma de decisiones hasta que éste quede perfectamente implantado, realmente no ocurre nada".

La proposición que preparó este grupo constaba nada menos que de 150 páginas. Contenía todos los argumentos internacionales mencionados, los planes de producción, las fuentes de financiamiento y los ingresos que se esperaba obtener. Se partía de que vendería toda la producción, y no se hizo ningún intento serio para investigar el mercado. Se indicó a este investigador que no haber hecho tal estudio se debía a la falta de personal idóneo, aunque en aquel tiempo la empresa buscaba desesperadamente a quien tuviera la suficiente capacidad para ocupar el puesto de director de mercadotecnia.[4]

Otro apartado de la proposición contenía datos sobre la distribución potencial de los ingresos adicionales que se derivarían de la modernización. Por ejemplo, había cifras sobre los aumentos esperados en los ingresos personales, sobre los fondos en la construcción de nuevas casas, para la modernización de la cafetería, para nuevas duchas destinadas a los obreros en varias unidades, etcétera.

"Si no les mostramos lo que pueden obtener de la modernización, no lograremos que voten por ella", comentó Rajko.

Las reuniones del Collegium en pleno. El siguiente paso en el proceso de la toma de decisiones consistía en reunir el *Collegium en pleno*, grupo numeroso que constaba de los supervisores, los jefes de departamento y algunos altos funcionarios del Partido y del Sindicato, además de los miembros del *Collegium*. Esta reunión solía estar presidida por el gerente de producción de XYZ, el cual, a pesar de no haber sido nombrado ni elegido presidente, se consideraba un guía, por su antigüedad y posición. No era un presidente severo, y como solía ocurrir en las reuniones de los cuerpos directivos de XYZ, el debate transcurría en forma totalmente democrática.

La obtención del consenso general ocurrió como en el *Collegium*. La única diferencia consistió en que cada supervisor aportó los datos de su esfera de acción relativos a las posibles implicaciones, dificultades y ventajas que podría acarrear la modernización. En estas discusiones se ofrecía información pertinente para los diversos niveles de la estructura de organización, y con diversos niveles de importancia (esta última valoración es del investigador). Fue una fase en la cual, en cierto sentido, la administración, junto con los funcionarios políticos, intentaron consolidar sus opiniones y fijar el curso de acción antes de someter sus conclusiones al siguiente grupo de discusiones. Por "consolidación de opiniones" no debe entenderse el establecimiento de grupos de presión para promover los propios intereses; este grupo en particular no podía beneficiarse con la modernización, excepto en lo relativo al aumento en la distribución del ingreso. Era necesaria la "consolidación de opiniones" para mantener la cohesión del grupo, sin la cual habría quedado limitada la movilidad necesaria para propalar la iniciativa. El resultado de tal "consolidación de opiniones" muchas veces redundó en imponer limitaciones a la propuesta inicial.

---

[4] No hay escuelas comerciales en Yugoslavia, y sólo muy recientemente se intentó establecer algunas, por la tremenda presión que ejerce el mercado.

Reunión de la Politikal Aktive. Una vez terminadas las discusiones del *Collegium en pleno*, y cuando este cuerpo decidió someter la propuesta al Consejo de Trabajadores, se reunió la *Politikal Aktive*. (Al Consejo se le sometió la proposición en la última etapa, pues era aparente el consenso de la asamblea general, así como de sus diversos cuerpos de toma de decisiones y de debates. Aunque no se exigía formalmente este último proceso, era virtualmente habitual.)

La *Politikal Aktive* estaba integrada por miembros del *Collegium en pleno*, el presidente del Consejo Central de Trabajadores, el Consejo de la Fábrica, las Unidades Económicas, el Presidente del Comité Directivo y los Secretarios de los grupos políticos y sociales de la empresa, amén de algunos maestros: es decir, intervenían todos los que tuvieran algún poder o influencia en la empresa.

Las reuniones de la *Politikal Aktive* se celebraban en la gran sala de conferencias de la fábrica RN. Las mesas se colocaban en forma de "U" y el director general de la empresa, el gerente de producción y el gerente de finanzas se sentaban a la cabecera. Rajko siempre se situaba entre los trabajadores. Los miembros de los diversos grupos que constituían la *Politikal Aktive* se sentaban al acaso, tal como iban llegando, o según sus simpatías personales, pero nunca de tal modo que constituyeran un grupo aparte. Casi siempre abría la sesión el gerente de producción. Nadie llevaba la voz cantante, e inclusive el director general raras veces trató de dirigir los debates.

De vez en cuando solicitaba la palabra y tenía que esperar mucho para que se la concedieran. Raras veces tomó la palabra como otros dirigentes, "pugnando porque se la dieran". El presidente del Comité Directivo, que ejercía dominio en su Comité, raras veces trató de ejercerlo en otras reuniones. Por lo general, las sesiones tenían lugar inmediatamente después de las horas hábiles. Casi ninguna de las personas con quienes habló el investigador había almorzado, y no se sirvieron alimentos durante los debates. En uno de estos, varias personas se quedaron dormidas, exhaustas.

Las reuniones de la *Politikal Aktive*, que al parecer era el grupo cuyo convencimiento de la validez de cierta acción era más importante, fue el que más discutió. Era frecuente observar entre los participantes cómo se echaban la culpa unos a otros de diversos problemas de la empresa; cómo iniciaban acaloradas discusiones sobre las dificultades más espinosas. Las sesiones carecían totalmente de orden, lo cual molestó al gerente de finanzas, quien intentaba de tiempo en tiempo encauzar la discusión hacia su punto original, pero siempre tenía que enfrentarse al gerente de producción, que defendía apasionadamente sus propios puntos de vista.

Podemos suponer que la pauta de las discusiones sobre la modernización, y el proceso mediante el cual debía obtenerse un consenso general sobre el tema, fueron idénticos a los observados cuando se hizo este estudio. Una práctica habitual, más que requisito formal, es que, una vez obtenido el consenso en el Collegium y ratificado en el *Collegium en pleno*, estos grupos constituían el cuerpo medular que intentaba obtener la aceptación de los demás. Tal grupo no poseía un poder formal para distribuirlo; tenía que recurrir a argumentos convincentes para obtener una decisión. Aunque el *Estatuto* prohíbe que se llame a cuentas a los miembros disidentes del *Collegium*, en la práctica el *Collegium* y los miembros del *Collegium en pleno* actuaban como un solo cuerpo. Resultaba casi inconcebible que las ideas del *Collegium* fuesen aprobadas rápidamente por la *Politikal Aktive*, a menos que presentara un frente sólido, y este último grupo, a su vez, tenía que estar unido para obtener la siguiente base de apoyo.

En la reunión aquí descrita, Rajko, en nombre del departamento de Investigación y Desarrollo, sugirió la modernización mediante la adopción de fibras sintéticas, especificando tanto las necesidades como las ventajas que ello representaba. No sometió ninguna alternativa para la pura lana, sin embargo, en la reunión de la *Politikal Aktive* se suscitó un debate acerca de la ampliación del sistema ya existente. Sin embargo, gracias a que Rajko tenía un proyecto detallado para la adopción de las fibras sintéticas, que había sido plenamente discutido y apoyado en reuniones anteriores del *Collegium* y del *Collegium en pleno*, y como nadie gozaba de tal apoyo para la pura lana, le resultó relativamente fácil persuadir a la *Politikal Aktive* de votar por las fibras sintéticas.

La oposición pudo haber sugerido posponer la decisión, o nombrar un comité, o bien pudo haber presentado su propia proposición detallada. Cualquiera de estos procedimientos habrían derrotado inmediatamente el proyecto de Rajko. En tal caso, él habría tenido que volver a someter el asunto al *Collegium* y establecer una nueva base de apoyo y una nueva proposición de características nuevas y más atractivas para los responsables de la toma de decisiones. Pero en este caso la *Politikal Aktive* decidió recomendar las fibras sintéticas al Consejo de Trabajadores, aunque imponiendo una limitación: que la modernización debía incrementar el ingreso personal. En otras palabras, los fondos para la modernización no podían derivarse ni siquiera parcialmente del ingreso de los integrantes de la organización; tal ingreso debía aumentarse. La condición tuvo fuertes repercusiones, como se verá más adelante en los resultados que obtuvo XYZ.

Cuando se imponen demasiadas limitaciones o modificaciones a una proposición en el curso de cualesquiera de las discusiones, ya sea en el *Collegium*, en el *Collegium en pleno*, en la *Politikal Aktive* o incluso en la Convención, el grupo iniciador de la propuesta la retira, alegando que no es posible llenar los objetivos iniciales en tales condiciones. En general se suscita entonces una serie de negociaciones, donde los grupos oponentes reducen las limitaciones y los grupos iniciadores hacen más modestos sus objetivos. Tales resultados se obtienen sirviéndose de un cúmulo de datos independientes *externos* y apelando a las *conciencias* personales. La confianza desempeña un papel medular; de no haberla, podrá resultar de estas discusiones que algunos dirigentes de la empresa, que estén atravesando por una situación conflictiva (ya sea entre ellos o con otros trabajadores), no se dirijan la palabra durante mucho tiempo. El que la decisión pase por esta etapa en la obtención del consenso general, parece depender del interés que muestre la base de apoyo en que se acepte su proposición, de la fuerza de sus argumentaciones, de la importancia de la decisión para la trayectoria de la empresa, y de la fuerza de los intereses creados por estos grupos (es decir, el contenido de las argumentaciones del iniciador y su capacidad de trasmitirlas, así como el efecto potencial de tales argumentaciones en otros grupos).

En el caso aquí examinado, la oposición no era muy fuerte. Por otra parte, la ponencia formal de Rajko era la única bien estructurada y que ofrecía beneficios en términos de ingreso personal, fondos para viviendas, etcétera.[5]

"*La difusión del mensaje.*" En la siguiente etapa del proceso, cada representante ante la *Politikal Aktive* sometió el tema a su grupo para que lo discutiera; se trataba de una práctica informal, pero habitual. Simultáneamente, Rajko y su grupo comenzaron a elaborar una propuesta nueva, más detallada. Los funcionarios del Partido reunieron a los miembros del Comité Central del Partido en la empresa para discutir las diversas repercusiones posibles de la modernización. Estudiaron los juicios de valor que habían expresado acerca de las implicaciones sociales que tendría el proyecto para la colectividad, es decir, el efecto que tendría la modernización en todos los trabajado-

---

[5] Los dirigentes administrativos de primera línea que habían apoyado inicialmente el *strajgan* y que podrían haberse convertido en líderes de la oposición, se pasaron del lado del *kamgarn* durante las etapas intermedias de las discusiones, y no les era posible volver al *strajgan* en ese momento.

res. En términos generales, el Sindicato estudió los mismos temas, incluso las limitaciones, tales como comunicar a Rajko la decisión de no despedir a nadie con motivo de la modernización. No obstante, tales comunicaciones no eran ni oficiales ni obligatorias. El "tamiz" de muchos de estos mensajes lo constituían el Comité Cen-

Nivelación de salarios· una forma de uravnilovka

Ekonomica (Praga), Núm. 6, 1966

tral del Partido Comunista en la empresa (del que formaban parte tanto Rajko como la mayoría de las figuras principales de la *Politikal Aktive*), la cafetería y los cursos vespertinos de administración, que servían de lugares de reunión informales para los debates. (El Comité Directivo acaso haya discutido la modernización, pero de ser así lo hizo en forma sumamente breve. Generalmente tales discusiones del Comité Directivo sólo ocurrían cuando los trabajadores comenzaban a quejarse, o cuando el problema tenía resonancias de organización.)

Resultan de especial interés algunas vivencias de este investigador respecto a la obtención del consenso general. Cuando viajaban de regreso a casa a bordo de los autobuses de la empresa, los trabajadores seguían el debate iniciado, refiriéndose especialmente a los aspectos de la gerencia de la empresa y sus políticas financiera y de mercadeo. El tejedor, que sólo tenía una instrucción elemental, se sentaba junto al contable, que era licenciado universitario en economía y ambos discutían las políticas presentadas. Muchos trabajadores participaban activamente en los asuntos de su empresa, y durante las fiestas a que asistió el investigador, las discusiones giraban en torno de los últimos temas debatidos en la asamblea. Muchos de esos temas suscitaban acaloradas discusiones. Conociendo el tipo de conflictos que origina la modernización, es de suponer que las discusiones en aquellos lugares probablemente tenían que ver con la distribución del ingreso. Una vez modernizada una Unidad, aumentaba su productividad y con ello la "tajada" que se distribuiría entre sus miembros. La *uravnilovka*, es decir, intento de emular esa situación, se emprendería entonces en otras unidades, y ello bien pudo ser tema de aquellas discusiones informales. Por tanto, mientras el tema llegaba hasta el Partido, el Sindicato y la *Politikal Aktive*, había mucho chismorreo, que aprovechaba el grupo iniciador de la propuesta. Cuando todos los grupos ya habían discutido la modernización, el grupo de Rajko elaboró una nueva propuesta, que incluía las limitaciones sugeridas. Mientras, esas limitaciones habían crecido hasta abarcar la inclusión de nuevos maestros y sobrestantes. Entonces se sometió la propuesta a la colectividad, o sean las Convenciones. (La recomendación había sido que se sometiera al Consejo.)

Las convenciones. Para evitar los efectos indeseables mencionados al principio de este capítulo, ya que originan el estancamiento de las iniciativas, se convocó a una convención general, pues resulta difícil suscitar una discusión seria en las reuniones generales. Era de desear tal resultado, ya que los dirigentes de la compañía parecían estar al tanto de las posibles intenciones de recurrir al *uravnilovka*, a causa de las diferencias surgidas entre las diversas unidades.

Las observaciones de varias reuniones de este tipo indicaron que había diferentes caminos para crear tal situación, es decir, que los dirigentes de la empresa pueden tardar tanto en explicar los problemas que la discusión surge en el momento en que los trabajadores ya han permanecido en la fábrica de diez a doce horas consecutivas. En esas circunstancias, es fácil obtener el consenso general, especialmente si interviene la presión del factor tiempo. El consenso general también puede lograrse si la mayoría de los miembros de la organización ya discutieron previamente el asunto, en la *Politikal Aktive*, en el *Collegium*, en el *Collegium en pleno*, en el *Partido*, en el Sindicato o en el Comité Directivo. Tales grupos pueden abarcar del 20 al 40 por ciento de la asamblea general, y, por ende, a una gran parte de los dirigentes formales e informales de la empresa, y éstos crean la presión social necesaria para que los demás manifiesten su conformidad.

Si surge oposición en la Convención, acaso se deba a que la propuesta originó demasiada oposición en su desarrollo; es decir, que el *Collegium* no haya quedado totalmente convencido y por ello no haya tenido interés por apoyar el asunto, con lo que queda afectado el posible apoyo e interés de la *Politikal Aktive*. Cuando la proposición llega a la Convención, la oposición puede formar una coalición para derrotarla.

Sin embargo, no es necesario que tal oposición se organice. Los disidentes sienten durante la reunión que su grupo es más numeroso de lo que parecía, y en tal caso apoyan mutuamente sus argumentaciones, hasta lograr que la propuesta sea devuelta para que se elabore mejor, es decir, que se nombre un comité *ad hoc*. Durante la época de la investigación no hubo en XYZ ninguna prueba de actividad organizada de oposición "tras las bambalinas" de la organización (esto fue aún más patente en ABC).

En términos generales (se supone que las reuniones fueron las mismas para tratar este tema específico), la reunión de la Convención tuvo características peculiares. En la Convención, el grupo que presenta la propuesta explica los motivos que hacen necesaria la modernización. En seguida se suscita un largo debate de la situación de los mercados internacionales, de cómo opera la competencia, de la situación económica, de los efectos que se esperan de modernizar, y de los beneficios que derivará de ella la asamblea general de la organización. Se presentan todos los datos acumulados durante las discusiones anteriores. Los trabajadores hacen preguntas, a las que contestan el director general y los principales funcionarios. Parte de las explicaciones y de las respuestas corren a cargo de la *Politikal Aktive*, cuyos integrantes ya están convencidos de la conveniencia de modernizar. Esta reunión, a diferencia de las anteriores, no se celebra para proponer otras opciones, sino para intercambiar información, ver qué oposición existe, y asegurar la aceptación de una alternativa ya formulada. De no haber más conflictos personales, se levanta la sesión.

El investigador supo que al finalizar la reunión sobre la modernización, se obtuvo el consenso general para recomendar al Consejo de Trabajadores la adopción de las fibras sintéticas. Rajko y su grupo elaboraron una vez más su proposición. Cabe hacer hincapié en que a veces surgen cientos de sugerencias; preguntas que requieren aclaración, comentarios, etcétera, que hay que tomar en cuenta. Todo esto debe someterse a la consideración del Comité Directivo.

Reuniones del Consejo de Trabajadores. Se somete al Consejo la proposición final, junto con toda sugerencia aceptada por la base de apoyo, y una lista de sugerencias desechadas, donde constan sus fuentes. Los puntos rechazados se acompañan de una explicación del motivo de su exclusión de la propuesta. Todo este material se presenta semanas antes de la reunión del Consejo, y tanto en ABC como XYZ se comprobó que los miembros de este cuerpo leyeron y comentaron el documento.

En la reunión del Consejo, solía haber menos discusiones que en otros grupos. Los miembros de la *Politikal Aktive* ya habían apoyado enfáticamente la propuesta. La colectividad la había discutido, y estaba dispuesta a aceptarla; además, la mayoría de los integrantes del Consejo habían asistido a las Convenciones. El Consejo acostumbraba unirse a la mayoría, y la observación directa nos permitió descubrir que así se lograba el consenso general final. Si alguien hablaba demasiado en contra de la propuesta, pero pertenecía a la minoría, el grupo lo presionaba para que se sometiera a la mayoría. Se solicitaba la presencia de algunos dirigentes de la compañía para que explicaran ciertos puntos de las propuestas, y para que aportaran más datos, en caso necesario.

En el caso arriba descrito y en todos los demás, el Consejo anunció formalmente su *decisión* de solicitar un empréstito al banco para emprender la modernización y para iniciar los trámites necesarios para adquirir las máquinas que hacían falta. Las deliberaciones anteriores no eran decisiones formales, sino simples recomendaciones.

4. *La implantación de las decisiones*. El proyecto de modernización llegó sin tardanza a su etapa de implantación. El banco comprobó la factibilidad de la propuesta de XYZ, especialmente la capacidad de venta de la empresa, para amortizar el empréstito. De haber considerado el banco que el proyecto implicaba demasiados riesgos, es decir, si el mercado para su producto no hubiera sido amplio, o si hubiese considerado que la situación económica de la empresa no era sólida, le habría rehusado el préstamo. En el caso que estudiamos, se concedió el préstamo, y Rajko fue enviado a Alemania Oriental y a Alemania Occidental, así como a Checoslovaquia, para adquirir el equipo. Algunos obreros de la línea de producción también fueron enviados al extranjero para aprender a instalar y a operar las nuevas máquinas.

Un problema a que se enfrentó después XYZ fue la manera de transferir la mano de obra necesaria de las Unidades existentes a la nueva Unidad de fibras sintéticas. El problema no era geográfico, ya que el nuevo departamento debía integrarse a la fábrica ya instalada; consistía en probar a los obreros que la nueva Unidad Económica sería cuando menos tan redituable como las Unidades existentes, y que no menguaría su ingreso personal variable. Los integrantes del *Collegium* se dedicaron a visitar las Unidades Económicas para convencer a los trabajadores de la conveniencia de su traslado a una Unidad mejor. Sus argumentos se basaban en que las Unidades existentes tendrían que disminuir la producción de entonces por la fabricación del nuevo producto, y que la producción reducida redundaría necesariamente en ingresos inferiores en esa Unidad. La única manera de que los trabajadores conservaran su nivel de ingresos consistiría en transferir a algunos trabajadores de su grupo a la nueva Unidad, para que un menor número de personas tuviera que compartir "la tajada" más pequeña. En general, el *Collegium* no nombraba a las personas cuya transferencia era necesaria. Estas decisiones quedaban en manos de Convenciones de las Unidades.

Sin embargo, los funcionarios trataban de convencer a las Convenciones de que aceptaran el principio fundamental de transferir a cierto número de trabajadores.

Los dirigentes de la compañía tenían que tomar en cuenta la posibilidad de que las Unidades intentaran transferir a sus peores elementos, es decir, a los menos disciplinados, los más perezosos o de trato más difícil, ya que de ser así, la nueva Unidad iniciaría sus labores en situación desventajosa. Gran parte de la oposición a la transferencia de obreros fue causada precisamente por este factor; los trabajadores temían que su transferencia se interpretara como que el grupo no los reconocía como elementos valiosos. Estos temores originaron muchas reacciones emocionales, como con llantos, fuertes discusiones contra la transferencia, maldiciones, golpear de puñetazos en las mesas, o simplemente apatía. Los miembros del *Collegium* tenían que lidiar con estas situaciones, a pesar de que no estaban muy versados en psicología ni en relaciones humanas. Si no se llegaba a la solución de algún caso, el problema era presentado al Consejo, que decidía acerca de la transferencia según una lista que le sometieron. (Cabe señalar que una vez establecida la Unidad, la transferencia interna de obreros también requería la aprobación de su Convención.)

La ley prohíbe las transferencias de personal a puestos con un salario básico inferior al que esté percibiendo el trabajador. Por ello, la transferencia sólo podría haber cambiado la parte variable del ingreso individual; en tal caso, esa porción podría haber sido más elevada gracias al equipo moderno. Si una persona se rehusaba a cambiar, de habérselo pedido el Consejo, y aunque percibiera el mismo salario básico, el Consejo la despedía (véase el capítulo VII, sobre las relaciones laborales).

Cuando comenzó a operar la nueva Unidad, no se estableció ninguna norma especial. Un especialista en tiempos y movimientos, o en eficiencia, registró y analizó el trabajo y posteriormente se estableció una norma temporal. Según el Manual de Relaciones Laborales de la empresa, no es posible cambiar una norma más de una vez al año. No obstante, había un criterio tácito y extraoficial respecto a lo que se entendía por "norma justa". En general, un total del 20 por ciento era considerado variante justa entre la producción lograda y la norma. Por ello, si la mayoría de los obreros producían hasta un 135 por ciento, era probable que la norma para el siguiente año fuera elevada por el Consejo hasta el 120 por ciento, con la tolerancia de un 15 a un 20 por ciento de variación, como incentivo. Cuando surgía una discusión respecto a la elevación de las normas, se volvía a iniciar el proceso de convencimiento de los obreros, y se volvía a recurrir a las estadísticas internacionales, a la situación prevaleciente en el país, a la competencia, etcétera. Era necesario establecer un consenso general, tal como ya se ha descrito.

En caso de haber un desacuerdo importante respecto a lo que podía considerarse una norma "justa", el Partido tomaba carta en el asunto. Sus recomendaciones se basaban en lo que se consideraba "justicia" o "criterio independiente". Las recomendaciones del Partido no tenían que acatarse a pie juntillas, pero constituían un factor más de la base de apoyo que tenían que crear los dirigentes, si deseaban suscitar ciertas decisiones.

En 1967 se estudió una nueva iniciativa: desechar el 40 por ciento de las máquinas que trabajan la pura lana, para emprender una mayor producción de fibras artificiales. Se aducía que a causa del escaso mercado para estos productos, se estaban apilando en los almacenes, mientras que la producción de fibras sintéticas no llegaba a satisfacer la demanda. Tal sugerencia desencadenó una nueva serie de discusiones que condujeron a la decisión del Consejo de adoptar una planificación a largo plazo. Esta tarea le fue encomendada a Rajko, quien, junto con su departamento, tuvo que elaborar una proposición en la que describiría lo que XYZ debía tender a ser para 1970.

El programa de acción que preparó Rajko se basaba en el supuesto de que la plena fusión entre RN y TC no se realizaría; es decir, que la mitad de la modernización le correspondería a TC, y a RN la otra. La proposición se sometió al *Collegium*, pero no llegó más allá de la *Politikal Aktive*, donde se estancó. Hubo tantos comentarios al respecto que nunca se sometió a la asamblea general ni al Consejo. Tales comentarios criticaban básicamente el compromiso que significaba entre RN y TC, ya que esto vulneraba a demasiados intereses. En otra reunión del *Collegium* se tomó la decisión de diseñar una nueva estrategia, más emprendedora. Según ésta no se buscaría ningún compromiso; TC produciría todas las fibras sintéticas, mientras que RN absorbería toda la producción de pura lana. Para alcanzar este objetivo se haría un intercambio de maquinaria y de mano de obra entre TC y RN.

Esta nueva propuesta, que al parecer afectaba a *todos* los intereses, y no sólo a unos cuantos, junto con la propuesta anterior con todos los comentarios al respecto, debía turnarse al Consejo para que éste tomara la decisión final. Cuando el investigador dejó la empresa, aún no se había llegado a ninguna decisión. El Consejo estaba ocupado en los problemas originados por la reforma de 1965, y no podía dedicarle el tiempo necesario a la planificación a largo plazo. (Véase el capítulo VI, sobre planificación.) El Consejo no estaba dispuesto a aprobar los cambios a menos que hubiera un consenso general de opiniones entre la asamblea general acerca de lo que debía hacerse. Como el rendimiento económico disminuyó después de la reforma, parecía haber renuencia por parte de la colectividad a comprometerse a largo plazo, ya que ello limitaría sus ingresos.

*Estrategia de abajo hacia arriba para el cambio
  en la organización (en XYZ)*

1. *Obtención del nivel de saturación y fijación de las opciones.* En 1962, después de la integración de TC y RN para constituir XYZ, volvió a suscitarse el problema de encontrar la mejor manera de incrementar la productividad. Se hizo una comparación de la tasa media de mano de obra-producción entre Estados Unidos y la fábrica TC. El director de ésta, que había comenzado a trabajar en la compañía de aprendiz, hizo el estudio y vio que la productividad de TC era incomparablemente inferior a la de Estados Unidos. También existían dificultades para el mercadeo de sus productos, por los altos precios, consecuencia de sus elevados costos de producción. Por tanto, llegó a la conclusión de que era necesario implantar ciertos cambios. Se estudiaron dos opciones: despedir a 250 trabajadores, considerados como mano de obra excedente (cerca de 10 por ciento de la fuerza de trabajo), o establecer lo que llamaba un "frente amplio". La idea del "frente amplio" consistía en

aumentar el número de máquinas en que trabajaba cada obrero, y transferir la mano de obra excedente a un tercer turno. Con ello pretendía lograr una mayor productividad.

El director de TC concibió la idea del "frente amplio" al notar que, aunque había 5 obreros asignados a cada dos bastidores, según el esquema de organización, sólo trabajaba en ellos un promedio anual de 3.5 trabajadores, a causa de permisos por enfermedad, rotación de personal y vacaciones. También había que tomar en cuenta que la asignación inicial de 5 obreros se había hecho antes que éstos aprendieran el funcionamiento de las máquinas; en cuanto lo aprendían, se les desaprovechaba constantemente. El director de TC llegó a la conclusión de que si 3.5 podían hacer el trabajo de 5, entonces era factible una ampliación global de las asignaciones. El "frente amplio" estipulaba que 3.5 obreros debían percibir el salario de 5 (suponiendo que pudieran dar el rendimiento de 5) y que el excedente de 1.5 obreros se transferiría a un nuevo turno.

2. *Obtención del consenso general.* La idea fue sometida al *Collegium* para que la discutiera. No se llegó a una decisión inicial, esencialmente por la anticipada oposición de los trabajadores. Sin embargo, Iván, el director de TC, quería ver implantada su idea, y decidió promoverla en forma independiente. En el departamento donde había trabajado de aprendiz, maestro y supervisor, y en el cual se sentía más apoyado, convocó a una convención de los dos turnos, en total 180 trabajadores. En su casa laboró con el encargado de registrar tiempos y movimientos para preparar un programa minucioso con vistas a la reunión, así como un plan donde se detallaban los nombres de los obreros, el número de máquinas y sus asignaciones. También se señalaba la cantidad de incremento del ingreso que podía derivar cada persona, de implantarse el "frente amplio".

Como explicó Iván, "sabía que tenía que presentar cuidadosamente la propuesta en la reunión. Primero hice una larga relación de la situación imperante en la empresa: los niveles del inventario, las ventas mayores de la competencia por sus precios más bajos, el alto costo de nuestra producción y nuestro bajo nivel de productividad, comparado con el de nuestros competidores y con el de Estados Unidos".

El siguiente tema a que aludió fue el bajo ingreso personal en XYZ en comparación con su potencial. Luego procedió a sugerir estas dos opciones:

1. Despedir a algunos trabajadores, para bajar los costos.

2. Incrementar el número de máquinas atendidas por cada persona y transferir el excedente de mano de obra a un tercer turno.

En seguida distribuyó documentos donde definía el plan de la línea de producción: 3 trabajadores para cada 2 máquinas, en vez de 5 para cada 2, y donde aparecían las cifras de los aumentos esperados en ingresos personales.

Poco faltó para que lo lincharan.

—¡Quieres explotarnos! —le gritaban—. Vamos a escribir al SIV.[6] Pensamos que al ponerte a ti de director conocerías nuestras necesidades.

Bora, el encargado de fijar normas, se burlaba de él. "Quería marcharse de inmediato", confió un obrero al investigador. Iván sugirió que meditaran la idea; también señaló que no estaban obligados a aceptarla, ya que a ellos correspondía tomar la decisión definitiva.

Al día siguiente Iván llamó al sobrestante y a los viejos maestros y pasó todo el día revisando sus cálculos.

—Discutieron hasta marearme. Comprobamos cada hecho y cada una de mis hipótesis. Los maestros son la fuerza más conservadora de la empresa, y sabía que si lograba convencerlos, quedaría allanado el camino para convencer a los demás. No los convencí.[7]

En eso enfermaron dos obreras de la línea de producción. Iván les pidió a las tres restantes poner en práctica su sugerencia y les prometió que, ocurriera lo que ocurriera, no menguaría su salario. Desde el punto de vista legal, no tenía derecho a hacer tal promesa, pero estaba seguro de que no saldrían perjudicadas en sus ingresos. Las muchachas aceptaron hacer el experimento y diariamente les informaba Iván de sus ganancias, para alentarlas.

—¿No temías llegar a crear tanta oposición que los trabajadores te depusieran? —se le preguntó.

—Yo creía en lo que estaba proponiendo, y estaba dispuesto a afrontar las consecuencias —contestó.

Al cabo de un mes sometió a los maestros los resultados de su experimento. Volvieron a rechazar su propuesta; no veían cómo

---

6 El Gabinete Federal.

7 J. Woodward, *Industrial Organization, Theory and Practice* (Londres: Oxford University Press, 1965), p. 194, apuntó un fenómeno similar en los estudios que hizo en Inglaterra. La oposición más fuerte al cambio proviene de los individuos y de los grupos más seguros de sí mismos y de mayor éxito. Estos grupos se componían de gente cuya palabra resultaba relativamente importante para la compañía, tanto para la gerencia como para sus compañeros de trabajo. Trataban de sacarle partido al cambio. La resistencia fue racional, más que emocional.

se beneficiarían con ello. Al investigador se le indicó que temían que el "frente amplio" les aumentara el trabajo, creando más reparaciones, al operar descuidadamente por el mayor tiempo dedicado a la producción. El incremento que esperaban en sus propios ingresos, como corolario de las mayores utilidades de la empresa, era demasiado indirecto y remoto para motivarlos a aceptar la propuesta.

—Advertí que mi último recurso era acudir directamente a los obreros. Presenté a la Convención de la Unidad todas las cifras derivadas del experimento —relató Iván.

Esta vez, la discusión tomó un sesgo diferente. El ochenta por ciento votó en favor de la propuesta, pero sólo la aprobó en calidad de experimento. El 20 por ciento opositor no estaba obligado a unirse a la mayoría, sino que siguió trabajando como antes. Sin embargo, pasado un mes, cuando resultó evidente que los demás trabajadores estaban percibiendo mayores ingresos, sin tener que trabajar mucho más, el 20 por ciento disidente pidió "unirse al frente".

El Consejo de Trabajadores de TC estaba enterado del experimento, pero no lo había discutido oficialmente. Una vez que se comprobó su éxito, la propuesta se incluyó en el orden del día, y se decidió implantar el método donde fuera posible.

3. *La implantación de una decisión.* "¿Se hizo obligatorio el *frente* dondequiera que los dirigentes consideraran que podría funcionar?" —pregunté a varios funcionarios. Respondieron que sí; sin embargo, si se oponían los trabajadores fallaría el método, se responsabilizaría a los dirigentes y aun podría insinuarse que la decisión del Consejo de Trabajadores había sido mal aplicada. Por tanto, se limitaron a solicitar voluntarios. La Convención decidió a quiénes transferir; los dirigentes sólo sugirieron quiénes irían al tercer turno, de entre la mano de obra excedente que se originó.

La primera vez que el director de TC sometió el plan al *Collegium*, el director de la fábrica RN se opuso a él. Pero en cuanto el método funcionó bien en TC durante un año, los trabajadores de RN, a través de su Consejo, comenzaron a presionar a su director para que se adoptara el plan. Lo rechazó algún tiempo, pero a la postre tuvo que acatar la decisión del Consejo de Trabajadores.

Aplicado el método a los trabajadores, los funcionarios administrativos de la organización pidieron que el principio del "frente amplio" también se les aplicara a ellos. Cuando algún empleado dejaba la compañía, no se contrataba ningún suplente; en vez de ello, se preguntaba a los empleados de la empresa si estaban dispuestos a llenar la vacante con un aumento de salario. Por ejemplo, cuando se abrió una nueva unidad de tejidos en 1965, sólo se contrataron fuera de la empresa, 60 de los 260 trabajadores necesarios. Los 200 restantes procedían del "frente amplio".

—Mis limitaciones para ampliar el frente de una Unidad Económica formaban parte de las fluctuaciones de mano de obra que procedían sin lugar a dudas de la rotación de personal, de los permisos por enfermedad, etcétera. Si, por ejemplo, veo que tengo un excedente de 30 personas, y la rotación es en promedio de 15, sólo puedo absorber a 15 en el frente. Absorber a los 30 requeriría nuevas decisiones y acuerdos de la Convención, que podría objetar el método mismo. No llego hasta esos extremos —declaró uno de los funcionarios.

4. *La alteración de una decisión.* En 1967 hubo muchas discusiones acerca del abuso del "frente amplio". Por ejemplo, si un alto funcionario salía de vacaciones y alguno ocupaba temporalmente su puesto, aun si el sustituto no hacía absolutamente nada, recibía un aumento. Además, había operadores de máquinas que recibían a través del "frente amplio" lo doble del salario del asesor legal de la empresa. Quienes no podían ocupar un puesto "amplificado" sentían envidia, y trataban de alterar el sistema. Además, la automatización hizo posible a ciertas personas, a través del "frente", ocupar puestos que habían dejado de existir. También hubo personas que aceptaron hacer labores suplementarias que no podían cumplir. Para evitar esta última situación, los funcionarios solían llegar a un acuerdo con la persona; definían su tarea con toda exactitud antes de aprobar su participación en el "frente amplio". Cuando ocurría que alguno subiera demasiado de categoría, el Consejo tenía el derecho de revocar esa "ampliación".

Cuando el investigador visitó la empresa en 1967, asistió a reuniones donde se debatían las formas de eliminar el abuso del método. Estos abusos se achacaban en primer término a que la modernización de la empresa no podía cambiar las definiciones de puestos, ni el Manual de Distribución del Ingreso Personal que regulaba la distribución del ingreso según el "frente amplio". Por ejemplo, cuando se instaló un nuevo equipo en la unidad de energía (calderas), transfirieron a varios trabajadores por haber desaparecido sus puestos; los que permanecieron en la unidad realizaban menos labor manual, pero seguían participando en el ingreso total de la unidad, según el "frente amplio". Esta práctica era legal, en consonancia con el artículo 96 del Manual, y cambiar éste era labor tediosa. En consecuencia, hubo varias reuniones para enmendar dicho artículo, con lo cual se eliminó el abuso del método.

Durante las discusiones que presenció este investigador no se llegó a una decisión final. Los puños se abatían sobre las mesas; la gente tenía estallidos de enojo; el presidente del Comité Directivo tuvo que abandonar la sala un rato para serenarse, pero nadie logró obtener consenso para solucionar el conflicto. Una de las opciones consistía en eliminar el artículo 96, que reglamentaba el "frente" pero la abolición de éste habría significado la abolición misma del "frente". Quienes se beneficiaban con el método, o quienes consideraban que era una buena solución al problema del excedente de la mano de obra en la empresa, se oponían a tal solución.

A continuación describiremos en detalle una de las reuniones, característica de la atmósfera general que prevalecía al surgir una confrontación de intereses creados. El objeto de esta descripción consiste en ejemplificar una de estas reuniones y señalar el lugar que ocupaba en el temario la discusión del "frente". Este material abarca los comentarios del investigador sobre los acontecimientos. Cabe señalar que tales comentarios son apreciaciones subjetivas de un extraño, pero las conclusiones obtenidas, al someterlas a otros investigadores yugoslavos, obtuvieron aprobación como observaciones válidas, en general, y no sólo respecto a un caso aislado.

5. *La resolución de los conflictos.* Abre la sesión [8] el presidente. El secretario del Consejo pasa lista de asistencia. Todo el mundo está presente, lo cual no ocurre siempre, pero esta sesión parece revestir particular importancia; ni siquiera hay retardos. Son las 2:15 p.m., y como los participantes trabajaron hasta las 2 de la tarde, ninguno ha almorzado. En la mesa del presídium se hallan el presidente y el secretario del Consejo, el gerente de producción de XYZ y el gerente de finanzas. El director general está entre el contable y varios jefes de turno, en una de las esquinas de las mesas colocadas en forma de "U". Yo me siento junto al director de TC, que me dice:

—Podrá ver cuántas reuniones tenemos: del Sindicato, del Partido, el *Collegium*, la colectividad, y ahora ésta.

Realmente parece fatigado.

—Pero no está obligado a asistir —comento yo.

—Cuando uno recibe una invitación, no hay más remedio que asistir —replica—. Seguramente tienen preguntas que hacer; hay que contestarlas.

[8] Asamblea del Consejo de Trabajadores, Compañía XYZ, celebrada el 7 de abril de 1967. Asistieron cerca de setenta personas.

El gerente de producción de XYZ plantea el problema. Por la necesidad de producir artículos diferentes de los anteriormente planificados, la gente tiene que ser transferida de una Unidad a otra. La Unidad de Tejidos Número 1 tendrá que ceder a treinta personas. La Unidad se niega a hacerlo, porque con treinta personas menos perderán su prima potencial por sobrepasar el plan. El gerente de producción pide permiso de transferir obreros y pagarle su prima al departamento de tejidos aunque no lleguen a cumplir el plan. Otra opción podría consistir en alterar el plan, pero piensa que eso no conviene, porque el cambio que solicita es temporal y nadie sabe cuánto tiempo tendrá que seguir en vigor. La alteración del plan es una medida de carácter más permanente; por ello, de cambiar nuevamente las circunstancias, sería necesario un nuevo cambio en el plan, procedimiento que resultaría costoso para la empresa. El gerente de producción sigue diciendo que su solicitud de permitírsele transferir obreros y de decidir sobre una prima adecuada para la unidad de despachos, sería una opción que requeriría menos tiempo y menor compromiso por parte de la empresa, en general.

El gerente de finanzas discrepa. Considera que el proceso de planificación actual es ridículo. En vez de ello, la empresa debería comenzar desde la situación económica y de ahí proseguir hacia los planes de producción, en vez de obrar a la inversa. Acerca de este problema en particular, sugiere que se haga la transferencia de las personas sin alterar el plan, y sin conceder ninguna prima a la unidad de despachos o remesas.

Surge un desacuerdo general en el Consejo. No puedo escuchar las palabras, pero capto el tono del debate. El gerente de finanzas tiene que alzar la voz para imponerse a las manifestaciones de enojo.

—¡Pero apenas disponemos de dinero para pagar los salarios básicos! Los inventarios se acumulan, y ustedes quieren distribuir primas. El departamento de tejidos ha perdido primas desde hace años porque no ha logrado sobrepasar el plan, y no logró hacerlo por causas de fuerza mayor, como la que ahora estamos debatiendo.

Es acallado por voces acaloradas. Parece que los disidentes consideran que una anomalía surgida en el pasado no significa que deba perpetuarse en lo futuro.

El gerente de producción de RN trata de explicar el problema, y apoya al gerente de producción de XYZ. Se oyen varias voces: "Sí, eso es cierto." El gerente de finanzas se retira y se niega a seguir participando en el debate.

La pauta que al parecer prevalece en este caso específico es que algunos individuos discuten las opciones, mientras que otros producen los ruidos de fondo. Pero son los trabajadores en conjunto quienes tomarán la decisión definitiva, mediante el voto. Quienes no comprenden plenamente los problemas que se ventilan buscan indicios para justificar su voto. Las voces de aprobación o desaprobación procedentes del grupo sirven de clave. Además, las voces de fondo sirven de guía al funcionario para saber si su idea es aceptable o no, y, según esto, su propia voz aumenta o baja de volumen. Por tanto, aunque no puede estructurarse la participación de muchos trabajadores, palabras y frases tales como "sí", "Eso es cierto", o "¿qué quieres decir?", o "Pero eso no es así", etcétera, ejercen influencia en el curso que toma la discusión, y a la postre en la votación.

Los trabajadores toman la palabra. Critican a los funcionarios por la planificación diaria: "extinción de incendios", en vez de "prevención de incendios". Los funcionarios se defienden arguyendo que no pueden ofrecer planes invariables, ya que el mercado está cambiando con mucha rapidez. Resulta aparente que algunos quieren obtener la misma seguridad en planes que anteriormente prevalecían en el ambiente estable; situación inalcanzable en el estado y en la inseguridad prevalecientes en este momento.

Un alto funcionario de la empresa, al notar mi interés en la discusión, me susurra al oído: —El problema es común. Mientras operemos a una capacidad plena, las ventas sean buenas y vaya en aumento la distribución del ingreso, todo va bien. Pero ahora, cuando tenemos plena producción pero las ventas y la distribución del ingreso son bajas, todo el mundo se queja y busca chivos expiatorios.

Es pertinente señalar en este punto que XYZ no puede despedir a sus trabajadores por el proceso interno de toma de decisiones, que resultaría muy engorroso; tampoco puede contratar de afuera, por la decisión de utilizar mano de obra interna, que existe en abundancia y se está aprovechando mal. Para cumplir el plan, la empresa tiene que cambiar obreros de una unidad de producción a otra. La transferencia de trabajadores significa implantar un cambio de normas, y ello acarrea nuevos cómputos, nuevos equilibrios de intereses, etcétera. Todos estos movimientos pudieron haberse realizado fácilmente cuando "el pastel" todavía estaba en su etapa de crecimiento, o cuando menos era estable su crecimiento, pero cuando comenzó a disminuir, comenzó a dificultarse la obtención al consenso general. Por ello, mientras los cambios en el medio variaron desde la toma de decisiones en una atmósfera de seguridad, a otra de incertidumbre, los cambios internos en la empresa variaron, de

"Este es nuestro inventario excedente"

Hospodarske Noving (Praga), 28 de Abril de 1967

ser una operación en circunstancias de colaboración, a otra situación conflictiva. Ambos cambios, sin duda, pusieron a prueba el sistema de autogestión.

Ya son las 5:30. La gente parece estar exhausta. Se escuchan voces que piden al presidente levantar la sesión. Se acepta una sugerencia en el sentido de turnar el problema al Comité Directivo, el cual pasaría recomendaciones al Consejo. Con esto queda derrotada la solicitud del gerente de producción de que se le faculte a transferir trabajadores y asignar primas a la Unidad Económica de despacho, y esta derrota se debe, o a falta de confianza en los funcionarios, que se traduce en negarles tener "carta blanca", o bien a que el Consejo no considera haber logrado un consenso general.

Por tanto, el problema se turna a un grupo más reducido, que se supone lo discutirá con todo detalle y posiblemente logre obtener un consenso, después de lo cual la propuesta podrá someterse al Consejo, para que vote. No obstante, lo que puede ocurrir, y de hecho ha ocurrido en otros casos, cuando existe un conflicto más serio, es que los grupos más reducidos tampoco logran el consenso. Su recomendación al Consejo se basa en los puntos que acordó el grupo, sin especificar aquellos en que haya habido desacuerdo, con la esperanza de que tal omisión sea detectada y aclarada en el grupo mayor. "Hay más gente en el Consejo; saben más que nosotros", suele ser la reacción común. Mientras, ningún grupo debate realmente los puntos medulares en disputa, pues ello podría resultar explosivo.

A pesar de todo esto, y como existe la presión del factor tiempo para tomar una decisión, el grupo mayor prefiere confiar en que las recomendaciones del grupo menor son las más prudentes, y éste, a su vez, piensa que es responsabilidad del grupo mayor poner a prueba sus recomendaciones. El resultado final es que la propuesta, aunque no se haya debatido cabalmente, queda aceptada en forma general, abstracta, y por tanto aceptable para todos. Los puntos de desacuerdo siguen sin resolución y volverán a aparecer en repetidas ocasiones, hasta que la situación misma dicte la solución, es decir, "la ley de la situación" es la que resuelve el conflicto, y no los participantes.

Otra manera de tomar una decisión podría haber sido a través del voto mayoritario logrado a través de un compromiso.[9] Por cuanto las decisiones se toman siempre en forma unánime (a menos de

---

[9] *Compromiso*: acuerdo, no necesariamente unánime, que sirve para zanjar diferencias a través de concesiones mutuas. *Consenso* (*general*): acuerdo unánime y cordial (sin que se perciban concesiones).

que se trate de decisiones de carácter personal, como ocurre en problemas específicos de relaciones laborales, como la contratación o el despido de algún individuo), el compromiso mediante el voto no es una alternativa viable; ocurre un proceso de delegaciones de un lado hacia otro, hasta que se establece el consenso, a pesar de que nadie puede identificar al grupo responsable de la decisión o quizá por ello mismo.[10]

Sólo entonces la gente parece tener la suficiente confianza para aceptar una iniciativa que no la comprometerá en las consecuencias.

Otra opción más podría haber sido que un grupo de los principales funcionarios tomara la decisión, resolvieran el conflicto y absorbieran la agresión de aquellos cuyos intereses resultaron vulnerados. Sin embargo, esta última solución no es factible, porque en el sistema de autogestión los funcionarios no pueden tomar una decisión independiente. Debe ser la decisión unánime de un grupo.

La incapacidad de identificar a los responsables de una decisión que signifique interferir en intereses conflictivos parece desempeñar un papel funcional en las limitaciones del sistema. De ser posible tal identificación, los diversos grupos de intereses en conflicto dirigirían su presión hacia aquellos que toman la decisión, imposibilitando con ello el consenso general. Sin embargo, la animadversión va apuntada hacia "el sistema", en general, y a corto plazo resultan impotentes. En consecuencia, la empresa, cuando menos a corto plazo, puede seguir tomando las decisiones necesarias para sobrevivir.

Sigamos la relación de un caso específico. Mientras trato afanosamente de anotar mis impresiones de la reunión, el director de TC se enfrasca en una acalorada discusión con la secretaria del Consejo de Trabajadores. Es una taquimecanógrafa de uno de los departamentos, pero ha intervenido tanto tiempo en los cuerpos de autogestión que se considera tan preparada como los funcionarios, y discute con ellos frecuentemente. Me perdí la discusión, pero vi el rostro pálido de Iván y escuché su último comentario:

—¡Esta mentecata! No tiene ningún poder, pero es muy capaz de causar un incendio.

En muchas discusiones funciona la ley económica de Gresham. A menos de que se trate de un asunto complicado, o que los "buenos" esgriman argumentos sólidos, se retiran y le dejan la palabra a los "malos". "Siempre que los tontos comienzan a gritar, los listos se retiran", comentó uno de los funcionarios. Un fenómeno

---

[10] Legalmente, la tomó el Consejo, pero cuando resulta inadecuada, se culpa de ello a quien la recomendó inicialmente.

recurrente que parece ser estriba en que ciertas personas pueden mantener la discusión en su justo nivel. Por ejemplo, el director de finanzas cejó en su empeño de convencer a los demás, mientras que la secretaria-mecanógrafa se envalentonó para hacer sugerencias y comunicarse sin recato con otros trabajadores.

ODPOWIEDZIALNOŚĆ

"¿ Quién es el responsable?"   Szpilki (Varsovia), 26 de Feb. de 1967

Son las 6 p.m. La gente está hambrienta. Vamos a la cafetería de la empresa, que está a punto de cerrar. El director general de XYZ trata de convencer a una de las meseras de que vuelvan a abrir, pero ésta no parece impresionada por su solicitud. Se llama al jefe de la cafetería y, tras un momento de deliberaciones, por fin aparece el refrigerio. Volvemos luego a la reunión, donde surge una discusión sobre el "frente amplio", ya que se relaciona directamente con el problema de transferir obreros de una Unidad a otra, así como que los restantes tengan que atender más máquinas.

La discusión es francamente estruendosa. El conflicto parece presentarse en dos niveles:

1. Conflicto entre TC y RN: TC logró integrar totalmente el método, mientras que RN no lo consiguió. RN considera el frente una distribución del ingreso injusta.

2. Conflicto entre obreros y gerentes: Como dijera uno de los trabajadores: "Los obreros trabajan como negros en el *frente amplio*, mientras que los funcionarios leen el diario y juegan. ¿Por qué había de corresponderles la ampliación?"

No era la primera vez que se debatía el tema. En el *Collegium en pleno* y en la *Politikal Aktive* ya se habían suscitado otros debates. El Partido también había discutido el asunto, especialmente porque varios comunistas están recibiendo ampliaciones de sus salarios como retribución de puestos "fantasmas". Hay controversias y recriminaciones mutuas. El presidente del Comité Directivo se emociona al referirse a la distribución demasiado injusta del ingreso: "¿Qué clase de comunistas somos, si nos robamos unos a otros?", pregunta.

Por último, se decide nombrar un comité para examinar el problema. Surge una discusión acerca de los miembros que deben integrarlo y se proponen nombres de candidatos. Al parecer cada grupo sugiere a sus propios candidatos. Uno de los trabajadores quiere que el grupo esté constituido por la mitad de miembros de TC y la otra de RN pero esto levanta una fuerte oleada de protestas. —¡Qué pena! —dice el gerente del departamento de tejidos—: nos peleamos durante horas acerca de quién debe estar en el comité, y hoy apenas tuvimos dinero suficiente para pagar los salarios. Atravesamos una época difícil; no tenemos dinero, y ni siquiera sabemos si lo tendremos el mes próximo. Pero de eso no hablamos, ¿verdad?

Uno de los candidatos, obrero a cargo de la prevención de incendios en la empresa y afiliado al Partido, pide que se retire su nombre de la lista de candidatos, aduciendo para ello lo siguiente: —Si vamos a seguir luchando por nuestros intereses personales, no deseo servir en el comité.

La atmósfera está cambiando en la sesión. La gente está atacando la idea de los grupos de intereses y, por último, a las 8 p. m., se nombra un comité. Está formado por el contable más antiguo de la compañía, varios trabajadores y uno de los asesores legales de la fábrica, y debe reunirse después de las horas hábiles, sin remuneración por sus esfuerzos. Se abocarán a estudiar las definiciones de tareas, así como los casos específicos donde haya abuso del sistema.

Cuando el autor salió de Yugoslavia, seis semanas después, el comité seguía estudiando laboriosamente las cifras y las definiciones de las tareas.

La modernización de ABC

1. *Obtención del nivel de saturación, fijación de las opciones y obtención del consenso general.* Hasta mediados del decenio de 1960 a 1969, ABC defendía el punto de vista de que el mercado absorbería cualquier cosa que produjera la empresa. En eso, la competencia se tornó más encarnizada. Los clientes comenzaban a fijarse más en la calidad y en el estilo, y los productos italianos comenzaron a inundar el mercado yugoslavo. La posición del director de asuntos económicos y la del director de mercadotecnia mejoraron sensiblemente, y a ellos recurrió el director de la empresa para preguntarles cuál sería el mejor método para resolver el problema.

Dentro de la empresa, cada fábrica había solicitado la modernización. No obstante, el director general (no el director actual) no deseaba comprometerse sin antes hacer un estudio de viabilidad. Tal estudio, basado en periodos de rendimientos y en la identificación de los cuellos de botella de la producción que impedían mejorar la calidad del producto, indicaron que el departamento de hilados debía ser el primero en ser modernizado. El siguiente tendría que ser el de tejidos, y la unidad de acabados el último, secuencia que, en cierto sentido, concordaba con el procedimiento tecnológico. Se preparó un calendario y se revisaron los recursos económicos. Hubo escasos debates generales en ABC sobre la modernización. En cuanto quedó modernizado el departamento de hilados y se adquirió la nueva maquinaria, los maestros, para instalarla, se quedaban a trabajar horas extraordinarias, incluso los domingos, sin remuneración adicional. De tener éxito la modernización, y si la empresa derivaba de ella mayores ingresos, se beneficiaría con ello todo mundo, inclusive los maestros. Por tanto, las personas cuya intervención era necesaria tendrían que ser instrumento del éxito de la empresa.

Cuando el autor expresó su extrañeza ante tal razonamiento, se le respondió que no existe diferencia entre Yugoslavia y Estados Unidos, a este respecto. En Estados Unidos, los gerentes se llevan trabajo a casa para hacerlo después de sus horas normales, sin percibir remuneración directa por ello. Si su labor da buenos resultados, se les promueve y se les aumenta el salario. Los yugoslavos también obran así, sólo que esta práctica afecta a toda la empresa, y no sólo a los altos funcionarios.

Hubo algunas discusiones a nivel de gerencia sobre lo conveniente de mantener la tecnología utilizada para elaborar el algodón, o si, a semejanza de los italianos, debían modernizarse y adoptar las fibras sintéticas. El director de producción se pronunció a favor de conservar la producción de telas de algodón y, como consecuencia, detuvo la modernización casi un año, pues oponía siempre alguna razón tecnológica para posponerla. En 1962, el director técnico de la empresa, Peric, fue elegido director general: el director general anterior se convirtió en vicepresidente del banco local, lo cual resultó ventajosísimo para ABC. El nuevo director general, persona joven y dinámica, adoptó una actitud acometedora para modernizar la empresa. Una de las primeras medidas que tomó fue deshacerse del gerente de producción, que se oponía a la modernización.

Sin embargo, el director general no podía despedir al gerente de producción sin causa legal, tampoco lograba disciplinarlo. Si el director general tenía alguna queja contra un alto funcionario, debía someterla por escrito al Consejo de Trabajadores. Su técnica para ganarse la lealtad y la adhesión de los altos funcionarios consistía en tratar de hacer entender su propio punto de vista a quienes no concordaban con él; de faltar esta política, cesaba su comunicación con ellos. Por ejemplo, en el caso del gerente de producción, persona sumamente obstinada, Peric se dirigió a él en muy contadas ocasiones y le enviaba muy poca información. Con el tiempo, éste quedó tan aislado, y su trabajo le resultó tan desagradable, que dejó la compañía por su propia voluntad. El director general solía convocar a los dirigentes a su oficina casi todos los días "para conversar", lo cual le servía de método idóneo para enterarse de los diversos puntos de vista y armonizarlos respecto a determinada situación.

En ABC, fueron el director y los gerentes de finanzas y de mercadotecnia quienes tomaron la decisión de implantar la modernización. Luego, la propuesta fue discutida con el *Collegium*, en el *Collegium en pleno*, en la *Politikal Aktive*, en las Convenciones o el Comité Directivo y en el Consejo de Trabajadores. En comparación con las reuniones de XYZ, las de ABC eran tranquilas, breves y eficientes. Las proposiciones solían enviarse a las Unidades Económicas, a las diferentes convenciones, etc., pero a menos que hubiera algo que afectara directamente a los obreros, la asistencia y las sugerencias eran mucho más limitadas que en XYZ.

2. *Reunión del Consejo de Trabajadores*. En la siguiente relación resumida de las reuniones del Consejo de ABC, podemos observar que difieren mucho de las de XYZ. El director general y el presi-

dente del Consejo deciden los puntos que se tratarán. ("No les permito hablar de cualquier cosa que se les ocurra. Discuto y trato de indicarles lo que considero medular.") La reunión se celebra después de las horas hábiles, y se sirve allí mismo un almuerzo. Las mesas, colocadas en forma de "U", están cubiertas de manteles blancos; hay flores por todas partes y el ambiente es de fiesta. En la mesa del presídium toman asiento el presidente del Consejo, el director general y todos los principales funcionarios; en el resto de las mesas se acomoda la asamblea general. El presidente, el director general y quienes los rodean son objeto de atenciones, y se les sirve café en tazas de canto dorado. Hay una grabadora para grabar cuanto se dice. Es invariablemente el Presidente quien abre la sesión, el cual concede la palabra al director, quien habla de treinta minutos a una hora, para explicar el punto principal del temario. De surgir una discusión, siempre es en forma ordenada. Si la gente no está de acuerdo, murmura en voz baja, o bien reprime sus sentimientos; a diferencia de las discusiones en XYZ, no hay interrupciones a gritos, ni desórdenes.

Por lo que respecta a la reunión del Consejo para discutir la modernización, el director general, escritor prolífico, presenta un folleto de cerca de cincuenta páginas. Trata de la política comercial de la empresa; lo que se necesita, por qué se necesita, y cómo obtenerlo. Este folleto se distribuye entre todos los miembros del Consejo y del Comité Directivo. No hay oposición ni comentarios acerca de su exposición, y ésta es aceptada por unanimidad.

3. *Efectos secundarios.* Después de modernizadas las unidades de hilados y tejidos, ABC emprendió la modernización de la unidad de acabados. La última modernización (1967) consistió en la adición de equipo de estampado. El índice creciente de modernización costó a los trabajadores cerca del 15 por ciento de su ingreso en un periodo de tres años. Además, la empresa tuvo que conseguir un empréstito de los socios italianos (compradores), que comprometía la mayor parte de sus utilidades en un futuro próximo. Sin embargo, el director general no estaba satisfecho aún con la tasa de modernización; promovía la modernización más rápida e importante que pudiera permitirse la compañía. Se construyeron nuevas oficinas lujosamente decoradas, parecidas a las de Park Avenue en Nueva York; éstas les fueron destinadas a los gerentes de mercadotecnia y de producción, mientras que el director general conservó su antigua oficina. Durante el periodo que abarca esta investigación, se estaban haciendo los preparativos para adquirir y usar computadoras IBM.

Hubo poca oposición al rápido ritmo de modernización, aunque (véase más adelante) el ingreso personal iba disminuyendo constantemente. De haber alguna queja, no se manifestaba a través de los canales oficiales. El Comité Directivo permanecía especialmente silencioso; el presidente del Comité hablaba en muy contadas ocasiones. Si los miembros del Comité participaban en discusiones, generalmente lo hacían para manifestar su acuerdo. En cambio, sí se notaba cierta oposición sorda en los pasillos. La gente evitaba los debates públicos, especialmente porque privaba la opinión de que los disidentes tenían la puerta abierta para dejar la compañía. Había mucho desempleo, y la gente temía perder sus ingresos. El chismorreo proporcionó al investigador datos en el sentido de que se "estaba lastimando la vista de los obreros" con el lujo reinante en las oficinas, mientras que su ingreso personal apenas estaba al nivel de subsistencia. La inconformidad parecía manifestarse en diversas formas: una huelga intempestiva, muchas refriegas a golpes en la cafetería, descuido de las máquinas, etc. (Véase el capítulo vii de este libro, sobre relaciones laborales.)

En las reuniones de los cuerpos directivos, los datos presentados para convencer a los trabajadores de la necesidad de modernización consistían generalmente en una comparación entre dos opciones, indicando cuál podría rendir más a la empresa y, eventualmente, a los trabajadores. Entre las limitaciones de tales propuestas campeaba la preocupación esencial de no despedir a nadie.[11] Cualquier excedente de mano de obra se destinaba a los servicios, o a sustituir a quienes abandonaban la empresa voluntariamente. Para disminuir el excedente de mano de obra, la empresa cerró sus puertas a personal de nuevo ingreso desde 1962, con excepción de gente muy calificada. Sin embargo, en cualquier momento había desempleo disfrazado, que

---

[11] Esta condición de no despedir a nadie por causa de la modernización o por la baja periódica de la demanda fue general en toda la industria yugoslava. En otras compañías, la mano de obra excedente se empleaba en un tercer turno con lo que se aumentaba la producción, a pesar de la consiguiente acumulación de los inventarios. En otra compañía visitada, el excedente de fuerza de trabajo fue enviado a casa y percibía un 50 por ciento de su salario simplemente por estar en disponibilidad. Aquellas empresas que *tenían que* disminuir su fuerza de trabajo procedieron de la siguiente manera: los campesinos eran los primeros en ser despedidos, ya que se aseguraba que podían ocuparse en las tierras del pueblo; el resto no contaba con este respaldo, y no se podía permitir su despido. Los siguientes en la lista fueron quienes no tenían familia que mantener. Los jefes de familia sin otra fuente de ingresos pocas veces eran despedidos. La productividad o la antigüedad no eran variables de gran influencia en el proceso. En XYZ y ABC, por ejemplo, se pensó reducir la semana de trabajo a cuatro días hábiles, en vez de despedir el excedente de mano de obra.

no les preocupaba mucho. Se adoptaban estrategias para exprimir a la mano de obra mediante presiones disciplinarias (véase más adelante), pero estas medidas no bastaban para lograr las exigencias.

En 1967 ABC se enfrentó a su mayor dificultad: la calidad de sus productos comenzó a bajar. Ciertos artículos que se enviaban a Italia marcados de calidad "A" eran devueltos por "inaceptables". Los inventarios crecieron, *en parte* por su baja calidad. El investigador opina, aunque no pudo comprobar su hipótesis, que una de las dificultades de la empresa era su incapacidad de absorber el rápido cambio tecnológico. No se cumplían las normas de modernización; las que eran apropiadas para las máquinas antiguas no se adaptaban a las nuevas. La fibra no era del mismo número, factor que afectaba el tejido. La coloración no era homogénea, etc. Además, la planificación de las necesidades de la mano de obra parecían descuidarse. Toda la fuerza de trabajo del laboratorio fue transferida al nuevo departamento de productos sintéticos. No existía suficiente control de calidad para la anterior línea de productos. Por todo ello, al parecer ABC se estaba modernizando por encima de sus posibilidades reales.

En resumen, mientras XYZ todavía operaba con máquinas del siglo pasado y deliberaba acerca de los métodos para integrar técnicamente sus fábricas incorporadas desde hacía tanto tiempo, ABC caminaba a paso acelerado, adquiría computadoras, copiaba las máquinas y las técnicas italianas. El progreso demasiado cauteloso de XYZ se puso de manifiesto en los rendimientos económicos de la compañía, mientras que la modernización demasiado acelerada de ABC afectó a sus relaciones laborales (véase el capítulo VII de este libro), y a la calidad de sus productos.

Resumen y conclusiones

El funcionario yugoslavo anda en la cuerda floja, entre su capacidad de maniobrar y la aceptación de un alto nivel de compromiso mediante el consenso general. Mientras que las limitaciones legales y la ideología requieren comprometerse al máximo, la economía competitiva necesita la mayor flexibilidad.

Los fenómenos que hemos descrito indican que los administradores deben someterse a todas las fases de la obtención del consenso general para asegurarse un compromiso máximo. En este punto, se enfrentaban a una decisión que no puede modificarse fácilmente, aunque a todas luces haya sido motivo de abusos (el "frente amplio"). La solución al dilema podría consistir en delegar suficiente poder en los funcionarios, para que hubiera cierta flexibilidad. Sin embargo, como en Yugoslavia no se tenía plena confianza en los administradores en el momento de hacer esta investigación, y además su hegemonía se consideraba una amenaza potencial al "proceso democrático", no les concedían este poder, por lo cual esta solución no resultaba factible.

Se logró cierto grado de flexibilidad mediante un "seudo consenso"; es decir, que ciertos signos externos, como la ausencia de la oposición, indicaban un consenso, aunque realmente había pocos obreros que comprendieran los problemas en cuya resolución votaban. Esto se hacía por medios burocráticos, tales como poner el tema al principio del orden del día, manipulando el orden de los oradores, etc. La gente votaba unánimemente sobre las decisiones, al parecer, porque al terminar el día estaban exhaustos y se les presentaba el asunto como si urgiera que se votara en una u otra forma. La flexibilidad obtenida de este modo duraba poco, pero cuando menos se obtenía algo.

¿Qué es más importante: la capacidad de manipular, o el compromiso?[12] Contestar a esta pregunta equivale a elegir entre una estructura de organización vertical (probablemente con mayor posibilidad de hacer pronósticos y mayor libertad de acción a corto plazo) y la estructura horizontal, con un mayor apego a los procesos. Ninguno de estos extremos es el adecuado.[13]

En un medio sumamente turbulento, cuando resulta difícil hacer pronósticos, y cuando la empresa es incapaz de ejercer influencia sobre su medio en grado apreciable, la libertad de acción conseguida mediante un fuerte liderazgo puede resultar peligrosa. Una aplicación rápida y efímera de las tendencias generales inmediatas puede acabar en desastre, porque los compromisos adquiridos en determinadas circunstancias acaso sean inadecuados cuando éstas varíen, aun antes de que se cumpla el compromiso inicial. En verdad que la libertad de acción puede suscitar un nuevo compromiso, pero siempre a costa de algo. Por ejemplo, XYZ trabajaba en forma más lenta y cauta, pero sus decisiones parecían reflejar las tendencias generales, en vez de las oportunidades inmediatas. Su modernización se realizó sin originar reacciones disfuncionales como las que surgieron en ABC.

[12] Aquí nos ocupamos de los casos en que el compromiso y la flexibilidad son incompatibles. Lograr el compromiso para conseguir la flexibilidad redunda en la recentralización, práctica que se describe y analiza en el capítulo IX de este libro.

[13] Véase una exposición más amplia en el capítulo IX de esta obra.

En términos de la teoría de la gerencia, podemos colegir de las descripciones anteriores que los procedimientos se establecieron porque la estructura vertical, tan conocida, no necesariamente se aplica a la estructura horizontal democrática. En una estructura horizontal se hace hincapié en el compromiso, mientras que en la vertical lo más importante es asegurar el dominio sobre los resultados. La idea total del efecto ondulatorio, de asegurarse un frente unido desde el momento en que nace la iniciativa, es decir, un núcleo fuerte que puede presionar desde dentro, ilustra uno de los principios democráticos de la gerencia. Otro ejemplo de esto es la constitución de un pequeño comité para discutir el punto, que "pasará la voz" hasta que virtualmente no se sabe quién es el responsable. Y así, todo el mundo queda involucrado y comprometido en el proceso.

Un compromiso ampliamente apoyado, en las decisiones más importantes, también tiene repercusiones al nivel de gerencia. Desde el punto de vista que aduce que el papel de la gerencia es servir de equilibrio en el regateo o la negociación entre varios grupos de intereses y la presión, el sistema yugoslavo de obtener un compromiso amplio permite que tal mecanismo de equilibrio vaya más allá de los intereses inmediatos de la empresa: se supone que el Partido defiende los intereses de la sociedad, en general, y que promueve los principios políticos igualitarios; el Sindicato debe apoyar estas tareas del Partido. Los intereses de la comunidad, los de la sociedad cercana a la empresa, están representados por el Partido y por la representación de los integrantes de la empresa en los cuerpos a nivel de toma de decisiones en la comunidad. También está representado allí el capital, porque los bancos tienen cierta injerencia en los créditos que conceden. Por tanto, cuando se toma una decisión, la fuerza de trabajo o capital laboral, y la sociedad, en general, están representados, y tal representación se instituye a través de los integrantes que actúan en cuerpos responsables de tomar decisiones. Esto puede resultar ventajoso para tomar decisiones trascendentes, puesto que permite evitar polarizaciones de intereses de conciliación tardía, mediante la confrontación temprana y constante de todas las partes interesadas, y a través de una distribución del ingreso que promueva los esfuerzos comunes para obtener resultados óptimos.

La duración de este sistema, con su proceso de toma de decisiones para el que se requiere el consenso general, dependerá de las presiones que haya para conseguir una mayor maniobrabilidad o libertad de acción de la gerencia. Al hacerse más predecible el macroambiente, y más variable la esfera de organización interna en los términos y con criterio de la gerencia, y al hacerse más enconada la compe-

tencia cercana que obliga a trabajar con menores márgenes de utilidades, las ventajas de la maniobrabilidad y de la rapidez en las
decisiones seguramente aumentarán. Se espera que tales condiciones
generen presión para aumentar la autoridad legal de los más altos
funcionarios, que les permitan tomar decisiones independientes, li-
berándoles parcialmente de la obtención del consenso general en cada
problema específico. En otras palabras, se espera que de la situación
actual surja una estructura más jerárquica y más vertical.

CUESTIONARIO

1. Elija un estudio sobre cambio de organización en una estructura corporativa, en un sistema de mercado. Compare tal proceso con el que se describe en este libro.

2. ¿Por qué la sensación de "ya es tiempo de cambiar la situación" es un componente necesario del cambio en la organización? ¿Se aplica especialmente en la autogestión? ¿Servirá también este sentimiento para facilitar el cambio en una estructura corporativa? ¿Es *necesario* para implantar cambios en una estructura corporativa?

3. ¿Por qué es necesario el individuo "fanático" para lograr cambios en la organización? ¿Es esto aplicable en las estructuras corporativas? ¿En cuál de los dos sistemas se compromete más el individuo respecto al cambio?

4. Se afirma aquí que "hacer política" no conduce a cambios. ¿Es esto verdad? ¿Qué es preferible: el cambio rápido o aquel que goza de plena aceptación de la organización? ¿Cuáles son los costos económicos del cambio lento? ¿Y los costos sociales del cambio acelerado? ¿Cuál resulta preferible, desde el punto de vista de un país en desarrollo?

5. ¿Cuál es el "proceso de aprendizaje" que ocurre en un cambio de organización en la autogestión?

6. Se dice que el proceso de cambio de organización debería basarse en una discusión exhaustiva y en una información completa. ¿Cuáles son las ventajas y cuáles las desventajas de este método, para la empresa? ¿Y para la sociedad, en general? Identifique las ventajas económicas, políticas y sociales del cambio de organización.

7. ¿Qué papel tienen los sindicatos en la autogestión para lograr el cambio de organización y la modernización? ¿Por qué? Compárelo con el papel del sindicato en las estructuras corporativas.

8. Explique el efecto "ondulatorio" que ocurre en cada secuencia del proceso de cambio. ¿Qué se está difundiendo? ¿Quiénes son los vehículos del cambio? ¿Pueden ocurrir muchos efectos de este tipo desde diferentes sectores de la organización? ¿Es posible que uno solo de estos sectores realice el cambio de organización?

9. Algunos críticos aseguran que los consejos de trabajadores sólo aprueban las decisiones tomadas en otros sectores, lo cual demostraría que la autogestión es cosa vana. ¿Apoyaría usted esta aseveración, o la refutaría?

10. ¿Cuánto tiempo transcurre entre el surgimiento de la iniciativa de cambio y su aprobación final? ¿Resultaría más rápido en una estructura corporativa?

11. ¿Cuánto tiempo tarda el proceso de implantación del cambio? ¿Resultaría más rápido en una estructura corporativa?

12. ¿Qué sería preferible: un periodo largo para la toma de decisiones, y otro corto para su ejecución, o viceversa?

13. De estas dos alternativas, ¿cuál tiene mayor costo económico, y cuál el mayor costo social?

14. En este capítulo se citan casos en que los gerentes fueron presionados por los obreros para aceptar el cambio de organización. ¿Podría usted darnos ejemplos de este tipo de estructuras corporativas?

15. En el caso de XYZ, ¿cuáles fueron las presiones internas y cuáles las externas para el cambio? ¿Habría bastado la presión interna? ¿Habrían sido suficientes las presiones externas?

16. Basándose en las pruebas presentadas en este capítulo, ¿cuán importante considera usted la existencia de un medio competitivo para lograr la eficiencia?

17. Recuérdese que siempre se busca el voto unánime para tomar decisiones. ¿Cuál consideraría usted la composición ideal para una entidad responsable de la toma de decisiones? ¿La que lograra el mayor apoyo mientras sacrifica el menor tiempo y la óptima eficiencia? ¿Quiénes constituirían tal grupo? En otras palabras, ¿qué puestos ocuparían en la organización?

18. ¿Puede confiar una organización en "fanáticos" para implantar cambios? ¿Qué motiva a los "fanáticos"? ¿Por qué se oponen las organizaciones a los "fanáticos"? ¿En qué momento surge el "fanático"? ¿Es necesaria una crisis para que aparezca este "fanático"? ¿Es necesaria la crisis para implantar cambios en la organización?

19. ¿Por qué tiene que ser la *Politikal Aktive* la entidad más importante cuando se ventilan decisiones de peso? ¿De qué manera difiere de otras entidades de la organización? ¿En qué punto del efecto ondulatorio se reúne la *Aktive*? ¿De qué depende su importancia: de su composición, o de la oportunidad?

20. ¿Por qué considera usted que la confianza desempeña un papel tan importante cuando se discuten los cambios de organización? ¿Está bien que así sea? ¿Puede vulnerarse la confianza? De ser así, ¿qué efectos produce en el estado de ánimo general? ¿Cómo puede fomentarse la confianza?

21. ¿Son necesarios los "puntos de compensación" o tamices para la información en el cambio de organización? ¿Qué fenómeno o entidad cumple este cometido en una estructura corporativa? ¿Son más importantes los rumores en una estructura corporativa? Compare las ventajas de los rumores, con los "puntos de compensación" o tamices.

22. Cite ejemplos, tomados de este capítulo, en que demuestren que la atmósfera de igualdad, la democracia y el respeto mutuo en estas compañías tendían a romper las estructuras jerárquicas.

23. Se demostró que la presión causada por la falta de tiempo muchas veces es un factor importante para obtener un consenso general. ¿Se-

ría posible promover artimañas maquiavélicas para acelerar artificial-
mente el proceso de toma de decisiones, o para obtener un consenso
unánime más rápidamente?

24. ¿Qué ventajas o desventajas ofrece el deber de explicar y argumentar
    a favor de la modernización ante una asamblea de trabajadores?
    ¿Sería útil hacerlo en una estructura corporativa, de tipo norteameri-
    cano o soviético?

25. ¿Qué ventajas y desventajas tiene el permitir a una asamblea general
    de trabajadores fijar sus propias normas de producción?

26. En este capítulo se describe una situación en la que el director
    general sabía qué cambios deseaba, pero no podía implantarlos sin
    la aprobación de los trabajadores. ¿Qué ventajas y qué desventajas
    económicas ofrece esta situación? ¿Cuáles ventajas y cuáles des-
    ventajas, desde el punto de vista social?

27. ¿Por qué son los maestros la fuerza más conservadora de la orga-
    nización?

28. ¿Cuál es la "zona de maniobrabilidad", o de libertad de acción del
    director yugoslavo, como aquí se describe? ¿Cuáles son los efectos
    de limitarla en esta forma? ¿Qué necesitaría hacer para ampliar esta
    zona? ¿Para qué lo haría? De tener éxito, ¿cuál sería su efecto?

29. Se dice aquí que resulta imposible hacer cambios importantes que
    afecten los intereses creados de un gran número de personas. ¿Qué
    se necesita para efectuar tales cambios, dada la situación? ¿Es posible
    que una empresa llegue a la bancarrota por este motivo? ¿A quién
    le corresponde representar los intereses a largo plazo de la empresa?
    ¿Constituyen realmente la "organización" aquellos miembros que en
    un momento dado la integran? Si "la organización" significa algo
    más, ¿quién queda fuera de ella?

30. Se asegura aquí que un medio cambiante pone a prueba la auto-
    gestión, puesto que la cooperación necesaria para la autogestión
    requiere un cierto grado de seguridad. ¿Es éste un impedimento
    inevitable? ¿Es posible afirmar que la autogestión es el mejor sis-
    tema posible en un medio cambiante?

31. Cuando las decisiones se toman basándose en acuerdos generales que
    no intentan identificar los puntos de desacuerdo, ¿cuál es su costo?
    ¿Qué peligros entraña la conciliación de desacuerdos mediante la
    "ley de la situación"?

32. ¿Qué ventajas y qué desventajas de organización entraña el no iden-
    tificar a los *personalmente* responsables de las decisiones? ¿Cuáles
    son las ventajas económicas y sociales de no identificar al responsable?

33. En el caso de la discusión entre el alto funcionario y la mecanógra-
    fa, ¿qué aspectos positivos y cuáles negativos tiene la situación?

34. ¿Qué presiones sociales movieron a los trabajadores a apoyar a la
    gerencia de XYZ? ¿Qué métodos fueron más democráticos: los de
    ABC, o los de XYZ? ¿Cuáles tuvieron mayores ventajas económicas?

35. Compare los métodos de despido prevalecientes en la estructura

corporativa con los de la autogestión, tal como se describen en una nota de pie de página de este capítulo. ¿Cuál es el más justo? ¿Cuál es preferible desde el punto de vista de un país en vías de desarrollo?

36. Se dice que el dirigente de empresa yugoslavo tiene que andar en la cuerda floja entre las demandas de la maniobrabilidad que le impone un medio competitivo y las de compromiso que le imponen las restricciones legales. ¿Se aplica esto a la democracia, en general? ¿Tendría, por ejemplo, un presidente elegido que cumplir con un compromiso contraído con sus electores, y al mismo tiempo mantener cierto grado de flexibilidad para tratar con las potencias extranjeras? Si es demasiado flexible, ¿no surgirá una crisis de confianza? De no ser bastante flexible, ¿puede alguien ser un buen dirigente? ¿Cómo resuelven este problema las democracias? ¿Se resuelve mediante el principio del privilegio del Poder Ejecutivo? ¿Se resuelve permitiéndole al ejecutivo libertad de opción en todos aquellos asuntos en que no recibe instrucciones específicas del Poder Legislativo? ¿Qué relación hay entre el Legislativo y el Ejecutivo en las principales democracias de nuestros días? ¿Quién domina? ¿Quién debería dominar? ¿Puede aplicar sus conclusiones a la situación en que se encuentra el Poder Ejecutivo yugoslavo?

VI. EL PROCESO DE MANEJAR LA INSEGURIDAD O INCERTIDUMBRE A CORTO PLAZO. LA ELABORACIÓN DEL PLAN ANUAL

En el capítulo anterior hablamos de los más importantes cambios de organización (compromisos); en éste nos ocuparemos del proceso que se sigue para elaborar el plan anual. Describiremos y analizaremos las dificultades de organización a que se enfrentan las empresas al tratar de manejar la creciente incertidumbre en que se encuentra una economía competitiva.

En la primera parte del capítulo exponemos el proceso técnico necesario para elaborar el plan anual de XYZ y en ABC, y luego sigue un debate acerca de la puesta en marcha de este proceso y acerca de las alteraciones del plan. Se describen situaciones reales y las conversaciones, para dar al lector la impresión viva de las relaciones interpersonales observadas por el autor. Para finalizar, se presentan algunas conclusiones derivadas de un análisis de casos estudiados.

El proceso

Compañía XYZ: Fases de elaboración del plan anual

Describamos las diversas etapas a través de las cuales se obtiene el consenso general y se traza un plan anual en XYZ.

1. En julio, el departamento de mercadotecnia envía al departamento de planificación una lista de productos, cantidades y precios que a su juicio absorberá el mercado. Esto se llama Plan de Producción.

2. El planificador de la empresa se reúne con el gerente de producción para analizar la capacidad de producción (ya debía haberse tomado una decisión respecto al número de turnos; cambiar su número constituirá una decisión separada, que requerirá diferente tratamiento, similar a las decisiones de compromisos a largo plazo, como en el caso del proceso de modernización).

3. El gerente de mercadotecnia y el gerente de producción se reúnen para determinar lo que se puede producir, según las necesidades del mercado. En esta junta debe resolverse el conflicto habitual: el gerente de mercadotecnia desea una máxima flexibilidad en el plan, y por tanto trata de mantener abiertas varias opciones, mien-

tras que el gerente de producción tiene interés en una flexibilidad mínima, y trata de establecer un plan de producción rígido.

4. Después de esta reunión, el planificador envía un memorando al supervisor de cada Unidad Económica, indicándoles las cantidades esperadas para el siguiente año en su respectiva línea de producción. En seguida los supervisores convocan a las Convenciones.

5. Los supervisores indican a las Convenciones las normas de materiales y la mano de obra necesarios para la producción propuesta (éstas las planifican conjuntamente los supervisores y el personal de planificación). Las normas son discutidas en las Convenciones, ya que muchos obreros acaso tengan sus propias ideas acerca de la mano de obra necesaria, o presenten sugerencias acerca de la manera de reducirla. Las Unidades Económicas deben enviar sus normas propuestas para cada gasto y para cada producto a la oficina de planificación.

6. Los supervisores también someten a la aprobación de las Convenciones de las Unidades Económicas su plan de mantenimiento, de reparaciones y de mejoras técnicas de la maquinaria. En seguida, el plan es turnado al gerente de finanzas, quien computa los costos de la propuesta.

7. La Unidad Económica reconsidera, altera y aprueba el plan, y en seguida lo turna al planificador para que establezca las normas.

8. Las tasas de depreciación, otro factor para tomar decisiones respecto a las normas, las determina el Estado.

9. La unidad de abastecimiento o compras prepara una lista preliminar de precios planificados para adquirir materias primas y otros elementos durante el año siguiente.

10. Esta lista se somete a la aprobación del Comité Directivo. La lista de materiales y sus precios puede constar hasta de cinco mil a seis mil renglones. El Comité Directivo no puede discutir cada uno de ellos; se concentra en los más importantes, toma decisiones acerca de los materiales opcionales, tales como la sustitución de tintes domésticos por los importados. Una vez aprobada esta lista, se devuelve a la oficina de planificación, que la utiliza para fijar las normas.

11. La oficina de planificación prepara una propuesta sobre la utilización de la fuerza de trabajo. Se incluye en el plan el número de días hábiles para cada individuo, basándose en datos estadísticos de permisos por enfermedad, vacaciones, *reuniones durante horas hábiles*, etc. El resultado de todos estos estudios se conoce como Plan de Mano de Obra.

12. Basándose en la decisión acerca del número de turnos que

habrán de trabajar y en las sugerencias sobre las normas de los materiales, gastos generales y mano de obra presentadas por los sobrestantes y aprobadas por las Convenciones, la oficina de planificación prepara las normas de costos para cada Unidad Económica. En teoría, no debe haber diferencias entre lo sugerido por las Unidades y lo preparado por la oficina de planificación; en realidad, éste es un punto muy delicado. Las Unidades tratan de sugerir normas de costos más elevadas, y en cambio los planificadores intentan reducirlas. No existen dificultades especiales para determinar las normas de las materias primas ni la capacidad de producción de las máquinas. Existen los datos pertinentes, basados en rendimientos anteriores. La discusión se enfoca en torno de los gastos generales, que pueden variar mucho. En los gastos generales se incluyen el mantenimiento, las reparaciones, las piezas de repuesto, el desperdicio de materias primas y de tintes, etc., que es donde se hacen ahorros en las operaciones eficientes. En las normas de costos se incluyen las siguientes consideraciones:

a) Materia prima necesaria para la fase de producción de la unidad de producción básica, para lo cual se fijan las normas.

b) Desperdicio inevitable, contabilizado según la producción de años anteriores.

c) Otros materiales necesarios para la producción.

d) Normas de trabajo, incluyendo suspensiones de actividades normales en el proceso técnico.

e) Depreciación, mantenimiento, corriente eléctrica, vapor, etcétera.

f) Gastos administrativos, basados en los salarios directos pagados a cada Unidad.

13. Las normas y el plan de producción de artículos para vender integran el Plan de Producción. Este plan no se formula para XYZ en general, sino para cada Unidad Económica en particular; en él se indican los artículos que producirá cada Unidad y su costo planificado, la mano de obra que se piensa utilizar, el equipo y las reparaciones, etcétera.

14. Los sobrestantes someten el Plan de Producción a las Convenciones de cada Unidad Económica, que deben aprobarlo o rechazarlo. Casi siempre lo aprueban, ya que es tan complejo, con su enorme número de cifras y cómputos interdependientes, que resulta sumamente difícil cambiar aunque sea un solo rubro. Cualquier disparidad de estas cifras debe haber quedado resuelta en las discusiones sobre las normas.

15. Las Convenciones anexan comentarios o sugerencias al plan.

Estos comentarios pueden referirse a solicitudes de nuevas máquinas, o a un *incremento* en la producción total destinada a la Unidad (no las normas de costos), si el plan no utiliza cabalmente la capacidad de producción de la empresa (una producción inferior a toda la capacidad redunda en menores ingresos para la Unidad).

16. El plan se devuelve a la oficina de planificación, donde se leen los comentarios. Si hay desacuerdos importantes con el contenido del plan, permanece en el escritorio del planificador, hasta dejarlos resueltos, generalmente mediante discusiones en Convenciones. El planificador asiste a las reuniones, o bien convence a los trabajadores de que el plan debe seguir tal como está, o éstos lo convencen a él de la conveniencia de alterarlo. Por ejemplo, el debate puede girar alrededor de las normas de producción de la unidad de tejidos, cuya producción es medida en metros de tela producida. Pueden hacer un tejido muy abierto, con lo que aumenta su producción, pero ello afectará a la siguiente unidad, encargada de teñir y planchar la tela. Al encogerse la tela se reduce la productividad del tintorero, sin que éste sea responsable de ello.

17. Una vez resueltos los desacuerdos en el Plan de Producción, se añade el Plan Económico. En éste se toman en cuenta los impuestos, los intereses pagaderos por los créditos y cualquier otro trato de la empresa con otras instituciones. El Plan de Producción y el Plan Económico constituyen el "Plan", que se somete a los Consejos de Trabajadores de las fábricas RC y RN.

18. El Consejo de Trabajadores de la planta discute y aprueba, en su caso, el plan.

19. El plan es turnado al Consejo de Trabajadores XYZ para la aprobación final.

20. La última etapa consiste en la distribución del plan a cada sobrestante y a los funcionarios, para que lo implanten.

En circunstancias normales, transcurren siete meses antes de completarse todo el proceso descrito. El planificador de XYZ, cuando se le preguntó cuánto tiempo se habría tardado en planificar de no tener que pasar por las veinte etapas, declaró que le habría bastado con uno o dos meses. Recordemos que hay que hacer de cinco a diez mil cómputos antes de elaborar un plan completo: se indican los artículos que fabricará cada máquina, con qué cantidad de recursos, y los precios de transferencia interna.

Este plan es revisado mensualmente y se envían informes trimestrales de él al Consejo y a las Convenciones.

Compañía ABC: fases de elaboración del plan anual

En ABC, el gerente de mercadotecnia y sus vendedores redactan un plan de ventas que en su opinión es el más adecuado, según las circunstancias del mercado. Básicamente, suponen que la demanda seguirá aumentando en el mercado. No se les pide que tomen en consideración las limitaciones a la producción; al contrario, su plan de ventas debe reflejar las oportunidades específicas del mercado que tiene ABC y darles su insumo para estimar si las instalaciones de producción son adecuadas. Este plan, que incluye los diversos productos y precios a que pueden venderse, se somete al departamento de planificación. Para elaborarlo, el director de mercadotecnia, los vendedores y un investigador de mercados hacen una encuesta acerca de los posibles compradores. No se pretende predecir la situación económica, pero sí tratan de investigar el mercado extranjero; de hecho, el director mismo viajaba a Italia, Alemania, Austria o Checoslovaquia para efectuar su investigación.

La unidad de planificación compara el plan de ventas con la capacidad de producción de la compañía, previamente estimada por los gerentes de producción y su personal profesional de especialistas en eficiencia, ingenieros industriales, etcétera. (Este análisis fue posible gracias a que la empresa empleó ochenta personas tituladas, incluso diecisiete economistas, en el departamento de planificación: casi el triple de los profesionales que laboran en XYZ.) La Unidad de Planificación elabora otro plan, indicando las proporciones de los diferentes productos y las cantidades que producirá cada Unidad Económica, a partir de este plan de ventas y de su capacidad; en seguida lo turna a los sobrestantes de cada Unidad, para que expresen sus comentarios. Una vez terminado este proceso, el plan se considera "natural", es decir, indicativo de la línea de productos y de sus proporciones. El plan natural sirve ahora de base para la elaboración del plan económico, que abarca el costo planificado de la producción y de las ventas y sirve de punto de partida para la distribución del ingreso, de las primas, etcétera.

Siempre que sea posible, se determinan los precios de las materias primas, según los precios de mercado. La Agencia Gubernamental Reguladora de Precios publica una lista de precios de mercado de varios productos, aun de aquellos que no son oficiales. Estos precios se utilizan para determinar el costo de producción planificado para cada Unidad. El Departamento de Abastecimientos (compras), al que se insta a comprar a los precios más bajos posibles, comprueba la lista oficial por lo que respecta al futuro, y hace indagaciones entre

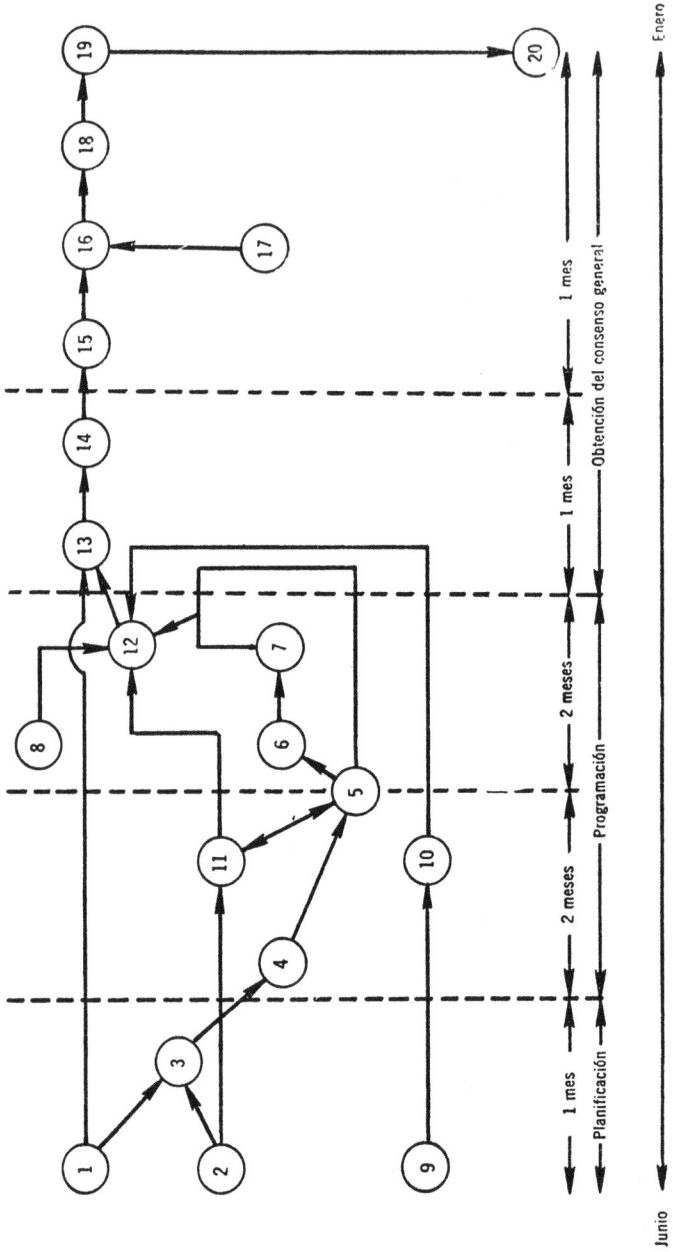

XII - EL PROCESO DE PLANIFICACION

los proveedores acerca de los probables aumentos de los precios. Una vez determinados estos precios en ABC, cualquier variación de precios en el mercado se compensa mediante un fondo de reserva para imprevistos. Se considera que tales cambios no se pueden predecir y que por ello no deben afectar los precios de transferencia, que a su vez, afectan los ingresos de cada Unidad y consecuentemente el ingreso personal.

Los *Gastos generales*. Se agregan al costo directo de producción y son determinados mediante negociaciones entre el servicio de planificación y las diversas Unidades Económicas. En cada Unidad Económica hay un "árbitro" del departamento de planificación, un economista y un estadígrafo, que presentan a cada sobrestante los gastos generales sugeridos, basados en datos estadísticos de años anteriores. Si surgen dificultades en el proceso de estas negociaciones, interviene el director de la Unidad de Planificación Económica de la empresa. De no poder resolver el problema, hace las veces de árbitro del director general de la compañía. En teoría, si el director general tampoco logra resolver el problema, la decisión definitiva queda en manos del Consejo de Trabajadores. De hecho, el proceso nunca llega más allá del jefe del departamento de Planificación.

El *costo de la mano de obra* se añade al costo de los materiales directos y a los gastos generales, y se calcula basándose en estudios de normas y de tiempos y movimientos (eficiencia). Estas normas se multiplican por el salario básico que corresponde a cada tarea, y se computa el costo total para cada Unidad, sumándole las utilidades probables al costo correspondiente al insumo que debe pagar la siguiente Unidad Económica en el proceso tecnológico.

El resultado final es un plan de producción y ventas para toda la compañía y para cada Unidad Económica, y éste se envía a las Unidades para que lo discutan y comenten. Una vez cumplida esta etapa, el plan es devuelto al personal profesional, para que lo implante.

El personal profesional traza planes de operación mensuales, a partir del plan general. Basándose en los planes mensuales, puede surgir la necesidad de implantar cambios en el plan general. Mientras el plan anual no requiere alteraciones en sus elementos básicos, es decir, si las utilidades y los ingresos personales no varían, los cambios internos en los planes mensuales pueden provenir de los funcionarios, con la aprobación del Comité Directivo. El Consejo Central de Trabajadores debe aprobar cualquier cambio general en el plan anual, ya que éste se considera un acto legal que sólo puede enmendar el cuerpo legislativo correspondiente.

En cuanto a tiempo de elaboración, el proceso de planificación fue marcadamente inferior en ABC que en XYZ, sobre todo porque las Convenciones carecían del derecho de formular sus propios planes, y sólo se les permitía comentar los planes que elaboraban los funcionarios. El Consejo de Trabajadores de la empresa votó sobre un plan; por ello, de surgir alguna oposición, ya lo habría indicado la votación de ese cuerpo. Además, las Convenciones no tenían poder para determinar precios de transferencia, como ocurría en XYZ. Como ABC tenía grupos mayores y funcionarios mejor calificados, logró ejercer mayor dominio sobre las Unidades, a través de la autoridad profesional. El hecho de que tal control hizo más rápido y expedito el proceso de planificación quedará ilustrado en el siguiente apartado, en que se presentan algunos casos.

EL PROCESO DE ACCIÓN

Reuniones de planificación en XYZ

En el curso de varios años, XYZ ha seguido el proceso de planificación que hemos descrito. En 1966, a causa de las presiones de descentralización que imperaban en la empresa, quedó en manos de las Convenciones la autoridad para tomar decisiones acerca del proceso de planificación. Una vez tomadas las decisiones por las Convenciones, el plan era turnado al Consejo de Trabajadores, pero sólo a título de información. Aunque las presiones del mercado hacían deseable una decisión más rápida, tal cambio requería una coordinación más centralizada y, por tanto, más tiempo para que las Convenciones obtuviera en consenso general. Como resultado de tan elaborado esfuerzo, el plan para 1966, que debía ponerse en vigor el 1º de enero de ese año, no le fue sometido al Consejo hasta el 5 de agosto de 1966. En el Consejo tuvo lugar la siguiente discusión acerca del retraso.[1] Se presenta con todo detalle con el fin de ilustrar una reunión en la que se debatieron las nuevas circunstancias que afectaron a la planificación, y para destacar las presiones que impusieron estas circunstancias en los procesos administrativos.

El Presidente del Consejo (técnico del laboratorio): Estamos aprobando el plan para 1966 el 5 de agosto, en vez de en enero. Si es cierto que Pera [jefe de Planificación] se enfrentó a serias dificultades para diseñar el plan, no creo que ello justifique tanto retraso. Por mi parte, condeno este retraso y creo que todos deberíamos reprobarlo.

---

[1] De las actas de la asamblea del Consejo de Trabajadores celebrada el 5 de agosto de 1966 en la Compañía XYZ. Traducido al inglés por el autor.

Miembro del Consejo (jefe de turno): Este retraso constituye una vergüenza especial para nosotros. Apenas hoy estamos aceptando este plan porque no tenemos más remedio, ya que ha estado en operación los últimos seis meses. En lo futuro deberíamos tomar conciencia y hacer lo necesario para trazar a tiempo un plan realista.

Otro Miembro del Consejo (jefe de departamento y miembro del Comité Directivo): Es verdad que las Unidades Económicas planificaron sus gastos generales y trabajaron según ellos. Pero como ninguno comparó ni comprobó estos gastos antes, existen fuertes diferencias en las Unidades de lo cual resulta que mucha gente recibirá primas adicionales sin haberlas ganado.

Presidente del Consejo: Yo pienso que los cuerpos directivos deberían aclarar su relación con quienes no cumplen sus tareas en un plazo dado. Los directores de las fábricas deberían pedir a los jefes de departamento una explicación del motivo de no asistir a esta junta.

Pera (jefe de Planificación): Todos ustedes recibieron el plan, pero quisiera llamarles la atención sobre varios elementos que afectaron a su elaboración. En primer lugar, las Unidades Económicas lo aceptaron desde hace mucho (en abril), y están trabajando según él. El plan de producción (cuantitativamente) debía ser inferior al año pasado, porque deseábamos trabajar en dos turnos. Pero comenzamos a operar en el departamento de tejido de fibras sintéticas y ya estamos produciendo más de lo fijado en nuestro plan del año pasado. Para operar en tres turnos según un plan más ambicioso del que tenemos, necesitamos más materia prima. Para obtener la materia prima necesitamos moneda extranjera, y esto sólo se obtiene con exportaciones. Pero todos nosotros tenemos dificultades para exportar... Resultó difícil trazar este plan porque nos fue imposible obtener los precios de muchas materias primas. El Plan de Abastecimientos no estuvo preparado a tiempo, y los precios variaban continuamente. También cabe señalar que en febrero fue cambiado el ingreso básico de muchas tareas, y las tasas correspondientes a algunas primas. Además de todo esto, se suspendió la producción del "Desa" [uno de los productos] porque no se vendía, lo cual detuvo la producción de la unidad número dos durante el mes de abril. Por todo esto, tuvimos que volver a calcular todo el plan...

Miembro del Consejo (bombero de la fábrica TC): Llegamos a la conclusión de que algo anda mal en alguna parte, pero deberíamos ser más específicos acerca de la persona responsable, y pedir que se le llame a cuentas, tal como se hace con los obreros.

Otro Trabajador (tejedor): De aquí en adelante, cuando estemos elaborando un plan, deberíamos coordinar las cosas a través de reuniones con todos los funcionarios de las Unidades Económicas, para que desaparezcan las grandes anomalías entre las Unidades. Los costos de producción llegan al 58 por ciento, y esto significa que si no bajamos el costo de los materiales, tendremos un año muy difícil...

Miembro del Consejo (obrero, tintorero del departamento de teñidos):

¡Correcto! En la unidad de teñido de TC hay catorce obreros más que en RN, aunque son parecidos los planes de producción. El costo de producción del departamento de teñido es lo doble que en RN.

Pera (jefe de Planificación): Los gastos generales son superiores en TC respecto a los de RN porque se tiñen diferentes productos, y según la línea de producción, determinamos el tipo de teñido y los materiales que íbamos a usar. Debo admitir que existen anomalías. La unidad de hilados de TC apenas presentó sus normas en abril.

Iván (director de TC): El Consejo de la fábrica TC aceptó formalmente el plan y pidió que éste fuera adoptado en diciembre del año próximo. Por lo que respecta a su retraso, la culpa recae en muchos de nosotros, comenzando con el gobierno mismo y terminando con algunos aquí presentes.

Director de Finanzas: El plan no lleva tanto retraso como parece, porque *está actualmente aceptado por las Convenciones*; estas lo aprobaron en abril y ya están trabajando según él. Lo único que tiene que hacer el Consejo de Trabajadores es aprobarlo. Por tanto, ya fue aceptado por quienes tienen el derecho legal de hacerlo. En cuanto al retraso, existen razones subjetivas y objetivas para que ocurriera. La unidad de servicios de producción discutió el plan de producción natural [cantidad] demasiado tiempo, y retrasó la fijación del insumo. Debemos considerar que fue el primer año en que las Unidades Económicas se encargaron de diseñar el plan. Les faltaba experiencia. La ejecución del plan durante los últimos seis meses es buena e indica que es un plan realista.

Tal vez haya habido algunos casos de deficiente coordinación entre las Unidades, y esto fue culpa nuestra. Deberíamos asignar la fuerza de trabajo según el organigrama. El plan es trazado por las Convenciones, y el Consejo de Trabajadores se limita a aceptarlo; pero esto no debe ocurrir a cualquier precio; debe haber diferencias entre los planes, porque también interviene la realidad.

Yo pienso que el servicio de abastecimientos debería comenzar desde ahora [agosto] a trazar su plan [precios de lista de los materiales necesarios], para no tener que esperar sus datos, como tuvimos que hacerlo en ocasiones anteriores.

Presidente del Consejo de Trabajadores: No estamos acusando a todo el departamento de planificación, sino sólo a cinco o seis personas responsables de esta situación. No todo es culpa nuestra. Por ejemplo, los funcionarios de las Unidades Económicas *que necesitaron de todo un mes para convencerse de que algunos de sus elementos planificados no eran realistas*, ¿acaso fueron sancionados? Cuando escuchamos nuestra discusión, parecería que todos somos culpables, pero ninguna persona aislada es culpable de lo que está sucediendo. *Deberíamos hablar de responsabilidades individuales, no de grupos*, y la gente debería rendir cuentas personalmente por lo que se está haciendo... [las cursivas son mías.]

El 29 de julio de 1966 hubo una discusión similar para esclarecer las causas del retraso en el Comité Directivo.

Gerente de Finanzas: Cuando trazamos el plan para el primer año, cambiamos la tecnología del proceso. En el Estatuto determinamos por primera vez que las Unidades Económicas diseñarían y aceptarían sus propios planes. Ahora el Consejo de Trabajadores simplemente anuncia su aprobación, pero ésta la dan inicialmente las Convenciones. El retraso fue la consecuencia del nuevo proceso de planificación de las transferencias de mano de obra en la unidad de planificación, y de las dificultades que tuvimos para fijar las normas.

Pera (jefe de Planificación): El plan ya estaba terminado en marzo, pero tuvimos que cambiarlo porque cerramos la unidad número dos y cambiamos las primas y los salarios básicos para ciertas tareas. Esto significó nuevos cálculos de cinco mil renglones.

Presidente del Consejo de Trabajadores: Es una vergüenza que estemos discutiendo el plan en julio, o aun en septiembre, porque coincide con el período de vacaciones de muchos miembros del Consejo.

Miembro del Comité Directivo (jefe del departamento de tejidos): Yo tenía preparados mis datos en diciembre. La culpa del retraso es del departamento de producción. A él correspondía convocar a las conferencias de planificación, *pero las posponían constantemente.*

Jefe de Planificación: Los servicios de abastecimientos no presentaron los precios del abastecimiento planificado hasta febrero, cosa que también *contribuyó al retraso.*

Gerente de Finanzas: Hubo razones objetivas y subjetivas para el retraso de este año, pero esperamos que no vuelva a ocurrir el año próximo, puesto que ya comenzamos a elaborarlo. [Las cursivas son mías.]

En marzo de 1967, cuando el autor volvió a visitar XYZ, el plan aún no había sido aceptado. Los siguientes pasajes de una reunión a la que asistió ilustran la manera como XYZ trataba de dominar la situación.[2] El lector notará (el autor asistió a varias reuniones antes de llegar a esta conclusión) que ocurren constantes aplazamientos de las decisiones respecto al plan, sin que se tome una acción directa. Esto podría considerarse despectivamente como efecto de la "burocracia" yugoslava. Sin embargo, como se ha dicho más arriba, los formalismos parecen ser resultantes de que los individuos no están dispuestos (y esto parece un enfoque realista) a aceptar responsabilidades en un medio muy dinámico, sobre una decisión que involucra un compromiso a largo plazo y una gran rigidez. Por ello, las discusiones no avanzan durante horas. Nadie sugirió *que no se estableciera* un plan, o un plan *flexible*, ya que cualquiera de

---

[2] Reunión de la *Politikal Aktive*, Compañía XYZ, 7 de marzo de 1967.

estas dos ideas parece ir contra los valores y prácticas sagradas del pasado. Aparentemente, la solución práctica sería cambiar el proceso de obtención del consenso general, pero ello significaría cambiar el sistema de autogestión en la toma de decisiones, cosa que sería revolucionaria. El resumen de la reunión que se presenta en seguida, junta que sesionó después de las horas hábiles tuvo una asistencia de cuarenta personas.

Director de XYZ (abriendo la sesión): Todos ustedes tienen en sus manos el plan para este año. Ahora ya lo conocen muy bien. La pregunta es: ¿debemos aceptar el plan tal como está? Creo que primero debemos estudiar el mercado. No necesitamos más manos de obra, porque no podríamos vender la cantidad adicional producida por ellos.

Gerente de Producción XYZ: Tenemos aquí todos los elementos de un plan de producción. Todos ustedes participaron en su diseño; el departamento de mercadotecnia sugirió cantidades y calidades. La pregunta sería más bien si están correctos los pronósticos. ¿Podemos seguir adelante con el plan, tomando en consideración la situación económica, o debemos modificar el plan?

(La gente está ojeando cientos de páginas donde aparecen los datos del plan. Noto que han hecho muchas anotaciones en los márgenes, y que parecen estar muy bien familiarizados con el tema.)

Gerente de Producción: ¿Piensan ustedes que nuestro plan es realista? ¿Deberíamos cambiarlo?

Gerente de Finanzas: Creo que primero debemos revisar nuestras instalaciones.

Jefe de Turno (una muchacha): Es verdad. En mi Unidad no podemos alcanzar la producción planificada porque se eliminó una máquina.

Director: ¿Cómo es eso? Aquí aparecen seiscientos dinares obtenidos de la producción.

Jefe de Turno: Pero a nosotros nos cuesta mil dinares.

Director: ¡Pues desháganse de la máquina!

Jefe de Turno: Entonces, ¿por qué se está planificando su uso?

Director: ¡Eso es lo que yo pregunto!

Árbitro de Mercadotecnia: Esto realmente es esencial: desconocemos el precio de nuestros productos. Yo quisiera plantear al Consejo una pregunta de orden político: ¿Podemos vender a menos del costo? [3] Al observar el plan, veo que operamos con utilidades. Cuando observo cada

---

[3] El motivo por el cual se desconoce el costo real parece ser que cada Unidad trata de inflar sus precios de transferencia planificados (basándose en el *ad valorem*) para obtener un mayor ingreso. Cuando se computa el total, el costo es mucho mayor que el precio de mercado prevaleciente en ese momento.

producto vendido, no veo más que pérdidas. De aceptar el plan, y si la calidad sigue siendo tan baja como el año pasado, les advierto que iremos a la quiebra. Solicito una reunión especial de todos los funcionarios para discutir este asunto. Aun si vendiéramos a precios en un treinta o un cuarenta por ciento inferiores a los actuales, nos sería imposible vender nuestros productos. Nuestros precios planificados son inadecuados en este momento. No puedo vender a los precios planificados, e ignoro si podré vender a precios inferiores. Mientras, nuestro almacén está tan lleno que no hay espacio para la nueva producción. El gerente de producción dice: "Yo apoyo una mayor producción a menores precios". Yo pregunto, ¿más bajos en cuánto? También yo estoy a favor de la producción, pero, por Dios, ¡sólo si la podemos vender! Les advierto: ¡nos esperan tiempos difíciles!

(Trato de identificar a la persona a quien va dirigida la invectiva. En ABC esto era fácil, puesto que generalmente se hallaba en la mesa principal cuando hablaba un obrero, o entre los trabajadores, cuando hablaba un funcionario. Aquí el orador se dirige a todo el grupo. Nadie mira al director; también él es uno de los quejosos.)

Director General: Alemania Oriental nos inundó de artículos competitivos, y ahora tenemos que reducir los costos... La baja calidad es vergonzosa. Realmente ya no sé qué hacer. Tenemos seiscientos productos que se van acumulando en los inventarios desde 1963. A nadie le interesa; ninguno se siente responsable.

Director de TC: Sugiero que ha llegado el momento de aclarar la política de esta empresa. Todos nosotros deberíamos explayarnos al respecto. Ya no quiero oír amenazas de huelgas. Quiero que aquellos que prometen mayores ingresos a la clase trabajadora nos muestren la forma de ganarlos. Elaboramos un plan basado en deseos y necesidades, y no en la realidad. ¿Qué hacer ahora? Si despedimos al diez por ciento de nuestros compañeros, nos podremos ahorrar trescientos millones de dinares, pero perderemos 950 millones de dinares en producción. Estamos trabajando sin ningún sistema. ¿Cómo enfrentarnos a los obreros en estas condiciones? Produjimos medio millón de metros de telas sintéticas, ninguno de los cuales se ha vendido.

(El director de la compañía y otros muchos individuos asienten con la cabeza, pero no puedo saber a quién le corresponde actuar.)

Director de TC: Yo sugeriría que nos preguntáramos lo que podemos vender en este año, a qué precios, y luego prosiguiéramos con el ingreso personal, en vez de operar a la inversa. [Es decir, hay que decidir el máximo vendible, lo que llevaría al ingreso máximo, en vez de decidir la producción máxima y planificar a partir de ésta el ingreso.]

Rajko (Director de Investigación y Desarrollo): No veo cómo los obreros dejarían de trabajar a la capacidad máxima. Nuestra función consiste en proporcionar trabajo.

Presidente del Consejo de Trabajadores: ¿Quién puede acercarse a alguno para decirle: *estás de más; debes irte a la calle?* El otro podría responder: *¿por qué yo? ¿Por qué no tú?*

Rajko: Este plan nos indica nuestra producción máxima. Hasta ahora hemos luchado por obtener la máxima producción. No podemos ahora decirles a los trabajadores que deben reducirla.

Director General: Es verdad; no podemos hacerlo.

Director de Finanzas: Ya lo dije antes: un plan debe fundamentarse antes que nada en las posibilidades económicas; nunca en la capacidad técnica de producción.

Rajko: La clase obrera quiere vivir. También quiere trabajar. Debemos dejarlos que vivan y trabajen. Nuestra tarea consiste en vender. Lo que debemos hacer es resolver nuestros problemas internos. La gente deja de dirigirse la palabra durante días enteros. Debemos encontrar las fallas de este plan. Ya trabajamos en él durante dos meses. Así que... manos a la obra...

Hasta la fecha, los más importantes ahorros proceden de haber detenido la producción
Odborar número 14, 1966

Todo el mundo interviene, pero en forma desordenada; cada cual habla del tema que le es más familiar. El jefe del departamento de productos sintéticos explica por qué su Unidad sobrepasó las normas de producción, mientras que el secretario del Sindicato se queja de que las vacaciones no se asignan como es debido. El director general permanece callado. Noto que la gente habla apasionadamente de lo que le molesta en el sistema; cuando lo han hecho, los trabajadores parecen serenos y aliviados. Las acusaciones no van dirigidas a nadie en particular, sino a la "atmósfera"; "¿Qué debemos hacer?", es la pregunta recurrente.

Jefe de Planificación: Me es imposible diseñar un plan a largo plazo porque desconozco mi mercado. No existe información y no dispongo de gente para que investigue. Pero ¿aumentará el Consejo de Trabajadores el número de empleados en mi Unidad? ¡NO! Porque ustedes se oponen a aumentar los gastos generales, o a aumentar el número de "administradores".

Jefe de la Unidad de Tejido: Yo me opongo al despido, tanto de obreros como de administradores. También me opongo al aumento de gastos administrativos. Ignoro lo que podríamos hacer con nuestra mano de obra excedente...

Una tejedora (interrumpiendo): ¡Pero por Dios! Ya son las 6 de la tarde. [Comenzó a trabajar a las 6 a.m.] ¿Por qué no nos permiten retirarnos?

Jefe de un Departamento: ¡Basta! No es suficiente criticar. Es necesario sugerir la forma de solucionar los problemas. Los costos están aumentando por los precios de transferencia planificados, pero la gente está percibiendo ingresos según las ventas, y a duras penas estamos vendiendo algo. Vean ustedes; la gente apenas percibe salarios. Mañana tal vez no tengamos con qué pagarle... Para ustedes es fácil hablar aquí, pero vayan ustedes a las unidades a explicarle esto, y verán si es fácil.

Obrero: Estamos sufriendo pérdidas, pero en el balance aparecen utilidades. En estas aguas revueltas, algunos están llevándose pescados mayores que otros [*sic*]. Algunas unidades constantemente reciben primas del veinte por ciento, mientras que vendemos a otras Unidades Económicas metros y metros de hilo prácticamente gratis... Vamos a indagar juntos quiénes están trabajando realmente, y quiénes manipulan los precios de transferencia. No vamos a responsabilizar de nuestros males únicamente a los gastos administrativos.

El Gerente de Finanzas: Miren ustedes: nos reunimos con un propósito. Examinemos nuestra situación. Podemos empezar con las necesidades económicas. Este sería un buen plan; sólo debemos tomar en cuenta la mercadotecnia.

Jefe de Tejidos: Muy bien. Hablemos de la situación... ¿cómo hemos de operar bien en esas circunstancias? El año pasado pagué 30 000 dinares por cierto material. Ahora tengo que pagar 50 000 por lo mismo. Muchos jefes de turno están ordenando enormes cantidades de inventario para minimizar *su* costo, ya que se esperan aumentos de precios, pero ¿cuánto le está costando esto a la compañía?

Gerente de Abastecimientos (Compras): (aparentemente considera esta observación como ataque a su departamento): ¡Pero, entiéndanlo! Es difícil conocer los precios en la Yugoslavia actual, o predecir cualquier cosa. Nosotros calculamos reponer materiales en un mes. Estamos comprando a los mejores precios posibles.

(Son las 7:00 p.m. El autor tiene tal dolor de cabeza que apenas puede ver. El presidente del Comité Directivo está palido y a todas luces agotado. Este parece ser el momento oportuno para llegar a alguna conclusión...)

Director de XYZ: El mundo entero está en crisis. No somos los únicos. Vean si no lo que sucede en la Gran Bretaña, Alemania... También hay otras industrias en mala situación. No debemos consternarnos... Lo que necesitamos es una acción preventiva... Yo sugiero que se devuelva el plan a la Unidad de planificación y se sugiera al Consejo que le de amplias facultades al departamento de mercadotecnia. Además, sólo nosotros deberíamos aprobar los gastos en materiales... [centralización de la toma de decisiones, I. A.].

Obrero: Yo he estado en esta compañía hace veinte años. Siempre ha habido conflicto entre las ventas y la producción... Pero esto es ya demasiado...

Gerente de Producción: ¡Muy bien! Convengo en que no todo marcha bien en la producción. Pero pienso que deberíamos "limpiar nuestra propia casa" antes de recomendar eso mismo a otras personas. Estamos pasando por momentos difíciles. Colaboremos unos con otros...

Se levanta la sesión. Al principio, el autor no tiene idea de la decisión tomada, pero acaba por percatarse de que ¡*la decisión consiste en no decidir!* No obstante, *aparentemente* prevalece un juicio valorativo informal, que concede mayor libertad a la sección de mercadotecnia. Sería difícil lograr una decisión para reducir el poder del Consejo, es decir, para transferirle poder al gerente de mercadotecnia (implícito en la sesión arriba descrita). Por ello no se toma una decisión clara, sino que se establece una atmósfera menos represiva *si* (y esto es esencial) la unidad de mercadotecnia está dispuesta a asumir el riesgo.

Los comentarios de diversos funcionarios sirven de ilustración adicional a las dificultades de planificar las actividades de una empresa en Yugoslavia, en la época posterior a la reforma. Cuando se interrogó a un funcionario acerca del proceso de planificación de la empresa, obtuvimos la siguiente respuesta:

No podemos hacer más que un número determinado de cálculos. El año pasado terminamos el plan el 18 de febrero. El 26, el Consejo de Trabajadores varió el ingreso básico, con lo cual cambiaron todos nuestros gastos y los precios de transferencia entre las unidades tuvieron que ajustarse a ellos. Esto significó cerca de 5 000 cómputos. Ello debió haber afectado las decisiones sobre la línea de productos que vamos a sacar, puesto que varió el precio de cada uno de ellos, y por ende su redituabilidad. Pero no pudimos implantar ningún cambio en la línea de productos; esto habría requerido otros tres o cuatro meses. Ya bastante nos costó terminar nuestros cálculos en agosto.

Al elaborar nuestro plan partimos de la capacidad de producción. Hacemos esto porque, si planificamos por debajo de nuestra capacidad, los obreros nos critican sin cesar. Pierden ingresos si no producen al máximo. En caso de que exista una brecha entre lo que podemos producir y lo que se puede vender, ofrecemos a otras empresas maquilar para ellas.

Las Unidades Económicas planifican sus gastos administrativos. Esta es la fuente de sus ahorros, y sobre ellos se calculan sus primas de alicientes. Aquí tenemos que luchar para mantener los gastos administrativos dentro de un marco realista. Con sus estimaciones para gastos administrativos, nos es imposible vender en el mercado.

El problema es que siempre que algo marcha bien no hay necesidad del poder centralizado. Una vez que encontramos dificultades y conflictos, surge la necesidad de una autoridad que pueda absorberlos, que pueda ordenar de una u otra forma. Yo no lo puedo hacer. Tengo que convencer, analizar, y esto requiere tiempo; ya no disponemos de tiempo. [Las cursivas son mías.]

...Se nos pide un plan de siete años para la comunidad y la ciudad entera, donde se incluya lo que vamos a producir, el número de gente empleada, etcétera. Lo presentamos, a pesar de que sabemos muy bien que no vale ni el papel en el que va escrito. Mire usted; la tributación está cambiando constantemente. Ignoramos qué parte del ingreso nos corresponderá. Constantemente varían las condiciones del crédito. También cambia el valor del activo fijo.[4] Las leyes laborales están cambiando sin cesar.[5] También varió el papel de las cuotas pagadas para seguridad

[4] El gobierno hizo una revaluación de todos los activos a causa de la inflación. Los activos previamente evaluados tenían un precio demasiado bajo. Como el gobierno cobra intereses (que de hecho son un impuesto) sobre los activos fijos, la única forma de elevar los intereses para contrarrestar las tendencias inflacionarias era a través de la revaluación de los activos. Los intereses sobre activos fijos son una manera de expresar la propiedad social de los bienes de producción. La sociedad alquila los medios de producción a las compañías que pagan al gobierno intereses por este concepto.

[5] En el curso de la investigación se observaron incontables modificaciones y agregados oficiales a las leyes. Se contrató a tiempo completo a un abogado para

social, los precios de la energía, del agua, del carbón, etcétera. En 1966 el gobierno elevó los precios de las materias primas. Sin embargo, el precio de los textiles siguió siendo regulado por el gobierno. No sé cuánto tiempo seguirán así. No sabemos qué precios se van a cambiar, ni qué regulaciones nuevas se promulgarán. El gobierno comenzó a sacar dinero del mercado, según una política deflacionaria. Otros compradores se enfrentan al mismo problema. No quieren hacer un pedido a largo plazo, porque para entonces probablemente ya habrá habido más cambios. Así que vienen en el otoño, y hacen pedidos para la estación. Sólo el ejército coloca pedidos a largo plazo. En Estados Unidos, según oí, se colocan pedidos con dos años de anticipación. [Lamentándose.] Si sólo pudiera conseguir pedidos a dos años... Tampoco me puedo especializar en el largo plazo. Actualmente reditúan mucho los productos sintéticos. Si vuelven a cambiar la tasa de intercambio, tal vez dejen de ser redituables. Por todo esto, la gente teme votar por la modernización porque puede comprometer dinero en algo que no sabemos si será absorbido por el mercado.

La dificultad para recabar datos fidedignos con fines de planificación es tanto interna como externa. Por el método de alicientes, cada Unidad, al parecer, trata de inflar sus gastos generales para crear reservas de ahorros y primas. El resultado es que el planificador ignora el costo real de los productos y no puede llevar al máximo su línea de producción. En varias reuniones, inclusive la arriba mencionada, el director general y uno de los gerentes de mercadotecnia rogaron a las Unidades Económicas apegarse más a sus normas para gastos generales, a fin de que los productos obtuvieran precios competitivos. Además, como las normas de producción se fijan por debajo de la carga de producción esperada, no existe un conocimiento claro del costo real de ésta. Como dijera un funcionario:

Cuando sugiero a la línea de producción la cantidad que debe fabricar, supongo ciertas cantidades y asigno los costos fijos según mis estimaciones. En general, este plan es sobrepasado, mientras que los costos fijos permanecen iguales, aunque sean inferiores por unidad. De haber sabido esto antes, podría haber cambiado el tipo de artículo, porque cuando se considera el nuevo costo fijo, en promedio, resultan más redituables otros artículos que los que ya se producen.

A la pregunta acerca de si se puede utilizar como base de compa-

poner al día las leyes en la compañía. Adoptar determinada decisión respecto a alguna ley era asunto muy importante.

ración una estimación de los gastos, en vez de las normas, la respuesta fue:

No puedo hacerlo, porque tengo que someter mis cálculos para que los aprueben. Si sugiero ciertos gastos anticipados, los obreros estarán en mi contra, porque ello significaría reducir parte del ingreso que perciben en calidad de alicientes por sobrepasar el plan.

Entonces, ¿cómo opera XYZ? ¿Cómo realiza su planificación dentro de estas limitaciones internas y externas? La respuesta, aparentemente, es que la compañía supone cierta tasa fija de crecimiento en la producción, y traza sus planes de acuerdo con ella; es decir, según su experiencia anterior en el crecimiento en vez de una restricción de las ventas. Este supuesto concuerda con la petición de los obreros de alcanzar una producción máxima, y al mismo tiempo mantiene la disposición histórica de primas, alicientes, etcétera. Tales condiciones siguen funcionando hasta que empeora la situación, se acumulan los inventarios y resulta aparente la necesidad de una acción correctiva, implantando cambios importantes en el plan. Prevalece una atmósfera de crisis, que ayuda a obtener la acción correctiva rápida. Luego ocurre el proceso de obtención del cambio de organización descrito en el capítulo anterior. Este proceso consume una elevada cantidad de energía psíquica, pero al parecer la situación crítica es la herramienta más efectiva, en esas circunstancias.

¿Cuánto deterioro de la situación se necesita antes de emprender cualquier acción? Las pruebas indican que la situación necesita deteriorarse *hasta que afecte a los individuos*, es decir, hasta que queden afectados los salarios de los trabajadores. Como periódicamente se prepara un balance y se reajusta el ingreso personal de manera que éste refleje las ventas, más que la producción, con esto se cierra la curva de retroalimentación, y aun aquellos que menos se preocupan por las decisiones comienzan a inquietarse.

Tal proceso de planificación plantea el problema de la cantidad de trabajo dedicada a la elaboración del plan. Es decir: ¿es único el caso descrito en XYZ, o representa la práctica general? El autor observó que XYZ tuvo que imprimir la propuesta para cada Unidad, y en seguida distribuyó varios ejemplares en el departamento de planificación. Este material fue reimpreso con los comentarios del servicio de planificación, y fue vuelto a las Unidades Económicas, etcétera. Por tanto, no es de extrañar que un importante teórico yugoslavo hiciera la siguiente observación:

Según con mi investigación en Servia, cada tercer miembro de una organización está trabajando en proporcionar datos y el 12 por ciento de todos los empleados trabajan en contabilidad (Contabilidad de Costos-Finanzas), mientras que, según las normas industriales, no debería sobrepasar el 5 por ciento este personal. Los informes definitivos (balances y estado de pérdidas y ganancias) suelen llegar con un retraso de cuatro a seis meses, y entonces ya no son útiles. . .[6]

El costo de intercambio de información con fines de planificación es sumamente alto. Según un estudio del Instituto Federal de Estadística, elaborado en 1965, se gastó un total de 150 mil millones de dinares (cerca de 120 millones de dólares) en informes especiales.[7] Dividiendo esta cifra por el total de la población yugoslava, que es de 15 millones, el resultado sería de 8 dólares por persona anuales, o sea, 32 dólares anuales por una familia de cuatro, que es comparable al 5 por ciento del *ingreso anual* de una familia obrera de cuatro integrantes en Belgrado, en 1964.[8] Estas cifras ilustran el costo parcial de la participación en la gestión de las empresas, en Yugoslavia.

Reuniones de planificación en ABC

El proceso de planificación en ABC se hacía en forma más centralizada y requería menos tiempo que en XYZ, con discusiones más estructuradas y sin frustraciones aparentes ni conducta agresiva. Tal como lo señalamos más arriba, el director general de ABC presidía las sesiones de manera tal que indicaba su posición como dirigente y como individuo responsable de las decisiones.

En opinión del autor, la siguiente descripción de una reunión del Consejo de Trabajadores,[9] sacada de las actas del 20 de abril de 1966, representa la índole y el contenido general de las reuniones de planificación en ABC. El gerente de mercadotecnia fue el primero en tomar la palabra. Informó al Consejo de la situación del mercado, tanto del doméstico como del extranjero, de las oportunidades de ventas, y de las coyunturas para realizar el plan, así como del vo-

[6] Milos M. Sindjić, *Sistem informacija i privredno upravljanje, Referat sa I savetovanja o Slozenim Sistemima u Privredi.* Belgrado, 1966, pp. 21, 22, citado en un estudio de planificación que pronto publicará *Informator* en Zagreb, y cuyos autores son Mrksa Slobodan y otros.

[7] *Ibid.*

[8] *Statisticki Godisnjak Beograda*, 1965, p. 106, señala que el ingreso mensual en promedio de una familia obrera de cuatro miembros con un solo ingreso en Belgrado es de 58 509 dinares.

[9] El proceso de planificación, o sea el flujo de información, es igual al que se describe en el Gráfico XII.

lumen de ventas en los primeros quince días de abril, para indicar la tendencia del mercado.

El jefe de Planificación informó al Consejo de la situación económica, de los resultados y de los costos. Según él, el costo de las ventas ascendía al 62.40 por ciento, y las utilidades eran del 31.42 por ciento (probablemente antes de pagar impuestos). En seguida el gerente de productos informó al Consejo de la realización del plan de producción durante los primeros tres meses, y señaló las dificultades específicas que se habían presentado en la producción. El gerente de abastecimientos (Compras) señaló los problemas que había tenido la empresa para adquirir materias primas. A continuación, el director general interpretó lo que se había dicho con anterioridad, especificando los problemas de los precios y de las mercancías, las estrategias financieras y la organización del proceso de planificación.

Después del director general, un obrero, que también era miembro del Consejo, preguntó a qué se destinaría el nuevo equipo de imprenta. A continuación, otro trabajador objetó que, según quedaba evidenciado en el plan, ABC estaba concediendo un margen de utilidades mayor a sus mercaderías. El gerente de mercadotecnia respondió diciendo que el equipo de imprenta se destinaba a los productos de exportación, y que se requerían mayores márgenes, por la fuerte competencia. Otro obrero preguntó: "¿Se espera emplear mano de obra excedente?" El gerente de personal respondió:

Esperamos utilizar una fuerza de trabajo de 2 919 trabajadores. Sólo nos falta asignar un grupo, porque el nuevo equipo de limpieza de piezas de repuesto los liberó [quedaron obsoletos]. No obstante, son tejedores calificados. La oficina de personal los conservará. Si no desean trabajar de tejedores, serán enviados al Instituto de Recolocación [serán despedidos].

Obrero: ¿Por qué hay una cantidad tan grande de productos en proceso en ciertas fases del departamento de acabados?

Director General: La desproporción entre la capacidad de producción de las unidades de acabado y las de tejido causa un desequilibrio entre las diversas fases de la producción en el departamento de acabados. Este departamento tiene exceso de capacidad, y depende de los productos textiles que necesita el mercado.

Obrero: ¿Por qué se planificó una pérdida en las exportaciones?

El árbitro de mercadotecnia para Exportaciones explicó las diversas estrategias de penetración del mercado que requiere la exportación. En seguida, el director general explicó que durante 1965, antes de la reforma económica, hubo un cuantioso exceso de compras. En cambio, en esos momentos existía una mayor competencia, a la que la empresa intentaba enfrentarse con estas medidas:

1. Ofreciendo los nuevos productos que puede absorber el mercado.

2. Ofreciendo créditos a largo plazo.

El Consejo de Trabajadores dio por terminada la sesión y tomó estas decisiones:

1. Aceptar el plan de producción.

2. Aceptar el costo de ventas planificado para los siguientes gastos generales: viajes al extranjero, gastos de publicidad, gastos de representación y exposiciones.

Podemos llegar a la conclusión de que las conversaciones se establecieron esencialmente para intercambiar la información sobre opciones o decisiones ya existentes, y no para originarlas.[10] Los trabajadores quedaron informados, pero se vieron ante un hecho preestablecido.

No obstante, dada la situación prevaleciente, la efectividad de la rápida toma de decisiones tuvo un costo. Una vez elaborado un plan —y cuanto más pronto se hacía, peor resultaba la situación— era difícil implantar cualquier cambio. Aun ABC, con su liderazgo tan fuerte, encontró muchas dificultades para convencer a los encargados de tomar las decisiones (los trabajadores) en el sentido de que el plan original, aceptado sólo después de que los funcionarios recurrieron a todo su poder de persuasión, había dejado de ser adecuado.[11] Las sugerencias de nuevas opciones significaba nuevas confrontaciones con los obreros, y asumir la responsabilidad por los cambios propuestos. Tales confrontaciones, la necesidad de explicar el motivo por el cual el plan anterior había dejado de ser adecuado, y el riesgo de ser acusados de planificar mal, resultaban molestos para la administración. Los trámites de la burocracia, o sea retardar las decisiones importantes, como ocurría en XYZ, resultaban más eficaces a corto plazo, pues los funcionarios sufrían así menos presiones, es decir, redundaban en una mayor flexibilidad, cosa que no podría haberse logrado con la organización normativa de la toma de decisiones.

[10] Para medir con mayor precisión el proceso de la toma de decisiones, véase mi tesis doctoral: *The Effect of Decentralization on Organizational Behavior, An Exploratory Study of the Yugoslav Self-Management System* (Universidad de Columbia, 1968), capítulo 7.

[11] No se consignan aquí tales dificultades (aunque las observó el autor) porque no difieren en lo esencial del caso de XYZ que se ha estudiado más arriba.

Cambios en el proceso de planificación

En este capítulo se describió el proceso de planificación en su forma técnica y en acción, utilizando las propias palabras de los participantes para indicar las dificultades que se encuentran al lidiar con la inseguridad. Además, se presentó una discusión de las diversas maneras en que dos diferentes pautas de liderazgos manejan la inseguridad y afectan a la toma de decisiones y al comportamiento en las conferencias. Resulta especialmente interesante señalar los cambios ocurridos en el proceso de planificación en *ambas* empresas. Tales cambios pueden ser indicativos de que, independientemente del patrón de liderazgo y de la estructura de organización, quedó alterada la distribución de la autoridad en lo referente a la planificación.

Los cambios implantados en el proceso de planificación en ABC, de 1966 a 1967, apoyan las observaciones del investigador en XYZ. Específicamente en la reunión del Comité Directivo de ABC, celebrada el 12 de enero de 1967, resultó aparente la necesidad de decidir acerca de varios cambios. Se decidió hacer hincapié en la comercialización de los productos, en vez de atender simplemente a su viabilidad de producción (orientación hacia el mercado) en la toma de decisiones, para insistir en la capacitación de los funcionarios y aumentar el radio de acción de la gerencia, necesario para asegurar la flexibilidad.

Según con el nuevo plan de 1967, el ingreso se distribuiría, no según las cantidades *producidas*, sino en consonancia con las cifras *de ventas*. Hasta 1967 se vendía cuanto se fabricaba, por lo que no existía presión para reconsiderar la técnica de distribución del ingreso. No era ese el caso después de la reforma, que subrayaba la *rentabilidad*, más que la tasa de producción. La diferencia de los resultados esperados era más aparente en la acumulación de inventarios, lo cual llevaba a la distribución del ingreso, pese a que no se vendían los productos. Inclusive se aseguraba que algunas compañías celebraban contratos de producción ficticios para aumentar su producción, y por ende la distribución del ingreso. (Nótese que en la descripción anterior del proceso se tomó en cuenta ese factor, y se presentó un informe de la situación.)

Sin embargo, aunque los inventarios iban creciendo y el ingreso se distribuía según las ventas, y no según el rendimiento, no existían métodos de regulación del inventario, ni se planificaban descuentos de los ingresos por concepto de cuentas incobrables. Tales técnicas rebasaban la capacitación comercial en ambas empresas en 1967, y al parecer nunca habían sido necesarias. La primera técnica requería ciertos conocimientos en la investigación de operaciones, y la segunda, ciertos datos históricos sobre el funcionamiento de una economía de mercado en situación de riesgo. No se disponía de tales datos, por la poca experiencia del personal. Pero en ambas compañías ya había varios ingenieros abocados al estudio de la investigación de operaciones, y el departamento de finanzas llevaba libros para sus cuentas por cobrar.

Otro cambio radica en que los funcionarios comenzaron a solicitar más poder circunstancial para tomar decisiones independientes, o canales de comunicación más cortos, ya que todo esto permitiría una toma de decisiones más expedita. El 13 de diciembre de 1965, seis meses después de la reforma, el gerente de mercadotecnia de ABC informó al Consejo que siempre que la oportunidad de fijar precios fuera de importancia medular, la compañía debería funcionar con mayor eficacia. Por ello, sugirió que la delegación de autoridad en políticas de fijación de precios, quedara en manos del Comité Directivo, en vez de ser incumbencia del Consejo. Durante esa conferencia el Consejo decidió:

1. Que el Comité Directivo debía decidir respecto a la política de fijación de precios para los productos y servicios, así como fijar los precios de los productos nuevos.

2. Que el Comité Directivo debía tener autoridad para delegar los derechos arriba señalados en el director general de la compañía. Una vez hecho esto, tales derechos podrían ser delegados sucesivamente en toda jerarquía administrativa, hasta el gerente de mercadotecnia.

Análisis

Como ha quedado demostrado, el sistema de autogestión yugoslavo requiere por decreto la aceptación de un plan anual por el Consejo de Trabajadores, para que haya la máxima participación en la toma de decisiones. Pero para ser aprobado por el Consejo, este plan tiene que lograr primero un fuerte apoyo de la base, es decir, de la mayoría de los trabajadores de la organización. Además, las más recientes presiones para descentralizar implican que los planes deben elaborarse en las Unidades Económicas, y sólo ser sometidos a la aprobación definitiva del Consejo de Trabajadores en XYZ (queda implícito el derecho de veto). De esta manera, los planes son sugeridos por el cuerpo ejecutivo, por ley, se debaten en la asamblea general, son aprobados por las Convenciones o el Consejo, y su implantación corre a cargo de los funcionarios dirigentes.

En el pasado fue posible planificar de esta manera sin crear fenómenos disfuncionales, ya que el éxito de las empresas no dependía tanto de la calidad de las decisiones, como ocurría durante el tiempo de esta investigación, y cuando la planificación en realidad no consistía más que en una programación de la producción, puesto que los artículos eran vendidos en un mercado de vendedores y existía una gran seguridad. (El subsistema técnico e institucional eran casi idénticos.)[12]

Con la descentralización, y con el cambio en la competencia, los planes establecidos a través de una fuerte participación y desarrollados a través de una sólida base de apoyo, resultaron perjudiciales para el éxito de la empresa. Los cambios ambientales facilitaron divisiones cada vez más hondas entre los subsistemas técnico e institucional. Fue necesario establecer un subsistema administrativo más fuerte para llenar la brecha entre ambos subsistemas, y para absorber la inseguridad a que se enfrentaba el subsistema institucional, difícil de tratar para el subsistema técnico.

El subsistema administrativo era débil y se esperaba su gradual desaparición; por ello, cualquier tendencia por parte de la administración en el sentido de reforzarse, era considerado como un atentado reaccionario contra la autogestión, por parte de los sindicalistas.[13] Sólo las personas profesional y políticamente fuertes, como el director general de ABC, lograban oponerse a tales presiones.

La planificación es una forma de manejar la inseguridad. Sin embargo, los planes se elaboraban según la antigua práctica de operar en condiciones de cabal seguridad, y por tanto se basaban en la capacidad de producción, en vez de en las oportunidades del mercado; estos planes consistían esencialmente en programar la producción. Lo que se describió en este capítulo fue la alteración dolorosa, frustrante, de los procesos de organización para manejar la inseguridad y para tomar decisiones fuera de programa ahí donde el sistema está estructurado para funcionar en forma programada.

A este respecto, tanto ABC como XYZ, e incluso todas las empresas del país, *tenían que* preparar sus planes a través de discusiones generales, en las que *tenían que* participar también aquellos que carecían de información sobre el mercado, o de conocimientos pro-

---

[12] Véase J. D. Thompson, *Organizations in Action* (Mc-Graw-Hill, Nueva York, 1967), p. 10, donde se explican más detalladamente los subsistemas de organización.

[13] La oposición mayor se dirigió contra la *Politikal Aktive*, que considerada grupo informal retardaba el proceso de máxima participación, puesto que colocaba a los tomadores legales de decisiones ante un "hecho consumado".

fesionales. Quienes mantenían un contacto diario con el medio, y que además tenían los conocimientos profesionales para tomar las decisiones, ocupaban puestos en los cuadros dirigentes, pero se les prohibía formular planes. La asamblea general, a cuyo cargo corría la toma de decisiones, podía desviar las discusiones para llevarlas a su nivel, con lo cual posiblemente reducía la eficiencia de la toma de decisiones, y el tiempo dedicado a problemas de largo plazo. (Las decisiones programadas pueden reducir el tiempo dedicado a las decisiones no programadas.)

Además de todo lo anterior, apenas se disponía de información acerca de la situación económica, porque los instrumentos económicos utilizados por el gobierno fluctuaban mucho, y en ninguna de las dos empresas había quien pudiera predecir el siguiente paso del gobierno. En un medio donde la política económica se basa en la experiencia prolongada, existe un marco que permite, aun a los no participantes en decisiones oficiales, predecir el siguiente paso del gobierno basado en indicadores económicos. Como era completamente innovadora la experiencia yugoslava en la descentralización, y dado que la política económica del país se relacionaba directamente con la situación política, resultaba difícil predecir la acción oficial (véase el capítulo III).

En cuanto a la identificación de medios, las cifras relativas a costos de cualquier compañía no eran fidedignas, ya que el sistema de precios de transferencia era violado siempre que se basaba en adiciones al costo. Los precios de transferencia que reflejan los precios de mercado podrían haber sido utilizados como guía con fines de planificación y distribución del ingreso, pero no siempre se disponía de ellos, porque no era comercializable la producción de algunas unidades. Aunque existían precios de mercado, estos variaban con tanta frecuencia, que las compañías muchas veces necesitaban hacer los cambios correspondientes.

Por el sistema de establecer normas en niveles inferiores a los esperados, se sabía que la compañía o la Unidad sobrepasaría el plan. La pregunta era: ¿en cuánto? Además, el costo de producción también se determinaba mediante normas, pero los ahorros quedaban sujetos a pagos de alicientes. Como el pago de alicientes se daba por supuesto y debía distribuirse como parte del salario, las normas de costo de producción no representaban el costo esperado. Por todo ello, el planificador se enfrenta a una gran ambigüedad respecto al posible consumo del mercado, a la producción de sus unidades y al costo real de esta producción.

La inseguridad externa y la ambigüedad de las informaciones internas generaron diversos procesos, que conviene describir en este sitio.

Al parecer, los retrasos burocráticos surgieron porque el sistema no logró establecer métodos eficaces de planificación en condiciones de inseguridad o incertidumbre. Surgió también porque el sistema no estaba estructurado de tal manera que le permitiera absorber los riesgos, a menos que estos fueran voluntarios. Por ello, las decisiones eran transferidas de una persona a otra, hasta que la situación misma dictaba las soluciones, o hasta que alguno voluntariamente la efectuara ("el fanático") y aceptara su liderazgo. Los trámites burocráticos también parecen haber causado retrasos, porque la situación resultante significaba que se establecerían planes, y sólo la falta de un plan fijo podría procurar la flexibilidad necesaria para cumplir todas las funciones de la compañía.

La toma de decisiones, en estas circunstancias, también significó que muchos funcionarios y obreros se sentían desalentados porque habían dejado de coincidir sus planes con la realidad de la situación. El factor riesgo, que siempre está presente en una economía de mercado, surtió su efecto sobre la conducta. Debían adaptarse a la nueva situación, consistente en correr riesgos, a lo cual muchos se oponían, porque originaba inconsistencias e inseguridad de diferente tipo que el prevaleciente en una economía muy reglamentada.

La toma de decisiones no programadas, pero adecuadas en condiciones de inseguridad, requiere experiencia, un marco de referencia y libertad de acción para elegir entre las opciones que revele tal marco. El funcionario yugoslavo carecía virtualmente de experiencia para operar bien en una economía de mercado; los individuos que tenían tal experiencia y que sobrevivieron a la guerra quedaron eliminados por el sistema, que los tildó de capitalistas, mientras que la nueva clase administradora se formó según el modelo de la planificación central. Además de la poca experiencia en correr riesgos, los nuevos administradores sólo podían actuar a través de su liderazgo en los integrantes de la organización, para que éstos eligieran lo que esperaban fuera la opción óptima. A veces, las decisiones óptimas, cuando se escogían en situaciones conflictivas, requerían un compromiso que sólo podía lograrse si alguno estaba dispuesto a aceptar el riesgo y la agresión de quienes resultaran vulnerados por la decisión. En el sistema de autogestión en vigor, resultaba difícil para los funcionarios correr el riesgo creciente, porque su poder (que se podía usar para aceptar riesgos) dependía totalmente de la autoridad por aceptación, lo que al parecer no les concedía suficiente libertad de acción.

En las tensiones derivadas del conflicto de la estructura de organización y de las necesidades del medio, las reuniones de los cuerpos de gobierno, ejecutivo y socio-político servían de sesiones de psicoterapia. La gente ventilaba sus agravios y frustraciones, buscaba un chivo expiatorio, pero seguía trabajando. Los grupos de toma de decisión servían para absorber las frustraciones que originaba el medio dinámico, imprevisible. Un gerente solo no habría podido dirigir ninguna organización, en tales condiciones, a menos que tuviera asegurada la colaboración y la lealtad de sus partidarios. La gerencia de participación aseguraba este compromiso aunque fuera a expensas del proceso de planificación y, en consecuencia, en detrimento de la eficacia inmediata de la empresa. Además, cabe señalar también que estas largas juntas, a las que concurrían sesenta personas o más, también servían para aunar criterios y predecir la situación económica, con lo cual se eliminaba la posibilidad de cometer errores graves. (El criterio de los grupos, suponiendo que esté normalmente distribuido, dará soluciones intermedias y eliminará las medidas extremosas.)

Al analizar los cambios en el proceso de planificación se observó que cualquiera que fuera la pauta del liderazgo, tanto en ABC como en XYZ hubo presión para cambiar hacia una estructura vertical y jerárquica de responsabilidad individual en toda la organización, en vez de adoptar la responsabilidad de grupos característica de la estructura democrática horizontal. Esto parece indicar que la responsabilidad está relacionada con la aceptación de riesgos, y que la estructura vertical y jerárquica constituye un medio más adecuado para absorber riesgos mediante una mejor identificación de la responsabilidad en la toma de decisiones. La estructura jerárquica segmenta las presiones del medio, señala quién debe sortear estas presiones y hace posible deslindar las responsabilidades para reaccionar ante tales presiones. La estructura horizontal y democrática, en la que todo el mundo (y por tanto nadie en especial) asume el riesgo de las decisiones, no podía funcionar correctamente en la nueva situación; es decir, que al ejercerse todas las presiones en todos los integrantes de la organización, los esfuerzos resultarían excesivos e ineficaces.

La diferencia primordial entre ambas empresas radica en la conducta de los directores generales en términos de absorción de riesgos ante las decisiones tomadas. El director general de ABC asumió la responsabilidad de los negocios de la empresa; estaba dispuesto a tomar decisiones y a correr los riesgos. En cambio, el director general de XYZ hizo recaer todo el peso de las decisiones en los cuerpos directivos. Uno de los factores determinantes de esta reacción de la gerencia acaso haya sido la cantidad de poder que posee un alto funcionario, procedente de fuentes diferentes de aquellos en quienes ejerce el poder. Tal poder sirve entonces de amortiguador al tomar decisiones que no sean totalmente aceptables para sus subordinados; un director general débil estará poco dispuesto a asumir tales riesgos, porque es muy estrecha la "zona de indiferencia" de sus dirigidos. La concentración de responsabilidad en el director general de ABC, cuyo poder se basaba en relaciones del exterior y conocimientos profesionales, todo lo cual le permitía correr riesgos, acarreó decisiones más rápidas, pero con una mayor dependencia del director general, y muchos trabajadores no se sentían responsables de éstas. Al surgir la crisis económica, reaccionaron en la forma sintomática que veremos en el capítulo siguiente.

CUESTIONARIO

1. Se dice que los gerentes de producción suelen estar en conflicto con los de mercadotecnia, puesto que unos requieren de mayor flexibilidad que los otros. ¿Puede usted citar conflictos de esta índole en otras organizaciones, especialmente en las de estructura corporativa?
2. ¿Cómo está orientado el proceso de planificación estudiado? ¿Hacia el mercado, la producción o las utilidades?
3. ¿Funciona bien el proceso de planificación de arriba hacia abajo? ¿Es mejor de abajo hacia arriba? ¿De ambas maneras? ¿Dónde comienza?
4. ¿Toma este proceso en consideración las necesidades del mercado, de la producción, de la mano de obra y del financiamiento? En este caso, ¿sería un plan general? ¿De qué manera difiere de la teoría de planificación prevaleciente en los países occidentales?
5. ¿Qué pruebas se presentan en este capítulo para apoyar la afirmación de que los trabajadores serán motivados para incrementar al máximo la producción?
6. Se afirma aquí que se podrían ahorrar cuatro meses si la empresa no tuviera que seguir todo el proceso de obtener el consenso general para su plan anual. ¿Qué costo tendría si la autogestión omitiera alguno de estos pasos? ¿Constituye un proceso de aprendizaje la obtención de este consenso? ¿Cuál es el valor de tal proceso?
7. ¿Qué empresa tuvo mayor éxito en su proceso de planificación: ABC, o XYZ? ¿Qué significa "eficiencia"? (Compare las diversas definiciones de este concepto.)
8. Cada empresa dispone de un fondo para imprevistos. ¿Qué efecto tiene tal fondo sobre la eficiencia?
9. ¿Existe alguna prueba de que los trabajadores de cualquier nivel conocen el plan y se sienten comprometidos a cumplirlo? ¿Podríamos encontrar esta motivación de compromiso en una estructura incorporada?
10. El presidente del Consejo de Trabajadores, según aquí se indica, consideró necesario "ir de la responsabilidad de grupo a la responsabilidad individual". ¿Qué es negativo en la responsabilidad de grupo? ¿Podría usted citar alguna deficiencia en la responsabilidad personal?
11. Se afirma aquí que el plan resulta demasiado inflexible en un medio turbulento. Pero implantar mayor flexibilidad daría mayor poder a la gerencia. ¿Hay alguna manera de lograr flexibilidad en la planificación, sin renunciar a la autogestión?
12. Basándose en los debates de planificación que hubo en XYZ, ¿en

dónde considera usted que reside la responsabilidad: en los trabajadores, o en la gerencia? ¿Qué opina al respecto la gerencia? ¿Y los trabajadores?

13. ¿Representaría esta situación un ejemplo de una comunicación deficiente? ¿Considera usted que los obreros interpretan mal a la gerencia por diferencias de educación y de puntos de vista?

14. ¿Cuáles son los síntomas de un cambio de orientación, de la producción hacia la mercadotecnia, como la que se necesita para planificar en XYZ?

15. Se asegura en este capítulo que alguien tiene que aceptar el riesgo cuando se efectúa un cambio. ¿Quién acepta menos riesgos en XYZ? ¿Dónde *debería* localizarse el menor riesgo? ¿Considera usted que debe recompensarse la aceptación de riesgos? ¿Cómo deben distribuirse tales compensaciones en el sistema de autogestión?

16. ¿Está usted de acuerdo con la opinión de que la resolución de los conflictos con amplia participación requiere más tiempo en la autogestión que en una estructura corporativa? ¿Puede citar ejemplos donde la estructura corporativa centralizada necesitaría más tiempo para resolver los conflictos?

17. ¿Qué organización reaccionaría más rápidamente a los cambios en las reglamentaciones y políticas oficiales? ¿Por qué es importante este punto?

18. Se afirma aquí que los errores de información ocurren por la tendencia que tiene cada unidad a lograr óptimos rendimientos y utilidades, lo cual acarrea el menor rendimiento general de la empresa. ¿Ocurre esto en una estructura corporativa? ¿Cómo se resuelve este problema en la autogestión? ¿Y en una estructura corporativa? ¿Qué solución le parece a usted la mejor? ¿Cuál de los dos tipos de organización tiende más a informar erróneamente?

19. Para que pueda haber un cambio en el plan, tendrá que existir previamente cierta cantidad de desviación entre los hechos reales y los planificados. ¿Hasta dónde ha de llegar este deterioro en la autogestión? Se ha sugerido la necesidad de que el deterioro continúe hasta que afecte al individuo, para que se produzca algún cambio. ¿Qué ocurriría en una estructura corporativa? ¿Quién es responsable: el individuo, o la organización en general? ¿Cuál de los dos sistemas tiene más probabilidades de reaccionar rápidamente ante sus sistemas de regulación y supervisión, y cuál de ellos sólo reaccionaría ante una crisis?

20. En este capítulo se dice que el intercambio de información para la planificación es excesivo, y que no vale la pena hacerlo. ¿Podría usted criticar tal afirmación? ¿Ocurre un proceso de aprendizaje en este intercambio de información? ¿Se le ocurre un método más rápido y eficaz?

21. ¿Existía menos interés y compromiso en XYZ que en ABC? Com

pare a XYZ con una estructura corporativa, ya sea de países occidentales u orientales, o de cualquier país que conozca bien el lector.

22. ¿Piensa usted que los obreros desafían a la gerencia? ¿Podría citar ejemplos de trabajadores que lo hagan en su empresa?

23. ¿Tendría alguna ventaja la institucionalización de tales desafíos?

24. En Yugoslavia, la planificación se hace en un medio seguro. ¿Cuán difícil les resultaría a otros países de Europa Oriental descentralizar, si tuvieran que hacerlo en condiciones de inseguridad? ¿Qué dificultades tendría Rusia en esto?

25. ¿Qué nos dice la teoría contable acerca de los precios de transferencia, y cómo se fijan? ¿Considera usted que se fijan correctamente en Yugoslavia, según esta teoría?

VII. LAS RELACIONES LABORALES

En capítulos anteriores hemos señalado que en Yugoslavia es limitado el poder de los altos funcionarios administrativos. Carecen por completo de poder sobre los recursos económicos, porque el Consejo tiene a su cargo la toma de decisiones de este tipo, y tampoco tienen poder sobre otras áreas tales como la producción o la ubicación de las fábricas, porque también estos aspectos son de la incumbencia exclusiva del Consejo. Además, el poder del alto funcionario sobre sus subordinados está limitado por ley; la contratación, la promoción, las medidas disciplinarias y los despidos son actos que quedan dentro de las atribuciones de los cuerpos responsables de las decisiones, o de sus comités. En este capítulo nos ocuparemos de esta falta de poder ejecutivo en las relaciones laborales y de sus repercusiones.

En la primera parte del capítulo describiremos brevemente las leyes y las prácticas en la contratación, en la estabilidad del empleo, despidos y medidas disciplinarias, y compararemos tales prácticas en ABC y en XYZ. Resulta de especial interés el estudio y el análisis de una huelga.

La ley y la práctica

Los comités de los Consejos de las Unidades Económicas tienen autoridad para aceptar trabajadores en las unidades (contratación), asignarles tareas, disciplinarlos y dar por terminadas relaciones de trabajo (despidos). En forma similar, los funcionarios principales son contratados, disciplinados y despedidos por un comité del Consejo Central de Trabajadores. Se trata de que cada Unidad Económica sea una entidad social independiente. Sus dirigentes (el sobrestante y sus ayudantes) pueden indicar lo que se necesita y lo que debe hacerse, pero no deben poseer el poder definitivo en la Unidad; es el grupo, en conjunto, el que debe tomar las decisiones finales.

La contratación

En las relaciones laborales, cualquier sobrestante puede sugerir la contratación de más gente. Luego se discute tal contratación en el Consejo de la Unidad. Si acepta las sugerencias, el Consejo hace su petición al departamento de personal; éste define el puesto y especifica los requisitos de preparación académica, adiestramiento y experiencia; los solicitantes deben buscarse mediante avisos públicos en los diarios, para que todos aquellos que deseen ocupar el puesto y llenen los requisitos tengan oportunidad de solicitarlo. Nadie puede evitar tal procedimiento por sí mismo, ya que está establecido por ley que se conceda el puesto a la persona más calificada. Cabe señalar que en una sociedad en que desempeñan un importante papel las ligas familiares y amistosas, tal legislación y el proceso de contratación minimizan el nepotismo.

Cada aspirante a determinado puesto tiene que pasar por varias pruebas y es entrevistado por el trabajador social de la compañía y el psicólogo industrial, para determinar sus aptitudes. Se presenta al Comité de Relaciones Laborales de la unidad solicitante un expediente de los conocimientos del aspirante, sus recomendaciones, los resultados de las pruebas y de las entrevistas. Tal comité, nombrado por el Consejo de la Unidad, y compuesto esencialmente por trabajadores, entrevista a los solicitantes y decide a quién contratar. El sobrestante puede hacer comentarios y sugerencias al comité, pero no puede ejercer presión en favor de ningún aspirante.

La persona aceptada es contratada por un período de seis meses de prueba. Transcurrido ese tiempo, el Consejo aprueba su nombramiento definitivo o lo rechaza, y en tal caso busca otros aspirantes. Durante el período de prueba los miembros de la Unidad deciden si el nuevo trabajador es idóneo para su grupo en términos de conducta, productividad, personalidad, etcétera. Si el trabajador es perezoso, probablemente será rechazado, porque su baja productividad afecta la productividad total de la Unidad, y por ende los ingresos personales de cada trabajador. Además, como una vez contratada esa persona participa en la toma de decisiones en un plano de igualdad con el resto de la Unidad, los trabajadores son muy cuidadosos al observar si su personalidad y su comportamiento son aceptables para ellos.

Estabilidad del empleo

La asignación de los trabajadores a las diversas tareas también está a cargo de un comité. La ley sobre relaciones laborales determina que cada obrero debe ocupar el puesto que le corresponde según sus conocimientos, que incluye su preparación y su experiencia. La ley también estipula que si un obrero ha de ser transferido a otro puesto, deberá tener el adiestramiento correspondiente, es decir, que no se le puede dar un trabajo donde se requiera un adiestramiento de calidad inferior al que posee. No es necesario conseguir el acuerdo del obrero para transferirlo, si el nuevo puesto encaja en sus conocimientos. Cuando el puesto sugerido requiere un adiestramiento inferior, es necesario consultar con el obrero, y no se le puede transferir sin su anuencia. Sin embargo, esta condición sólo se aplica si su rendimiento se ajusta a la definición de su puesto; de no ser así, se revisan sus conocimientos en un comité *ad hoc* nombrado por el Consejo de Trabajadores. De no resultar suficientes, o si fue inadecuada la definición de la tarea, se le concede tiempo al trabajador para estudiar, adiestrarse y llenar los requisitos de su nuevo puesto. Si se rehúsa al adiestramiento adicional, o no puede llenar los requisitos, se le transfiere, o bien lo despide el Consejo de Trabajadores.

Se permite transferir temporalmente a los obreros de una tarea a otra, pero sin que por ello disminuyan sus ingresos. Por ejemplo, si el departamento de tejidos tiene un excedente temporal de obreros por haber retraso en la producción, los tejedores podrán ser transferidos a la unidad de teñido, donde existen tareas de menor importancia, aunque se les continúa pagando como tejedores. La diferencia entre el salario real de un obrero del departamento de teñido y la paga del tejedor se cubre con un fondo especial de compensación del ingreso. Ese fondo se creó porque el trabajador no debe recibir un ingreso inferior por causas ajenas a su voluntad, y el departamento de teñido no debe pagarle un salario más alto por tareas calificadas en un nivel más bajo simplemente porque los tejedores son la única mano de obra excedente en ese momento.

Debemos subrayar que en ciertas circunstancias los trabajadores pueden ser temporalmente reasignados sin su consentimiento a puestos que les señale temporalmente el Consejo. Tal situación podría darse en el caso de fuerza mayor, tal como una inundación, o terremoto, o si existe un factor imprevisible, como un defecto mecánico que paraliza la unidad por un lapso indeterminado, falta de materias primas, o la ausencia repentina de un obrero. Sin embargo, aun en tales circunstancias, la transferencia sólo puede hacerse a un puesto que sólo sea inferior en *un* nivel al que ocupa el obrero. Su transferencia a niveles inferiores a éste requiere el consentimiento del trabajador.

Medidas disciplinarias y despidos

Los despidos son un procedimiento legal que requiere fuertes argumentaciones legales. Hay una serie de leyes para proteger al trabajador y para asegurarle la máxima estabilidad en su trabajo, además de lo cual cada empresa tiene un Manual de Relaciones Laborales donde se especifican los casos en que el obrero es acreedor a castigos, y la índole de éstos. Los despidos son el último recurso.

En cada Unidad hay un comité elegido para ocuparse expresamente de asuntos disciplinarios. Cada sobrestante informa de las trasgresiones disciplinarias al asesor legal de la compañía, el cual reúne entonces al comité y actúa en él como fiscal y asesor legal. El comité escucha al obrero y determina cuál de las medidas disciplinarias siguientes, enumeradas según su mayor severidad, es la que corresponde: amonestaciones, una amonestación pública, y la recomendación para dar por terminadas las relaciones de trabajo (despido). Una multa también puede ser parte de la acción punitiva; su severidad depende del rigor de la advertencia. El comité también puede votar por exonerar al trabajador; es decir, puede absolverlo. La recomendación de despedir a un obrero se somete al Consejo de Trabajadores de la Unidad, que es la encargada de tomar la decisión final.

A lo largo de todo este proceso, el funcionario debe permanecer neutral. No puede actuar como fiscal y juez al mismo tiempo, como ocurre en la organización jerárquica. Su poder se limita a informar de la trasgresión del trabajador al comité, y dar testimonio, si así lo requiere éste. Tal poder no es exclusivo del funcionario; cualquier trabajador puede y debe, si así lo exigen las circunstancias, hacer comparecer al obrero trasgresor ante el comité. La Ley Federal de Relaciones Laborales estipula expresamente que cualquier individuo puede iniciar una acción disciplinaria.[1] Se supone que los miembros del Comité basan su criterio en el conocimiento personal del sobrestante y del obrero, y acerca de su cumplimiento de las tareas. Se pretende que tal procedimiento asegure mayor justicia que los actos de un funcionario que, en un momento de ira, puede emplear su poder contra un subordinado sin darle oportunidad de defenderse. El sobrestante no puede tomar medidas disciplinarias; debe basarse en el criterio de los trabajadores.

Es natural prever una confrontación entre la gerencia y los trabajadores en estos juicios. Sin embargo, basándonos en una revisión de todos los casos disciplinarios ventilados durante tres años, tanto en ABC como en XYZ, y en la observación personal de dos docenas de ellos, el autor se cree autorizado para asegurar que no es éste

---

[1] Artículo 88 de la ley del trabajo, según "Odgovorni radnik...", "Savremena Praksa, revista semanal, Belgrado, 29 de enero de 1968.

generalmente el caso. El comité, al parecer, "asume el papel de juez imparcial" durante las audiencias. Tampoco se da el caso de que, por ser trabajadores los integrantes del comité, sean parciales en favor del acusado, igual que la persona juzgada, porque a menos que se disciplinen los integrantes de la organización, todos los trabajadores que laboran en ella perderán ingresos, en vista del sistema de distribución establecido.

Ocasionalmente, cuando el comité estudia la queja de un funcionario contra un obrero, la considera poco razonable y la rechaza. El funcionario tiene que seguir trabajando con el obrero considerado inocente por el comité, situación muy incómoda para muchos funcionarios. Por ello, las acusaciones, en general, solamente se hacen en aquellos casos en que esté asegurado el castigo.

En estas circunstancias, la situación en la Unidad puede tornarse insoportable, porque los obreros se enteran fácilmente de lo que se les puede reclamar. Las dificultades para disciplinar las trasgresiones que no están claramente definidas, junto con el hecho de que el subordinado sabe que el funcionario carece de poder, generaron una interesante reacción entre los sobrestantes. Los que se consideraban seguros o fuertes en su propia Unidad, tenían bastante autoridad, lograda a través de la aceptación y la antigüedad, y podían permitirse pasar por alto o tratar personalmente las trasgresiones menores, informando únicamente de las violaciones más graves. El problema estaba entre los sobrestantes jóvenes, faltos de experiencia, recién salidos de la universidad. Se les dificultaba tratar sensatamente esta situación y por tanto se sentían constantemente amenazados. Su reacción consistía en desentenderse por completo de los problemas disciplinarios; es decir, no acusar a nadie, o bien quejarse por cualquier problema, por trivial que fuera. Otros trataron de crear fuentes informales de poder a través de diversos medios, tales como no llevar relaciones sociales con sus subordinados. En cierto caso, un joven sobrestante no hablaba con sus subordinados de nada que no estuviera relacionado con el trabajo. Manteniendo su distancia, se engañaba creyendo que había creado un "temor a lo desconocido", que podría esgrimir como poder para evitar las faltas menores.

LA PARTICIPACIÓN EN LAS DECISIONES RESPECTO A LAS RELACIONES LABORALES EN XYZ Y EN ABC

Cuando hablamos de participación en la toma de decisiones, surge la pregunta de quién participa en las decisiones concernientes a las relaciones laborales y cuán diferente es este proceso de los dos tipos de decisiones descritos en los capítulos 5 y 6. En las relaciones laborales la base de apoyo necesaria para una decisión es limitada, y se enfoca en el cuerpo oficial destinado a ese objeto: el Consejo mismo, o sus comités. No hay debate largo y pormenorizado en los diversos órganos, grupos, etcétera, como ocurre en la modernización o en la elaboración de los planes anuales. Sólo hay largas discusiones en la preparación del Manual de Relaciones Laborales, lo cual es un acto legislativo. Las personas que se ocupan de las faltas específicas sólo son las correspondientes al comité, los testigos, el sobrestante y, en caso de despido, el Consejo de Trabajadores.

En ciertos casos, cuando la persona a que hay que disciplinar es miembro del Partido, también intervienen los órganos políticos. Estos grupos tratan de convencer al obrero para que cambie de actitud, o se dedican a examinar las relaciones deficientes en cierta unidad. La revisión que el autor hizo de los casos no indica ninguno en que el Sindicato haya intervenido cuando se discuten los derechos obreros en problemas disciplinarios. Tal grupo dio prueba de gran actividad en las discusiones generales sobre el Manual de Relaciones Laborales, pero nunca en los casos particulares.

En ambas compañías el Comité Directivo parecía desempeñar un papel primordial en la resolución de los conflictos obreros. Sus funciones básicas consistían en tratar las solicitudes de aumento de salario básico, de vacaciones (con y sin goce de sueldo), las becas, o las quejas contra los funcionarios.

Fue importante la diferencia entre ABC y XYZ en cuanto a las relaciones laborales, así como la que se observó en sus decisiones respecto a la modernización y la planificación anual. ABC se mostró sumamente estricta en sus relaciones laborales. Tanto obreros como funcionarios eran sometidos al juicio del comité por faltas triviales. Los retardos en el horario de trabajo sin motivo justificado eran problema disciplinario por el que una persona perdía automáticamente el 10 por ciento de su salario básico.[2] Tal regla quedó institucionalizada en el Manual de Distribución del Ingreso.[3] No se utilizaban relojes marcadores ni horas para firmar la hora de entrada; los vigilantes de la puerta anotaban los nombres de quienes llegaban tarde.

El método de XYZ era diferente. En la entrada había una gran pizarra en la que se anotaban los nombres de los que llegaban tarde. A ellos se añadía su Unidad Económica y la hora de llegada. Se

2 Se permitían dos retardos al mes hasta de quince minutos. Más allá de esa tolerancia, se hacían deducciones automáticas en el salario.
3 Apartado 36a, Manual (Reglamento) de Distribución del Ingreso, ABC.

supone que esta práctica ejercía una presión social sobre tales individuos, porque los compañeros de su Unidad, al percatarse de su retardo, debían presionarlos para que cumplieran con su parte justa en el esfuerzo general. Sin embargo, se observó que durante varios meses el director de finanzas de XYZ llegaba casi diariamente con retardo. Su nombre, junto con el de otros trabajadores de base, aparecía en la pizarra, con retardos que fluctuaban de una hora a hora y media. Que sepa este investigador, no se tomaron medidas oficiales contra él ni contra ninguno de los demás trabajadores.

También escaseaban más las reuniones para discutir asuntos disciplinarios en XYZ que en ABC. En ésta nunca se despidió a nadie. Las 30 personas que aparecían como "despedidas" fueron las que partieron voluntariamente a Alemania, y la ley estipulaba que debían considerarse despedidos después de no presentarse a trabajar al cabo de cierto tiempo. En 1966 los comités disciplinarios de XYZ revisaron 144 casos. Sólo 102 habían quedado sancionados. El resto seguía en investigación (33) o en proceso de juicio (9). La mayoría de estos casos trataban las ausencias injustificadas, el abandono del trabajo antes de terminado el turno o, como ocurrió en 20 casos, rehusarse a cumplir las órdenes de un funcionario.

Las medidas disciplinarias fueron:

amonestaciones	31
amonestaciones públicas	27
últimas amonestaciones públicas	6
despidos	30
exonerados de toda responsabilidad	8

Las cifras de ABC difieren considerablemente de las de XYZ. En enero de 1966 se sometieron 104 casos a los comités; en febrero, 104; y un promedio de 70 casos mensuales el resto del año.

Los rechazos de las órdenes de funcionarios no prevalecían mucho más en ABC que en XYZ (37 casos durante los 10 primeros meses), pero las faltas de este tipo esencialmente las presentaron unos cuantos sobrestantes. Como se señala más arriba, los demás sobrestantes no presentaban quejas; por ello, esta cifra no es generalizadora. Dormir durante horas de trabajo (tercer turno): 23 casos; peleas a puñetazos: 32 casos (durante los diez primeros meses); "actitud rebelde": 21 casos; falta de colaboración: 49 casos; abandonar el trabajo antes de terminar el turno: 75 casos; embriaguez en horas de trabajo: 6 casos; fumar en lugares prohibidos: 12 casos; sacar alimentos de la cafetería (sólo se permite comer allí): 2 casos; robo: 16

casos; solicitar permiso por enfermedad sin comunicarlos al departamento médico de la empresa: 6 casos; permanecer en la empresa después de horas hábiles (probablemente estorbando a otros trabajadores): 2 casos; cambiar turnos sin el conocimiento del sobrestante: 3 casos; eludir el trabajo: 5 casos; no cumplir órdenes: 4 casos; no informar de retardos: 2 casos; abuso del puesto jerárquico (seguramente se trataba de funcionarios): 2 casos; entrar en la empresa sin permiso después de horas de trabajo: 1 caso; conducta indisciplinada: 9 casos; informes falsos de enfermedad: 1 caso; no usar el uniforme de trabajo de la compañía: 2 casos; de ellos se llevaron a juicio algunos, con los siguientes resultados:

amonestaciones	222
amonestaciones públicas	65
últimas amonestaciones públicas	47
Despidos	17
Exculpados	114

Estas medidas ilustran claramente la diferencia de las relaciones laborales entre una y otra empresa.

Los siguientes casos ilustran el proceso disciplinario y el despido de un obrero de ABC y otro de XYZ, además del relato y el análisis de una huelga que estalló en ABC. El objeto de presentar estos ejemplos es dar al lector una apreciación real de cómo se toman las decisiones sobre relaciones laborales, y de las ventajas potenciales y los peligros que entraña la disciplina democrática.

Los siguientes dos casos representan situaciones *totalmente diferentes*. Se considera que proporcionarán al lector información que le permitirá comprender los casos más comunes, y que caen en algún punto entre ambos extremos.

ESTUDIO DE DOS CASOS

Bora, maestro joven

Bora trabajó como aprendiz desde su adolescencia. Más tarde fue recluta. Mientras cumplía su servicio militar murió uno de sus amigos, y un comité investigador interrogó a Bora acerca de si tenía algo que ver con esa muerte. A raíz de este interrogatorio, tuvo que ser hospitalizado, víctima de choque nervioso. Una vez dado de alta, volvió a ABC y fue aceptado, ya que la ley estipula que el trabajador puede volver a ocupar el mismo puesto que tenía antes de su reclutamiento.

Pronto se descubrió que era difícil tratar a Bora y que tendía a provocar frecuentes peleas a puñetazos con sus compañeros. La primera vez que recurrió a los puños fue cuando un obrero tenía encendido su aparato de radio de transistores a demasiado volumen en la cafetería. Bora sugirió que bajara el volumen del aparato. El otro no hizo caso, lo que los llevó a un intercambio de maldiciones y acabaron a puñetazos. El comité de asuntos disciplinarios le hizo una amonestación pública a Bora. La siguiente vez el encuentro fue con otro maestro que no le entregó a tiempo unas partes de repuesto. En esa ocasión, el comité le hizo una última amonestación pública. Por tanto, el Partido habló con Bora, para intentar hacerle ver que su comportamiento le acarrearía el despido, y que las condiciones de trabajo prevalecientes seguramente le dificultarían conseguir otro trabajo, especialmente porque un despido significaría "ser rechazado por la sociedad ABC". Bora prometió enmendarse.

Durante el período de este estudio, Bora fue llevado a juicio por tercera vez; en esta ocasión por pegarle a una obrera en la mano con una llave de tuercas. El autor asistió al juicio; he aquí el material derivado de sus observaciones.

Durante el juicio, tres miembros de la Unidad Económica a la que pertenecía Bora se sentaron tras una mesa. (El investigador ocupó un lugar detrás del comité, para no hacerse conspicuo.) Presidía el comité un maestro que casualmente había sido maestro de Bora durante su aprendizaje, hacía seis o siete años. Los otros dos jueces eran dos tejedoras. Parecían muy conscientes de su posición y un tanto asustadas del poder que se les había conferido. Miraban constantemente al abogado para sacar alguna pista acerca de lo que estaba bien o mal. El abogado, árbitro de asuntos disciplinarios en el departamento legal de la compañía, debía dar asesoría legal. Además, la mecanógrafa de ese departamento asistía a la sesión para poner en el acta cuanto se dijera. Resultó ser afiliada muy activa del Partido Comunista, cuya vida entera se centraba alrededor de la empresa. Muchos la temían, porque estaba directamente relacionada con el director general a través de las juntas del Partido. En muchas de las audiencias hizo comentarios que, en opinión del autor, ejercieron influencia en la decisión del comité. Sus comentarios eran en nombre de la conciencia, de la responsabilidad por pertenecer al Partido, etcétera.

Se pidió que compareciera Bora. El abogado leyó el informe y, entre otras cosas, declaró: "Le pegaste a un obrero en la cafetería, y poco después a un maestro. Ahora se te acusa de pegarle a una mujer en la mano con una llave de tuercas. ¿Qué respondes a esto?"

Bora explicó que había estado reparando una máquina hacía tres horas. La mujer se le acercó, le tiró de los cabellos y lo acusó de haberle manchado su chaqueta. Él se defendió empujándola y, puesto que sus manos estaban grasosas, la llave se le resbaló y le pegó en el brazo. Añadió que todos los testigos estaban en su contra, y que estaban coludidos para despedirlo de la fábrica.

La quejosa compareció ante el jurado. Acusó a Bora de mentiroso, y aseguró que le había pegado intencionalmente.

Se llamó a los testigos y Bora intentó descalificar a cada uno de ellos. Argüía que no podían haber visto ni oído lo que estaba ocurriendo porque los telares son más altos que las personas y el ruido es tal que imposibilita escuchar las conversaciones.

Se pidió a Bora y a la mujer que esperaran afuera, mientras el comité deliberaba. Conociendo tanto a Bora como a la quejosa, el comité comentó el comportamiento nervioso de Bora, pero señaló que, como varias personas habían conversado con él (probablemente gente del Partido), había comenzado a concentrarse en su trabajo y convivía poco con sus compañeros. En seguida, el comité declaró que la mujer no tenía derecho a tirarle de los cabellos a Bora. El abogado, que desempeñaba un papel importante en el examen de la validez de las pruebas, mencionó que Bora había estado cercano al despido cuando le pegó al maestro, pero cuando algunos de los testigos se percataron de ello cambiaron sus testimonios.

El comité deliberó mucho acerca de si Bora era un buen trabajador. El presidente dio testimonio en el sentido de que su trabajo era bueno, declaración que favorecía mucho a Bora. En seguida, el abogado afirmó que Bora había admitido ante la jefa de turno haberle pegado a la trabajadora. Inmediatamente surgió una oleada de críticas contra la jefa de turno: "Realmente ella no trata de conservar las buenas relaciones entre los obreros." "Siempre se queja" (solía quejarse de cualquier problema ante el comité). Sin embargo, la recomendación del comité consistió en sugerir al Consejo de la unidad de tejidos el despido de Bora. Resulta interesante especular acerca de la forma en que se llegó a esa conclusión. Los miembros del comité no se podían decidir: hacer objeto a Bora de otra amonestación pública parecía insuficiente, porque, como dijo el abogado, los trabajadores verían que no se le castigaba a pesar de haberle pegado a otro obrero, además de haber recibido ya una última amonestación pública. Por ello, el siguiente paso tenía que consistir en su despido. El comité deliberó acerca de la decisión; se miraban unos a otros, hasta que uno de ellos dijo: "Bueno, pues que Dios le ayude en el Consejo." [4]

Bora, con el sombrero en mano y la cabeza gacha, compareció, y todo el mundo se puso en pie. El presidente leyó: "El comité disciplinario de la Unidad Económica de tejidos ha decidido recomendar al Consejo que dé por terminadas sus relaciones laborales con usted, a causa de sus graves trasgresiones."

Cuando notaron la sorpresa de Bora, el abogado señaló: "Usted lo admitió", a lo que respondió Bora: "No fue así." El abogado añadió: "Sí; sí lo hizo, ante la jefa de turno."

"¡No; no lo hice! Cuando me preguntó si le había pegado, yo dije: "¿Pegarle?", fue en sentido interrogativo, no afirmativo. Voy a conseguirme un abogado."

Bora pidió al comité que le concediera tiempo para dejar la compañía voluntariamente, en vez de ser despedido, pues sabía que la aprobación de esta solicitud le ayudaría a conseguir trabajo en otra empresa. Mientras, antes de que pudiera reunirse el Consejo, ocurrió en la empresa un paro intempestivo, en el cual Bora participó activamente. Este paro ejerció influencia en la actitud del Consejo y en su disposición de permitirle retirarse voluntariamente en vez de ser despedido.

Huelga en ABC

A continuación, relataremos el paro en ABC para ilustrar cierta reacción ante los problemas de gerencia. Como esta huelga en particular es representativa a grandes rasgos de las que ocurren en la industria yugoslava, ofrece como antecedente al análisis de huelgas en Yugoslavia,[5] preparado por Bogdan Kavcic, así como la contribución del autor a tal análisis. Por último, la huelga de ABC se emplea para ilustrar el análisis.

1. *Características de las huelgas yugoslavas.* Las huelgas aparecieron en Yugoslavia en 1958, y desde 1961 ha aumentado su frecuencia, especialmente desde 1965. Los paros yugoslavos son diferentes de los que conocemos en Occidente, ya que no son organizados; es

---

[4] Observamos una vez más, como en la decisión sobre la modernización, que cuando un grupo tenía dificultades para tomar una decisión, se sentía aliviado cuando podía pasar la responsabilidad a otro.

[5] Bogdan Kavcic, "O Protestnim Obustavama Rada", *Gledista* (Belgrado, febrero de 1966), p. 202.

decir, no se anuncian con anticipación, después de que algún líder haya intentado negociar con la gerencia sin llegar a un acuerdo.

La pauta general consiste en que, como resultado de diversas causas, que discuten entre sí los obreros, éstos se niegan espontáneamente a volver a las máquinas. Un paro generalmente abarca de cinco a cincuenta trabajadores; la minoría de los miembros de alguna organización, y no a la compañía entera. Quienes se declaran en huelga probablemente son los obreros de menor calificación que no forman parte de cuerpos directivos. Un paro dura en promedio varias horas. La mayoría de las peticiones de los huelguistas tienen que ver con su protesta por sus bajos ingresos, o con una petición para destituir a cierto maestro o funcionario.[6]

Kavcic señala que la mayoría de los paros se deben a la falta de comunicación eficaz entre los cuerpos directivos y la asamblea general. A causa de esta brecha, los miembros carecen de información acerca de las decisiones; se encuentran aislados; no se toman en cuenta sus opiniones y la situación prevaleciente les parece poco satisfactoria.[7] Por ello, los paros se deben considerar una reacción de los participantes; una muestra de rencor contra un sistema que aparentemente concede a los obreros poder, que en realidad no tienen. Por lo general, las razones que se dan para declarar un paro son los bajos ingresos o graves diferencias con ciertos funcionarios. Las huelgas yugoslavas están destinadas a aparecer como "paros de protesta" porque, como dice Kavcic, "son una manifestación espontánea de insatisfacción".[8]

El análisis de Kavcic abarca la mayoría de los paros que ha habido en Yugoslavia, pero la mención de algunas de mis observaciones puede contribuir a ilustrar mis propias aseveraciones. Tal como ocurre con las decisiones discutidas y analizadas más arriba, la pauta de liderazgo en las relaciones laborales es un factor importantísimo; en este caso, incluso constituye un factor crítico.

Los administradores orientados hacia la eficiencia en la toma de decisiones, del tipo de los que suelen reunir a varios funcionarios y otros "activistas" a su derredor para ese fin, y así poder operar con una base relativamente pequeña de la asamblea general, son los que pueden llegar a originar las fallas en la información, que a su vez acarrean las protestas arriba señaladas. Tal situación ocurrirá cuan-

---

[6] Se nos indicó que en Eslovenia una de las razones para declarar la huelga fue que los funcionarios pidieron máquinas para la modernización y los obreros descubrieron que la competencia había adquirido un equipo de mejor calidad.

[7] Kavcic, "O Protestnim...", p. 206.

[8] Ibid., p. 203.

do existan situaciones críticas en las que se pone a prueba la base de apoyo informal de las decisiones. Por ejemplo: los ingresos reducidos durante algunos meses llevarán a los trabajadores a cuestionar a las autoridades ejecutivas y profesionales. Y un paro puede ser el recurso idóneo para recordar a los tomadores informales de decisiones

"Y bien, ¿es esto un paro, o sólo descanso para tomar café?"
Jez (Belgrado), Nov. 11 de 1966

dónde radica la autoridad formal. Parecería que los paros demuestran la insatisfacción creada por la diferencia entre el nivel de realidad (es decir, donde se toman realmente las decisiones) y el nivel de anticipación o sea, quien *debe* tomarlas.

En teoría, los trabajadores no necesitan recurrir a la huelga, pues en cierto sentido declaran la huelga contra sí mismos. Oficialmente tienen la potestad necesaria para decidir acerca de los salarios, la contratación y los despidos. Aun siendo minoría, deben tener la capacidad de ganar a los demás a sus ideas. En teoría, tampoco necesitan más que reunirse y votar para alcanzar sus objetivos. Sin embargo, si un director general no busca más que la eficiencia económica y no está dispuesto a dedicar dinero y recursos a allegarse una base amplia de apoyo a corto plazo, y si por las diferencias en educación los integrantes de los órganos de gobierno están separados de la asamblea general (es decir, los tecnólogos, maestros electos, por lo que no quedan representados los trabajadores no calificados), entonces la brecha entre la base y la asamblea general se ahonda a tal punto en que cualquier chispa puede encender la llama.

2. *Lo que ocurrió en ABC.* La empresa estaba fuertemente orientada hacia la eficiencia económica. El director general tenía una fuerte personalidad; como dijo un trabajador, "Él (el director general) posee la cualidad que hace que al hablarnos nos contagie sus ideas, y esto nos hace aceptarlas sin reservas. Sólo cuando volvemos a quedarnos solos y nos ponemos a meditar, nos damos cuenta de que no tenía razón. Y aún así, cuando nos volvemos a enfrentar a él, nos entra la duda de si estará equivocado o no".

El director general tenía su sistema de escoger a sus colaboradores inmediatos, aunque tal prerrogativa no le correspondiera formalmente. En Estados Unidos, cada supervisor tiene algo que ver con la elección de sus subordinados. En Yugoslavia, es el Consejo el que contrata a altos funcionarios, y este cuerpo, como grupo, determina la jerarquía. De tal manera, cuando se nombran ciertos directores adjuntos, el director general tiene que aceptar los nombramientos. Un director general débil, sin apoyo político, y que ceda ante las presiones políticas para alcanzar un óptimo proceso democrático de contratación, tendrá que aceptar todos los nombramientos del Consejo. Los directores generales más fuertes podrán ejercer influencia sobre el Consejo cuando se trata de hacer nombramientos. Ambas prácticas son legítimas, dentro de ciertas limitaciones; sin embargo, éstas no están claramente definidas. Es ilegítima la manipulación del poder por parte del director general para lograr el nombramiento de alguna persona, porque está abusando de su puesto, pero sí es aceptable el recurso a argumentos para convencer a los trabajadores de que una persona es mejor que otra.

En todo caso, el director general de ABC, por su fuerte personalidad, su sólido poder político y por sus amplios conocimientos profesionales, logró reunir en torno lo que al autor le pareció un grupo muy unido de altos funcionarios. Este grupo trabajó en estrecha colaboración con el director general en formular opciones sugeridas a los cuerpos de gobierno para la toma de decisiones. No obstante, la asamblea general no parecía muy interesada en el proceso de la toma de decisiones, tal vez porque la función ejecutiva resultaba tan fuerte que dejaba en la sombra la participación de los trabajadores.

Hubo dos factores que originaron la brecha en la información: primero, aparentemente se proporcionaba menos información a la asamblea general en ABC, puesto que se suponía que los cuerpos de gobierno funcionaban adecuadamente; segundo (y en esto se notaba la influencia del primer factor), la asamblea general no parecía interesada en el procedimiento. Los informes del Consejo se turnaban a las Unidades Económicas, pero muy pocos los leían, o se enteraban de los avisos que aparecían en los tableros. La falta de comunicación interna y la amplia participación no bastaban en sí para iniciar una huelga. La falta de comunicación había existido desde hacía mucho tiempo. Para que ocurriera un paro, la situación tenía que deteriorarse a tal grado que la brecha en la comunicación obligara a plantear una confrontación.

La situación económica de la compañía no era próspera. Los inventarios se iban acumulando, con lo que se consumían el efectivo. Las ventas, y por consiguiente las utilidades, bajaban. Cuando llegó el principio de mes y el personal de la unidad de contabilidad pasó por los diferentes departamentos para distribuir los sobres de pagos, se encendió la chispa que inició la llama.

Cabe subrayar que el obrero yugoslavo no *conoce* el importe de su salario mensual hasta que ve el sobre. Sólo sabe cuál es su salario básico, conoce la cantidad de trabajo que rindió en las máquinas, pero ignora el rendimiento de su Unidad y el de su empresa. La parte variable de su estipendio puede alcanzar un máximo de 60 por ciento. Con operaciones buenas, se distribuyen utilidades varias veces durante el año, con lo que se incrementa inesperadamente el ingreso. En aquel mes, marzo de 1967, la situación de la compañía era tal que no hubo ganancia que distribuir, ni tampoco hubo ganancias por unidades. Además de lo anterior, el gobierno federal había cambiado la ley sobre asignación familiar a los hijos; la cantidad correspondiente se deducía del sobre de pago.[9] Por diversas razones también se omitió la contribución habitual de la empresa para gastos de viaje. Varios trabajadores habían adquirido libros y otros productos a crédito, mientras eran altos sus ingresos. Pero ya las deducciones representaron una parte sustancial de sus ingresos. Por ello, muchos trabajadores sólo recibieron un pago neto de 25 000 dinares, o sea el equivalente de menos de 20 dólares norteamericanos, que no les alcanzaría ni para comprar alimentos. Un tejedor recibió sólo 4 000 dinares por ese mes de trabajo (aproximadamente 2.50 dólares norteamericanos). Aclaremos que, como el ingreso personal varía de mes a mes, a los individuos les resulta difícil elaborar su presupuesto, especialmente a los obreros no calificados, incapaces de predecir la situación económica, la rentabilidad de la compañía y las probabilidades de que su grupo llegue a distribuir ciertas cantidades como ingreso personal adicional. Se encuentra con un ingreso variable, que no le queda más remedio que aceptar.

Una fuerte reducción en el ingreso personal puede tener diversas

---

[9] Hasta entonces el gobierno había pagado ciertos subsidios a cada familia, por cada hijo.

repercusiones; muchos obreros no pudieron ahorrar porque sus salarios eran bajos. En 1964, por ejemplo, en Belgrado, una familia
de cuatro miembros gastaba más de lo que ganaba, según los datos
publicados por el Instituto de Estadística de Belgrado.[10] Cuando el
obrero percibe salarios bajos, tiene que solicitar préstamos. Los préstamos personales se restringían en los bancos yugoslavos; por tanto,
el único recurso que le quedaba era pedir prestado a su familia o a
los amigos, y muchos inclusive no tenían a quién recurrir, por carecer de relaciones adineradas. En tales circunstancias, cuando llegaba
el día de pago, el autor observó muchos rostros pálidos, llorosos; la
gente se quedaba parada con su sobre en la mano, a punto de llorar.[11]

El paro de protesta ocurrió en el tercer turno, en un sitio de la
unidad de tejido, en las cuchillas, donde Bora trabajaba como maestro segundo. Había dos obreros más de esa unidad que ya habían
sido objeto de la última amonestación pública. Habían decidido
recomendar su despido durante la reunión del Consejo, programada
para el lunes. El viernes por la noche se distribuyeron los sobres de
pago. El director general estaba entonces en Leipzig, asistiendo a
una exposición. De los demás altos funcionarios, sólo estaba presente
la jefa del tercer turno y se trataba de una jovencita que solía informar al comité disciplinario de la menor falta cometida. Al parecer no gozaba de autoridad por aceptación.

El segundo turno recibió sus sobres de pago, refunfuñó un poco
y se marchó. El tercer turno recibió sus sobres antes de comenzar
el trabajo. Bora intentó convencer a todo el turno de que no co-
menzara a trabajar, y para ello contó con la ayuda de los otros dos
obreros que se encontraban en su misma situación precaria. Como
maestro, Bora tenía calidad de líder. Sus esfuerzos de agitación tuvieron éxito, y 46 de los 70 obreros presentes dejaron sus puestos
ante las máquinas. Estas personas trataron de convencer a los otros
24 de que se solidarizaran con la mayoría, pero no lo lograron. No
hubo puñetazos ni acusaciones; sólo lágrimas de algunas mujeres.

Resulta interesante analizar a los que siguieron trabajando. Todos los departamentos, excepto el de cuchillas, continuaron sus labores, aunque habían recibido un salario igualmente bajo; el departamento de acabados comenzó a cantar mientras trabajaba, para indicar
su desacuerdo con el paro. Los 24 que no dejaron de trabajar en las
cuchillas eran 8 obreros de servicio y mantenimiento del departa-

10 *Statisnicki Godisnjak Beograda*, 1965, p. 106.
11 Se consideraba que los funcionarios debían anexarle al sobre del salario
una explicación acerca de su escasez. No lo hicieron, lo cual frustró a los obreros, ya que esperaban tal explicación.

mento de tejidos, que *tenían* que seguir prestando servicio a los que no habían parado en otras unidades (los obreros de las demás unidades aparentemente presionaban a estos 8 para que no dejaran de trabajar); el jefe de turno, 2 maestros que eran miembros del Partido, el oficinista del almacén, que era dirigente sindical, el mozo, 2 obreros de apoyo que no podían parar por lo que continuaban en las máquinas, y 9 tejedores que se pusieron a trabajar en la línea. La mayoría de estos últimos eran mujeres con cargos en cuerpos directivos o comités. Una de ellas formaba parte del comité disciplinario; todos trataron de convencer a los huelguistas de que volvieran a sus puestos. No paró ningún miembro del Partido, ni quien tuviera cierta actividad en el sindicato o en la brigada juvenil. El común denominador de los 46 obreros huelguistas era que, con excepción de un tejedor, no formaban parte de ningún cuerpo directivo ni de sus comités, y que eran relativamente nuevos en la empresa (seis años de antigüedad). Aquellos que continuaron laborando habían estado en la compañía de quince a veinte años y actuaban en los cuerpos directivos. Los individuos preocupados por los asuntos de la compañía parecían sentirse responsables de su buen funcionamiento, y estaban dispuestos a seguir trabajando. Los demás consideraron que debían protestar. Además, al parecer la insatisfacción por sí misma no bastaba para crear una "huelga de brazos caídos" al estilo yugoslavo; también se necesitaba de un líder informal, como lo fueron Bora y los otros dos, que tenían mucho que ganar y nada que perder con el paro.

Inmediatamente después de iniciar el paro, los agitadores acudieron al editor nocturno de un importante diario nacional para informar acerca del paro en ABC. También le explicaron sus reclamaciones. Aparentemente, intentaban desempeñar el papel de "defensores de la autogestión", que se oponían a la opresión del director general, con el fin de lograr cierto respaldo político.

Durante la noche, el director general interino y el jefe del departamento de tejidos acudieron rápidamente a la compañía. Se pasaron la noche con los obreros, pero fueron infructuosos todos sus intentos de convencer a los huelguistas de que volvieran a sus puestos. Tampoco hubo negociaciones, porque ni el director interino ni ningún otro funcionario podía hacer promesas. La aceptación de las demandas quedaba a cargo del Consejo de Trabajadores. No olvidemos que las 46 personas que se declararon en huelga sólo constituían un porcentaje muy reducido de los 2 600 trabajadores de ABC. A la mañana siguiente, los trabajadores del primer turno acudieron a sus puestos como de costumbre, enojados y avergonzados por el paro. A las 6:30 a.m., el grupo huelguista se reunió, y los miembros del *Collegium* asistieron a esa junta. Fue la primera oportunidad en que el autor pudo observar una confrontación entre la gerencia y los obreros. Parecería que esta confrontación ocurrió porque los obreros podían enderezar sus demandas contra los altos funcionarios.

Como lo señaló Kavcic, la falta de comunicación es causa medular de los paros. En este caso, los obreros se quejaban de no estar suficientemente informados de la situación de la empresa. "Si yo hubiera sabido lo que ahora me dice, aceptaría comer pan con sal el resto de mi vida", declaró uno de los tejedores. Se quejaban, además, de que los miembros del Consejo no les informaban de las actas de las reuniones. Los funcionarios les contestaron que los trabajadores no recogían las minutas en las reuniones, aunque estaban a su disposición, y que no leían los avisos. Continuaron las acusaciones recíprocas, pero, al entender del autor, había ciertos indicios de que en esta estructura democrática la gerencia tenía la responsabilidad de mantener informados a sus colaboradores, ya fuera que se mostraran interesados o no en la situación. A *largo plazo*, la falta de información y de lealtad dará resultados negativos. A pesar de que los obreros parecían poco interesados, sí había una gran necesidad de *mantenerlos interesados, por cualquier medio.*

Los obreros se quejaron de que la empresa gastaba dinero en oficinas de lujo, en publicidad por televisión y en la instalación de costosas computadoras, mientras ellos carecían de lo indispensable. La gerencia les replicó que los contratos para la remodelación de las oficinas se firmaron cuando había un gran auge en el mercado, y lo mismo se aplicaba al presupuesto de publicidad. Nadie pudo prever la magnitud de la reforma. El pedido de la computadora había sido firmado en 1965, antes de que ocurriera la reforma. Los trabajadores aceptaron estas explicaciones sin mayor queja.

Por la tarde se convocó a una Convención de la unidad de tejidos. Los huelguistas fueron condenados como "gente sin conciencia". Los dirigentes administrativos intervinieron muy poco en esta condenación. El investigador notó que los dirigentes de este proceso le eran conocidos, por las diversas reuniones de comités a que había asistido; se trataba de gente activa en diversos órganos de gobierno y socio-políticos de la compañía. Estos individuos servían ahora como contrapeso a los huelguistas, y en opinión del autor, actuaban asumiendo el papel de gerencia, es decir, que tomaban en cuenta los problemas de la empresa, más que los individuales. A pesar de que la compañía carecía de dinero, y de que los salarios eran bajos, esta gente dio muestras de sentirse "parte de la empresa". Aunque el director general, según los criterios yugoslavos de autogestión, era autoritario, la estructura de participación creaba una base de apoyo suficiente para amortiguar las crisis internas, y para "extinguir las chispas". La convención decidió no despedir a los huelguistas, no obstante que algunos lo sugirieron, sino solamente descontarles el salario correspondiente a esa noche y las primas que se habían ganado en el mes.

Al día siguiente, domingo, regresó el director general de Leipzig. Desde el lunes se adoptó una nueva estrategia para dar a conocer entre los miembros las dificultades a que se enfrentaba la compañía. Se convocó a muchas reuniones; se reunieron las convenciones, el Partido y el Sindicato. Una de las soluciones adoptadas fue que cada Unidad debía celebrar una reunión semanal, cada célula del Partido dos reuniones a la semana, etcétera. El director general parecía haber dado en el clavo. Si la fuente de insatisfacción era la carencia de información, quedaba eliminado el problema con las reuniones más frecuentes.

El lunes por la tarde, el Consejo del departamento de tejidos se reunió para discutir el destino de Bora. Era consenso general que *tenía que marcharse*. El director general interino estuvo presente en la reunión (probablemente para ver qué se recomendaría), pero no participó mucho en ella. No obstante, el Consejo expresó su insatisfacción porque el departamento de personal, a cargo del director interino, estuviera dispuesto a concederle a Bora tiempo para irse voluntariamente, en vez de despedirlo. De haberlo hecho así el director interino significaría que se pasaba por alto al Consejo en el ejercicio de su autoridad para castigar.

En esta reunión terminaron tanto el paro como la permanencia de Bora en la empresa. Una consecuencia del paro fue que los funcionarios comenzaron a interesarse por participar en las convenciones, por solicitar ideas, y por transferir a los obreros el peso de la responsabilidad de las situaciones difíciles, en vez de tratar de encontrar una solución por sí mismos.

Volviendo al análisis de Kavcic, no bastaba una brecha en la información para declarar la huelga. Era una condición necesaria, pero las adicionales comprendían el deterioro de la situación económica o de la situación social interna, y tales situaciones pondrían de manifiesto la brecha. En seguida, debía haber una "atmósfera" que pudiera encenderse con una chispa, generalmente por un líder informal que tenía poco que perder con su labor de agitación. El número de trabajadores que aceptara el paro dependería del grado de interrelación en el proceso técnico, es decir, la interdependencia, la distancia de organización y física entre la Unidad iniciadora de la acción y los demás obreros. Otro factor adicional, que determinaba el "área afectada", era la gente que se oponía al paro, como quienes ocupaban un puesto de órganos de gobierno y en otras actividades de la compañía. Por ello, aunque el sistema de autogestión destruía un grupo de "gerencia" (el grupo ejecutivo selecto y exclusivista), aparentemente creaba un nuevo grupo más amplio, más disperso y más repartido entre la organización, que participaba en la orientación directiva, aunque sus miembros no ocuparan puestos de gerencia.

La complacencia en XYZ

Como ya se ha dicho, XYZ se enfrentaba a dificultades económicas semejantes a las de ABC. Pero la reacción de sus integrantes fue muy débil. Su mayor complacencia en las relaciones laborales queda ilustrada con el siguiente caso, que ocurrió en abril de 1966, cuando era mucho mejor la situación económica. Esto puede haber efectado el curso de las discusiones, pero gracias a su visita a la compañía en 1967, el autor considera que la "atmósfera de organización" era tal que habría tenido los mismos efectos aunque hubiera sido diferente el curso de los debates.

Presentamos la traducción del autor de las actas de la reunión del Consejo de Trabajadores de XYZ que tuvo lugar el 4 de abril de 1966, y que se ocupó del caso de Vera.

Presidente: Tenemos en nuestro temario el caso de Vera, quien fue castigada varias veces por el comité disciplinario por las siguientes faltas: ausentismo, un día; por no usar ropa de protección (bata), y por presentarse a trabajar en estado de ebriedad en varias ocasiones.

Un obrero: (no miembro del Consejo): Su hogar está atravesando por graves dificultades económicas. Sin embargo, ya es tiempo de que corrija su conducta. Prometió a los miembros del comité disciplinario dejar de beber, y hace apenas unos días llegó ebria al trabajo.

Una Mecanógrafa (miembro del Consejo): Sugiero que se posponga la discusión de este asunto hasta que se haga un nuevo estudio de su caso.

Trabajador Social (no miembro del Consejo que desempeñaba un puesto directivo): Resulta desafortunado discutir este caso en una reunión tan concurrida, pero debo informarles de que es retrasada mental, y no se le puede responsabilizar de su comportamiento. Tras diez años de trabajar en la compañía, no creo que sea justo arrojarla a la calle, ya que en tal caso se convertiría en un problema para la sociedad. Creo que debemos transferirla a otra Unidad, donde no tenga que operar máquinas, y para que pueda acudir con mayor frecuencia al médico. Es buena operaria, según lo demuestra su rendimiento.

Funcionario joven (miembro del Consejo): Realmente resultaría incómodo decidir el despido de alguien que no está bien de salud. Deberíamos delegar la tarea de curarla en la unidad médica de la compañía.

Otro obrero (no miembro del Consejo): Realmente constituye un problema en la unidad de hilados. Su inteligencia es de aproximadamente 60 o 70 por ciento, según las normas del Instituto de Salud Mental. Es muy difícil su vida en el hogar, y además su vida personal (sexual) no es normal. Por si fuera poco, no podríamos conservarla en la Unidad, porque los obreros dicen: "Ella es la lista; nosotros somos los locos." Sin embargo, tampoco pienso que debamos echarla a la calle.

Decisión: El Consejo de Trabajadores vota unánimemente que, tomando en consideración la mala salud de Vera, recomienda *rechazar* la sugerencia del comité disciplinario de la Unidad Económica número 1 de la fábrica RN, en el sentido de despedir a Vera. La unidad médica responsable de XYZ queda encargada de hacer las gestiones necesarias para que la curen, y de transferirla a otra Unidad, donde no exista el peligro de que sufra un accidente. [Las cursivas son mías.]

ANÁLISIS

Pautas de liderazgo y relaciones laborales

Al comparar los casos de Vera y Bora, el investigador tuvo la impresión (que quedó corroborada con observaciones de muchos otros casos, los cuales no se presentan por falta de espacio), de que la estructura horizontal puede ser tan cruel como generosa al asignar a la asamblea general el poder de disciplinar y castigar. Por ejemplo: hubo muchos casos en que la disposición del grupo era hostil, y prevaleció el ostracismo. En contraste, hubo casos como el de Vera, en XYZ, donde el grupo decidió ayudar, en vez de despedir pese a que esta última posibilidad habría significado mayores utilidades y mayor comodidad.

Por una parte, la estructura horizontal originó cohesión y protección para los débiles, que en una toma de decisiones individualizada y poderosa, y con fuertes objetivos económicos, habría sido más limitada. Por otra parte, la toma de decisiones en grupo creó el ostracismo cuando el líder de un grupo era capaz de dirigir las emociones en ese sentido y cuando la atmósfera resultaba hostil tras diversas presiones, externas o internas.

En XYZ se observaron pocos casos en los que hubiera una atmósfera hostil como la descrita en ABC contra Bora. La razón de ello puede ser que con un liderazgo autocrático como el de ABC, cuando quedó sometido a presión el sistema (resultados económicos poco satisfactorios, que afectaron las utilidades personales), los obreros tendieron a buscar un chivo expiatorio de sus frustraciones. Según la autogestión, el grupo podía enderezar sus ataques contra algunos de sus miembros, en vez de contra los funcionarios únicamente, o contra la compañía toda, como ocurrió en el paro (es posible que quienes participaron en la huelga fueran chivos expiatorios de los demás trabajadores).

Cabe señalar que mientras en XYZ raramente se exoneraba de toda responsabilidad a los acusados, en ABC se les hacían muchas amonestaciones, lo cual no era castigo fuerte y se "exculpaba" a muchos acusados.[12] Esto puede ser función de la magnitud de las faltas juzgadas; en ABC, como ya dijimos, aun los casos más leves se sometían al comité disciplinario. También podían ser manifestación de la oposición del obrero a la presión disciplinaria de los funcionarios, síntoma de que hay *limitaciones* al papel empresarial adoptado por los obreros. Cuando se deterioró la situación comercial, las frustraciones llevaron a agresiones, y el resultado directo muchas veces puede haber consistido en buscar un chivo expiatorio o simplemente exonerar a los trabajadores de las acusaciones procedentes de altos funcionarios.

En consecuencia, mientras la absorción de los riesgos por los dirigentes de ABC redundó en la adopción más rápida de decisiones, también generó una menor participación de los obreros en las decisiones, mayor agresión en la disciplina y un comportamiento menos funcional en las relaciones laborales.

En XYZ, la participación en la responsabilidad llevó a decisiones más lentas, y a una menor eficiencia económica, pero al mismo tiempo absorbió las agresiones de la operación poco eficiente de una manera que no tuvo efectos disfuncionales. Además, el roce observado en XYZ era superficial y fácil de identificar, tal vez por ello, fácil de resolverse. La agresión en ABC era sorda; en la superficie la compañía aparentaba ser una organización bien engranada, pero la insatisfacción surgía con fuerza en los momentos críticos.

A pesar de todo, debemos señalar que la agresión en ABC *era limitada.* Las actividades disfuncionales eran aisladas por la asamblea general. Aun en la situación difícil creada por el paro, con toda la agresión que generó, nunca hubo polarización total entre gerencia y trabajadores. Los trabajadores participantes adoptaron el papel empresarial; lo demuestran la limitación que impusieron al paro, y el castigo impuesto a los huelguistas. Por ello, aun con un liderazgo

---

[12] Véanse las páginas 215 y 216 de este capítulo.

autoritario, la estructura horizontal creó los resultados apetecibles, comparables a los resultados a que llega la complacencia en las organizaciones verticales.

Medidas disciplinarias aplicadas por un grupo

La aplicación de medidas disciplinarias requiere tacto y discreción, elementos que acaso falten en la toma de decisiones en grupo. Exponer las debilidades de un individuo ante sus compañeros de trabajo puede tener mayor efecto de cualquiera de los castigos formales que le pueda imponer el comité. Se observó que cuando se repetía demasiado este hecho, podría resultar una actitud apática, del tipo "¿y qué si me despiden?" El individuo perdía todo temor ante quienes tenían el poder de disciplinarlo.

También se observó que en este sistema de relaciones laborales nadie tomaba partido por el obrero si el Consejo o el comité "asumía el papel de gerencia". Podía acudir a un abogado, pero esta era una medida que algunos obreros no se podían permitir, o no tenían la suficiente educación para hacerlo. ¿A quién podía acudir el obrero? El Consejo estaba formado por trabajadores que a veces eran más enérgicos que los altos funcionarios mismos. El Sindicato adoptaba posiciones generales, igual que el Partido, y pocas veces defendía al trabajador, a menos que hubiera sido víctima de una gran injusticia. El obrero estaba protegido por un gran número de leyes, pero una vez sometido a juicio, y probada su culpa, aunque fuera de modo ambiguo, no existía mecanismo institucional capaz de representarlo.

Aunque esta descripción podría indicar que el trabajador se encuentra desprotegido en este sistema, conviene señalar que hay casos en que no se castigan ni siquiera las faltas graves. En tales casos, los obreros toman partido por su compañero y resulta difícil convencerlos de que hay que sancionarlo. Depende de las relaciones internas de la empresa el que determinado grupo con poder de castigar adopte una u otra posición. Por ello, la aplicación de medidas disciplinarias en grupo no lleva a una mayor justicia, sino que sustituye la discreción individual, que puede ser abusiva, por el comportamiento imprevisible de un grupo, que también puede serlo.

Si es necesario aplicar medidas disciplinarias, la aplicación de éstas por grupos de iguales, tanto en ABC como en XYZ, tuvo el interesante efecto de establecer el comportamiento de trabajadores totalmente previsible para la operación de la empresa.

El autor notó durante su visita a varios talleres de ambas empresas que muchos sobrestantes no estaban en sus Unidades, sino que asistían a diversas reuniones. Cuando preguntó si los obreros trabajaban sin supervisión, contestaron: "Se supervisan unos a otros; no me necesitan para eso." La función del supervisor no era de tipo policial, sino de simple coordinación de actividades.

En algunas Unidades no había necesidad de coordinación, y por ello tampoco había sobrestantes. En una de las compañías que visitamos, en ausencia del supervisor de cierta Unidad, los obreros mismos tomaron la decisión de despedir a dos de sus compañeros por llegar tarde a su trabajo con demasiada frecuencia. No es de extrañar tal acción, por la estructura de recompensas de que depende cada salario individual; por ende, el cumplimiento del grupo se refleja en éste. No puede dejar de esforzarse hasta cierto punto, porque con ello afectará a toda la colectividad.

En el proceso de eliminación del Estado, el poder jerárquico inmerso en el dominio, tiene que desaparecer; el individuo debe aprender a trabajar bien sin que lo supervise un "patrono". Los "patronos" deben ser sus iguales. Esta situación existía tanto en ABC como en XYZ, y parecía desarrollar la conciencia de colaborar, e incrementar la autoestimación del trabajador. Los maestros acudían a trabajar los domingos para reparar máquinas, y los funcionarios podían dedicar tiempo a formar a sus subordinados, en vez de aplicarles medidas disciplinarias. El autor pasó varias horas en una Unidad observando al sobrestante (seleccionado al azar) cumpliendo con su trabajo. Había algunos obreros descansando cerca de sus máquinas cuando acertó a pasar por allí el sobrestante; no se apresuraron a levantarse, ni aumentaron su ritmo de trabajo los demás obreros. Lo mismo ocurrió en otras Unidades, donde los obreros mismos informaron a las convenciones de las faltas graves cometidas.

Así pues, el método de aplicación de medidas disciplinarias aplicadas por un grupo hizo más potente el sistema de participación. Si los altos funcionarios tuvieran el poder de castigar y recompensar, el sistema jerárquico prevalecería, cualquiera que fuera la filosofía en que se basara la estructura de organización. Como se quitaba este poder a los funcionarios, de hecho tenían que buscar el apoyo de los obreros y acudir a ellos para administrar convenientemente la compañía.

Estos objetivos tan deseables no se lograron en forma gratuita. Hubo peleas a puñetazos, pleitos, gente que no se dirigía la palabra entre este grupo disciplinario de iguales. No había "patrono" a quien achacarle las frustraciones causadas por lo que un subordinado pudiera considerar una acción disciplinaria injusta. Aceptamos que parte de la labor del supervisor consiste en absorber las agresiones y, como resultado de ello, se desahoga parte de la presión que sienten los subordinados. No se disponía de tal válvula de escape en el sistema de disciplina aplicada por iguales. Había que enderezar la agresión contra todo el sistema, o contra algún chivo expiatorio, condición ésta que muchas veces conducía más a la apatía o al comportamiento agresivo, que a la participación.

El sistema disciplinario podía funcionar bien siempre y cuando pudieran preverse y reglamentarse en un reglamento las trasgresiones. El resultado sería una disciplina objetiva, ya que sería la función del comité únicamente determinar si ocurrió la trasgresión, y hallar el castigo adecuado en su manual o reglamento. Pero era imposible tanta objetividad; por ello, había que hacer juicios subjetivos, y con éstos *alguien* tiene que absorber la agresión de la persona afectada, insatisfecha. No existe ese *alguien* en este sistema disciplinario, por lo cual la agresión se manifiesta como conducta disfuncional contra todo el sistema.

Tratar las faltas graves y leves de la misma forma disminuye la eficacia de la disciplina cuando se aplica a casos importantes. Se podrían tratar igual todas las trasgresiones si los casos de poca monta fueran ventilados fuera del comité, por ejemplo, si se trata de funcionarios dirigentes, con gran confianza en sí mismos. Por desgracia, los funcionarios que se sentían menos seguros tenían que recurrir constantemente al comité, con lo que disminuían su propia autoridad, puesto que éste desechaba las quejas de poca importancia.

Además de las dificultades que acabamos de señalar para aplicar la disciplina, el método de tratar las relaciones laborales en grupo estorbaba mucho la movilidad laboral. Tanto la contratación como los despidos eran procesos complicados, que tardaban mucho. La contratación estaba limitada por el requisito de la aceptación del nuevo trabajador por el grupo. Los despidos tenían limitaciones, porque el trabajador temía sentar un precedente y ser el próximo a quien le fuera aplicado; por ello, tendían a oponerse a los despidos. Cuando se implantó la modernización y hubo que imponer cambios radicales en la fuerza de trabajo, resultó dificilísimo tomar las decisiones de despedir a un grupo y contratar a otro.

En lo futuro, suponiendo que se desarrollará la economía de mercado y que aumentará la competencia, la presión por alcanzar una mayor eficiencia económica a corto plazo seguramente también crecerá. Como probablemente aumentarán también las presiones relacionadas con las medidas disciplinarias, podrá llegar a ser medular el problema de la representación obrera. Los órganos directivos no representan exclusivamente a los obreros, sino que, en teoría, operan como cuerpos de gobierno de toda la compañía. El sindicato se ocupa de responsabilidades sociales, más que de los intereses *específicos* de los obreros. Dada esta falta de representación, pueden ocurrir paros hasta que cristalice un medio de representación formal. También tendrá que reducirse la estabilidad óptima en el empleo que ahora ofrece el sistema. Al hacerse más competitiva la economía requerirá mayor movilidad de la fuerza de trabajo, ya sea que se logre a través de medios positivos, como atraerse a los obreros de otras empresas, o por medios negativos, como sería el despido de la mano de obra excedente.

Parece que, de continuar el proceso de deshielo político, su próxima fase se hará sentir en las relaciones laborales. Los funcionarios obtendrán el poder de contratar y despedir, en vez de que éste quede delegado exclusivamente, y por ley federal, en la toma de decisiones de grupo.

La autogestión, en su forma primitiva, como se describió en la Parte I de este libro, no puede sobrevivir como sistema normativo. Las presiones del medio que estudiamos en la Parte II también son de gran peso. Acaso esté surgiendo actualmente en Yugoslavia un sistema de compromiso que concilie todos estos factores.

CUESTIONARIO

1. ¿Qué ventajas y qué desventajas tiene la práctica de permitir que los comités elegidos por obreros administren los asuntos relacionados con la contratación, los despidos, las promociones y la degradación de los trabajadores?
2. ¿Puede conservar la gerencia profesional el poder de castigar y recompensar, en la autogestión?
3. ¿Carece realmente de poder el funcionario administrativo yugoslavo porque los obreros tienen autoridad para tomar decisiones?
4. ¿Se le ocurre a usted alguna situación en la que la gerencia profesional de una empresa autogestionada tenga más poder que los obreros para castigar, que en una estructura corporativa?
5. ¿En qué empresa había mejores relaciones laborales: en ABC, o en XYZ?
6. ¿Constituye la situación de las relaciones laborales un indicador del costo social? ¿Acaso lo es de la eficiencia económica?
7. ¿Piensa usted que Bora fue tratado con justicia en el caso que se narra en este capítulo? ¿Habría obtenido más justicia en una estructura corporativa, donde su caso se habría sometido a la discreción del gerente? ¿O se le habría tratado más justamente de existir un sindicato para defender sus intereses? ¿Qué se entiende por "justo" en este contexto?
8. En este capítulo se afirma que las huelgas estallaron porque los obreros estaban insatisfechos con la modernización implantada. Comente usted este punto.
9. Compare las huelgas yugoslavas con las huelgas que declararon los estudiantes de Estados Unidos para protestar contra la guerra de Vietnam.
10. ¿Existe alguna prueba en este capítulo de que los obreros habrían adquirido una orientación hacia la gerencia y de que estuvieran dispuestos a asumir riesgos, aceptando sus consecuencias? ¿Qué trabajadores lo hicieron? ¿Qué conclusiones pueden derivarse de esto, además de la productividad económica a corto plazo? Por ejemplo, ¿qué nos puede decir de la flexibilidad del sistema autogestor para adaptarse a la turbulencia del medio? ¿Qué habría ocurrido en las mismas circunstancias, en una organización corporativa de tipo jerárquico?
11. En la descripción de una huelga que se hace en este capítulo no se menciona ningún sindicato. ¿Por qué? ¿Qué papel debería desempeñar el sindicato cuando están insatisfechos los trabajadores? ¿Observa usted aquí alguna prueba de que la autogestión se base más en la cooperación que en la confrontación?

12. En este capítulo se indica que los obreros deseaban despedir a un trabajador improductivo. Los funcionarios obraron de manera "socialmente responsable". ¿Se le ocurre alguna situación comparable que pueda presentarse en una estructura jerárquica? ¿Desearía el funcionario despedir al obrero improductivo, y se opondría el sindicato a ello en nombre de sus afiliados? ¿Qué produjo la orientación hacia la eficiencia en los trabajadores, al grado de oponerse a un compañero?

13. ¿Es conveniente que una parte del salario esté sujeta a variaciones en un momento dado? ¿En qué condiciones podría esto tener un efecto positivo sobre la motivación de los obreros? ¿En qué condiciones podría convertirse en fuente de frustraciones y descontento?

14. Si una empresa falla económicamente, ¿quién sufre en una estructura jerárquica? ¿Quién es el primero en ser despedido: el obrero o el gerente? ¿A quién se debe achacar la responsabilidad de la falla, y consecuentemente quién debe pagar las consecuencias?

15. ¿Puede usted imaginar una situación en su país en la cual los obreros estuvieran dispuestos a aceptar un prolongado periodo de reducciones en los salarios, con un costo de la vida creciente, tal como ocurrió en Yugoslavia? ¿Qué significa la flexibilidad en sentido descendente de los salarios en un medio turbulento? ¿Acentúa esto, o reduce la polarización del ingreso la autogestión?

Tercera Parte

EL MEDIO Y LA ESTRUCTURA
DE ORGANIZACIÓN

Las dos primeras partes de esta obra familiarizaron al lector con el medio y con el sistema de autogestión. La Parte III relaciona los cambios del ambiente con el funcionamiento de las organizaciones observadas (capítulo viii), y compara el medio norteamericano y sus estructuras de organización verticales con el medio yugoslavo y sus estructuras horizontales (capítulo ix). Se presenta un resumen de los descubrimientos del autor y, basándose en el análisis anterior, algunas aportaciones nuevas a la teoría de la organización.

La Parte III posiblemente repita ideas ya expresadas, pero tal repetición es inevitable, porque se estudian relaciones entre las conclusiones a las que se llegó en los capítulos precedentes.

VIII. EL SISTEMA DE AUTOGESTIÓN
Y EL MEDIO CAMBIANTE

Mientras que las partes anteriores de este libro sólo se ocuparon de las compañías XYZ y ABC, en este capítulo se amplían las observaciones del investigador y se intenta exponer algunas generalizaciones, basadas en la experiencia de las dos compañías y en entrevistas adicionales realizadas en todo el país (Yugoslavia) en el transcurso de dos años de investigaciones.

El capítulo se divide en cuatro secciones. En la primera estudiaremos los cambios en el medio y su efecto sobre la estructura de la autoridad en la organización, los puestos dirigentes, las cualidades necesarias de liderazgo para operar eficazmente en las nuevas condiciones imperantes, y los resultados no planificados que produce tal cambio en el medio.

En la segunda sección describiremos y analizaremos un nuevo acontecimiento en la práctica administrativa de Yugoslavia, que parece resultar de las presiones del medio y de las realidades de organización.

La tercera y cuarta secciones son análisis del proceso de desplazamiento del objetivo, que ocurre como resultado de los cambios ambientales y su efecto en el funcionamiento de la organización y de los procesos administrativos en las empresas yugoslavas.

Acontecimientos recientes en la estructura administrativa yugoslava

Como lo indicamos en el capítulo III, el medio económico y social de Yugoslavia se caracteriza por el cambio acelerado. Como producto de tales cambios, se estableció una genuina estructura de organización de la autoridad "de abajo hacia arriba", y este nuevo sistema tuvo que operar en un mercado relativamente más competitivo. Tuvo que adaptarse al nuevo medio, necesidad que creó una gran inquietud y ciertos fenómenos disfuncionales en muchas organizaciones. En seguida se analizan tales cambios y el funcionamiento que se les achaca.

Durante la época anterior a 1965, el gobierno, gracias a su poder de asignar fondos para la inversión, de absorber una gran parte de los recursos de una empresa a través de su política fiscal, y de fijar las tasas de intercambio por los dólares exportados, era el factor determinante del éxito o del fracaso de la compañía. La eficiencia de una empresa dependía mucho de la intervención oficial. El objetivo principal y la variable regulable de cualquier empresa consistía en llevar al máximo su producción. Tal situación estaba alentada en parte porque, para el mercado yugoslavo, no importaba mucho la diversificación de los productos ni su calidad, ya que se trataba de un mercado de vendedores. Los directores generales de las diversas compañías y la mayoría de los miembros del Partido ocupaban sus puestos más por su lealtad hacia el Partido que por sus conocimientos en administración de empresas. Siempre que la filiación política de un director general estuviera asegurada y fueran buenas sus relaciones con los funcionarios del gobierno, quedaban asegurados tanto el éxito de su compañía, como su propia posición dentro de ella. En tales circunstancias, eran totalmente externas las fuentes de la autoridad. La gerencia funcionaba con un grado de seguridad comparativamente más alto, y ello no fue gracias a la estabilidad del medio (en el capítulo III se indica que más bien ocurría lo contrario), sino por los elementos que afectaron la operación de la compañía, imposibles de dominar en su mayoría. Al funcionar esencialmente en un medio imprevisible, donde la ley de la situación dicta el curso de la acción, aparentemente genera la misma respuesta en la toma de decisiones que la que ocurre en un medio de plena seguridad. La seguridad era mayor aun antes de 1950, cuando funcionaba la planificación y todas las acciones se determinaban desde el exterior, y no dentro de la empresa.

Cambios en el medio

Con la tendencia a la descentralización, la gerencia tenía que funcionar en situación de gran incertidumbre. Las "determinantes del éxito" se complicaron; ya no bastaba con alcanzar simplemente una gran producción; los factores que incidían en los resultados pudieron ser gobernables, y las fuentes de autoridad se hicieron más internas que externas. El efecto de tales cambios en el funcionamiento de la organización fueron múltiples y complejos.

La reforma tuvo dos aspectos: el socio-político y el económico; se trataba de promover y acelerar la descentralización, tanto del poder político, como del económico. Esta descentralización estaba dirigida a incrementar los mecanismos de competencia y, con ello, originar la presión necesaria para alcanzar una óptima productividad, tan necesaria en Yugoslavia para conservar el índice de crecimiento económico.

El aspecto socio-político de la reforma consistió en un retiro formal de la interferencia del Partido Comunista en el proceso de toma de decisiones en las empresas. El Partido estableció formalmente sus funciones como grupo de debate, en el seno del cual únicamente se formulaban recomendaciones. En teoría, el Partido no podía solicitar la aceptación de sus recomendaciones. Las "cocinas políticas", donde los miembros del Partido tomaban decisiones y diseñaban estrategias para obligar al Consejo de Trabajadores a tomar decisiones sugeridas por ellos, fueron objeto de críticas públicas. El Partido interrogaba a las personas responsables y refutaba públicamente su estilo de gerencia.[1] Además, el derecho de los obreros a declararse en huelga como medio de expresar su insatisfacción por la manera como la compañía estaba dirigida les fue concedido públicamente en un programa de televisión por el secretario general del Sindicato, que también era un alto funcionario del Partido Comunista. Los individuos que luchaban contra la descentralización del poder político fueron purgados del Partido. Uno de éstos fue Rankovic, ministro de la Gobernación, y por este mismo cargo, también director de la policía secreta.

Los acontecimientos socio-políticos dieron mayor libertad a los trabajadores para expresar sus opiniones disidentes, para oponerse al criterio de los funcionarios y para utilizar ampliamente su poder legal, que había sido nulo hasta el momento, tanto para recompensar como para castigar.

La parte económica de la reforma se manifestó en la transferencia de más poder económico en la toma de decisiones a las empresas y a las fuerzas del mercado. Tal transferencia se realizó a través del relajamiento de la regulación de precios, la transferencia de la autoridad de asignar fondos de inversión a los bancos, y la eliminación o la reducción de las barreras a la importación, para alentar la competencia. Por ello, esta reforma amplió la transferencia del poder económico, que se había iniciado con la primera reforma de 1950. Al nivel macroeconómico, la descentralización se llevó hasta las empresas mismas; a nombre de la reforma se solicitó la delegación máxima del poder en las Unidades Económicas y en las convenciones. Las compañías descentralizadas se consideraban contrarias a la reforma, y por ende, políticamente indeseables.

---

[1] Slobodan Stankovic, en "Yugoslavia's Critical Year", *East Europe*, 16 (abril de 1967), pp. 12-17, afirma que Tito "sugirió explícitamente que los miembros del Partido necesitaban dejar de colocar pedidos, como había sido necesario hacerlo alguna vez, y en vez de ello comenzar a dirigir [guiar]".

El efecto de los cambios implantados en las organizaciones

Como resultado de esos cambios, la reducción de las barreras comerciales incrementó la presión para alcanzar una mayor productividad, indispensable para sobrevivir al embate de las importaciones competitivas que inundaron los mercados yugoslavos. Además, los fondos para inversiones, que anteriormente se podían adquirir aplicando presiones políticas, tuvieron que obtenerse con justificantes económicos, especialmente porque los bancos se convirtieron en instituciones con la obligación de acrecentar al máximo sus ganancias de distribuir utilidades. A esto debemos agregar que el mercado yugoslavo llegó a un nivel de saturación; de mercado de vendedores se convirtió en mercado de compradores, lo cual imponía mayores presiones en las empresas, en cuanto a sus decisiones competitivas.

Todos estos cambios exigieron una orientación hacia el mercado por parte de la gerencia, en vez de la anterior orientación gobierno-partido. Los funcionarios de las empresas tenían que poseer conocimientos en su campo, en vez de buenas relaciones con el Partido. Se hizo necesaria la rápida toma de decisiones, caracterizada por lo incierto de los resultados, así como una nueva estructura de la autoridad-responsabilidad, donde los individuos asumieran la responsabilidad de sus decisiones. En otras palabras, se hizo crucial la oportuna toma de decisiones y el "espíritu emprendedor", que suponía la buena disposición para absorber riesgos y para tener oportunidad irrestricta de expresarse.

La estructura de organización existente, las leyes en vigor, donde se definían cómo debían funcionar los sistemas, reforzado por los aspectos socio-políticos de la reforma para llegar a la descentralización, resultó incongruente con las nuevas necesidades del mercado creadas por los aspectos económicos de la reforma. La estructura de organización, con su definición legal de toma de decisiones y las presiones para alcanzar una mayor descentralización de éstas, necesaria para la reforma, permitió, y en cierto sentido alentó prolongadas decisiones a todos los niveles de organización, hasta llegar al consenso democrático. La burocracia, que hasta entonces había sido un fenómeno latente, privó en todo, ya que el consenso general se tenía que alcanzar dentro de cierto límite de tiempo, imposible de cumplir, dada la complejidad del sistema. El "espíritu emprendedor" no podía expresarse plenamente, porque estaba limitado por la toma de decisiones en *grupo* y la responsabilidad de *grupo*; el individuo encontraba dificultades para ejercer influencia en el funcionamiento de la compañía y, por ende, para expresar sus impulsos personales.

El retiro del apoyo del Partido a los directores generales y la transferencia a las compañías del poder económico y político para manipular las variables decisivas en el éxito, alteraron la estructura de la autoridad dentro de cada compañía, de "arriba hacia abajo" y la cambió de "abajo hacia arriba". Antes, la estructura de la autoridad

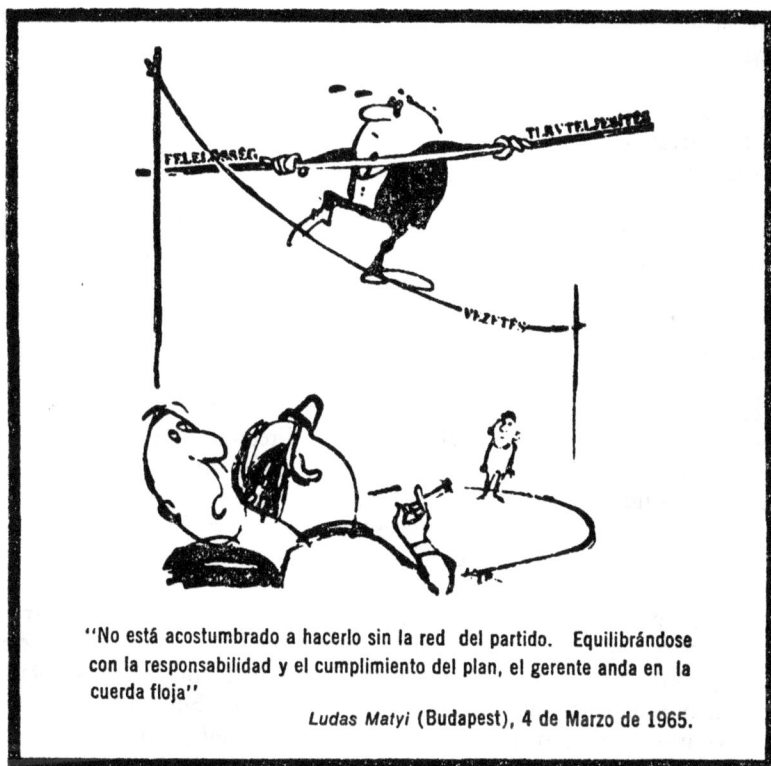

"No está acostumbrado a hacerlo sin la red del partido. Equilibrándose con la responsabilidad y el cumplimiento del plan, el gerente anda en la cuerda floja"

Ludas Matyi (Budapest), 4 de Marzo de 1965.

de organización no estaba necesariamente correlacionada con la estructura del poder. Aun a través de la autoridad de organización política debió ser "de abajo hacia arriba"; pero las fuentes externas de poder, tales como el Ministerio de Comercio y el Ministerio de la Gobernación, determinaron una organización jerárquica, esencialmente "de arriba hacia abajo". Con las reformas socioeconómicas, tales fuentes externas de poder perdieron importancia, y la definición legal del proceso de toma de decisiones se convirtió en factor decisivo en la determinación del método para tomar decisiones.

1. *El efecto en los puestos dirigentes.* Los cambios que afectaron las operaciones de los altos funcionarios fueron rápidos y de gran alcance, y al parecer no les dieron tiempo de adaptarse a nuevas actitudes.

Antes de 1950 la gerencia había sido todopoderosa porque representaba al Estado y a sus organismos de planificación. Tras la reforma de 1950, la gerencia perdió su apoyo externo absoluto, pero seguía derivando poder de sus relaciones con el exterior. Con la tendencia a la descentralización, y especialmente con la reforma económica de 1965, terminó el proceso mediante el cual la gerencia tenía que confiar principalmente en la autoridad por aceptación más que en sus relaciones externas, lo cual redundó en una reestructuración completa "de abajo hacia arriba" de la autoridad. Así, después de quince años de asumir una actitud autócrata, el director general tenía que funcionar como dirigente benigno o complaciente, estuviera o no preparado para ello.

Anteriormente, gracias al poder que adquiriría de fuentes exteriores a la empresa, el director general no parecía preocuparse por el desequilibrio formal entre responsabilidad y autoridad (que hemos analizado en el capítulo III) a que estaba sujeto. Por otra parte, con los cambios suscitados en el medio, el director general perdió la fuente exterior de su poder y no ganó un mejor nivel económico ni social, porque la ideología del sistema autogestor seguía considerando a la gerencia como un mal necesario, llamada a desaparecer junto con el Estado. Sin embargo, el mercado competitivo aumentó las presiones a que estaban sujetos los funcionarios para obtener resultados competitivos, y tuvieron que aceptar responsabilidades, correr riesgos y trabajar arduamente en situación de dirección benigna de la empresa. Los dirigentes administrativos que no pudieron adaptarse a la nueva situación, en la que tenían responsabilidad sin autoridad, o autoridad muy restringida (ya que se basaba exclusivamente en la aceptación), tuvieron que renunciar o seguir trabajando en condiciones de franca conducta disfuncional.

Los funcionarios que consideraron que esta transformación, con sus nuevas exigencias, sobrepasaba su capacidad, aparentemente eran aquellos que no poseían los conocimientos profesionales necesarios para hacer un análisis científico de las fuerzas del mercado. Tal conocimiento profesional de la gerencia les habría servido de base para detentar la autoridad profesional, tan necesaria para la aceptación de su autoridad, que podrían haber utilizado para sustituir poder externo perdido. Estos dirigentes de empresas habían llegado a ocupar sus puestos a través de filiaciones políticas, y sus conocimientos, su actitud y su experiencia no concordaban a menudo con la dirección benigna. Al paso del tiempo, la presión a que estaban sujetos estos funcionarios podía hacerse muy fuerte, puesto que aumentó al sentir los efectos retroactivos de las decisiones tomadas. Como el sistema recompensaba directamente a los integrantes de la organización por la buena operación de la empresa (véase el capítulo III), los obreros comenzaron a comparar sus salarios (total, variable y fijo) con los de otros trabajadores en puestos similares, y con preparación semejante en otras industrias. Al descubrir grandes diferencias, los dirigentes tenían que rendir cuentas por el rendimiento de la empresa. Los altos funcionarios que no podían explicar y calmar a la colectividad tuvieron muchas dificultades en mantener su posición dentro de la compañía.

2. *La supervivencia de los mejor preparados.* La tendencia que debió haber surgido de todo esto, era que los directores generales más capaces, aquellos que poseían tanto la capacidad de dirigir como la sólida preparación profesional, debían sobrevivir a la presión. Debieron haber sido capaces de diseñar estrategias aceptables dentro de las limitaciones circunstanciales y ganarse la colaboración de los obreros. Los directores generales que no fueron capaces de sobreponerse al cambio en virtud de su propia capacidad, quedarían eliminados necesariamente más tarde o más temprano. Pero no podemos afirmar a ciencia cierta que esto haya ocurrido.

En abril de 1966, hubo reelecciones de directores generales. Aunque se esperaba que no se reelegiría a muchos de ellos y que los obreros eligieran a otros con mayores conocimientos profesionales, los resultados de la votación no concordaron con esta previsión. Los obreros conservaron en sus puestos los mismos directores. En 353 elecciones en la industria, sólo hubo 71 nuevos directores. El 80 por ciento de los directores de antes permaneció en su puesto. De los 71 directores nuevos, sólo un 41 por ciento tenía una excelente preparación profesional. Y de los 282 directores reelegidos, sólo el 18 por ciento tenía un alto nivel profesional, mientras que el 26 por ciento no había pasado del nivel medio, y el 36 había tenido una instrucción muy deficiente (escuela de primera enseñanza). El 17 por ciento de los directores reelegidos carecía en absoluto de educación formal.[2]

Este fenómeno puede explicarse de varias maneras. Una de ellas es que los directores generales lograron crear una posición de poder informal dentro de la empresa que les permitió manipular la defi-

[2] Estos datos los proporcionó por carta un colaborador del autor.

nición esperada del puesto de manera tal que sólo ellos estaban calificados para ocuparlo. Otra explicación podría ser que las compañías tuvieron que enfrentarse a muchas situaciones de crisis causadas por los cambios del medio y los obreros se aferraban a cierto sentido de continuidad y seguridad. El cambio en la gerencia habría desencadenado una nueva serie de adaptaciones que, desde el punto de vista de muchos obreros, tal vez no serían deseables. Sin embargo, parecería que, a la larga, la estructura de la autoridad de "abajo hacia arriba", con presiones tanto del interior como del exterior, sólo permitiría la supervivencia de los dirigentes administrativos que tuvieran tanto la autoridad profesional, como la capacidad de dirigir en forma benigna. Sólo la combinación de estas dos cualidades puede asegurar una posición de dirigente empresarial líder en el medio yugoslavo, cada vez más orientado hacia el mercado, con su sistema democrático en la industria implantada por la ley. Se anticipa este resultado porque el medio exterior requiere una toma de decisiones competitivas y una gran eficiencia, mientras que el mecanismo interno permite y alienta pasar por alto a aquellos funcionarios que no demuestren efectivamente su estilo democrático de dirigir.

3. *La importancia de la capacidad de liderazgo en la nueva situación.* Se ha afirmado que los conocimientos en administración de empresas no bastan para el funcionamiento eficaz de una empresa, ni para la supervivencia del dirigente en el sistema. La forma "permisiva" de hacerlo es esencial para el éxito de la compañía en el sistema de autogestión, porque la ideología de la democracia industrial es un dogma aceptado y un método necesario de conducta social. Antes de que un funcionario pueda aplicar cualquier decisión, debe convencer a los obreros de su conveniencia, y asegurarse su aprobación. Los individuos con gran capacidad para dirigir, basada en conocimientos técnicos o cualidades carismáticas, pueden hacer cumplir los derechos de autogestión del trabajador mediante la exposición de las medidas que hay que tomar. Los que no han establecido claramente su posición de líderes, o quienes no han sabido ganarse la confianza de los obreros, tienen que enfrascarse en largos debates y explicaciones. Esta forma de operar es muy frustrante y poco eficaz, además de acelerar el que estas compañías tengan problemas financieros y aun lleguen a la quiebra.

Lo que parece colegirse de este estudio del liderazgo y del funcionamiento de la organización en Yugoslavia, es que un líder debe ser "permisivo" (benigno) para guiar bien la empresa. Además, debe tener los conocimientos profesionales necesarios para tener éxito. De no estar orientado hacia los trabajadores, puede crear una brecha en la información que puede suscitar intranquilidad y descontento. Si no posee los conocimientos profesionales, su incapacidad para alcanzar buenos resultados económicos también puede causar desasosiego entre los trabajadores.

Cabe preguntarnos: ¿hasta qué grado debe ser benigno o benevolente un director general? El de ABC lo era; asistía a las reuniones, hablaba frecuentemente con los trabajadores en sus puestos, y se interesaba por su bienestar. Pero resultaba obvio para todo el mundo que se arrogaba la responsabilidad de todos los asuntos de la compañía, y que actuaba enérgicamente según lo que él juzgaba más conveniente para su empresa. El director general de XYZ no asumía ninguna responsabilidad; al contrario, dejaba que tomaran las decisiones aquellos que tenían la autoridad legal para hacerlo. Estos dos estilos antitéticos generaron dos pautas diferentes de comportamiento. En XYZ, un grupo de funcionarios de nivel medio podía hacerse cargo del puesto del director general en caso de que éste tuviera que renunciar. En ABC, la ausencia del director general podría haber sido un revés grave para la compañía.

En XYZ era evidente que había más participación, aunque resultaba obvia también una menor eficiencia en la toma de decisiones.[3] La participación sólo existía en la medida en que se llegaba con mucha lentitud a las decisiones "dolorosas", tales como la modernización y la plena integración técnica de las diversas fábricas y, en todo caso, obedecieron más a las circunstancias que a la voluntad del director general. En ABC, las decisiones "dolorosas", tales como la rápida modernización, que consumió una gran parte de los recursos (que de otro modo se habrían distribuido como ingreso personal), quedaron afectados por la voluntad del director general. Sin embargo, también se notó en ABC una brecha en la información, que al surgir apuros económicos se convirtió en brecha de confianza y fuente de muchas insatisfacciones.

Por lo dicho, defender cualquiéra de estas dos pautas de dirección resultaría improcedente. De hecho, lo que se necesita es un individuo que tenga la suficiente confianza en sí mismo para aceptar voluntariamente la responsabilidad de los asuntos de una empresa. Sin embargo, no debe estar demasiado orientado hacia la eficiencia, aunque se sienta responsable y sienta el impulso de lograr los resultados ópti-

[3] Mayores detalles acerca de este tema se encontrarán en I. Adizes, *The Effect of Decentralization on Organizational Behavior: an Exploratory Study of the Yugoslav Self-Management System* (Tesis doctoral, Universidad de Columbia, 1968), capítulo 7.

mos. Debe ser capaz de obrar como maestro que estimula a los demás a que hagan lo que él quiere, sin hacerles sentir que los actos de ellos son resultado de los deseos de aquél, o que lo que está ocurriendo es responsabilidad exclusiva del dirigente. Por lo tanto, deberá ser como el director general de XYZ al permitir que los demás tomen las decisiones; al mismo tiempo, tiene que ser como el director de ABC, que se sentía responsable de todas las decisiones, aunque él sólo sugería su posible evolución.

El autor observó que, como en las organizaciones verticales, parecía existir una compensación entre los rendimientos económicos y los logros del "capital humano". XYZ obtenía resultados económicos inferiores, pero eran mejores sus resultados de capital humano, a corto plazo; en ABC ocurría lo contrario. Y es interesante comprobar que la organización más vertical lograba mejores resultados económicos que la benevolente. (Esta conclusión debe compararse con la mejoría en los resultados tras hacer más benevolente una organización vertical. Al parecer se logran mejores resultados con un desplazamiento desde ambos extremos del espectro de la estructura vertical-horizontal hacia el centro.)

Otra diferencia esencial entre estas dos empresas: el tiempo que tardaban en la toma de decisiones. En el liderazgo benévolo de XYZ, las grandes decisiones requerían más tiempo que en el liderazgo autoritario de ABC. La dirección más blanda alentaba una participación más auténtica, al ofrecer más canales a través de los cuales los participantes podían participar en las decisiones. El estilo autoritario requería menos tiempo para tomar e implantar las decisiones, pero ello acaso se debiera a lo limitado de la participación. Sin embargo, eran menos las sugerencias constructivas, como lo eran también las restricciones impuestas a ciertas decisiones, como la de modernizar a la empresa.

Resultados disfuncionales [4]

El cambio de una estructura de la autoridad "de arriba hacia abajo" por otra de "abajo hacia arriba", sin los cambios previos de actitudes y de adiestramiento, y sin una revaluación crítica de las limitaciones legales a la toma de decisiones, tuvo cierto efecto disfuncional en la organización.

Aun para aquellos funcionarios capaces de adaptarse al sistema de dirección benevolente o flexible, los éxitos estaban ensombreci-

---

[4] Los resultados funcionales sugeridos se encontrarán en las páginas 221-223 del mencionado ensayo.

dos por las frustraciones. Muchos de estos individuos consideraban pérdida de tiempo asistir a una reunión con sus inferiores profesionales para debatir qué debía hacerse, ya que pretendían conocer de antemano la solución. Como dijera un alto funcionario frustrado: "Yo no les digo a los obreros cómo deben operar en una máquina, puesto que ellos saben hacerlo. ¿Por qué me habían de decir ellos cuál es el precio más conveniente para un producto? Ellos desconocen los mercados. Ignoran la situación de la competencia." A pesar de todo, tenían que convencer a los obreros de la eficacia de las opciones que surgían. El problema se agrava porque las discusiones frecuentemente se centraban alrededor de problemas triviales; problemas que por comprenderlos mejor, preocupaban más a los obreros.[5] En consecuencia, muchos planes formulados por el personal de dirección fueron transferidos a un comité *ad hoc* o relegados para revisarlos posteriormente, no porque tuvieran fallas críticas, sino porque algún aspecto insignificante era descartado por el dirigente, o bien porque era imposible suscitar el debate serio en reuniones tan concurridas. Era frecuente que los funcionarios, cansados de tanto golpear mesas y repetir peroratas aclarando ciertos puntos, se tornaran apáticos y poco comunicativos ante las continuas objeciones impertinentes y triviales del grupo.

La comunicación, de importancia tan medular en la toma eficaz de decisiones, resultaba a menudo inadecuada en las reuniones de los organismos responsables de ellas. Aunque hubiera desacuerdos en las reuniones del *Collegium*, eran mínimas comparadas con los estruendosos desacuerdos y con los fenómenos disfuncionales tales como la apatía, el desinterés y el nerviosismo que solían manifestarse en los Consejos de Trabajadores y en las reuniones del Comité Directivo en el estilo de dirección de XYZ. En el *Collegium*, al que sólo concurrían altos funcionarios, los "trasmisores" y los "receptores" al parecer sintonizaban en la misma longitud de onda que los organismos directivos que acabamos de mencionar.

En opinión del investigador, las causas de muchas de las dificultades de organización del sistema yugoslavo, es decir, de una asignación inadecuada de tiempo para la toma de decisiones, la incapacidad de los funcionarios adiestrados para comunicarse plenamente con los tomadores de decisiones, el desequilibrio entre la autoridad y la responsabilidad, la disparidad entre las aportaciones valiosas y los alicientes para los funcionarios en un medio competitivo que requería decisiones competitivas, y la aceptación de riesgos... todo ello re-

---

[5] Véase: Adizes, ensayo mencionado, capítulo 7.

dundó en un fenómeno totalmente nuevo en la administración de empresas yugoslava: la "gerencia contractual".[6]

La "gerencia contractual" [7]

En Skopie, capital de Macedonia, cierta empresa que se encontraba al borde de la quiebra recibió la oferta de ayuda de un gerente profesional. Les propuso dirigir la compañía siempre y cuando no se permitiera al Consejo de Trabajadores dictar las decisiones acerca de la operación diaria del negocio. Tal arreglo era posible si los obreros delegaban en él el poder necesario a través del estatuto. El director general se dedicó a incrementar las ventas y las utilidades, según cantidades previamente establecidas en dinares, en determinado lapso. De obtener éxito, el gerente debía recibir una prima adicional, además de su sueldo. Al percatarse de que la compañía pronto tendría que declararse en quiebra y de que, por consiguiente, ellos quedarían sin empleo, los obreros aceptaron la proposición.

Este incidente ejemplifica la "gerencia contractual", que parece estar surgiendo en Yugoslavia. El director general ofrece sus servicios a cierta empresa, indicándole la medida en que puede ayudarle y la compensación pecuniaria que espera recibir en cambio. Esta oferta elimina parcialmente el conflicto creado por la ambigüedad en cuanto a dónde reside realmente la toma de decisión y el poder ejecutivo; el director general solicitaba el poder operativo de tomar decisiones, mientras que el Consejo de Trabajadores conservaba el poder de contratarlo o despedirlo, aprobar sus presupuestos o su ingreso proyectado, así como las políticas generales que quisiera implantar para llevar a cabo el "contrato". Además, el pago solicitado por el dirigente administrativo parecía compensar el riesgo que estaba asumiendo al hacer su propuesta. Lo que ocurría esencialmente era que los funcionarios directivos estaban alterando su estrategia para adquirir poder con procedimientos que iban, desde maniobras "entre bambalinas", hasta propuestas directas en forma de contratos, señalando su capacidad de gerentes y su deseo de funcionar sin trabas. Los diarios yugoslavos señalaron el proceso como el método mediante el cual un director ya en funciones o uno nuevo podían solicitar el puesto; para el caso, tendría que hacer hincapié en su capacidad, y señalar las aportaciones que podría hacer, y por ello, aceptaría la

---

[6] Término que ha acuñado el autor.

[7] Todos los datos que se presentan a continuación fueron reunidos en el transcurso de las entrevistas.

responsabilidad sin menguar la participación de los obreros en la marcha de la empresa.

No obstante, surgió un problema en relación con este tipo de contratos. El Partido y los sindicatos consideraron que sería poco ético que el director general cobrara una prima extraordinaria, ya que obtenía una remuneración excedente al explotar a los trabajadores gracias a sus conocimientos técnicos. Había que dilucidar si el director general no debía haber ofrecido sus servicios sin pedir compensación por ellos. Esta discusión sobre el contrato del director general llegó inclusive a la televisión y a la radio, y atrajo la atención del público. A la postre, ese director general devolvió voluntariamente el 50 por ciento de su prima, y con una parte de su mitad restante compró una ambulancia para la ciudad de Skopie. Sólo retuvo una pequeña parte de su ingreso personal.

Una actitud similar surgió durante un incidente ocurrido en Nis. El director general de la más grande industria electrónica de Yugoslavia amenazó con renunciar. Consideraba que el Consejo de Trabajadores y la Comunidad de Nis lo estaban presionando para obligarlo a tomar decisiones poco prudentes, especialmente las de interés local. Dada su reputación de ser uno de los mejores ingenieros electrónicos de Yugoslavia, con una posibilidad casi ilimitada de emplearse, le resultaba fácil cambiar de trabajo, sin temor al desempleo. A raíz de su protesta, el Consejo de Trabajadores siguió siendo el cuerpo tomador de decisiones todopoderoso, pero delegaba en él diariamente un amplio poder para tomar decisiones operativas por sí mismo.

En otra empresa que visitó este investigador, un gerente con fuerte apoyo del Partido, que solicitaba el puesto de director general, había pedido al Consejo que le redujera radicalmente su salario propuesto, hasta el punto en que quedaba igual al costo de oportunidad de su trabajo como abogado en otra compañía. De hecho, la cifra resultante era en un 30 por ciento inferior a lo ofrecido. Esto intrigó al Consejo, pero quedó aclarado el enigma por lo que ese gerente le dijo al investigador: "Quiero que adviertan que son ellos los que me necesitan a mí, y no yo a ellos. Siempre me quedará el recurso de marcharme." Cuando fue entrevistado, el gerente resumió ante el Consejo sus conocimientos y su experiencia. También les presentó sus planes acerca de lo que se podía hacer y cómo hacerlo, pero expresó claramente su deseo de obrar como líder independiente, y no como director-marioneta. Solicitó que el Consejo estableciera los lineamientos y que se avocara las decisiones más importantes, permitiéndosele actuar libremente dentro de lo establecido.

El autor conversó libremente con varios trabajadores de la empresa. Se daban cuenta, tanto de la necesidad real que tenían de los servicios de ese funcionario como de la capacidad del mismo para obtener empleo en otra empresa. Esto creó admiración y una buena disposición para apoyar al director general, y le confirió autoridad a sus decisiones. (En 1968, cuando sus colaboradores más cercanos organizaron una conspiración para derrocarlo, los obreros firmaron cartas de adhesión y despidieron a la minoría rebelde.)

Lo que parece sugerirnos estos tres casos es una comprobación de lo que ya sabemos según la teoría de la gerencia: no puede haber una implantación eficaz de la obligación sin la autoridad necesaria para hacerla cumplir. La responsabilidad de hacer cumplir decisiones, sin la autoridad para determinar, ya sean las decisiones mismas o la forma de cumplirlas, carece de objeto y es ineficaz. Los funcionarios vieron la necesidad de crear esta autoridad, ya sea a través de un contrato legal específico (caso número 1) o con la amenaza de renunciar (lo cual afectaría adversamente a la empresa), o bien reforzando esta amenaza con la elección adecuada del salario (casos 2 y 3). Pero los tres casos ilustran la obtención de la autoridad por aceptación; en esencia, la autoridad por aceptación fue puesta a prueba, y una vez superada ésta, es decir, una vez nombrado el director general, la aceptación le confería la autoridad que necesitaba para dirigir bien la empresa.

Había otras fuentes de autoridad que utilizaban o creaban los directores generales, pero en comparación con su efecto sobre el proceso, tal como se describen más arriba, las demás aparentemente eran disfuncionales. Estas fuentes adicionales de autoridad parecían lograrse, no por la aceptación activa, sino a través de la tolerancia de los subordinados. Podemos citar varios ejemplos de este fenómeno. Los funcionarios solían proporcionar la información necesaria para la toma de decisiones de modo tan complejo, que el encargado de tomarla la aceptaba sin mayores objeciones. O bien la reunión donde se debía tomar la decisión se hacía tan festiva y solemne que los trabajadores de base se sentían fuera de lugar y aceptaban automáticamente cualquier sugerencia. Otra forma de adquirir este tipo de autoridad radicaba en que el dirigente se convertía en el centro de la red de información; es decir, toda la correspondencia tenía que pasar por sus manos. Este comportamiento era disfuncional en relación con la eficiencia de la compañía a largo plazo, pero parecía ser el atajo que tomaban los dirigentes para adquirir la autoridad deseada y cristalizar sus ideas, cuando la otra opción, o sea, adquirir autoridad por aceptación, o no les atraía, o no estaba a su alcance.

EL DESPLAZAMIENTO DE OBJETIVOS Y SU EFECTO EN LAS EMPRESAS
YUGOSLAVAS

Además de los efectos descritos, conviene apuntar que los cambios
del medio afectaron, tanto los objetivos perseguidos por las compañías yugoslavas, como los procesos destinados a lograrlos.

El desplazamiento de objetivos [8]

Los objetivos de la compañía que quedaron desplazados por los cambios surgidos en el ambiente fueron: 1) la importancia de alcanzar
la producción máxima y 2) el interés de la colectividad por el proceso de la toma de decisiones. El desplazamiento del objetivo afectó, entre otras cosas, la importancia de la posición de los individuos
en la empresa. El *status* o posición puede considerarse un instrumento social de distribuir recompensas a quienes alcanzan o pro-
mueven los fines sociales. A continuación trataremos de ese proceso.

Un objetivo importante que sufrió un cambio fue la idea de
alcanzar la producción máxima. La obtención máxima de utilidades, que no se relaciona necesariamente con la mejora de la
producción, ocupó su lugar. La óptima producción podía resultar
indeseable, porque podría acumular inventarios y consumir el efectivo. Anteriormente, *udarnici* y *heroji rada*, es decir, los héroes del
trabajo que, a semejanza de los (estajanovistas) Stajanovich rusos
lograban duplicar y hasta triplicar la norma, eran objeto de reconocimiento y privilegios especiales. El objetivo de las compañías había
consistido en cumplir un plan específico lo más pronto posible, y
los héroes eran instrumento de tal esfuerzo. Con una tristeza evidente en la voz, varios obreros informaron al autor de los tiempos
festivos (bailes, abrazos, etcétera), cuando la sirena de la compañía
anunciaba que un plan de producción no sólo se había cumplido,
sino sobrepasado. La gente ya no se sentía orgullosa de tales reali-
zaciones ni de sus héroes de la producción. Quienes comenzaron
a mejorar de situación fueron los tecnócratas que poseían títulos,
diplomas y conocimientos formales y que eran capaces, además, de
determinar la cantidad que podía producirse y la manera de comer-

---

[8] El desplazamiento de los objetivos en una empresa puede incluir la conver-
sión de un medio anterior en meta, y la meta anterior en medio para alcanzar
el nuevo objetivo. A. Etzioni, en *Modern Organizations* (Englewood Cliffs, N. J.:
Prentice-Hall), 1967, p. 10, asegura que debe ser la sustitución de un objetivo
legítimo por algún otro, que no es ocupación primordial de la empresa. Hemos
parafraseado y resumido la última parte de la definición de Etzioni en este libro.

cializar el producto. Este desplazamiento de la posición restó al obrero la gloria potencial que podría haber derivado de su empeño en la línea de montaje, gloria que había sido parte de la cultura socialista y símbolo del dominio obrero.

También quedaron afectados otros dogmas. Como dijo uno de los directores generales entrevistados:

No estamos libertando los dogmas... Antes, el objetivo era empleo máximo... La persona que trabajaba era buena y aceptable. Actualmente, no basta con trabajar. Ahora hay que trabajar para producir un artículo que los demás juzguen aceptable. Tiene que ser un trabajo redituable. Los que no son buenos, aquéllos cuya labor no tiene aceptación en el mercado, deben desaparecer. Así, el empleo máximo perdió importancia y ocupó su lugar la mayor eficiencia.

La máxima producción alcanzada por la mano de obra no estaba necesariamente relacionada con la máxima eficiencia en la organización. Este factor pareció afectar adversamente el ánimo de muchas personas dentro de las empresas, ya que se dificultó más valorar los insumos y las producciones más importantes para el buen funcionamiento de la organización. Para que los resultados pudieran quedar registrados, era necesario vender la producción, lo que significaba que se debía prolongar el lapso en el que había que dar cuenta de la eficiencia de organización. Esta situación ahondó la ambigüedad relacionada con la valoración de la eficiencia de organización y la aportación individual a la empresa. Quienes manipulaban la incertidumbre mejoraron de posición; es decir, los economistas y los tecnócratas. Los héroes del trabajo procedentes de la línea de producción, aunque continuaban recibiendo recompensas comparables a las de los economistas y gerentes, sufrieron mengua en su prestigio.

El segundo elemento del cambio de objetivos tenía que ver con los resultados que la autogestión debía de proporcionar. El objetivo de la autogestión había sido la participación en la toma de decisiones; es decir, la intervención de la colectividad en el proceso de toma de decisiones. El sistema fue un experimento educativo, en el que la participación en la gerencia se consideraba un medio de educar a los campesinos de ayer para convertirlos en los obreros industriales del mañana. Las empresas que lograron altos niveles de participación, mediante una acelerada tasa de rotación de sus gobernantes, así como elevados niveles de debate de los asuntos esenciales para el buen funcionamiento o las políticas de la empresa, eran las que se consideraban victoriosas y progresistas. Elevaban a la colectividad;

cumplían con las normas de la autogestión. Como originar utilidades no dependía del proceso administrativo, sino en gran medida de la reglamentación oficial, se podía lograr, tanto resultados económicos aceptables, como la participación en la gerencia. El surgimiento de las fuerzas competitivas del mercado y la menor intervención gubernamental en el sistema alteraron la función que se esperaba de la gerencia de participación. Ahora se esperaba de ella alcanzar la redituabilidad mediante decisiones racionales. Como no existe una relación necesaria, directa y a corto plazo entre participación y rentabilidad, este cambio parecía importante, puesto que originó muchas frustraciones y no pocos problemas que acosan a muchas compañías yugoslavas hasta nuestros días. En muchas de ellas, el sistema de participación, que resultó inflexible e impidió la eficiencia en la toma de decisiones, no contribuyó a la rentabilidad ni a las relaciones internas más armoniosas, sino que provocó menores rendimientos comerciales, además de muchos roces internos.

En esencia, las compañías yugoslavas estaban pasando por el periodo caótico intermedio inevitable, cuando ciertas normas de conducta son descartadas en favor de otras. Por una parte, Yugoslavia seguía operando con un sistema en el que se requería la máxima participación en el proceso de toma de decisiones, que abarcaba recompensas destinadas a inducir la máxima producción con el mínimo desempleo, y que comprendía también una gerencia sin poder para impulsar los procesos administrativos democráticos. Por otra parte, el sistema de mercado que iba surgiendo requería de una organización adecuada para crear utilidades, mediante una operación racional, decisiva y bien ejecutada; era preciso que las decisiones fueran obra de profesionistas; y era preciso, también, establecer un comité de proporciones adecuadas, menor al del Consejo de Trabajadores, de 60 miembros o poco más, que funcionara como tomador de decisiones.

Para alcanzar algún éxito en el mercado de competencia debe haber flexibilidad en el proceso de tomar decisiones, especialmente respecto a los planes de producción. No obstante, el proceso democrático, que con toda razón se adhiere al sistema de máxima participación, casi impedía esta flexibilidad. Parte de esta rigidez fue resultado de la participación de toda la colectividad laboral en las decisiones.

La cantidad de participación y las áreas de participación son la tercera faceta del proceso de desplazamiento de objetivos descrito. Durante mucho tiempo, el sistema yugoslavo giraba en torno de la colectividad, de preferencia al individuo. La doctrina comunista pre-

conizaba el avance de toda la colectividad, más que de cada individuo que la constituye, y los lineamientos igualitarios comunistas
formaron la base ideológica de este enfoque, el cual, durante el periodo de "arranque" de la economía yugoslava, parecía ser el adecuado. Gracias a la "participación" se podían obtener sacrificios de
la generación en turno para que reconstruyera y mejorara la destro-
zada economía del país. Sin embargo, tal filosofía de colectivismo
igualitario propugnaba ciertas normas de conducta paternalista que
resultaban incoherentes ante las nuevas necesidades de la fase de
reformas posteriores a la recuperación económica. Se requería una
mayor movilidad de la mano de obra. Las compañías con problemas económicos tenían que despedir a su fuerza de trabajo excedente, la cual se veía obligada a buscar empleo en otras actividades,
donde el mercado indicara buenas oportunidades económicas.

La movilidad de la fuerza de trabajo parecía quedar un tanto im-
pedida por las normas del colectivismo y la participación de la
colectividad en las decisiones de contratación y despido de personal.
Cuando era mala la situación económica de alguna compañía, era
imperiosa la decisión de despedir a una parte de la fuerza de trabajo. A pesar de ello, los trabajadores que tenían el poder de tomar
alguna decisión al respecto se mostraban renuentes a hacerlo, ya que
podría significar que cualquier miembro de su grupo tendría que marcharse. Además, existía la cuestión de la propiedad: la gente había
invertido su ingreso potencial en la compañía, al renunciar a él, de-
dicando la suma correspondiente a reinversión. Al despedir a esta
gente, se le habría privado del ingreso futuro derivado de tal inversión.[9]

El proceso de contratación también se resentía mucho del proceso
de decisión colectivo. Cuando había nuevas oportunidades que re-
quiriesen, ya fuera la expansión de alguna compañía o la fundación
de una nueva, la expansión de la mano de obra de la empresa era
imposible, a causa de la toma de decisiones colectiva, pues los responsables de tomarlas no parecían dispuestos a permitir a otros disfrutar del "pastel cada vez más grande" del ingreso. El incremento
de la mano de obra, cuando menos a corto plazo, puede haber sig-

---

[9] Para alentar la movilidad de la mano de obra (impedido por el dilema de
la propiedad) y para alentar las inversiones en las empresas, los yugoslavos piensan en ciertos medios de establecer un mercado de capitales: una ilustración
de lo anterior sería la emisión de bonos de la compañía, como ocurrió en el
caso de *Crvena Zastava* (véase la p. 265). No sería de extrañar que Yugoslavia
estableciera un mercado de valores en un futuro cercano; claro que su nombre
no sería, como lo señaló Kenneth Boulding en una conferencia en UCLA, la
Bolsa de Valores de Wall Street, sino tal vez la Bolsa de Valores del Pueblo.

nificado una reducción en la tasa de crecimiento del ingreso personal del cual ya disfrutaban los integrantes de la empresa. De tal forma, aunque era necesario hacer cambios estructurales en algunas organizaciones, respecto a la mano de obra, es decir, el despido de la mano de obra no calificada y la contratación de gente adiestrada, tales cambios no se podían implantar, por el sistema adoptado para tomar decisiones. En el desempleo que hubo después de la reforma, un fuerte porcentaje de quienes buscaban trabajo eran los ingenieros recién graduados u otros tecnócratas.

La fundación de nuevas empresas tampoco era posible, por el enfoque colectivista de la toma de decisiones, ya que el empresario que podría haber allegado los recursos para explotar las oportunidades, en realidad no podía hacerlo. Sólo el gobierno federal o el local podían crear nuevas empresas, y éstas tenían que ser administradas a través de Consejos de Trabajadores y de las decisiones colectivas. El empresario que al parecer buscaba recompensas mayores en concordancia con los riesgos de crear y dirigir una nueva compañía, y por la mayor cantidad de energía que se necesitaba para la nueva empresa, estaba atado de manos. Las recompensas que podría obtener a través del proceso de decisiones igualitario eran muy precarias (véase el capítulo IX).

Las presiones señaladas resultaban aparentes, y se hicieron adaptaciones para permitir una mayor libertad de acción. Los cambios fueron escasos, pero eran síntomas de la tendencia. Un cambio reciente, que redundó en un incremento de la libertad administrativa, en oposición a las limitaciones impuestas por las decisiones tomadas en grupo, se presentó al agrandar las empresas exentas del proceso de toma de decisiones de la autogestión. El nuevo reglamento señalaba que los empresarios podían establecer *sus propias* compañías [10] y dirigirlas de manera jerárquica, en vez de hacerlo a través de los Consejos de Trabajadores, siempre y cuando el número de obreros no pasara de diez. Anteriormente el reglamento había establecido un mínimo de 5. Por lo que respecta al proceso de contratación y despido, se ejercían fuertes presiones sobre el gobierno federal para que cambiara las leyes en el sentido de darle mayor libertad a la función ejecutiva. En junio de 1968 estas presiones

---

[10] En M. Gamarnikow, "The New Role of Private Enterprise", *East Europe*, 16 (agosto de 1967), pp. 2-9, se encontrarán observaciones sobre los acontecimientos en Europa Oriental, en general. También sobre un fenómeno separado, "el sistema de agencia" se encontrarán mayores datos en M. Gamarnikow, "Another Step toward Private Enterprise", *East Europe*, 17 (enero de 1968), pp. 2-9.

impusieron la promulgación de nuevas leyes que permitieron una mayor libertad a los administradores en sus relaciones laborales.

Efecto en la afiliación de organización

La transición del objetivo político de la participación en la toma de decisiones, hasta el objetivo económico de la máxima obtención de utilidades, aparentemente tuvo un efecto importante en la jerarquía social y en el espíritu reinante en las organizaciones estudiadas.

A consecuencia del nuevo hincapié en la idoneidad profesional, la posición del líder político profesional sufrió mengua. Informalmente ya se le consideraba un "parlanchín" capaz de hablar mucho, pero incapaz de participar en la obtención de utilidades. También el Sindicato perdió buena parte de su atractivo como cabeza del proletariado, ya que había quedado suplantado socialmente por los tecnócratas.[11]

Este desplazamiento generalizado del poder afectó mucho la calidad y la necesidad de varias reuniones [12] que anteriormente constituían la columna vertebral del sistema de decisiones de participación. Como la gerencia y el poder real de tomar decisiones iba quedando cada vez más en manos de los gerentes profesionales especializados, muchas de las reuniones se tornaron simple formalidad carente de toda influencia real, excepto las votaciones. Los trabajadores advertían las dificultades que presenta la gerencia en condiciones de inseguridad o incertidumbre, muchos de ellos se mostraron más que dispuestos a abolir el viejo sistema. Alguien declaró "Quisiera que alguien me dijera lo que tengo que hacer, sin tener que preocuparme por qué." "Dejen a otro que administre; lo que yo quiero es un buen salario." Varios obreros incluso intentaron salir del Partido, puesto que consideraban que éste consumía incontables horas en algo que estimaban discusiones vanas. Algunos obreros confiaron al autor: "Los que no funcionan bien se convierten en líderes políticos." Por ejemplo, una persona entrevistada para ocupar un puesto en una de las compañías investigadas tuvo que contestar a ciertas preguntas acerca de su educación. Cuando respondió que se había graduado en el Instituto Superior de Dirigentes Políticos, el presidente del comité, que era un obrero, le contestó en son de broma: "Eso le servirá para las tardes [es decir, las reuniones políti-

---

[11] En M. Gamarnikow, "New Tasks for Trade Unions", *East Europe*, 16 (abril de 1967), p. 18, se encontrarán más datos sobre la tendencia general de Europa Oriental.

[12] Más en otras compañías que visitamos, que en XYZ y ABC.

cas], pero ¿qué hará durante el día?" No fue aceptado para ocupar la vacante, mientras que anteriormente, según se le informó al autor, se le habría aceptado justamente por sus ligas políticas.[13]

Desde que el Partido Comunista perdió su principal atractivo como fuente de recompensas, y se convirtió en una carga, ya que

El doctor Tito receta a su paciente (''El Partido'')''En su estado, lo que le conviene es tener más actividad. ¡Vamos! ¡A moverse!''

Jez (Belgrado), Mayo 26 de 1967

[13] Un análisis más detallado de esta tendencia se encontrará en M. Gamarnikow, "The End of the Party Hack", *East Europe*, 14 (noviembre de 1965), pp. 3-8.

consumía mucho tiempo en reuniones, comenzó a bajar de afiliación a él. Mucha gente abandonó voluntariamente el Partido, y a ritmo creciente: en 1964 lo abandonó un total de 2 273 afiliados; en 1965 esta cifra fue más que duplicada, ya que llegó a 5 762, y en 1966 llegó hasta 7 640. En 1967, sólo durante los seis primeros meses, hubo 4 321 afiliados que devolvieron sus credenciales. El sesenta y uno por ciento de los que dejaron el Partido eran trabajadores muy calificados que querían dedicar su tiempo a algo más constructivo; el 65.8 por ciento de este grupo tenía de 26 a 40 años; estaban en los mejores años de productividad, y el 68.9 por ciento no formaba parte del Partido hacía más de seis años. A diferencia de los miembros veteranos del Partido, aparentemente carecían de la identificación profunda con la ideología comunista que reinaba en la época anterior a la guerra.[14]

Algunos teóricos consideran favorable este fenómeno,[15] porque aseguran que llegó el momento de deshacerse de los oportunistas en el seno del Partido. Dicen que los integrantes deberían renovarse, para que permanecieran sólo aquellos que deseen ejercer influencia en los sucesos, sin por ello perseguir sus intereses personales inmediatos. Por ello, los miembros del Partido deberían funcionar de la misma manera y de acuerdo con las mismas reglas del juego que los funcionarios de sus empresas: como dirigentes que utilizan su integridad moral, sus conocimientos profesionales y sus convicciones personales para inducir ciertas actividades, sin por ello buscar su beneficio personal inmediato. Queda por ver el efecto a largo plazo de esta estrategia (basada en la interpretación ideológica de la naturaleza humana) en el papel del Partido en el país.[16]

Resulta interesante señalar que los sociólogos yugoslavos entrevistados en Estados Unidos por el autor aseguraban que la experiencia en la autogestión había hecho posibles muchos acontecimientos políticos. La gente aprendió a ser franca, a dudar, a retar. En las organizaciones industriales tenían libertad para hablar y se les enseñó a ser dirigidos democráticamente; no obstante, en los organismos directivos del Partido o del gobierno, quedaba limitada la expresión de sus opiniones. Las discrepancias en el sistema crecieron hasta

14 Estas cifras se obtuvieron en "Ko i Zasto Svojevoljno Napusta Skj", *NIN*, revista semanal, 7 de abril de 1968.

15 *Ibid.*

16 Observaciones similares acerca de la elevación de la posición de los tecnócratas y la decreciente importancia de la filiación política se encontrarán en Jan F. Triska, "The Party Apparatchiks at Bay", *East Europe*, 16 (diciembre de 1967), pp. 2-8.

el punto de que una parte tuvo que ceder. Fue Tito quien inclinó la balanza hacia una mayor democratización del Partido para hacer concordar las instituciones políticas con las nuevas relaciones laborales en la industria.

Campaña electoral en Nish, Servia ''De 99 candidatos registrados, uno es auténticamente un trabajador.   ¿Increíble, dicen? ¡Mírenle las manos!''
Politika (Belgrado), Febrero 12 de 1967

Pensamos que no será demasiado aventurado concluir que el mecanismo de autogestión erosionó la autoridad demasiado congelada y centralizada del Partido. Adiestró a los tecnócratas, los llamados "economistas", cuyos razonamientos y objetivos diferían de los dogmatizadores, los llamados "comunistas" o "sindicalistas" (véase la nota de pie de página número 20, en la página 267). La autogestión sirvió de trampolín para los tecnócratas, ya que mejoró su posición y su prestigio y les dio la fuerza necesaria para luchar dentro del Partido. Desde las organizaciones, el sistema adiestró a la gente para la democracia, preparándola para participar en el ámbito nacional. Esta experiencia fue valiosa para los yugoslavos, porque la democracia y la participación eran los bienes exclusivos de un reducido grupo exclusivista de la Yugoslavia de la preguerra, nación agrícola y monárquica, y no existió durante la fase de planificación centralizada de la época inmediatamente posterior a la guerra.

A pesar del comportamiento disfuncional descrito en la Parte II, debemos recordar que la autogestión generalmente daba resultados sorprendentemente funcionales a largo plazo. Permitió la absorción de la inseguridad mientras se descentralizaba el país, proceso que generó una turbulencia imprevisible, preñada de tendencias contradictorias. La autogestión, al hacer obligatoria la participación, hizo que la comunidad y el individuo estuvieran contentos por estar en "el mismo barco". De haber existido una organización jerárquica, y si la inseguridad hubiera sido absorbida únicamente por la gerencia, el medio imprevisible habría llevado a la polarización destructiva entre quienes tenían que decidir (la gerencia) sin que pudieran predecir lo que iba a ocurrir, y los que tenían que implantar (los trabajadores) sin comprender el motivo de la divergencia entre las decisiones, los resultados anticipados y los logrados. Al obligárseles a ser administradores, los trabajadores tuvieron que aceptar los acontecimientos ingobernables y sus repercusiones.

A pesar de ello, esta estructura democrática de autogestión necesitaba de un líder fuerte, dispuesto a absorber la inseguridad y capaz de convencer a los integrantes de la organización de que deleguen en él ciertos poderes. De otra forma, la estructura democrática podía fácilmente tornarse anárquica, y así nadie disfrutaría de los beneficios del proceso de la gerencia democrática. Además, la estructura requería, al parecer, que la administración no se volviera demasiado autócrata, ya que de ello podría derivarse una "brecha de confianza" en la que se enseñaba a los obreros a participar, pero en realidad no tenían la oportunidad de hacerlo. Por ello era apetecible que el liderazgo asumiera toda la responsabilidad; simultáneamente con ello, la asamblea general debía interesarse en la toma de decisiones, aunque tal participación redujera la libertad de acción de los dirigentes: el número de opciones en la toma de decisiones por las que aceptan la responsabilidad los dirigentes.

Cuando se hizo esta investigación la autogestión era (y al parecer continúa siendo) un proyecto educativo nacional de gran envergadura. Cuando se les obliga a administrar, los trabajadores tienen que aprender a leer, a computar, a hacer operaciones aritméticas, a pronosticar: es decir, deben adquirir determinados conocimientos. El campesino de ayer tiene que aprender por una buena razón: su salario crecerá ya que comparte los beneficios derivados de los esfuerzos de la compañía. Por tanto, la autogestión puede ser un mecanismo deseable para los países en vías de desarrollo que están atravesando por un proceso de industrialización. Pero también hay que decir que este esfuerzo educativo tiene ciertos límites.

Se informó a este investigador que el número de integrantes de los Consejos de Trabajadores se estaba alterando en el país por la tendencia a la descentralización. Como la ley excluye a los funcionarios administrativos de estos Consejos, para facilitar al máximo la participación de los obreros, había una cantidad creciente de jóvenes economistas, tecnólogos e ingenieros que actuaban como sobrestantes, y en esta calidad fueron elegidos ante los Consejos. El consenso general parecía consistir en "mantener alejados a los parlanchines". Por ello, en ciertos casos, estar afiliado al Partido o ser modesto obrero de la línea de producción no ayudaba mucho para ser electo ante el Consejo, a menos que la persona poseyera también los conocimientos profesionales necesarios. Anteriormente se alentaba la tendencia opuesta: el Consejo debía estar integrado por el mayor número posible de obreros de la línea de producción.

Ser miembro del Consejo comenzó a perder atractivo. Muchos obreros dejaron de desear pertenecr a los organismos de autogestión. Aquellos con quienes habló el autor le dijeron que quince años había sido más que suficiente para ellos, y que el proceso de autogestión había dañado su vida familiar. Las reuniones solían ser prolongadas (llegaban a durar hasta ocho horas) y se convocaban después de las horas de trabajo, inclusive los domingos. Por ello, en muchas familias yugoslavas donde la esposa también trabajaba, las reuniones familiares disminuyeron. Una trabajadora dijo al autor que había aceptado un puesto en una empresa por la mitad del salario con una condición: que no tuviera que participar en las reuniones ni en las actividades políticas. El valor que le concedía al tiempo que pasaba con sus dos hijos era superior al posible aumento de salario. Algunos jóvenes entrevistados preferían invertir el tiempo en estudiar para progresar profesionalmente, a desperdiciarlo en reuniones inútiles.

Además de los cambios descritos, el autor observó cierta presión para reajustar la ideología y sus dogmas para que concordara con la realidad. En esta nueva interpretación se hacía hincapié en la redefinición del papel del capital en generar valor, así como en la redefinición del derecho a la propiedad.

Anteriormente sólo la contribución en fuerza de trabajo servía de base para distribuir el valor creado. Con la economía de mercado, resultaba indispensable la movilidad del capital. Antes, el capital había sido canalizado por el gobierno, que no era precisamente una entidad que elevara al máximo las utilidades. No se presionaba para asignar parte de las utilidades a los que aportaban el capital. Al encargarse los bancos de la distribución de las inversiones, y cuando intentaron subir al máximo sus utilidades, se crearon presiones para asignar dividendos al capital.

Un banco consta de los recursos de capital aportados por varias empresas. El banco selecciona las solicitudes de préstamos y le asigna fondos a los solicitantes que le parecen más redituables. Tiene que obrar así porque sus socios, las empresas, lo presionan para que obtenga un ingreso máximo a cambio del capital que aportaron. Las compañías, por tanto, reciben dividendos por su capital, en vez de intereses fijos por sus ahorros.

Un caso podría ilustrar algunos de los procesos tan interesantes que comenzaron a surgir a consecuencia de la orientación hacia los mecanismos del mercado. Durante un largo período, una fuerte empresa de Belgrado ha disfrutado del monopolio en cierta industria. Cuando la competencia comenzó a presionar, la compañía solicitó un préstamo al Banco Económico de Belgrado. Éste, con el pretexto de que la administración no podría contrarrestar la competencia se negó a conceder el préstamo hasta que los principales funcionarios quedaron despedidos y se contratara personal nuevo para esos puestos. La compañía aceptó, después de muchas discusiones.[17] Este caso fue diametralmente distinto del de las experiencias anteriores, pues antes la valoración administrativa se hacía en el seno de cada empresa, y sólo quedaba afectada por los factores políticos externos. Se ignoraba el valor de la administración como factor de las decisiones. La insistencia del banco en que hubiera una nueva gerencia elevó el prestigio de los funcionarios, así como los sueldos que percibían, cristalizando con ello la idea, que ya incubaba, de que la buena administración es de importancia vital en los mercados competitivos. Como el banco estaba orientado hacia las utilidades, desempeñó un papel primordial en este sesgo de los acontecimientos.

Podemos observar un ejemplo de las presiones sobre el dogma respecto al capital como creador del valor mediante un incidente que se produjo en un programa de televisión.[18] A Roman Albrecht, miembro del Comité Central del Partido Comunista, el Consejo de Trabajadores le dirigió la siguiente pregunta: "Poseemos capital que no podemos invertir razonablemente en un futuro inmediato, mientras que otra compañía vecina a la nuestra tiene una imperiosa ne-

---

[17] Entrevista con el profesor adjunto Vasic, de la Universidad de Novi Sad, mayo de 1969, en UCLA.

[28] *Aktuelni Razgovori*, febrero 23 de 1967, 8 p.m., Televisión de Belgrado. Grabada por el autor.

cesidad de capital para seguir operando. ¿Podemos prestarles el dinero y participar en sus utilidades en lo futuro? Somos comunistas, y ellos también lo son. ¿Sería para nosotros aceptable recibir parte de sus utilidades sin haberlas ganado con nuestro trabajo? La respuesta fue que sería aceptable tal arreglo, y que habría que negociar una renta "justa" del capital.

No olvidemos que en esa época estaba en estudio en el Parlamento una ley para promover las inversiones extranjeras. Ningún capital extranjero habría entrado en Yugoslavia a menos de que hubiera la aquiescencia para distribuir los dividendos competitivos (no los intereses) a los inversionistas extranjeros. La jerarquía comunista no podía aprobar la práctica de distribuir utilidades a los inversionistas extranjeros y al mismo tiempo rechazar tal práctica en el sector doméstico. No obstante, tanto antes como ahora se sigue desalentando a los capitalistas individuales. En otras palabras, ningún individuo puede prestar dinero a una empresa y esperar por ello dividendos, sin trabajar para ella; en cambio, una *institución* sí puede hacerlo, y luego repartir los dividendos adquiridos entre sus integrantes. Con esto se llega a un compromiso en el que el capital puede fluir de un uso a otro, pero donde el individuo que no trabaje realmente no podrá ganar en ese proceso. Las decisiones respecto a la transferencia del dinero de que dispone la gente todavía no se considera una fuerza valiosa, sino simple especulación que debe eliminarse.

Cabe señalar que aun este dogma tiende a desaparecer. La economía de mercado necesita una mano de obra móvil y mercados de capitales. Ambos apenas están apareciendo en Yugoslavia. Por ejemplo, *Crvena Zastava*, que es la sucursal de la *Fiat* en Yugoslavia, acumuló el capital necesario para expandirse mediante la colocación de bonos de acciones en el mercado. Los bonos dejaban el 7 por ciento, que era más de lo que ofrecían los bancos como intereses sobre ahorros, y además se podían redimir en forma de automóviles, artículos por los que hay una enorme demanda en Yugoslavia. Como no se había hecho anteriormente ningún intento para allegarse capital de la sociedad en conjunto, la venta de estos bonos, que se vendieron de un día para otro, constituyó realmente una innovación.[19]

La ley de promoción de capitales extranjeros era en sí una innovación ideológica. Durante muchos años el comunismo consideraba los capitales extranjeros un vehículo de explotación que había que evitar. Se desalentaban las inversiones extranjeras por temor a depender de los intereses foráneos. Yugoslavia ya había sufrido tal dependencia antes de la guerra, y la consideraba nefasta. La con-

---

[19] *The Economist* (Londres), 6 de enero de 1968, p. 22.

clusión del país de que para competir en el mercado extranjero se necesita de la tecnología de otros países y de capitales mayores que los domésticos, así como la decisión consecuente basada en este análisis, son acontecimientos interesantes, que vale la pena subrayar.

LAS FUERZAS CENTRÍPETAS COMO CONTRAPESO DE LAS PRESIONES CENTRÍFUGAS DE LA DESCENTRALIZACIÓN

La reforma de 1965 afectó, tanto las funciones económicas, como las sociales de las empresas. El efecto económico puede observarse en la descentralización del poder económico al nivel micro y macroeconómico. La descentralización ocurrió no sólo en las relaciones gubernamentales con las compañías, sino también en las relaciones entre los organismos centrales tomadores de decisiones y las diversas Unidades Económicas, y aun más allá de éstas, en el producto inmediato.

El efecto social de la reforma de 1965 reflejó el aspecto económico. Según la descentralización, cada obrero tendría mayor libertad, y, eventualmente, también un mayor respeto de sí mismo mediante la toma de conciencia de que constituía la fuerza vital, responsable del éxito o del fracaso de la compañía. Los organismos políticos crearon una mayor presión para descentralizar al micro-nivel, que redundó en el establecimiento de subsistemas. Exigieron el establecimiento de una nueva Unidad Económica dentro de cada empresa, adecuadamente regulada, para medir el valor de la aportación de cada Unidad a la empresa en conjunto. También sugirieron que cada Unidad tuviera el poder de tomar aquellas decisiones que la llevaran a obtener el máximo de utilidades de cada unidad. En esencia el resultado perseguido era la descentralización de las utilidades, al estilo de la autogestión (es decir, en la autogestión, el proceso de delegación se refiere a un grupo en vez de a individuos).

La presión política para descentralizar a micro-nivel fue tan grande que el proceso ocurrió aun en aquellas compañías donde resultaba ineficiente. Por ejemplo, en algunas compañías de servicios no se podía esperar que se establecieran Unidades Económicas eficientes; en tales casos, la empresa dependía demasiado de la interacción y la cooperación de todas las Unidades. Tampoco podía existir un medio adecuado para medir la contribución separada de cada Unidad al conjunto, como método para determinar la distribución objetiva del ingreso. Por ello hubo roces entre las Unidades Económicas por la distribución "injusta", lo cual paralizó a las empresas. La competencia que sobrepasa una cantidad prefijada del ingreso crearía, por definición, un conflicto, y tal fue el resultado de la presión ejercida por los organismos políticos. Esta situación se suscitó en el momento menos oportuno: en el preciso instante en que las compañías trataban desesperadamente de conciliar y adaptar sus actividades con las nuevas demandas del sistema de competencia.

Aunque los funcionarios del Partido habían renunciado a su poder de ejercer influencia en las actividades de las compañías yugoslavas, como ya lo indicamos más arriba, siguió imponiendo la obligación *moral* de luchar por la continuación y aun el avance de la ideología de la autogestión. Los trabajadores afiliados al Partido debían promover la doctrina comunista; se consideraban los miembros más conscientes de la organización, ya que, según ellos, les incumbía la plena responsabilidad por el éxito o el fracaso del sistema autogestor.

Los miembros del Partido frecuentemente eran interrogados acerca de si los líderes de las diversas comunas o grupos urbanos acataban las resoluciones del Sexto Congreso Plenario del Partido Comunista, inclusive por órganos del Partido que no pertenecían a sus empresas. En otras palabras, querían saber si se pretendía apuntalar la descentralización. De hecho, nadie sabía cual era el propósito o el efecto de estas preguntas; si tenían un carácter meramente informativo, o si debían considerarse como órdenes. Muchos directores generales, estuviesen o no estuviesen afiliados al Partido, fueron interrogados por activistas del Partido y (como preferían no arriesgarse) cumplían respondiendo a tales interrogatorios como si fueran oficiales. Sólo los directores que poseían, ya fuera un alto grado de conocimientos profesionales o un fuerte apoyo en el Partido, se atrevían a oponerse a las presiones.[20] La oposición resultaba relativamente fácil de expresar; a causa del incremento en la libertad de disentir y por la lucha de facciones en el Partido, el director general simplemente tenía que fundamentar su oposición en motivos ideológicos o técnicos.

En consecuencia, las compañías que quedaron más adversamente afectadas por el proceso de descentralización a micro-nivel fueron las que estaban dirigidas por un director general débil, ya fuera desde el punto de vista político o profesional. Estas compañías de pronto

---

[20] Debe tenerse en cuenta que el Partido mismo se compone de muchas facciones; por ello, una persona puede tener fuerza política a pesar de oponerse al "Partido". Como ya lo advertimos antes, Stankovic señala que Tito admitió oficialmente la existencia de dos grupos antagónicos por primera vez en noviembre de 1959. Al primero lo designa como el de los "Economistas" y el otro como los "Comunistas" (que en este libro hemos llamado "sindicalistas"), siendo muchos menos estos últimos. Stankovic obtuvo sus datos en *Komunist*, 26 de noviembre de 1959.

tuvieron que luchar en un mercado de mucha competencia, frustradas por un sistema de toma de decisiones desintegrado e ineficaz. Habían cedido equivocadamente ante las presiones hacia la descentralización por razones políticas, y no por sus necesidades financieras.

Una comparación de las dos compañías observadas por el autor ilustrará este fenómeno político. En ABC, el director general era políticamente fuerte, y por ello pudo oponerse a las encuestas. Fue capaz, no sólo de oponerse a una mayor descentralización interna de su empresa, sino que llegó a pronunciar discursos por la radio en los que insistió en que se aplicara la descentralización sólo después de tomar en consideración las limitaciones tecnológicas. XYZ, que soportó los *mismos* procesos tecnológicos que ABC, descentralizó su poder de decidir (por ejemplo, las decisiones sobre los planes anuales) delegándolo en las Unidades Económicas. XYZ se enfrentaba a mayores dificultades por causa de tal descentralización, pero no podía invertir el proceso, porque su director general carecía del apoyo necesario para oponerse a él firmemente.

A pesar de que la maquinaria tomadora de decisiones de la organización había quedado fragmentada, la situación económica seguía exigiendo ciertas medidas. La organización extraoficial encontró su propio modo de sobreponerse a las barreras formales impuestas por esta descentralización, estableciendo cierto grado de congruencia en el proceso de la toma de decisiones. Surgieron tres grupos informales, con una función definida que llevar a cabo en el sistema: la *Politikal Aktive*, el *Collegium en Pleno* y el Comité Central del Partido en la empresa.

Se hizo práctica habitual someter toda decisión importante a estos tres grupos, para que se debatiera en su seno antes de presentarla formalmente a discusión y votación. La decisión era enviada a las Unidades Económicas sólo después de haber asegurado la cooperación de estos grupos. En esencia, estos grupos informales o extraoficiales ejercían por fuerza centrípeta que equilibraba las fuerzas centrífugas suscitadas por la descentralización. El autor tuvo la impresión, confirmada por muchos de los entrevistados, de que cuanto más fuerte fuese la descentralización, en términos de poderes delegados, menos frecuentes eran las reuniones de estos tres grupos. Informalmente, lograban suavizar los conflictos y dar soluciones que aceptaban los influyentes, que sólo entonces se presentaban a votar en el Consejo de Trabajadores.

De hecho, estas instituciones crearon un efecto ondulatorio. En el centro estaban el Consejo de Trabajadores y la rama ejecutiva;

en su periferia, y en competencia entre sí, las Unidades Económicas con sus diversos poderes delegados. El centro fue incapaz de coordinar efectivamente y resolver los conflictos, porque estaba dividido entre organismos ejecutivos y de gobierno. La división de responsabilidades y autoridades menguaba el poder del centro, que seguramente necesitaba para resolver los conflictos. El Comité Central del Partido, el *Collegium en Pleno* y la *Politikal Aktive* unían informalmente estas dos ramas de la gerencia, y servían de intermediario, además de llenar el hueco entre las Unidades y el centro. Pudieron realizar esta función no sólo porque reunían en un cuerpo único el gobierno y la ejecución, sino también porque sus propios miembros salían, tanto del centro, como de la periferia de los organismos de organización.[21]

Otro signo más de la reacción centrípeta puede observarse en la tendencia a eliminar la Junta de Gobierno, a prolongar el mandato del Consejo a cinco años (permitiendo con ello una cooperación prolongada con la rama ejecutiva), y a legitimar el *Collegium en Pleno* asignándole cierta autoridad formal de que carecía antes.

Todos estos factores indican la tendencia yugoslava a reforzar la rama ejecutiva, concediéndole más autoridad y poder, y estableciendo la dominación obrera, más a través de la "gerencia por excepción", que por la toma directa de decisiones; es decir, una estructura de menor participación. De ser verdad esto, podríamos colegir que existe una relación directa entre las estructuras de organización (es decir, qué grado de participación) y la estructura de la economía dentro de la cual funcionan las organizaciones.

De ser aceptable esta conclusión, podríamos seguir especulando que el razonamiento contrario también podría ser cierto: si queremos que en las organizaciones de Estados Unidos haya más participación, el medio tendrá que ser de menor competencia y también más reglamentado, si deseamos que esas organizaciones operen con mayor eficiencia.

---

[21] El término de "periferia de la organización" tal vez no sea muy afortunado, pero parece el más adecuado para describir un *proceso* de descentralización que cuenta con las fuerzas centrífugas que delegan poder en los subsistemas de organización, cada vez más alejados del centro.

CUESTIONARIO

1. Describa los cambios del medio que posibilitaron la creación de la estructura "de abajo hacia arriba" de la autoridad de organización en Yugoslavia.
2. ¿Por qué se concedió a los trabajadores el derecho de huelga? ¿Por qué fue resultado necesario de los cambios sociales, económicos y políticos por los que había pasado Yugoslavia?
3. ¿Qué significó la concesión de este derecho: que la autogestión había fracasado, o que había tenido éxito? (Defina el concepto de "éxito").
4. Se asegura que al romperse las barreras a la importación, y al aumentar la competencia de los productos extranjeros, las compañías yugoslavas tuvieron que hacerse más eficientes, y se creó la necesidad de descentralizar la toma de decisiones respecto al ámbito económico. ¿Podría predecirse un hecho similar en otros países europeos orientales, en caso de que se redujeran las barreras a la importación? ¿Cuál sería el efecto en la administración de sistemas en Rusia, si se incrementara su comercio con Estados Unidos?
5. Se afirma que son incongruentes la autogestión y el medio de competencia, a causa de las prolongadas discusiones necesarias en la autogestión, que entorpecen la rápida toma de decisiones en un medio de competencia. ¿Le parece correcta esta afirmación? (Tome en consideración los peligros de las decisiones tomadas rápidamente por la autoridad centralizada, y las repercusiones posteriores, al hacerse necesaria la adaptación a un medio turbulento; no olvide tampoco los peligros que entrañan los cambios en la organización, donde todos los efectos de las decisiones en la organización no fueron sopesados como es debido.)
6. ¿Qué le parece incongruente con el medio competitivo: la autogestión tal como se practica en Yugoslavia, o el ideal mismo de la autogestión? Analice la adecuación de la autogestión en su concepto ideal, en un medio de competencia, y compárela con el sistema, tal como opera actualmente en Yugoslavia.
7. Suponiendo que las perspectivas del futuro presentadas en este capítulo llegaran a realizarse, y que aquellos individuos que ocuparan la dirección de las empresas yugoslavas fueran más profesionales y los que mayores conocimientos tuvieran, ¿piensa usted que en tal caso seguirían siendo miembros del Partido? ¿O el Partido les parecería más bien una limitación indeseable? Especule sobre lo que pasaría si estos directores poseedores de tantos conocimientos y orientados hacia la técnica abandonaran el Partido.
8. ¿Cuán diferente es el estilo óptimo de gerencia en la autogestión que aquí se describe, del estilo óptimo de gerencia en una estructura corporativa? ¿Qué se acerca más a la Teoría X o a la Teoría Y en el estilo óptimo de autogestión? ¿Se acerca a ambas?

IX. CÓMO EQUILIBRAR LAS NECESIDADES DEL MEDIO CON LAS PERSONALES, A TRAVÉS DE UNA ESTRUCTURA DE ORGANIZACIÓN

UNA TENDENCIA de la teoría administrativa contemporánea consiste en explicar las ventajas de una mayor participación de los subordinados en los procesos de toma de decisiones que afectan a la organización.[1] Tal tendencia sugiere la alteración de la estructura de organización en este aspecto desde el tipo de estructura vertical, hacia otro horizontal.[2]

Se ha teorizado mucho en cuanto a que una mayor participación y responsabilidad respecto a las decisiones por parte de todos los trabajadores tiende a crear lealtad hacia la organización, confianza, actitudes favorables hacia los superiores, reduce el ausentismo, aumenta la productividad, etcétera.[3] La mayor participación reduce el tipo de comportamiento que resulta nefasto para la organización o sus miembros, o sea, el comportamiento que se clasifica como disfuncional. Además, se afirma que "la democracia... es el único sistema que puede enfrentarse positivamente a las exigencias cambiantes de la civilización contemporánea..."[4]

Por todo lo anterior, cabe preguntarnos si existe un límite, un punto de rendimiento decreciente en cuanto a la cantidad de autoridad que en el proceso de la toma de decisiones puede delegar en la asamblea general, es decir, un límite al tipo y a la magnitud de democracia en las organizaciones industriales. En términos más generales, ¿qué se considera una estructura de organización deseable? Para responder a esta pregunta debemos analizar las limitaciones externas (del medio) e internas (necesidades personales) que debe satisfacer una estructura de organización.

Los enfoques conductistas y sacramentalistas al diseño de organización difieren esencialmente en la importancia que se atribuye las limitaciones externas e internas. El enfoque sacramentalista con-

---

[1] La teoría "Y" de McGregor, el sistema de valores democráticos de Bennis, el modelo mixto de Argyris y la gerencia de participación de Likert, son los mejores ejemplos de esta tendencia.

[2] Se encontrarán definiciones en el capítulo 2 y en la explicación que se presenta a continuación.

[3] Véase la representación gráfica de esto en R. Likert, *The Human Organization* (Nueva York: McGraw-Hill, 1967), p. 137.

[4] W. Bennis, *Changing Organizations* (Nueva York: McGraw-Hill, 1966), p. 17.

en ambas estructuras. En resumen, este capítulo presenta un enfoque del diseño de organización que toma en cuenta las necesidades, tanto del medio, como de los participantes.

ESTRUCTURAS DE ORGANIZACIÓN

El modelo vertical en acción

La estructura vertical y sus estructuras de organización operan en toda la organización industrial norteamericana. La estructura general suele tener forma piramidal, con la autoridad, el poder y las recompensas económicas que crecen siempre hacia la cúspide de la pirámide. Las normas legislativas y ejecutivas se formulan en los niveles superiores de la estructura piramidal, y son recibidas y llevadas a efecto en los niveles inferiores. Así, las decisiones de gran envergadura, inclusive las que tienen que ver con los cargos, contratación, despidos, modernización o cambios domiciliarios de la empresa e inclusive el poder de vetar tales decisiones, siempre se efectúan dentro de ciertas limitaciones en los niveles más altos de la organización.

El modelo horizontal en acción

En cuanto a estructuras, el supuesto en que se basa la teoría de organización industrial yugoslava es que todos los integrantes de una empresa tienen la misma voz y la misma autoridad para establecer los planes, las recompensas y las operaciones de la empresa.

Puesto que la asamblea general es la que tiene la autoridad legislativa, mientras que los funcionarios sólo poseen la autoridad derivada de su experiencia profesional, o que les haya sido específicamente asignada para llevar a efecto tales decisiones, y como la asamblea general toma sus decisiones sobre selección de personal, puestos y despidos, como el poder de veto le pertenece a la asambla general mediante el referéndum, el sistema yugoslavo de autogestión sería el extremo horizontal del espectro en las estructuras de organización.[6]

Cambios en la estructura de organización

En toda esta obra se ha apuntado que las empresas yugoslavas estu-

---

[6] En Katz y Kahn, p. 211, se encontrará un análisis más detallado de la estructura democrática, comparada con la jerárquica.

sidera las organizaciones un sistema establecido para alcanzar objetivos y que, a través de la departamentalización y la especialización, diseña la estructura necesaria para alcanzar los objetivos fijados. Las necesidades personales de sus miembros se consideran principalmente un medio de manipularlos hacia los objetivos, que a su vez reciben la influencia de las fuerzas del medio.

El enfoque conductista se centra en el comportamiento primordialmente dentro de la organización misma. Gracias a los puestos de importancia y a las estructuras de participación, se busca la satisfacción de las necesidades de los miembros. Se toman en consideración las presiones ambientales externas, pero en general sólo en términos de su modo de afectar el comportamiento de los participantes.[5]

Respondiendo a esta pregunta sobre la estructura de organización deseable, el investigador intenta columbrar una estructura óptima, como objetivo en sí. Para ello, se hace otro enfoque: la organización se considera un mecanismo de límite social que afecta a recursos y opera dentro de cierto medio. Para responder a la pregunta referente al tipo de estructura necesario para que opere bien este mecanismo, deben analizarse, tanto el medio en el que opera la organización, como las necesidades personales de los participantes. Luego se ve la estructura de organización como un mecanismo que amortigua y equilibra las presiones externas e internas; una estructura que concilia las necesidades conflictivas, en vez de una estructura que favorezca más a cualquiera de ellas.

En este capítulo se analizan, tanto la manera como el medio, y las necesidades psicológicas de los participantes en las empresas yugoslavas observadas, cómo afectaron el comportamiento de organización y el cambio que hubo en su estructura. Adicionalmente, se hace una comparación entre estos cambios en las empresas norteamericanas, con los analizados. De la comparación de medios y estructuras se derivan ciertos conocimientos que deberían responder a la pregunta relativa al grado de democracia viable en una organización industrial.

El capítulo está organizado como sigue: primero se hace la distinción entre las periferias del espectro de las estructuras verticales y horizontales y los cambios que ocurren en ellas, tanto en Estados Unidos como en Yugoslavia; segundo, se procede a analizar la relación de tales cambios en el medio con los cambios en las organizaciones; tercero, se analiza la satisfacción de las necesidades personales

---

[5] C. Argyris, en sus primeros escritos, *Personality and Organization* (Nueva York: Harper & Row, 1957), optó por este enfoque.

diadas por el autor adaptaron su estructura de organización a una configuración más jerárquica (vertical) que lo proyectado en la concepción original. El refuerzo de la función del funcionario, la "gerencia por contrato", las funciones de la *Politikal Aktive* y del *Collegium en Pleno*, la usurpación del poder por parte de los funcionarios, ya sea por aceptación o por consentimiento tácito, la idea de eliminar a los Comités Directivos y prolongar el mandato del Consejo de Trabajadores (disminuir la rotación) y las presiones para emancipar a los funcionarios de los vínculos que impone la autogestión, el ascenso en su posición... todos estos factores pueden considerarse síntomas de tal tendencia.

Por otra parte, en Estados Unidos el incremento en la participación de utilidades, los programas administrativos de participación, que en sí fueron una moda pasajera, y los escritos que apoyan la democracia industrial parecen indicar que la estructura jerárquica norteamericana tiende a ser más tolerante o benévola. Por ello, parecería que, en términos de la continuidad de las estructuras, ambos extremos del espectro se están acercando al punto medio. ¿Cuáles son los cambios del medio en ambos países que acaso incidan en este movimiento?

LAS FUERZAS DEL MEDIO Y LA ADAPTACIÓN DE LA ORGANIZACIÓN

El medio yugoslavo

Yugoslavia cambió, de un medio económico de planificación centralizada a otro de fuerte reglamentación económica, que a últimas fechas se ha vuelto muy competitivo. Al nivel político, el país parecía dirigirse hacia un mayor pluralismo que el que poseía su estructura anterior, consistente en un grupo político selecto y exclusivista muy compacto, que dominaba mediante la fuerza policiaca.[7]

Este cambio tuvo dos efectos principales: 1) incrementó la inseguridad o incertidumbre en la que tenían que operar las empresas, y 2) alteró la estructura de los objetivos de la empresa: hubo un relajamiento en los objetivos impuestos, y en cambio cobraron fuerza los objetivos deterministas.[8] Aumentó la inseguridad, porque las diversas opciones de acción en un mercado competitivo aumentó a

---

[7] Véase el capítulo III de este libro.

[8] Los objetivos deterministas son aquellos que se propone alcanzar la compañía; las metas que se alcanzan mediante determinada acción. Los objetivos condicionados son aquellos que la empresa se propone dejar intocados; son objetivos que no requieren ninguna acción.

su vez. Los objetivos se tornaron más deterministas porque la descentralización socio-política, supuestamente, suavizaba los procesos necesarios para la toma de decisiones y permitió que las organizaciones determinaran su propia acción. Al irse suavizando los objetivos obligatorios y al cambiarse este criterio por la máxima obtención de utilidades para la supervivencia de la compañía, los objetivos deterministas se reforzaron.

La adaptación de organización en Yugoslavia

En las organizaciones jerárquicas (verticales), cuanto más se va subiendo en la jerarquía, mayores son las recompensas del individuo en términos de posición, poder y remuneración económica. Sin embargo, también ocurre que cuanto mayor es el nivel alcanzado en la pirámide, es mayor también la inseguridad que debe absorber el responsable de tomar decisiones. Por ello, la organización jerárquica tiene la cualidad equilibradora de ofrecer mejores motivaciones en términos de recompensas por mayores aportaciones; dicho de otro modo, hay mejores recompensas y peores castigos por tomar decisiones que entrañan mayores compromisos y repercusiones para la organización.

El sistema de autogestión no posee esta cualidad. La diferencia en las recompensas no representa necesariamente diferencias en responsabilidad. Los funcionarios no perciben recompensas económicas o sociales notablemente superiores. Las retribuciones económicas están limitadas por los principios igualitarios prevalecientes. La asignación según la posición también está limitada, aunque existen presiones para elevar la posición de los tecnócratas, como lo hemos visto. El pensamiento sindicalista considera esta tendencia como un fenómeno contrarrevolucionario. A quienes se les pide oficialmente que acepten responsabilidades, los miembros del Consejo de Trabajadores, no perciben pago por su afiliación al Consejo, y su rotación tampoco facilita el proceso de la toma de decisiones.

Mientras el proceso de la toma de decisiones no estaba directamente relacionado con los resultados, tampoco había necesidad de que la responsabilidad quedara efectivamente delimitada dentro de la organización. En vez de ello, el gobierno asumía la responsabilidad general, y se limitaba a decretar reglamentaciones. En una situación de competencia, cuando alguno tenía que rendir cuentas por los resultados y tomar la iniciativa en ciertas decisiones, la responsabilidad de grupo parecía inadecuada, ya que resultaba difícil detectar al responsable de esas decisiones.

Las organizaciones tratan de sustituir sus elementos que no funcionan bien; sin embargo, la responsabilidad del grupo también puede ser limitativa de tales actos. Es más: las decisiones tomadas en grupo son vulnerables a los factores emocionales, y por ello no siempre previsibles, mientras que las organizaciones que operan en un medio de competencia requieren cierto nivel de seguridad o racionalidad en su funcionamiento, para que sus decisiones tengan una secuencia lógica. Cuando un individuo se siente responsable de sus decisiones, sus actos son más previsibles, ya que los valores que lo afectan son relativamente estables. En un grupo sin cabeza, las decisiones cambian al ir variando la estructura del poder que integra tal grupo, y en esas circunstancias resulta más difícil prever las decisiones del grupo. Se podrían predecir las decisiones en esta situación si hubiera un líder que se sintiera responsable de las decisiones tomadas. Pero en tal caso estaría en pie nuestra pregunta inicial: ¿Por qué aceptaría alguien responsabilidades en esta situación, sin la autoridad proporcional y sin las retribuciones adecuadas? Más aún, en un mercado de competencia, la capacidad de tomar decisiones es un elemento medular, mientras que en el engorroso sistema de la busca del consenso general se consume un tiempo muy valioso.

La dificultad relativa de identificar a los individuos que resultan responsables de las decisiones, la incapacidad de predecir las decisiones de un grupo, la falta de un mecanismo que asigne mayores retribuciones a la mayor aceptación de riesgos, y la presión del tiempo para tomar las decisiones más rápidamente, son algunos de los casos en que la estructura democrática (horizontal) pura y el medio de competencia parecían entrar en conflicto. Por este conflicto, se presionaba a la autogestión para que fuera de menos participación y más jerárquica, aunque esto no implica que se convirtiera en una estructura claramente vertical (como la estructura de organización de las empresas norteamericanas), entendiendo por estructura vertical esta noción que hemos explicado en nuestro estudio.

Comparación entre el medio norteamericano y el yugoslavo; la adaptación de la organización

Al analizar el medio norteamericano saltan a la vista varios hechos. La economía se somete cada vez más a las reglamentaciones. Los objetivos, relativamente claros, de la obtención máxima de utilidades, si se miden con los resultados económicos, son menos definidos, ya que los elementos ambiguos, tales como la responsabilidad social y la satisfacción de las necesidades psicológicas de los participantes, se están convirtiendo en parte del "paquete de objetivos de la corporación". Hay presión para participar al nivel de la toma de decisiones, porque tanto la tecnología como el manejo de la información se hacen más complejas cada día. La fuerza de trabajo está abarcando a más empleados con fuertes necesidades de autorrealización. El nivel de instrucción de la población también ha subido, con lo que se ha reducido el abismo educativo entre la asamblea general y el grupo administrativo selecto. En Estados Unidos, cuando menos una parte de la sociedad ha alcanzado sus objetivos económicos. Ahora, por lo que respecta a estos fines, tal vez no sean los de tener "un pollo en cada mesa" o "dos autos en cada hogar", sino la forma en que trabaja cada individuo, cómo se siente en el seno de su organización; si participa o si no participa en las decisiones que lo afectan. Son importantes las consecuencias de estas decisiones, pero también lo es el método para alcanzarlas. Puede ser resultado del bienestar económico de la sociedad norteamericana el que las necesidades económicas se están satisfaciendo, y si se satisfacen necesidades cada vez más altas.

Yugoslavia, por su parte, no alcanzó el nivel deseado de afluencia económica. Por motivos ideológicos, el país subrayó inicialmente el proceso en las organizaciones, colocando las necesidades sociales en primer término, antes que las económicas. Sin embargo, una vez que ocurrió la descentralización y hubo posibilidad de elegir, parecería que los resultados económicos tuvieran preeminencia sobre la manera de lograrlos, y se presionó a las organizaciones para que disminuyeran la participación a corto plazo, si de ello se derivaba una mayor eficiencia.

Así, yuxtaponiendo los medios cambiantes de Yugoslavia y de Estados Unidos, con todos los peligros que entraña la excesiva simplificación de los problemas, podemos asegurar que los cambios que están ocurriendo en el medio norteamericano hacen hincapié en el proceso; en la participación, en vez de en los resultados económicos inmediatos. La autorrealización, que ha venido a reemplazar los logros de objetivos, es una buena ilustración de tal tendencia. En contraste con ello, la política de descentralización yugoslava, que sirvió para reducir las limitaciones a los *procesos*, proponía la elección entre los *procesos* y *los resultados*. En consecuencia se prestó mayor atención a los resultados económicos, en vez de poner el acento en el proceso social que servía para alcanzar dichos resultados, posiblemente gracias a que sólo se toma en cuenta el proceso según los resultados, en términos relativos. Luego, se toma en consideración el proceso y se logra un mayor equilibrio. En Estados Unidos se está favoreciendo más el proceso, puesto que anteriormente se daba demasiada importancia a los resultados. En Yugoslavia se está prestando mayor atención a los resultados, porque el proceso se tomaba en cuenta demasiado y los resultados económicos buscados aún no se habían logrado. Además, utilizando la definición anterior, los cambios del medio en Estados Unidos llevaron a subrayar más los objetivos limitativos al hacerse más ambiguos los fines deterministas; en cambio, la descentralización yugoslava hizo más hincapié en los objetivos deterministas, al suavizarse los fines limitativos.

Al aumentar la inseguridad, tanto en Yugoslavia como en Estados Unidos (en Yugoslavia, en parte, por la descentralización; en los Estados Unidos, un tanto por la ambigüedad que representa la ampliación de los objetivos), fueron diferentes sus efectos sobre el funcionamiento de la organización. En Yugoslavia este aumento de la inseguridad reveló la falta de un mecanismo para lograr una identificación adecuada de la responsabilidad individual: al advertirlo, suscitaron la presión sobre la organización para definir la asignación de autoridad de manera más específica. No obstante, esto significó menos decisiones en grupo y una mayor libertad de acción de los funcionarios, factor que está reforzando la estructura de la autoridad jerárquica.

En Estados Unidos, la ambigüedad de los objetivos lleva a una mayor participación, puesto que, entre otras cosas, la estructura jerárquica es demasiado rígida para permitir el manejo de la información y para asegurarse el compromiso de operar en elementos cuyo valor no podía determinarse fácilmente a causa de la ambigüedad de las finalidades. Más aún, la gerencia de participación satisface las necesidades psicológicas de los participantes, que conceden menos valor a las retribuciones económicas.

¿Cómo es posible que un cambio en la inseguridad lleve, por una parte, a una estructura más vertical, y por la otra, a una más horizontal? La respuesta radica en comprender lo que es espectro: sus extremos se encuentran en el infinito. Lo que un extremo posee en abundancia, es de lo que carece el otro. Aunque la estructura horizontal es demasiado nebulosa, y por lo tanto necesita una estructura de mayor apoyo para producir algo previsible, la estructura jerárquica tiene un asiento demasiado rígido; esta última necesita más flexibilidad y ser menos previsible, puesto que no está muy claro lo que tiene que lograr. Por tanto, fue necesaria una adaptación de organización de ambas estructuras, puesto que ninguno de los extremos de un espectro estaba estructurado en su forma pura para enfrentarse con éxito a la inseguridad. Necesitamos aclarar otro poco este punto, ya que el aumento en la inseguridad, en los dos medios, tuvo diferente origen.

En Yugoslavia, el aumento de la inseguridad o incertidumbre se debió a más opciones, que ofrecía la descentralización. En Estados Unidos, en cambio, la inseguridad aumentó, no por un mayor número de opciones, sino esencialmente por la ambigüedad de las metas. En Yugoslavia, la ambigüedad radica en los componentes de las limitaciones, mientras que en Estados Unidos radica en la función objetiva (esta última la tomamos de la programación lineal).

Parece que se justificaría afirmar que un aumento en la inseguridad, causada por la ambigüedad en las limitaciones, refuerza la estructura vertical, mientras que al aumentar la inseguridad, por la ambigüedad de los objetivos, se refuerza la estructura horizontal. El autor piensa que la ambigüedad, en cuanto a sus resultados, requiere un mayor conocimiento en administración de empresas que la simple identificación de los objetivos, donde lo que necesita esencialmente es un criterio acertado. En consecuencia, en Yugoslavia el grupo administrativo fue reforzado para identificar la mejor opción, mientras que en Estados Unidos se alentó la participación general porque la ambigüedad de los objetivos requiere una mayor dedicación de todo el personal respecto a la acción que se ha fijado.[9]

Como ya lo hemos señalado, ni la estructura vertical ni la horizontal, en sus formas extremas, fueron diseñadas partiendo de suposiciones erróneas de un sistema cerrado. En su forma más pura, ambas estructuras se basan en suponer que los objetivos son claramente identificables y que todos los participantes los aceptan. Por ello, la estructura vertical crea la departamentalización y promueve la especialización, a fin de lograr esta meta. En contraste con ello, la estructura horizontal también da por sentada la aceptación de las metas, y por ello hace caso omiso de la posibilidad de que se originen conflictos, que pueden tornar muy pesado e ineficiente el sistema horizontal, con su requisito del consenso unánime. Tanto el sistema vertical como el horizontal puros son muy rígidos, y por tanto no están destinados a operar bien ante la inseguridad, cuya principal característica es el cambio.

---

[9] El autor advierte que sólo toma en cuenta una variable, o sea, la ambigüedad del objetivo *per se* y como resultado de necesidades materiales relativamente saturadas. Se le da ese tratamiento por su efecto sobre las estructuras organizativas. Otros factores importantes no se presentan aquí, ya que no inciden significativamente en las comparaciones con Yugoslavia.

Conclusiones

Tal vez una estructura horizontal sea más aceptable para una empresa que funciona en un medio que le impone una creciente ambigüedad de objetivos. Más aún, la industria está reglamentada hasta el grado de que los resultados económicos logrados en el mercado, y necesarios para satisfacer el nivel de anticipación, no queden muy afectados por la eficiencia al nivel de decisiones; es decir, ante la oportunidad y la posibilidad de identificar a los individuos responsables de los resultados en las diversas actividades. También será aceptable la estructura horizontal si la sociedad o la organización afectada, o una y otra, ha alcanzado cierto nivel de afluencia (resultados económicos óptimos, que permiten a la sociedad o a las organizaciones concentrarse más en el proceso). Por tanto, la organización quedará libre de las presiones por una gratificación económica inmediata, y podrá dedicarse a actividades que le produzcan buenos rendimientos a largo plazo, como la participación en la toma de decisiones. (Se supone que, de estar correlacionadas la participación y la eficiencia económica, este proceso ocurrirá con cierto retraso.)[10]

La estructura vertical puede ser deseable para una compañía con objetivos más claros y más fáciles de medir, donde la economía esté menos reglamentada en comparación con el caso anterior, y donde la empresa esté sujeta a presiones para obtener resultados económicos que le permitan sobrevivir. La capacidad de identificar a los responsables de alcanzar resultados, así como la oportunidad del proceso, son indispensables para el éxito de la compañía, ya que la organización debe ser capaz de sustituir inmediatamente los elementos que no sirvan para lograr los resultados que se buscan a corto plazo. En ese medio son esenciales los resultados económicos óptimos, puesto que la sociedad que proporciona a la organización su mano de obra busca acumular bienes; y el crecimiento económico, en términos reales ocupa el primer lugar en la lista de las prioridades de tal sociedad. Como la meta primordial es obtener resultados económicos óptimos, las perspectivas a plazo más corto pueden crearse para desalentar las actividades de resultado incierto o a largo plazo, tales como la participación de todos los integrantes en el nivel de la toma de decisiones.[11]

---

[10] En Likert, p. 38, se encontrará un comentario acerca del retraso al efectuar cambios en los sistemas de gerencia, así como sobre la gerencia de participación y productividad.

[11] Nótese la distinción que hace constantemente el autor entre la participa-

LAS ESTRUCTURAS DE ORGANIZACIÓN Y LA AUTORREALIZACIÓN INDIVIDUAL

En el anterior análisis hemos estudiado las presiones del medio y las estructuras de organización; sin embargo, todo esto no es más que una respuesta parcial a nuestra pregunta. Una estructura jerárquica pura, creada por las presiones ambientales, puede resultar adversa, ya que puede tener un efecto nocivo en el comportamiento de sus participantes. Más arriba dijimos que la estructura vertical será más aceptable en un ambiente en el que los resultados económicos óptimos a corto plazo sean deseables y se haga caso omiso del proceso para lograrlos. El efecto que tal estructura tiene en sus participantes es de gran importancia, ya que al principio de este capítulo se aseveró que una organización debe satisfacer, no sólo las restricciones ambientales, sino también las necesidades personales internas.

El siguiente análisis es muy breve y trata del efecto de las organizaciones exageradamente verticales (con obreros en la línea de producción), en la realización de las aspiraciones individuales. El autor habla de su experiencia en la estructura horizontal.

La estructura vertical y las aspiraciones personales

La organización jerárquica, con su unidad de mando, su delimitación de la regulación y la importancia que da a la especialización, genera conflictos con las aspiraciones personales de desarrollo, la autorrealización, el interés de participar, etcétera. Lo importante es que la gente tiene complejas necesidades; desea poseer ese sentido de "dominio" o de "competencia" en su medio laboral. Cuando la organización frustra la realización de tales necesidades internas, el obrero reacciona frecuentemente con un comportamiento disfuncional. En ese orden de ideas decía Argyris: "...cuanto mayores sean la rigidez, la especialización, los medios de supervisión y el liderazgo enérgico a que esté sometido el obrero, más tenderá a suscitar actividades antagónicas de adaptación".[12] La disparidad entre la estructura vertical y las necesidades individuales es una teoría muy conocida, por

ción del grupo profesional selecto y exclusivista, que resulta necesaria para la eficiencia económica a corto plazo, y la participación de la Asamblea general, que no es indispensable para alcanzar buenos resultados económicos y en cambio sí tiene un sabor educativo, humanista.

[12] C. Argyris, *Integrating the Individual and the Organization* (Nueva York: Wiley, 1964), p. 59.

lo que no será necesario repetirla en este libro. (El lector podrá consultar, por ejemplo, los libros de Argyris.)

Cabe señalar que la estructura horizontal impone una serie de condiciones a los individuos dentro de la organización que resultan incompatibles con una serie diferente de necesidades personales. En el siguiente apartado analizaremos este fenómeno mediante un análisis de las condiciones de organización impuestas a los funcionarios por la estructura horizontal; un análisis de las necesidades de los funcionarios que siguen insatisfechas; y analizaremos también los síntomas de comportamiento disfuncional que observó el autor, y que acaso se debieran a la incompatibilidad mencionada.

La estructura horizontal y las aspiraciones personales

1. *Condiciones de la estructura.*[13] *a*) En la toma de decisiones en grupos de obreros, la aceptación de los riesgos no está necesariamente en relación con la habilidad. *b*) La planificación a largo plazo puede quedar limitada, a causa de la rotación a que están sujetos los responsables de la toma de decisiones. *c*) Los funcionarios asumen un papel pasivo (una posición de cuadro dirigente pero subalterno) y se espera que se responsabilicen de los resultados de la decisión que ellos no tomaron formalmente. *d*) Los funcionarios no toman decisiones tácticas ni estratégicas en un sentido *formal*. Tales decisiones quedan en manos de los organismos directivos. Los funcionarios administrativos tienen que lidiar con las operaciones rutinarias. *e*) En términos generales, no cabe la responsabilidad individual (a menos que esté definida específicamente como responsabilidad personal); sólo existe la responsabilidad de grupo. Es sumamente ambigua la responsabilidad del funcionario. *f*) Una labor más ardua por parte del funcionario no significa necesariamente que le atribuyan los buenos resultados que se logren, ya que la mayor parte de su labor consiste en convencer al grupo de que acepte alguna decisión. Una vez logrado esto, tal decisión podrá considerarse un logro del grupo, y no del alto funcionario. *g*) La ambigüedad de los papeles y la toma de decisiones en grupo refuerza las dificultades de la previsión del comportamiento, pues pospone la retroalimentación o retroacción, y al mismo tiempo le imprime mayor ambigüedad en esa retroacción.

¿Son compatibles estas limitaciones con la satisfacción de las necesidades individuales?

---

[13] Debemos insistir nuevamente en que estamos hablando de una estructura claramente horizontal, donde se respeta plenamente el principio de autogestión.

2. *Necesidades de los funcionarios.* Este análisis se refiere sólo a los funcionarios más altos. El autor está consciente de que en las organizaciones verticales de tipo dictatorial, el personal directivo que se encuentra un solo peldaño por debajo del presidente está tan enajenado como el último de los obreros, y de que en una organización horizontal anárquica, los obreros están tan enajenados como los más altos funcionarios. A pesar de ello, este análisis se concentra en el comportamiento de los funcionarios achacable a las condiciones impuestas *específicamente* por la estructura de organización horizontal.

Uno de los supuestos de que partimos es que las necesidades del espíritu emprendedor son lo suficientemente similares a las del funcionario para que puedan ser válidas las conclusiones que exponemos aquí. Otro supuesto crucial es que, para fines de análisis, carece de importancia que el sistema horizontal sea impuesto a los funcionarios. El autor asegura que, por la contradicción que existe entre la estructura de organización y las necesidades psicológicas de los altos dirigentes, siempre resultará forzada la estructura horizontal pura, y nunca será aceptada voluntariamente. (Excepto si se llega a crear un "Hombre Nuevo", lo cual incursiona ya en la religiosidad.)

Según McClelland, el funcionario tiene una necesidad "moderada de asumir riesgos, como función de su capacidad".[14] Ello implica la necesidad de tomar decisiones importantes, no rutinarias, dentro de la organización. Al mismo tiempo, McClelland señala la necesidad del funcionario de asumir su responsabilidad personal.[15] El funcionario deriva una enorme satisfacción, tanto de emprender una acción,[16] como de crear y seleccionar el plan de acción. Otra necesidad de estos administradores se refiere a que "...parecen trabajar más sólo cuando... sus esfuerzos personales ejercerán influencia diferencial en los resultados."[17] McClelland también afirma que el alto dirigente administrativo rinde más cuando se le proporciona retroacción concreta acerca de su éxito.[18] También apunta que estas personas necesitan elaborar planes a largo plazo.[19]

Por todo ello, cuando el funcionario con espíritu emprendedor persigue la responsabilidad individual y la aceptación de riesgos y busca tomar decisiones estratégicas de gran envergadura, donde su esfuerzo personal se refleje en los resultados y procura obtener rápi-

[14] D. McClelland, *The Achieving Society* (Nueva York: *Free Press*, 1961), p. 207.
[15] *Ibid.*
[16] *Ibid.*, p. 230.
[17] *Ibid.*, p. 226.
[18] *Ibid.*, p. 231.
[19] *Ibid.*, p. 237.

damente información sobre la eficiencia de su labor, al mismo tiempo se ve limitado por la estructura de la autogestión. Más aún: aunque se le obliga a aceptar una posición secundaria, se esperan en él resultados y que se responsabilice de ellos. Cualquier integrante del personal dirigente subalterno debe poseer la capacidad de mantenerse alejado del centro de atención; el buen funcionario administrativo yugoslavo debe poner de manifiesto rasgos distintivos de dirigente, que lo coloquen en una posición central, influyente. Tal posición bien puede interpretarse como poder, en vez de una simple influencia, y el ejercicio de ese poder es reprobable, por considerarse un abuso del cargo.

La situación posterior a la reforma y la estructura de organización obligaban al alto dirigente administrativo yugoslavo a pasar inadvertido, a que no se notara su presencia, pero al mismo tiempo debía ser capaz de dirigir. Se esperaba que asumiera voluntariamente responsabilidades, a pesar de que no se le otorgaban recompensas diferenciales importantes para inducirlo a ello. La decisión tomada por el Consejo de Trabajadores no representaba necesariamente el riesgo que estaba dispuesto a asumir. Él señalará el camino hacia las decisiones estratégicas, pero queda legal y socialmente impedido para obligar a la gente a aceptar decisiones, y no puede tomarlas él mismo. Sus esfuerzos personales establecerían una diferencia en el resultado, pero sólo después de que la decisión hubiese sido filtrada por un gran número de procesos de toma de decisiones en grupo, hasta que resultara imposible identificar al funcionario con el resultado. No recibía una rápida retroalimentación acerca de cómo estaba funcionando, especialmente porque no estaba muy claro qué debía hacer, ni los resultados que le eran imputables.

La incompatibilidad entre las necesidades personales y las necesidades de organización conducen a la conducta disfuncional que se analiza en el siguiente apartado.

COMPORTAMIENTO DISFUNCIONAL

El comportamiento disfuncional en las organizaciones verticales ha sido objeto de atentas investigaciones.[20] Repetiremos aquí parte de esas investigaciones, puesto que el comportamiento disfuncional de los altos funcionarios en las estructuras horizontales es similar, aunque no idéntico al de aquéllas.

---

[20] Argyris, en *Personality and Organization*, cap. IV, resume los más importantes descubrimientos a este respecto.

Respuesta conductista: estructuras verticales

Según Argyris, el comportamiento disfuncional puede manifestarse de muchas formas. La forma inicial acaso derive de cierto conflicto. Puede resolverse si el trabajador "se retira de la situación conflictiva", lo cual puede hacer, ya sea física o mentalmente. Físicamente puede pedir su cambio o renunciar, o retirarse de la situación en cualquier otra forma. Mentalmente para dejar la situación el individuo "...acaso quite importancia psicológica a un conjunto de factores (ya sean de la organización o del individuo)".[21] Este modo de adaptación permite al individuo decidir que es capaz de trabajar únicamente en ciertas condiciones, o puede decidir que su trabajo no significa mucho para él. Según Argyris, el resultado del conflicto, en términos de conducta disfuncional, es "la apatía, la falta de interés, una menor participación y menos lealtad, por el conjunto de factores que está rechazando".[22]

El conflicto entre las exigencias de la organización y las necesidades personales del trabajador también pueden dejar frustrado a este último. Una de las muchas respuestas a las frustraciones es la agresión, que se manifiesta de diversas maneras, como el ausentismo, la rotación, las restricciones en las cuotas (de producción), fijación de rendimientos altísimos, engaños, lentitud en la tarea, robos, hacer trampas (en las tarjetas de producción), trabajar con mucho desperdicio de material y cometer errores que mengüen la calidad del trabajo. También existen las siguientes reacciones, que pueden adoptarse aisladamente o combinadas:

1. Regresión, es decir, tornarse menos maduro y eficaz.

2. Darse por vencido y desentenderse de la situación.

3. Volverse agresivo y atacar lo que lo está frustrando; tendencia a culpar a los demás de sus propios errores.

4. Permanecer frustrado, completamente inactivo. Esta actitud origina mayores tensiones.[23]

Reacciones de conducta en las estructuras horizontales

Desgraciadamente no hay investigaciones extensas sobre el comportamiento disfuncional que impone a los funcionarios la situación de organización en una estructura horizontal pura. En las siguientes aseveraciones, el autor sólo aplicó sus propias observaciones.

[21] *Ibid.*, p. 78.
[22] *Ibid.*
[23] *Ibid.*

Un tipo de reacción se caracteriza por el retiro ante la situación conflictiva, ya sea física o mentalmente. En términos de un retiro físico, es un hecho muy conocido que muchas organizaciones yugoslavas tienen dificultades para localizar candidatos a ocupar cargos dirigentes.[24] En consecuencia, algunas empresas se han visto obligadas a funcionar sin director general. En el mismo orden de ideas que la adaptación por retiro físico se encuentra el ausentismo. La participación en las reuniones del Consejo de Trabajadores era un mal necesario para muchos directores; en consecuencia, trataban de eludirla. También existía el deseo de renunciar, que se manifestaba en la espera ansiosa de la edad de jubilación. Quienes no abandonan físicamente la situación conflictiva, dan muestras de apatía por el sistema de autogestión y eluden inclusive hablar de ello. En tales casos, los funcionarios disminuyen su participación personal al mínimo.

Abandonar la situación, mental, aunque no físicamente, fue otro de los fenómenos observados. Soñar despierto era un comportamiento habitual, aunque no el único. Por ejemplo, en una compañía, el director general hacía llamadas telefónicas a voz de cuello durante las sesiones del Comité Directivo, con lo cual saboteaba la sesión; también escribía cartas, y participaba muy poco en los debates. En otra compañía, el director general acudía a las reuniones para sugerir temas de discusión, pero las abandonaba en cuanto estaba seguro de haberse hecho conspicuo.

El director de finanzas de una compañía representa una excelente ilustración de la conducta disfuncional resultante de impedir la acción ejecutiva personal. Siempre llegaba tarde a trabajar, y trataba de eludir las reuniones. Cuando se veía obligado a asistir, hacía un intento sincero para explicar sus sugerencias. Cuando sus argumentaciones financieras, sumamente complejas, no eran aceptadas, porque nadie las entendía, su reacción a la frustración consistía en ensimismarse, o en conversar con otros altos dirigentes, para luego perder todo interés en la discusión.

La reacción a la frustración creada por el sistema también apareció en la forma en que Berelson y Steiner califican de "agresión desplazada",[25] tipificada por los golpes en la mesa, el palmoteo y, en general, actuar con impaciencia. Este tipo de agresión también aparecía cuando los funcionarios repetían la misma idea, la misma

---

[24] Muchos funcionarios de más alta jerarquía entrevistados por el autor le confesaron que, de ofrecérseles el puesto de director general, lo rechazarían.

[25] B. Berelson y G. Steiner, *Human Behavior* (Nueva York: Harcourt, Brace & World, 1964), p. 267.

frase, o la misma palabra, varias veces, en una reunión. Y además, la frustración parecía causar regresión en el individuo; parecía revertirlo a sus modos menos maduros de enfrentarse a la frustración.

Este conflicto entre las necesidades de los altos funcionarios y la organización horizontal también ocasionó que algunos de ellos se comportaran como si hubieran perdido la confianza en sí mismos. Por tanto, cuando algún obrero los interrogaba sobre las sugerencias hechas, reaccionaban diciendo: "Realmente, no lo sé; simplemente hice una sugerencia: díganme qué quieren y yo me ocuparé de hacerlo." Además, la tendencia a culpar a los demás cuando surgían dificultades no es fenómeno desconocido en el comportamiento de la organización yugoslava. Por ejemplo, en una compañía la calidad de la producción decayó casi durante quince meses, pero la discusión en las reuniones continuaba centrándose en culparse unos a otros de la situación, en vez de plantear bien y atacar de raíz el problema.

El resultado del comportamiento disfuncional de los funcionarios fue la formación de grupos informales o extraoficiales donde se tomaban las decisiones respecto a las cuales debía votar posteriormente el Consejo de Trabajadores. Como los trabajadores se "desquitarían con el sistema" haciendo más lenta la producción en la organización jerárquica, los funcionarios administrativos frustrados parecían desquitarse no tomando las decisiones que eran de su incumbencia, o imprimiendo mayor lentitud a las comunicaciones, dejando de contestar cartas, cometiendo errores en la comunicación de datos, etcétera. Las complicaciones burocráticas que causó este comportamiento provocaron una grave crisis en el sistema yugoslavo.

Así, en ambos extremos del espectro (la estructura horizontal o vertical "puras") ciertas exigencias de la organización que inciden en algunos de sus miembros, entran en conflicto con sus necesidades personales. En ambos extremos del espectro, el resultado es el comportamiento disfuncional.[26]

[26] Se podría uno preguntar por qué las estructuras horizontales (democráticas) en sus formaciones políticas, que abarcan Estados enteros, al parecer no originan los fenómenos disfuncionales entre los funcionarios, fenómenos que sí se presentan en la democracia industrial. La respuesta podría ser que, en su contexto estatal, una "organización" democrática (si al Estado se le puede llamar "organización") tiene un tamaño tal que en ella no tiene objeto la autoridad por aceptación. La capacidad de un ciudadano para dedicarse a actividades ejecutivas es muy limitada, si la comparamos con una empresa donde 500 o 1 000 trabajadores se reúnen diariamente con el director general o con el sobrestante, y donde, por tanto, hay una ambigüedad de papeles. Esto equivale a decir que en las organizaciones surgen problemas por la frecuente relación directa entre los individuos, pero que desempeñan papeles que no son consistentes en términos de su poder inherente. En el ámbito del Estado, por otra

Comparando las dos compañías observadas en este estudio, podemos notar que ABC se acercaba más al extremo vertical del espectro, aunque tanto ésta como XYZ eran de estructura horizontal. Los participantes en las dos empresas se comportaban en diferente forma. Mientras que en XYZ el autor escuchó muchas quejas y observó frecuentemente comportamiento disfuncional entre los dirigentes, y muy rara vez entre los obreros (capítulo 7), en ABC se invertía la situación. No obstante, esta inversión no era de magnitud tal que hiciera a ABC comparable a la estructura vertical pura, pues, aun en ABC, los funcionarios manifestaron conducta disfuncional achacable a las condiciones de organización de la estructura horizontal.

Equilibrio entre las necesidades individuales y los factores condicionantes del medio

La primera conclusión a que podemos llegar a partir del análisis anterior es que no existe una relación lineal entre la satisfacción de las necesidades personales y la estructura de organización; no es verdad que cuanto más horizontal sea una estructura, más satisfechos quedarán los individuos que la integran. Existe un punto de rendimientos decrecientes. Al irse alejando de la estructura muy vertical, se mejora la satisfacción de las necesidades personales de los trabajadores, hasta cierto punto. Después se convierte en una limitación para los funcionarios. De modo similar, al apartarse de la estructura extremadamente horizontal se mejora la realización de las necesidades personales de los funcionarios, pero después de cierto punto comienza a afectar en forma adversa a los trabajadores.

Los casos extremos no sólo son desventajosos en términos de satisfacción de las necesidades personales sino también por lo que respecta a la satisfacción de los factores condicionantes del medio. Tal como se vio antes, ambas estructuras tienden a desplazarse hacia el centro del espectro, porque ninguna de ellas está conformada de modo tal que le permita enfrentarse con éxito a la inseguridad, ya sea ésta el resultado de las limitaciones o de la ambigüedad en los objetivos. Ambas estructuras extremas se basan en sistemas cerra-

parte, por la distancia de organización que existe entre el funcionario ejecutivo y el subordinado, las reglas de la organización jerárquica se aplican en términos de estructura del poder, en vez de los reglamentos de las organizaciones democráticas, tal como aquí se definieron. Sin embargo, nos tomamos la libertad de especular y pensamos que el mayor tamaño de la organización crea las brechas de información, de comunicación y de confianza que detallamos en el capítulo 7. Estas brechas desencadenan las huelgas en Yugoslavia, y pueden incluso ser una de las causas de los paros en Estados Unidos.

dos que, según señalamos, son típicos del sistema yugoslavo, y que se dan comúnmente en la estructura jerárquica pura.[27]

Por tanto, uno se pregunta dónde se localiza la región que produzca mayor eficiencia económica y comportamiento funcional de los participantes en el espectro de la estructura de organización. Presentamos en seguida un *intento* de solución (el autor no pretende haber encontrado la solución ideal).

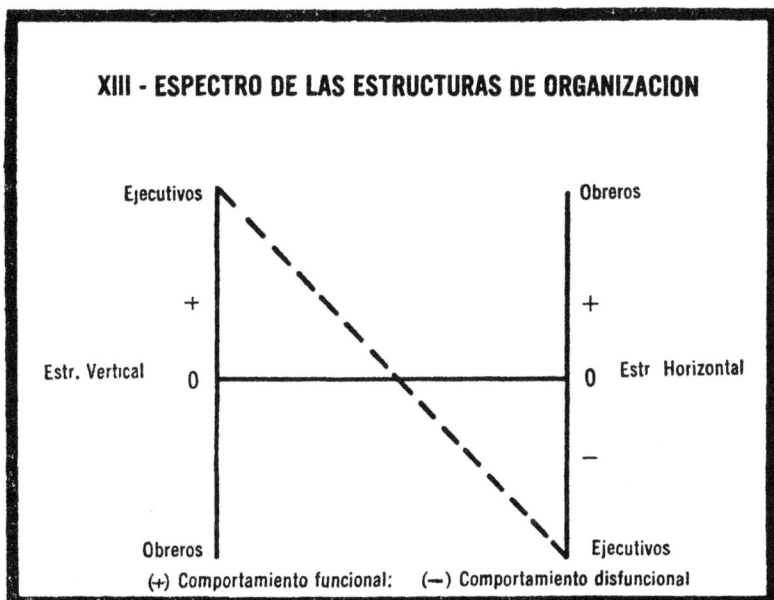

XIII - ESPECTRO DE LAS ESTRUCTURAS DE ORGANIZACION

Ejecutivos

Obreros

+

+

Estr. Vertical   0

0   Estr Horizontal

—

Obreros

Ejecutivos

(+) Comportamiento funcional: (—) Comportamiento disfuncional

Las teorías de la gerencia de participación, tal como las enuncian Likert y Bennis, presentan diversas características entre los dos extremos del espectro mencionado. Estas teorías no propugnan la estructura puramente horizontal. Preconizan la estructura vertical, aunque la hacen mucho más tolerante o benévola. Intentan orientar al funcionario administrativo hacia una mayor participación, en vez de cambiar toda la estructura y solicitar la participación mediante una asignación formal de autoridad legal, como se hace en el sistema yugoslavo. En cada nivel jerárquico de la gerencia de participación, dice Likert "...el superior es responsable de toda decisión, tanto para que se lleve a efecto, como en cuanto a sus resultados".[28]

[27] Véase J. D. Thompson, *Organizations in Action* (Nueva York: McGraw Hill, 1967), pp. 5-6.
[28] Likert, p. 51. (Subrayado en el original.)

Por tanto, Likert, igual que Bennis y McGregor, no eliminan nunca la responsabilidad personal, factor indispensable para hallar una solución.

Otro enfoque básico que puede acomodarse en el espectro es el modelo "mixto", presentado por Chris Argyris. En *Integrating the Individual and the Organization*, describe algo que también es un espectro de estructuras de organización. A partir del modelo mixto, concluye que, dependiendo del *tipo de decisiones que se necesiten*, las organizaciones pueden implantar la estructura más compatible.[29] Por tanto, es necesario dominar más la tipología de las decisiones, para lograr estructuras de organización con mayor participación.

La teoría de Bennis [30] sobre un sistema de valores es componente necesario, aunque no suficiente, de una solución porque, a diferencia de la teoría de Argyris, no detalla las decisiones que deban tratarse en forma de participación. La falta de atribución de autoridad para participar en las diversas decisiones puede ocasionar que las decisiones, tanto las muy importantes como las triviales, sean tratadas de igual manera; con esto no habrá decisiones eficientes. Sin embargo, es necesario implantar un adecuado sistema de valores, puesto que su ausencia deja inoperante la estructura de participación.

La contribución del autor a la planificación de la organización representada por este estudio consiste en tomar en cuenta el factor de la absorción de la inseguridad generada por el ambiente y asignar las recompensas adecuadas por tal absorción. Dicho de otro modo, deben tomarse en consideración las presiones del medio para diseñar una estructura de la autoridad capaz de amortiguar y responder adecuadamente a estas presiones. Con ese fin, es necesario diseñar un sistema de compensaciones que haga factible tal absorción. Por ello, en el siguiente modelo: Autoridad = Responsabilidad = Obligaciones = Compensaciones, la autoridad es el derecho legal de tomar decisiones; la responsabilidad, la obligación de absorber la inseguridad que representa el tomar una decisión que lleve a cumplir con la obligación aceptada. Para que ocurra tal proceso, será necesario disponer de una recompensa adecuada.

De mantenerse esta ecuación, y de estar bien clasificadas las decisiones para que la responsabilidad de grupo se pueda distinguir de la responsabilidad personal (según el tipo de decisión que se tome) y si la gerencia se orienta hacia la participación (si desea sobrevivir) tal orientación será reforzada por un sistema de valores que promueva la franqueza y la interacción, y entonces vislumbra-

29 Argyris, *Integrating the Individual and the Organization*, p. 211.
30 Bennis, p. 19.

remos la estructura de organización horizontal adecuada, la etapa intermedia buscada entre los extremos indeseables de la estructura de organización.

Conclusiones

Si tomamos en cuenta el medio ambiente, observamos que tanto la estructura horizontal como la vertical son inadecuadas en su forma pura, pues no están diseñadas para absorber efectivamente la inseguridad, y por tanto se basan en supuestos erróneos de un sistema cerrado.

En el estudio realizado sobre el comportamiento interno de la organización, es obvio que el espectro de las estructuras de organización, que van desde la vertical hasta la horizontal, tienen un efecto circular e inverso, en el que el comportamiento disfuncional de que adolece la estructura vertical disminuye de magnitud al aumentar la participación de los trabajadores en el proceso de la toma de decisiones, pero luego vuelve a infestar a la estructura horizontal. El efecto es inverso, puesto que el comportamiento disfuncional observado en la organización vertical ocurre en los obreros, mientras que en la organización horizontal aparece un comportamiento disfuncional similar, aunque no idéntico, entre los funcionarios.[31]

Sugiero que la conducta disfuncional en ambos extremos del espectro parte de que las exigencias de la organización, que en sí son rígidas, limitativas y fuera de dominio de los afectados, tienden a producir el comportamiento disfuncional por parte de los afectados mismos. La organización verticalmente estructurada impone una rigidez y una limitación al obrero; en cambio, la organización de estructura horizontal le impone ambos factores al alto funcionario.

Por tanto, aunque se diseña una estructura de organización que se enfrente funcionalmente a las limitaciones del medio, tal estructura puede ser rígida y disfuncional para algunos de sus participantes. Y a la inversa: si se cambia la estructura para satisfacer plenamente las necesidades individuales, puede resultar inadecuada para satisfacer las exigencias del medio. El enfoque que se sugiere hacia el diseño de la organización es el que permita una flexibilidad suficiente en la asignación de tareas, la distribución de la autoridad y las compensaciones que se dan, es decir, una estructura que permita enfrentarse, tanto a los cambios del medio, como a las necesidades

[31] No es de extrañar el efecto en sí mismo, porque el efecto de dualidad tiende a aparecer cuando determinado fenómeno se desplaza hasta el extremo del espectro.

psicológicas de sus participantes. La organización debería asignar autoridad para absorber la inseguridad, y distribuir las compensaciones según la tarea asignada. Por ello, el "banco de tres patas", donde todas las patas deben ser de igual longitud, resulta ser un "banco de cuatro patas": autoridad, obligación, responsabilidad y compensación. Estos cuatro elementos tienen que estar bien equilibrados para lograr una organización que funcione con eficacia.

Para evitar los extremos de las estructuras de organización, se recomienda el enfoque de Likert: el gerente que participa y acepta responsabilidad, junto con el enfoque del modelo mixto de Argyris, para determinar aquellas decisiones que deben tomarse con una fuerte participación, junto con el sistema de valores de Bennis, para que la estructura funcione bien con un mínimo de coerción.

CUESTIONARIO

1. Aquí se afirma que los objetivos económicos necesariamente producen un menor grado de participación, que los objetivos sociales. ¿Le parecen a usted más importantes los objetivos sociales o económicos, desde el punto de vista de un país en vías de desarrollo? Si se inclina por los económicos, ¿qué se podría aducir en favor de implantar la autogestión?
2. Se dice en este capítulo que tanto la autogestión como los sistemas jerárquicos se basan en objetivos claramente definidos. ¿En cuál de los dos es más fácil implantar cambios de objetivos? ¿Cuál de los dos es el mejor medio de aprendizaje?
3. Se dice aquí que la autogestión no satisface las necesidades de los funcionarios. ¿Se limitan estas necesidades especialmente a estos dirigentes? ¿Poseen las mismas necesidades los obreros? De ser así, ¿puede la autogestión satisfacer las necesidades de los obreros? Compare el sistema yugoslavo con los occidentales, en cuanto a la manera de satisfacer las necesidades personales de sus dirigentes administrativos.
4. Se afirma aquí que los altos funcionarios tienen necesidades de espíritu emprendedor. ¿Comparten esta necesidad los obreros? De no ser así, ¿es ésta una característica invariable, o más bien carecen de estas necesidades por no haber tenido nunca la oportunidad de crearla? Si las necesidades de los obreros difieren de las de los funcionarios, habrá gente tan encerrada en sus hábitos, ya sea por su origen o por su educación, que necesariamente tenga que seguir siendo obrero toda su vida?
5. ¿Piensa usted que la autogestión alienta a los obreros a que desarrollen y satisfagan necesidades de espíritu emprendedor? ¿Existe en este libro alguna prueba de ello? ¿Desarrolla la autogestión el capital humano?
6. Según McClelland, el funcionario debe aceptar riesgos moderados. ¿Es ésta también una necesidad de los obreros? Se afirma aquí que la gente trabaja más cuando sabe que sus esfuerzos ejercen influencia en la retroalimentación concreta. Si es así, ¿ejerce el sistema vertical, tal como se practica en Estados Unidos, alguna influencia que desaliente a la gente?
7. Si estas necesidades son universales, ¿sería posible afirmar que el sistema jerárquico es mejor, porque en Estados Unidos, cuando menos, la gente está satisfecha con los altos funcionarios, mientras en Yugoslavia ocurre lo contrario?
8. Reconsidere su respuesta a la pregunta anterior, en vista de la diferencia entre efectos a corto y a largo plazo. "El sistema de auto-

gestión, si bien no logra satisfacer a ambos grupos a corto plazo, sí les permite obtener conjuntamente satisfacciones, por lo que hay probabilidades de que, a largo plazo, todo el mundo quede satisfecho. El sistema vertical sólo satisface a los directivos; y cuanto más centralizada esté una organización, más probabilidades habrá de que permanezca centralizada." Comente este entrecomillado.

9. ¿De qué manera quedan insatisfechas las necesidades de los funcionarios en un sistema vertical? ¿Tal como se practica en Estados Unidos, o en el propio país del lector?

10. Una crítica a la autogestión consiste en que parece negativo el que muchos organismos funcionen sin un funcionario principal o director general. ¿Encuentra usted algún aspecto positivo en esta situación? ¿Puede una estructura vertical funcionar bien de este modo? ¿Cuáles serían los efectos de esto en países en vías de desarrollo, donde escasea el talento administrativo?

11. ¿Qué efecto tiene en el proceso de toma de decisiones el dirigente administrativo autoritario?

12. ¿Cuáles son las actitudes deseables, el adiestramiento, el comportamiento, los conocimientos y las necesidades psicológicas, para el director de una organización autogestora?

13. Se afirma que Likart no eliminó el aspecto jerárquico de la organización, sino que simplemente lo toleró. Se sugiere la existencia de una relación entre el estilo de gerencia y la estructura de organización. ¿Qué puede hacerse en una estructura vertical para que la organización sea más tolerante? ¿Y qué puede hacerse en una estructura horizontal para hacerla más eficiente?

14. ¿Qué efectos tiene el estilo "benévolo" en una estructura democrática? ¿Y el de un directivo autoritario en una estructura jerárquica?

15. ¿En qué medida son achacables a las actitudes de los funcionarios de que se habla aquí las frustraciones que sienten? ¿Qué actitudes deberían eliminar?

16. En este capítulo se asegura que un comportamiento menos disfuncional se produjo cuando los "trasmisores" y "receptores" sintonizaron en la misma onda. ¿Se le ocurre alguna estrategia para colocar en la misma longitud de onda a los funcionarios y a los obreros?

17. ¿Qué tipo de estrategia de organización para el desarrollo debe recomendarse? ¿Existe algún conflicto entre esta estrategia y la finalidad de la autogestión?

18. ¿Es la "gerencia contractual" prueba del éxito o del fracaso de la autogestión?

19. ¿En qué difiere la "gerencia contractual" del sistema occidental de las negociaciones o transacciones de regateo colectivas?

20. ¿Debe elaborarse un contrato de manera que permita a los funcionarios recibir toda la paga que puedan de los trabajadores, a través de negociaciones? (Esto les permitiría capitalizar el poder de recompensa y castigo que les otorga su competencia profesional).

21. Si no le parece justo permitir a los funcionarios tener este poder, compárelo con el poder de obstruir y declarar huelgas de los obreros occidentales.

22. ¿Qué estrategias permitirían a los funcionarios obtener el poder suficiente para realizar sus objetivos sin recurrir para ello a contratos o usurpaciones de poder?

23. Se ha dicho que la introducción del mecanismo de mercado acarreó cierto desplazamiento de objetivos. ¿Dejó de ser objetivo del sistema hacer que los obreros trabajaran mucho, para desplazarse hacia la reditualidad? ¿Tuvo repercusiones sociales este desplazamiento? ¿Qué efecto tuvo en los valores sociales? ¿Se aplica una racionalización comparable a ésta en Occidente?

24. El conflicto entre eficiencia económica y desarrollo social (incluyendo en este último la educación y la motivación de las bases en actividades políticas y económicas) quedó ampliamente descrito en este capítulo. ¿Piensa usted que es posible que un país en vías de desarrollo busque simultáneamente la eficiencia económica y el desarrollo social? ¿Cómo lo haría? ¿Qué recursos necesitaría para ello? De no considerarlo posible, ¿qué objetivo le parece primordial? ¿Qué peligros entraña la busca de estos objetivos? Considere la otra opción y haga usted el mismo análisis. ¿Le parece que la definición yugoslava de los objetivos sociales representa una manera eficaz de perseguir el desarrollo social, económico y político?

25. En este capítulo se relata cómo un cambio en el estilo de comportamiento, variando de lo colectivo a lo individual, ocurrió como consecuencia de implantar la descentralización y el pluralismo. De detenerse esta última tendencia, ¿sería de esperar la vuelta al estilo corporativo de comportamiento?

26. ¿Sería posible que un Partido reaccionara ante la disminución de su poder de alguna manera diferente a como lo hizo el Partido yugoslavo, en este capítulo? En vista de que el país se estaba desgarrando por peligrosos movimientos nacionalistas, ¿habría sido posible que el Partido Comunista reaccionara de otra forma? Compare su respuesta con lo que usted conoce de la posición del Partido Comunista en Yugoslavia, en la actualidad.

27. Se asegura aquí que se requiere un líder fuerte en la autogestión. ¿Le parece esto una contradicción?, de ser así, ¿se le ocurre alguna otra solución?

28. Se describe aquí cómo la descentralización económica llevó a los consejos obreros a muchas personas de orientación técnica. ¿Significa ello que la autogestión es incompatible con un mercado de fuerte competencia? (Antes de contestar, tome en cuenta la definición de "autogestión".)

29. Se afirma aquí que la descentralización debe tener en cuenta las diferencias en tecnología, si desea evitarse dificultades en su ejecución. ¿Está usted de acuerdo con esta aseveración? ¿Es posible

aplicar un sistema uniforme de descentralización en la autogestión? De existir diferentes tecnologías en un país, ¿resultaría disfuncional la descentralización por mandato legal?

30. Si la descentralización alcanzada por cauces legales resulta disfuncional, ¿qué otras opciones habría?

X. PROBLEMAS DE IMPLANTACIÓN Y PAPEL DE LA GERENCIA PROFESIONAL

I. Problemas de implantación

La implantación de la autogestión en Yugoslavia se ha enfrentado a serias dificultades, como resultará aparente tras leer este libro. Las más sobresalientes de ellas parecen ser la falta de reconocimiento del papel que desempeña el capital en una economía de propiedad social; el comportamiento disfuncional de los gerentes; las dificultades para generar nuevas empresas mientras se evita la concentración económica; la enajenación de los trabajadores; y las transformaciones políticas. Es necesario detallar un poco más cada uno de estos problemas.

1. Reconocimiento del papel del capital

Los yugoslavos consideran la propiedad social una de las piedras angulares de la autogestión. A mi ver no es una condición *sine qua non*. Me parecería más bien que tal requisito descansa en el supuesto básico de que las prerrogativas de la gerencia se vinculan con la propiedad. Como los yugoslavos están determinados a incluir *todos* los grupos en nivel de decisiones, les ha parecido necesario establecer el principio de que todos los bienes sean de propiedad social, para asegurarse de que ningún grupo pueda reclamar para sí prerrogativas exclusivas al tomar las decisiones. Pero considera que la participación en la toma de decisiones no tiene que estar necesariamente vinculada con la propiedad. Lo importante no es ésta, sino su regulación. La gente que tiene dominio en las cosas se sentirá ligada a ellas, aunque no sea su propietaria. Como el método yugoslavo de propiedad social impide la participación del capital en el nivel de la toma de decisiones, se han creado limitaciones en la movilidad del capital. Inclusive se impiden las inversiones individuales y la percepción de intereses. La propiedad social limita la movilidad de la fuerza de trabajo y del capital. Se desalienta la movilidad de la mano de obra, porque la gente que abandona una empresa deja de beneficiarse con las inversiones anteriores. Se trata de impedir la movilidad del capital, porque las inversiones individuales están prohibidas. Sólo se permite que una empresa invierta en otra, y en tal caso, la compañía inversora no puede ejercer derecho legal ni de gerencia para determinar la manera como se utilizará el capital invertido. A causa de tales restricciones, los ahorros privados en Yugoslavia probablemente no se han utilizado en forma cabal.

Poco a poco, los yugoslavos han reconocido que el capital posee cierto derecho a percibir utilidades. Como ya dijimos, un grupo (nunca un individuo) que aporta recursos de capital a una empresa en la que no laboren miembros de ese grupo, podrá ahora percibir utilidades por su inversión; esto permite que unas compañías inviertan en otras, y, consecuentemente, hay cierta movilidad del capital. También solía ocurrir antes que los trabajadores jubilados no se podían beneficiar de sus inversiones en mano de obra en una empresa después de haber dejado de prestar sus servicios en ella, pese a que habían sacrificado gran parte de su salario en la consecución de los objetivos de la organización, por ejemplo, cuando votaron por la automatización. Los yugoslavos están tratando actualmente de crear los mecanismos a través de los cuales se recompense la antigüedad, y esto constituye un reconocimiento del derecho a percibir utilidades que detenta el inversionista, aunque admitimos que en este caso a la inversión se le calificó de "trabajo pretérito", en vez de "capital".

Los yugoslavos se han tardado mucho en conceder siquiera este reconocimiento del papel que desempeña el capital. Creo que otros países bien pueden aprovechar la experiencia yugoslava, si no se dejan maniatar por ciertas teorías socialistas dogmáticas. Podrían adoptar sistemas de propiedad social, donde se reconozca el papel del capital y donde se permita su movilidad. Un ejemplo de ello lo representa el sistema peruano de autogestión el cual estableció una corporación (COFIDE) destinada a recabar fondos para las empresas que se encuentran en el régimen de autogestión; distribuye dividendos entre los inversionistas, y con ello actúa como una especie de banco de inversiones para este tipo de empresas.

2. Comportamiento disfuncional de la gerencia

La gerencia está muy enajenada, como se muestra aquí. Los gerentes son responsables de las consecuencias de decisiones sobre cuya implementación tienen muy escaso control legal. Teóricamente, el gerente se halla del lado angosto del embudo; se esperan de él sugerencias, mientras los trabajadores toman las decisiones. Si toma la iniciativa con gran empeño, probablemente se le considerará un dictador en potencia. Como resultado de ello, la gerencia profesional está resentida y muy inhibida cuando se trata de dirigir activamente; y a la larga salen perdiendo tanto la gerencia como la fuerza de trabajo.

Este comportamiento disfuncional por parte de la gerencia, que analicé en los dos capítulos últimos de este libro, puede achacarse a la falta de equilibrio entre autoridad, responsabilidad y recompensas. En todo el libro he sostenido que la estructura de organización de la autogestión no ha logrado resolver muy bien este desequilibrio.

Pero no es la única explicación. Ahora me parece, después de seis años de observaciones adicionales, que la actitud de la gerencia también puede incluirse entre las causas. Cuando los gerentes son de estilo autocrático y fervientes partidarios de alguna teoría, resienten las restricciones que les impone el sistema democrático. Para alcanzar un proceso directivo de éxito en la autogestión, se necesitan gerentes socialmente motivados y democráticamente orientados donde se promueva la evolución de la autogestión. Tal vez no baste confiar exclusivamente en el proceso evolucionario para que surja este tipo de gerentes que haga efectivo el sistema e incluso podría impedir el proceso evolucionario mismo. Es indispensable que se creen instituciones educativas para formar gerentes. Deben crearse dirigentes de los procesos directivos democráticos, equipados con todas las actitudes y filosofías necesarias para el funcionamiento eficaz de la autogestión. El "hombre nuevo", el hombre socialmente responsable, de orientación democrática, cuya existencia es condición necesaria para la victoria de la autogestión sobre la jerarquía y la enajenación, no puede ser creado por decreto gubernamental. Son necesarios tanto los cambios educativos como los económicos y los políticos. Un sistema de apoyo social, en el que queden englobados tanto las actividades culturales y artísticas como la educación, será una condición previa necesaria para cambiar las esperanzas de la gente acerca de sí misma y del sistema en el que vive; tal programa debe complementar y apoyar los cambios políticos y económicos que entraña la autogestión. Esta persigue un cambio general; y un proceso de cambio total debe iniciar el sistema, y apoyarlo a cada momento.

3. El crecimiento económico pluralista

En Yugoslavia ha estado restringida la generación de empresas totalmente nuevas y, en consecuencia, hay mucho desempleo, y un fuerte contingente de obreros yugoslavos ha abandonado el país. Pienso que tal situación prevalecerá mientras continúe restringida la empresa privada. Están prohibidas actualmente las grandes em-

presas privadas (de más de 10 empleados), y los empresarios potenciales que podrían estar dispuestos a establecer compañías con el
régimen de autogestión saben que perderán sus prerrogativas de dirección tan pronto como se implante ese régimen, posibilidad que
no es la más apropiada para aceptar riesgos. Las compañías establecidas no son alentadas a establecer sucursales: se considera disfuncional que las empresas crezcan más allá de cierto tamaño, porque
en tal caso la gerencia se hace demasiado profesional y poderosa.
Incluso se sigue la práctica de dividir en varias unidades las empresas que han crecido demasiado.

El que sea factible establecer la autogestión únicamente en las
compañías existentes es una seria desventaja del sistema. Cualquier
país que desee implantar la autogestión deberá considerar seriamente el problema de lograr que el sistema sea autogenerador.

4. La enajenación de los trabajadores

Las huelgas estallan con cierta frecuencia. La autogestión produce,
a través de la gente que en ella interviene, fuertes esperanzas de
experiencias positivamente reforzadas, y cuando no se cumplen tales
esperanzas, es probable que surja mucho resentimiento, que puede
redundar en conducta apática o en paros intempestivos ("huelgas
locas"). El simple cambio hacia la autogestión no basta para mantener un alto nivel de motivación entre los obreros. No bastó cambiar la estructura de organización y legal; también hay que variar
el proceso mediante el cual se toman las decisiones. Este proceso
debe ser de participación, no porque ello sea requisito legal, sino
porque la gerencia profesional es lo que lo nutre y vivifica. Es de la
mayor importancia cambiar la orientación de la gerencia, como ya
se ha dicho. Los gerentes autoritarios, antidemocráticos, son capaces
de causar más problemas en este sistema que en los jerárquicos, por
la diferencia que hay en las esperanzas de los trabajadores. Con la
autogestión, varían las esperanzas de los trabajadores y deben cambiar también la actitud y la práctica de la gerencia, si hemos de evitar la seudoparticipación y el totalitarismo disfrazado de autogestión.

5. La amenaza al Partido en el poder

En Yugoslavia la descentralización económica ha acarreado presión
sobre el Partido Comunista, para que se descentralice a su vez. La
descentralización en la esfera económica cundió hacia la esfera política. Una mayor libertad política puede ser peligrosa para un Par-

tido tan dividido en nacionalidades como Yugoslavia. Ha sido muy real el temor a la guerra civil. Desde 1972 el Partido Comunista ha considerado necesario desalentar una mayor descentralización y la democratización política. Este endurecimiento puede tener repercusiones en la democratización económica, en lo futuro. La experiencia puede indicarnos que cuando se instaura la autogestión por obra de un Partido político exclusivista, lo más probable es que tenga efectos nocivos sobre la estructura política: puede poner en peligro el poder del Partido mismo, al presionarlo para que se haga pluralista, y el Partido en el poder no siempre es capaz ni está dispuesto a disminuir su dominio.

El resultado de todos los problemas descritos: el desempleo, las divergencias políticas, la descentralización económica, la enajenación de la gerencia, etcétera, es que la autogestión produzca fuertes desilusiones, como está ocurriendo ahora mismo en Yugoslavia. Esto es muy peligroso, porque tal enajenación puede detener algunos experimentos futuros en la autogestión. La democratización es un proceso difícil y doloroso; debe cuidarse de que los individuos sean recompensados tanto intrínseca como extrínsecamente por su participación en el sistema, a fin de que no lleguen a rechazarlo, a la larga.

No estoy muy seguro de que la autogestión sobrevivirá en Yugoslavia tal como se concibió originalmente. La enajenación de la autogestión puede llegar a emerger cuando Tito ya no ejerza el poder y cuando haya una falta de dirigentes que permita a otros elementos proponer nuevas soluciones a los viejos problemas; de ser así, es probable que las estructuras política y económica se hagan jerárquicas y el gobierno puede llegar a ser lo suficientemente fuerte para acabar con la polivalencia efectiva.

Pero los países en vías de desarrollo no deben desalentarse por ello. Toda innovación tiene que salvar muchos escollos. Los valores y las instituciones del viejo orden siempre obstruirán la implantación del cambio. Inglaterra fue pionera de la revolución industrial sólo para quedar saturada de maquinaria que pronto fue anticuada y le impidió proseguir su modernización; Yugoslavia, como pionero de la autogestión, puede sufrir el mismo destino. Pero los países en vías de desarrollo pueden aprovechar la experiencia yugoslava al diseñar su propio experimento.

6. La forma de implantar el sistema autogestor

¿Qué hay que hacer para instituir la autogestión? ¿Es necesaria la revolución? Parecería que en los países desarrollados existen ciertas tendencias evolucionistas hacia la autogestión, esencialmente a través de la democratización del lugar de trabajo y la participación en las utilidades. Por otra parte, Yugoslavia ha mostrado el camino revolucionario del cambio total. Me parece que es posible, tanto por el proceso evolucionista como por el revolucionario, llegar a la autogestión. Sin embargo, será necesario un liderazgo dedicado y poderoso para proteger de los políticos profesionales, el proceso ahí emanado, ya que se atrincheran en el poder político y para ellos la autogestión representa un peligro. Será necesario un Partido político dispuesto a promover su propia desaparición, y esto será difícil porque la naturaleza misma de los Partidos les hace buscar la acumulación del poder. Otro peligro provendrá de las empresas esencialmente interesadas en la productividad a corto plazo y en las utilidades, o en ambos factores. Creo que en los países en vías de desarrollo las empresas, tanto las de tipo descentralizado como las capitalistas, serán más poderosas y productivas a corto plazo que las autogestionadas, puesto que tienen más capacidad de llevar al máximo la producción enfocada hacia la explotación del capital humano más que a la consecución de intereses sociales en un futuro lejano. Probablemente exista cierta cantidad de costo de oportunidad en términos de productividad y redituabilidad al experimentar con la autogestión a corto plazo. Pero a la larga, una vez que se logra formar cierto nivel de capital, una vez que la gente alcanza cierto nivel de educación y es capaz de autogestionarse, el sistema podrá competir mejor con las empresas capitalistas y de planificación centralizada, porque es más flexible al cambio, su naturaleza es humanista, retarda la centralización y facilita el avance social, político y económico.

Una pregunta que se hace frecuentemente es: ¿Cómo puede establecerse la autogestión en un país en vías de desarrollo, cuya población es analfabeta en su mayoría y que desconoce el trabajo industrial? ¿No es la gerencia un proceso complejo y complicado que muchas veces resulta demasiado difícil, incluso para gente educada, que ha crecido en una sociedad industrial? Es verdad que implantar la autogestión en tal sociedad puede sonar a atar la carreta delante de los bueyes. Sin embargo, pienso que el procedimiento es factible. El sistema de autogestión establece la necesidad de una mejor educación. Los trabajadores deben estudiar para poder dirigir. La educación se convierte entonces en una necesidad inmediata, y en una experiencia de sustento positivo para quienes participan. Resulta mejor educar gente que privarla de la posibilidad de usar sus conocimientos, como ocurre frecuentemente en los sistemas jerárquicos. Una vez que los trabajadores saben que su educación afectará la calidad de los resultados de su organización, y después su salario real, aprenderán con toda celeridad. Parecería entonces que cuanto más atrasado sea el país, mayor será su necesidad de oportunidades de organización que permitan a la gente salir de su atraso. Tiene validez la siguiente objeción: lo más probable es que muy pronto haya un grupo selecto y exclusivista mejor educado, que será más productivo, y una organización dirigida por tal grupo seguramente tendrá mejores resultados económicos que una organización en proceso de educarse. Pero el objetivo real de la autogestión consiste en producir buenos resultados sociales y educativos en lo futuro; no simples buenos resultados económicos a corto plazo. Además, me opongo a la opinión de que el analfabetismo sea necesariamente una barrera contra la autogestión. Es la actitud exclusivista y esnob de la gerencia lo que impide enseñar a los trabajadores. La orientación exclusivamente económica, con su exclusivismo concomitante, produce un bloqueo de la percepción que le impide al directivo actuar como educador. No obstante, la educación debe ser la tarea primordial de los directivos en los países en vías de desarrollo, si quieren contrarrestar la escasez de recursos.

Entonces, ¿cuál es el papel de la gerencia profesional en la autogestión? ¿Cómo debe funcionar?

II. La gerencia profesional en la autogestión

Autogestión significa toma democrática de decisiones. La asamblea general toma las decisiones políticas y, para implantarlas, delega ciertas tareas en la gerencia profesional. Los gerentes o funcionarios profesionales son elegidos por los miembros y son directamente responsables ante sus electores. Esta subordinación de la gerencia a la asamblea general para la cual dirige, tiene una amplia gama de consecuencias. Una de ellas, descrita en otra parte de este libro, es la desmoralización potencial de la gerencia. Otra consecuencia posible es la desorientación de los trabajadores y la desintegración de la organización. Estos resultados pueden deberse a exigencias excesivas por parte de los integrantes para obtener dominio sobre sus gerentes profesionales.

El sistema autogestor dispone de mecanismos de control diseñados para impedir que la gerencia se atrinchere en las posiciones de autoridad. Los hace rotar, les pide frecuentes informes de sus decisiones y objeta las decisiones consideradas erróneas por la asamblea general, en su "sabiduría colectiva". Si la organización es pequeña, como frecuentemente ocurre, la gerencia difícilmente logra ocultar sus errores. La gente que supervisa a la gerencia es la misma que implanta las decisiones. Por tanto, existe suficiente información para que la organización reaccione con prontitud, en caso de que desapruebe las decisiones de la gerencia. Es muy estrecha la zona en la que puede maniobrar la gerencia, aquella en la que puede tomar decisiones sin necesidad de justificarlas constantemente o de conseguir la aprobación previa. En un medio turbulento, la amplitud de la zona de maniobrabilidad es de suma importancia. Al tornarse cada vez más turbulento el medio y con ello menos previsible, los objetivos se hacen generales y diversificados, y los integrantes de la comunidad amplían su gama de intereses: en tales circunstancias, resulta fácil sobrestimar la capacidad de la gerencia profesional para asegurarse un frente común. Frecuentemente queda desmoralizada por la estrecha vigilancia y el dominio directo de sus electores en desacuerdo.

Una zona más amplia de maniobrabilidad permitiría a la gerencia establecer estrategias de organización aceptables por las partes disidentes. En una organización jerárquica, la gerencia es relativamente libre y puede operar con mucha mayor libertad. El grupo supervisor suele ser de propietarios ausentistas, que sólo actúan en el caso de que haya que tomar decisiones que afecten la política general de la empresa. Además, es un secreto a voces que la gerencia frecuentemente domina a su comité directivo.

En un sistema autogestor, donde la gerencia tiene la responsabilidad de dirigir, pero donde sólo se le concede una estrecha zona de maniobrabilidad para implantar las decisiones, la gerencia tiende, ya sea a hacerse apática, o bien a usurpar poderes de los organismos elegidos. Esta última estrategia la adoptan para acumular poder suficiente para proteger a la gerencia profesional de la intervención demasiado frecuente de los miembros en decisiones cuya justificación resulte difícil para ellos, pero indispensable para la correcta operación de la compañía.

El proceso de rotación que al parecer protege a la asamblea general del atrincheramiento y de la usurpación por parte de la gerencia, también tiene ciertas repercusiones negativas: la organización carece de una gerencia continuada, y por ello se enfrenta a frecuentes cambios de política y a diversos estilos de dirección. Aunque el proceso de rotación puede ser saludable en un medio turbulento (porque evita confiar demasiado en determinado conjunto de políticas), también puede resultar desventajoso si sólo se implanta para asegurar el dominio de los integrantes de la organización en la gerencia. El sistema de rotación equivale a añadir otra forma de turbulencia al medio con el que tiene que lidiar la organización.

Otra desventaja radica en el sistema de recompensas a la gerencia. Una vez que han sido rotados, los gerentes encuentran dificultades para volver a ocupar cargos de menor responsabilidad y de menos monto al tomar las decisiones. Atraviesan una época de "melancolía del regreso", pues pasan de un estado de hiperactividad a otro donde se consideran empujados hacia los márgenes de la organización. Por ello, la rotación puede resultar muy desmoralizante, y probablemente no motive a los mejores recursos humanos para su disposición a aceptar los difíciles cargos de gerentes.

La gerencia profesional normalmente busca la libertad de acción y para que emprenda una función administrativa en tales condiciones se convierte en una especie de obligación social, un sacrificio que deben hacer en aras de la supervivencia de la organización. Este estado de cosas no necesariamente lleva a ocupar en tales puestos a la gente más orientada hacia los resultados, y más emprendedora.

¿Cuáles son entonces las características y los papeles óptimos de los gerentes de organizaciones con régimen de autogestión?

1. *El papel de la gerencia profesional en organizaciones sometidas al régimen de autogestión*

a) *Los gerentes como líderes.* El gerente profesional en una organización con régimen de autogestión debe tener mucha confianza en sí mismo. No debe tener necesidad del poder que ofrece una posición gerencial para reforzar su seguridad personal. Debe sentir que está obrando de la mejor manera posible, y debe convencer a la comunidad de su competencia. Su mentalidad debe permitirle interesarse por los demás, y su interés en la organización debe ir más allá de su propio beneficio. Su meta principal en el puesto de gerente debería consistir en mejorar la situación de la empresa. Estará dispuesto a soportar las presiones a que están sometidos los dirigentes siempre que sus subordinados no logran ver en seguida el beneficio de alguna propuesta suya. Debe estar dispuesto a aceptar el riesgo que entraña la sugerencia de acciones de resultado incierto, y estará dispuesto a comunicar sus ideas a la comunidad, para que se tome una decisión de grupo. Su estilo de liderazgo debe inspirar confianza en sus electores: deben sentir no sólo que el gerente tiene el control de la situación, sino también que expresa y hace cumplir adecuadamente los deseos y aspiraciones de la asamblea general. Si su comportamiento, su papel y su carácter no encajan en esta pauta, habrá necesariamente una brecha de desconfianza, y la organización podrá expresar su insatisfacción mediante huelgas u otros desórdenes, como se relató en otra parte de este libro.

El gerente de una organización con régimen autogestor debe abrigar el deseo de desarrollar a la organización como grupo, para mejorar la dinámica del grupo y aun llegar a promover su desaparición, por anticuado. Esto puede lograrlo mejorando constantemente los conocimientos en esa área de todos los integrantes y mejorando los canales y mecanismos de tomar decisiones de manera que la organización se percate de sus capacidades básicas. De hacerlo, minimizará la eterna sospecha de que el gerente está usurpando poder a expensas de la asamblea y que está invadiendo su dominio legal. (Siempre está presente esta sospecha, porque el gerente maneja mucha información, y se espera de él que sea el primero en reaccionar en caso de crisis. La monopolización de la información y del poder de toma de decisiones independientes frecuentemente se consideran síntomas de usurpación del poder.) Resulta dudoso que un gerente logre desarrollar una comunidad hasta el punto de hacerse imprescindible; pero tal debe ser su objetivo. Esta es la presión más difícil de estimular y nutrir en un gerente, pero es condición necesaria para la administración correcta de la organización y su supervivencia.

Gerentes con el carácter y la orientación arriba descritos son muy raros, ya que serían una cruza entre el intelectual y el pragmático, del hombre del personal directivo y del hombre de la base; son líderes en el verdadero sentido de la palabra. Nuestra comprensión de lo que hace líderes a algunos, ya sea por causas naturales o gracias a su capacitación, está en su infancia, y la escasez de líderes naturales puede resultar uno de los cuellos de botella a que se enfrenta el sistema de autogestión.

b) *El gerente como empresario.* A las características deseables en gerentes en su calidad de líderes, se agrega la necesidad de que también sean emprendedores. Esta calidad se definirá en este contexto como la disposición para asumir riesgos a través de la identificación y explotación de las oportunidades. El liderazgo, de acuerdo con esta definición significa comunicar esta oportunidad y sus riesgos inherentes a la comunidad y dirigirla de manera tal que logre identificarse con las acciones sugeridas. La habilidad empresarial es estar dispuesto a aceptar riesgos; el liderazgo es la capacidad de movilizar partidarios de una causa, inspirar a los seguidores para que se identifiquen con ella y para que acepten la oportunidad y el riesgo que el líder elija.

Un empresario no siempre es líder. En tal caso, será capaz de identificar las oportunidades de aceptar riesgos, pero será incapaz de movilizar a la comunidad entera para que asuma los riesgos. La organización dirigida por un empresario que no sea líder podrá progresar económicamente, pero la asamblea general no hará suyas necesariamente esas metas, y considerará que la gerencia profesional usurpó poderes, que incluso negó el principio que permite a la asamblea general determinar su propio destino. En tiempos de crisis, esta brecha de desconfianza hará que los miembros se enfrenten a la gerencia.

En el caso contrario, es decir, cuando la organización con régimen de autogestión tiene un director que sí sea líder, pero no empresario, podrá movilizar la organización sólo para propósitos conservadores y relativamente seguros. Con el tiempo, en un medio cambiante, la organización puede quedarse estancada económicamente; y de no producirse resultados buenos, podrá llegarse a una confrontación de otro tipo con los miembros de la organización, que remplazará a la gerencia por no producir los resultados económicos óptimos. Lo que necesita una organización en la autogestión es un liderazgo de tipo empresarial, emprendedor. Una empresa jerárquica también necesita de esta cualidad, pero no resulta tan indispensable para su supervivencia como en el caso de la que está sometida al régimen de autogestión. Para asegurarse tanto de los líderes como de la habilidad empresarial, se necesita ir más allá de simplemente contratar a la gente adecuada, con los rasgos de personalidad adecuados. La organización tiene que estar estructurada de manera tal que logre satisfacer tanto las necesidades empresariales como las de liderazgo.

El sistema de autogestión es capaz de satisfacer las necesidades de liderazgo, pero aparentemente no satisface las necesidades empresariales. Las presiones de grupos para llegar a la aceptación no es lo que más alienta la capacidad de crear individual, que es uno de los principales contribuyentes al espíritu emprendedor. Al final del proceso, cuando el grupo aprueba cierta acción, ésta podrá haber sufrido una serie de alteraciones y críticas; el producto final puede ser alguno donde ya no se identifique con la acción. Los empresarios deben identificarse con su actividad para estar dispuestos a aceptar el riesgo que ésta entraña. Si el proceso es prolongado, la gente con habilidades emprendedoras puede "retirarse" y tratar de satisfacer sus necesidades fuera del sistema. Tal resultado priva a la organización de este tipo de una poderosa fuerza motora, esencial para la supervivencia económica.

c) *El gerente como administrador.* Además del problema de encontrar a las personas adecuadas para los trabajos más exigentes, existe el problema de asignar las prerrogativas administrativas. En las organizaciones jerárquicas no existe dificultad en delimitar el dominio del grupo directivo de la asamblea general porque no existe ninguna distinción legal entre la determinación de políticas y la administración. En la autogestión, la asamblea general toma las decisiones (aquéllas que resultan cruciales para su existencia misma). La gerencia debe proporcionar información y liderazgo para tales decisiones, pero también se supone que es discreta, y que no insiste en sus ideas. Una vez tomadas las decisiones políticas, la gerencia tiene suficiente criterio en las decisiones administrativas para hacer cumplir las decisiones políticas.

En realidad no resulta fácil la distinción entre las decisiones políticas y las administrativas. Existen duplicaciones de esfuerzos y la regulación de las decisiones administrativas pueden acumularse hasta hacer ganar el control sobre las decisiones políticas. Se necesita un gerente muy benévolo e inteligente para hacer viable la distinción. Es decir, un gerente es el que mejor puede manipular la información y el carácter de su exposición, y con ello ganar dominio en las decisiones políticas, por ser el más cercano a las fuentes de información. No hay definición legal, por bien expresada que esté, que pueda ayudar a hacer operante esta distinción de la manera de tomar decisiones.

Vemos entonces que existe una ambigüedad disfuncional que eclipsa la distinción necesaria entre las decisiones políticas y la administración, tan indispensable en la autogestión. Tal ambigüedad acentúa más aún las dificultades de la gerencia para funcionar bien en una organización que adopte el régimen autogestor.

d) *La gerencia como estrategia: integración de subsistemas y eficiencia de organización.* Se ha definido una organización bajo el sistema de autogestión como aquella cuyos objetivos son tanto sociales como económicos. Las metas sociales no son simples medios para alcanzar resultados económicos, como ocurre en las organizaciones jerárquicas. Tal distinción es importante porque una organización de este tipo persigue los objetivos sociales con el fin de alcanzarlos, sin tener que justificarlos en términos económicos.

En Israel, el *kibbutz* realiza una función social al absorber a los inmigrantes. De ahí salen sus principales comandantes militares y sus líderes políticos. Luego el *kibbutz* trata de alcanzar metas que van más allá de la obtención máxima de rendimientos económicos. Pero ¿hasta qué punto pueden o deben ser sociales sus metas? Las metas sociales son difíciles de cuantificar; la falta de cuantificaciones dificulta las justificaciones. Esta incapacidad de cuantificar los objetivos dificulta a los gerentes el diseño de estrategias, y a los líderes les hace difícil allegarse la cooperación necesaria para implantar sus estrategias.

2. *La importancia de la gerencia profesional para el éxito y la supervivencia de la autogestión*

De los análisis anteriores debe colegirse cada vez más firmemente que las características y el comportamiento de la gerencia son importantes para la supervivencia de la autogestión. Si la gerencia, como grupo, carece de espíritu emprendedor, de características de liderazgo y de la capacidad directiva de diseñar estrategias compatibles con los objetivos generales, la organización no sólo sufrirá resultados económicos deficientes, sino que la atmósfera social será insoportablemente deprimente.

En Yugoslavia la gerencia es constantemente objeto de ataque, primero por razones ideológicas y recientemente por motivos políticos. El factor más importante para que la autogestión sea factible se aborda del modo más negativo. Apenas existen escuelas comerciales para formar al personal de gerencia; apenas existe alguna recompensa social o reconocimiento por su labor; se les considera vestigios del capitalismo; una clase que se ha atrincherado en puestos de poder inmerecidos y se sospecha que, como grupo, su actitud es enemigo de la autogestión.

El pleno reconocimiento del papel específico de los gerentes, el capacitarlos para ese fin, recompensarlos por la acción y la orientación adecuadas, son singularmente importantes para el éxito de la autogestión. Cuanto más deseos tengamos de presenciar el triunfo de la autogestión, será más necesario contar con gerentes profesionales capaces.

3. *Las ventajas administrativas de la autogestión*

Más arriba describí algunos problemas administrativos de importancia para la supervivencia de una organización con régimen de autogestión en un medio competitivo. Sin embargo, existen también algunas ventajas administrativas: la capacidad de la gerencia profesional para implantar el cambio; la relativa libertad de la gerencia para dedicarle tiempo al adiestramiento y a la administración, como parte de sus actividades; y la relativa facilidad con que la gerencia absorbe la información.

a) *El gerente y el cambio.* Una de las principales dificultades a que se enfrenta la gerencia en una estructura jerárquica corporativa es la inducción e implantación del cambio. El temor de todo individuo al cambio y sus repercusiones le lleva a atrincherarse en su posición. En Yugoslavia, el cambio es un modo de ser. Aun la ideología yugoslava comunista (Congreso de la Liga Comunista de 1958) apunta: "Nada de lo creado debe ser tan sagrado para nosotros que no pueda ser superado y ceder su lugar a lo que sea más progresista, más libre, más humano."

En Yugoslavia las organizaciones se encuentran en constante proceso de adaptación. Varían los salarios, se eliminan departamentos, se introducen nuevas tecnologías, se legisla internamente sobre nuevas políticas laborales, etcétera. Este cambio acelerado sólo es posible gracias a una estructura de organización que ofrece a cada individuo seguridad económica y psicológica.

Una vez que la gerencia sugiere una decisión que conlleva cambios de cierta envergadura, la asamblea general participa en estudiar la prudencia de la sugestión y sus repercusiones. A través de este proceso, la gerencia obtiene una idea muy clara de las limitaciones de su propuesta original, que en una organización jerárquica requeriría que se reunieran consultores y fuertes gastos, o bien llegaría a descubrir más adelante que el proyecto se echó a andar y encontró dificultades en su implantación. Más aún, las alteraciones necesarias y las consiguientes adaptaciones en la propuesta inicial se hacen en el curso de la ejecución de la misma, prácticamente sin la intervención de la gerencia. La asamblea general "soporta el peso" del problema nombrando los comités, asumiendo voluntariamente la ejecución de las tareas, etcétera.

Resulta interesante señalar la diferencia entre las organizaciones jerárquicas y los autogestionadas, en cuanto a los cambios en la organización. En la autogestión es relativamente difícil inducir el cambio. El proceso de identificar aquello que debe cambiar, incorporando diversas sugerencias de los miembros, etcétera, es prolongado y agotador, para la gerencia. No obstante, una vez aceptada una idea, la implementación es rápida y relativamente libre de la angustia que significa el control. De acuerdo con mi experiencia me consta que en una empresa, ocurre el fenómeno contrario. Definir el cambio es un proceso relativamente sencillo. La dificultad estriba en su aplicación y en vencer las resistencias al cambio.

El gerente de una organización autogestionada tiene una función catalítica: ayuda, guía y dirige a los miembros hacia ciertas decisiones, y una vez tomadas, su papel se reduce simplemente a proporcionar información sobre el ritmo de avance y sobre las dificultades imprevistas que pudiesen surgir. Su papel es, idealmente, sobre todo educativo.

b) *El gerente como maestro.* El gerente de una organización de régimen autogestor es, por todo lo anterior, más maestro o guía que vigilante. El componente de dirección y motivación es mayor que el disciplinario y supervisor. La autogestión genera la autosupervisión y la autodisciplina. Por ejemplo, en una fábrica yugoslava que observé durante mis estudios, un joven sobrestante seleccionado al azar atravesó una fábrica durante su turno. Nadie se levantó en su presencia. Ninguno apresuró sus actividades. Ninguno trató de parecer ocupado. Algunos simplemente lo pasaron por alto y continuaron sentados en bancas, sin hacer nada. Cuando pregunté por qué ni siquiera aparentaban que estaban trabajando cuando los miraba, él declaró: "Se supervisan a sí mismos. Yo no puedo disciplinarlos. Si un obrero realmente huelga, sus colegas lo acusarán con el Comité Disciplinario. Apenas la semana pasada decidieron despedir a uno del grupo por llegar tarde al trabajo." Como el grupo comparte los resultados de su trabajo, cualquiera que no contribuya adecuadamente afecta el ingreso de los demás. Por ello, el sistema mismo induce la autodisciplina y la autosupervisión, libera a la gerencia de esa tarea y le permite formular estrategias para someterlas a la aprobación de la comunidad, de conseguir el apoyo máximo para ciertos cursos de acción, de promover la motivación y conservar el proceso de la toma democrática de decisiones. En otras palabras, es tarea de la gerencia ejercer la parte principal del liderazgo y de la habilidad administrativa, en vez de asegurar su ejecución. Esta división de las responsabilidades debe llevar a una operación más efectiva y un acelerado crecimiento personal y de la organización.

c) *Disponibilidad de información.* Un último punto, pero no por ello menos importante, es que el sistema fomenta la sinceridad. Como participan todos los trabajadores, hay poca oportunidad de que un individuo monopolice la información y le imprima cierto sesgo. Ocurren discusiones libres y francas, y la gerencia tiene idea de las repercusiones de las decisiones sugeridas antes de ponerlas en práctica. Esto ahorra a la gerencia tanto los gastos como las molestias que se presentan después de haber tomado una decisión que podría anticiparse de ser más sincera la gente y estar más dispuesta a presentar su información, en vez de monopolizarla como fuente de poder. El gerente como líder, como maestro que es testigo del desenvolvimiento personal de los miembros de la organización, deriva una singular satisfacción de la autogestión. Tiene una auténtica oportunidad de liderazgo, de identificar las necesidades de la organización y luego formular las estrategias capaces de movilizar a los miembros, y al mismo tiempo hace progresar sus intereses económicos. Aunque tal oportunidad también se presenta en las empresas, la necesidad de características de líder es menos pronunciada y no es tan esencial en la autogestión. La autogestión necesita gerentes profesionales. Suponer que no sea así equivale a pensar que la democracia no requiere líderes. Sin embargo, el papel y la orientación de la gerencia profesional debe ser diferente de su papel en los medios jerárquicos. Los gerentes deben ser del tipo "Teoría Y"; debe ser mayor su necesidad de asociarse que la de ejercer el poder; tendrán seguridad en sí mismos, para no tener que encontrarla a través del poder que ejercen en la organización. Serán profesionales en el sentido real de la palabra: deben proporcionar un servicio a la comunidad con la cual y para la cual trabajan.

RESUMEN

La autogestión nos ofrece una promesa. Es un nuevo sistema que trata de combinar las ventajas del sistema estatal con el de mercados. A causa de su novedad, la implantación del sistema presenta una serie de problemas. En este libro hemos tratado de describir las experiencias de la autogestión, para que éstas queden aclaradas y sea más accesible su resolución. Me parece que hará falta mucha más experimentación práctica y emprender estudios teóricos antes de que logremos comprender plenamente lo que debe ser un modelo completo de autogestión. Espero haber contribuido a ello con esta obra.

CUESTIONARIO

1. ¿Es posible que en un medio de propiedad socializada se siga reconociendo el capital privado? ¿Cómo operaría un arreglo de este tipo?
2. Hemos descrito aquí la manera como queda limitada la generación de nuevas empresas en Yugoslavia. ¿Se le ocurre a usted alguna manera de permitir el establecimiento de compañías nuevas, sin por ello destruir la autogestión?
3. ¿De qué manera difieren las características deseables en los gerentes de organizaciones jerárquicas del gerente ideal, en las empresas autogestionadas aquí descritas? Por ejemplo: ¿no se requiere acaso que el gerente de una organización jerárquica también tenga confianza en sí mismo?
4. Si son idénticas las cualidades que se necesitan, ¿cuál de los dos sistemas está diseñado de manera que permita desarrollar con mayor rapidez estas cualidades?

APÉNDICE A

ANOTACIONES DE METODOLOGÍA

EN ESTE apéndice se trata el enfoque de sistemas abiertos utilizado en el estudio; sus limitaciones, los razonamientos en que se basa y los factores que se mantienen constantes al elegir a las empresas a estudiar, y se detalla un poco más el proceso empleado para recabar datos, ya mencionados en el capítulo II.

EL ENFOQUE Y SUS LIMITACIONES

La organización industrial se consideró en este libro un sistema abierto[1] donde se analiza la interacción entre los cambios del medio que afectan a la organización industrial y el rendimiento de la organización, que a su vez afecta diversos aspectos del medio mismo.

Al ir variando las fuerzas del medio, se imponen nuevas demandas al micro-sistema, inclusive la adaptación organizativa. Los resultados originalmente previstos dejan de ser satisfactorios bajo las nuevas condiciones imperantes y surgen fenómenos disfuncionales[2] latentes porque la organización todavía no se adapta al nuevo medio. La organización alcanzará el equilibrio a través de su interacción con el medio. En ella cambia la estructura de organización; la posición va aumentando de un grupo a otro, se añaden nuevos factores a la organización, se eliminan otros, se reasigna la autoridad formal, y en algunos casos se efectúa un cambio de organización que obliga a despedir a ciertas personas y a contratar a otras.

La actuación de la organización y el proceso mediante el cual logra buenos resultados, afecta la estructura política y socioeconómica, que a su vez induce cambios en el medio, y por último, tanto el sistema microeconómico como el macroeconómico logran una situación cercana al equilibrio. Nunca se llega realmente al pleno equilibrio. Este equilibrio puede obtenerse de no ocurrir nuevos insumos, para que la interacción entre los subsistemas pueda llevar a la estabilidad, o sea que, en algún punto, deje de operar la fuente de turbulencia sin que ocurran nuevos cambios que requieran adaptación. Pero no existe ningún medio que funcione sin cambios en

[1] En Katz y Kahn se encontrarán mayores detalles sobre el enfoque, Cap. 2.
[2] Véase R. K. Merton, *Social Theory and Social Structure*, ed. rev. (Nueva York: Free Press, 1957).

314

alguna de sus facetas en un momento dado; hay cambios constantes en el medio, ya sean de origen tecnológico, económico o legal. Por ello, no es posible hacer un análisis de una organización en punto de equilibrio. Y también por esto las organizaciones mencionadas en esta investigación se estudiaron tal como se encontraban, en una etapa de adaptación.

Al explicar la adaptación de organización a los cambios que están ocurriendo en el sistema yugoslavo, el investigador tendría que ocuparse de las cuatro capas y de la interacción que existe entre ellas, tal como se describen en la ilustración. Esto va más allá del alcance de este libro. El autor insistió en las tres primeras capas por este motivo y en el comportamiento, tanto interno de las organizaciones como entre una y otra organización en el medio cambiante.

En el estudio mencionamos el efecto del insumo internacional en los cambios de las fuerzas que afectaron todo el Estado, y a partir de allí, el efecto de la organización industrial. Esta descripción sólo discutió un efecto en un solo sentido, ya que era imposible adentrar-

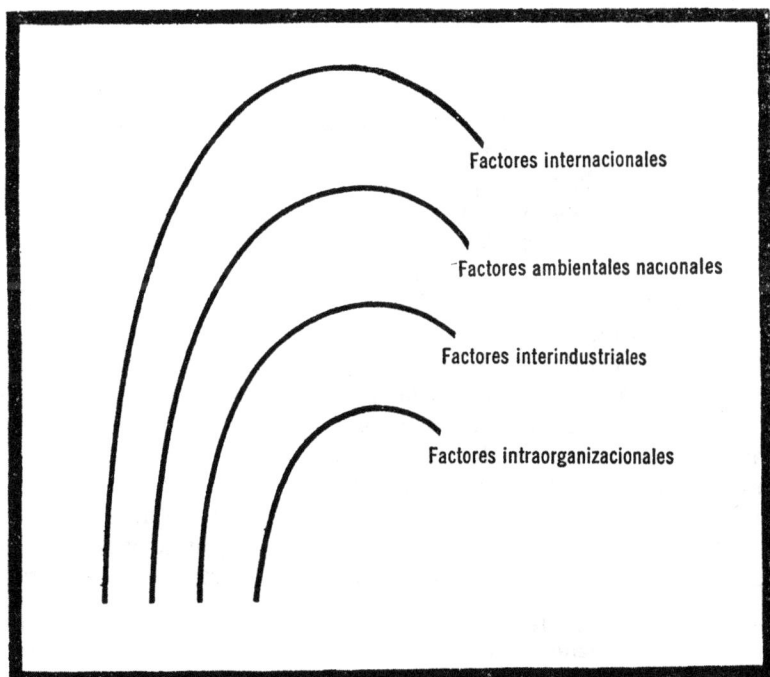

Factores internacionales

Factores ambientales nacionales

Factores interindustriales

Factores intraorganizacionales

nos en este estudio en la influencia recíproca, es decir, en el desarrollo yugoslavo y su efecto en el escenario internacional.[3]

Considerar una organización industrial como sistema abierto que recibe sus insumos del medio y que trata de llenar las demandas de un ambiente (que incluye también limitaciones legales) nos lleva a la siguiente disquisición.

Como el medio yugoslavo fue y sigue siendo muy dinámico, y dado que el medio ha estado cambiando a un ritmo muy acelerado, las demandas impuestas a la organización industrial requerían constante cambio y readaptación permanente. Como las observaciones de participación sólo engloban un pequeño segmento de las actividades dentro de las organizaciones, y aquellas que ocurren entre la organización y las diversas presiones externas, este estudio tiene un valor escaso para hacer pronósticos. Sin embargo, basándonos en lo que sabemos que ha ocurrido, así como por lo que aparentemente es la tendencia general de la situación política y económica de Yugoslavia, podemos especular sobre el camino que seguirá el proceso. Sin embargo, esto tendrá que quedar a nivel de especulación, porque los acontecimientos históricos difícilmente pueden usarse para hacer pronósticos en países que están pasando por cambios internos tan dinámicos y que funcionan en circunstancias políticas imprevisibles en su mayoría.

Lo que sí se notó en la investigación fue el *proceso* de adaptación. Fuimos muy afortunados al observar un medio tan dinámico, donde en el curso de cuatro meses se pudieron observar cambios cuya magnitud habría requerido años en otros países. Tuvimos la oportunidad de observar el proceso, pero las ventajas del cambio rápido arriba mencionadas tenían limitaciones metodológicas en cuanto a estudios comparativos. Con el fin de realizar los estudios comparativos más seguros de las organizaciones, tuvimos que relacionarlos con un punto de equilibrio relativo. Esto casi es imposible cuando las organizaciones están sufriendo cambios muy turbulentos. Comparar la eficiencia, o cualquier medición de los resultados e identificar sus causas carece totalmente de significación. Las organizaciones no son iguales en dos momentos cercanos entre sí, y las mediciones de los resultados pueden ser efecto de los cambios imprevisibles, en vez de las causales que sí se midieron.

Pese a que el estudio comparativo de las organizaciones dinámicas nos impone dificultades metodológicas, la ventaja comparativa

[3] Uno de ellos será la dispersión de la ideología yugoslava de la autogestión hacia países en desarrollo y la función que llena de epicentro para el proceso de descentralización en el bloque comunista.

que ofrece al investigador es la oportunidad de comparar las *diferencias* en las adaptaciones de la organización a los cambios del medio.

Como lo señalamos más arriba, este estudio se complicó por el efecto de péndulo existente en Yugoslavia; no se alcanza ningún equilibrio definitivo, sino sólo un semiequilibrio, donde el ajuste en un sentido queda contradicho por otro movimiento en sentido contrario. Si hacemos un corte instantáneo del sistema, vemos que surgen dificultades para identificar el sentido del péndulo: ¿va hacia la izquierda (hacia la centralización) o hacia la derecha (la descentralización)? En este caso se acentuó la dificultad para predecir el movimiento del péndulo por la universalidad de las políticas yugoslavas —descentralización en un nivel organizativo debería significar descentralización en todos los niveles y viceversa. La descentralización de las reglamentaciones oficiales solía equivaler a descentralización de la toma de decisiones a nivel de empresa, etcétera. Esta universalidad del enfoque causaba dificultades porque lo que resulta disfuncional en un nivel de la organización puede ser funcional en otro. Por tanto, existen diversos péndulos a diferentes niveles de la organización. Por ejemplo, aunque la descentralización del poder central parece ser aceptable y da buenos resultados,[4] la descentralización obligada a nivel de empresa parece ser disfuncional y provocar además una inquietud industrial sintomática, fácilmente detectable.[5] Por tanto, puede existir presión por continuar la descentralización al macronivel junto con la presión por centralizar al micronivel. La ideología de la autogestión imposibilita esto por el dogma de la desaparición del estado —tanto la gerencia como el gobierno y cualquier otro tipo de poder jerárquico debe desaparecer a cualquier nivel.[6]

El estar sometido a dos presiones diferentes, sin saber de dónde vendrá la principal fuerza (el organismo político cuando desaparezca Tito) causará que todo pronóstico sea mera especulación.

Igual que en un sistema abierto, el sistema de gerencia yugoslavo posee un número infinito de modos de adaptarse a las alteraciones del medio. Por ello, la equifinalidad[7] del sistema abierto entra en juego. Aunque el sistema aparentemente sea muy rígido por las

[4] Véase S. Pejovich, *The Market Planned Economy of Yugoslavia* (Minneapolis: Universidad de Minnessota Press, 1966).

[5] Véanse los capítulos V a VIII de este libro.

[6] Véase Dusan Bilandzic, *Self-Government* (Belgrado: Medunarodna Politika, 1966, y *Radosavljevic, Samoupravljanje Sustina Pojam* (Belgrado: Rad, 1965).

[7] Se define con la diversidad de medios que tiene un sistema para alcanzar el equilibrio. Véase Katz y Kahn, p. 25.

legislaciones tan definidas y detalladas respecto al estado normativo
en la toma de decisiones, en las compañías yugoslavas, la práctica ha
demostrado que existen muchos modos alternos de adaptación.[8] Por
trabajar con una muestra limitada, este estudio parece poco conclu-
yente precisamente a causa de esta infinidad de prácticas de adaptación. Sin embargo, este ejemplo no pretende representar toda la
gama de procesos en todas las compañías. Elegir a dos compañías
diferentes con una variable independiente nos permitió identificar
ciertos procesos de la conducta de la organización, así como hacer
algunas generalizaciones respecto al proceso que está ocurriendo en
otras empresas, donde existen las mismas variables; es decir, se trata
de un estudio exploratorio.

FACTORES CONSTANTES AL ELEGIR LAS "CAJAS NEGRAS"

Se mantuvieron constantes los siguientes factores: tecnología, tamaño, dispersión geográfica de las fábricas, cuenca cultural de la fuerza
de trabajo, proporción de hombres y mujeres en la fuerza de trabajo, mercados, reglamentación económica externa del gobierno, acciones legales que afectan la estructura por edades y de organización
de la empresa. El factor que se mantuvo variable fue el estilo de
liderazgo del director general.

1. *Tecnología*

Varios estudios, entre los cuales destaca el de Joan Woodward,[9]
indican la cercana relación entre tecnología, el proceso de gerencia
y las diversas mediciones de producción. Para hacer comparaciones
en los procesos de tomas de decisión y en su eficacia, debe mantenerse constante esta variable.

2. *Tamaño y dispersión geográfica*

Ambos factores pueden afectar los procesos de tomas de decisiones
a través de una variable intermedia, la pauta de comunicación, que
queda muy afectada por el tamaño y la distancia geográfica entre

---

[8] K. Kilibarda, en *Produktivnost*, Instituto Federal de Productividad (Belgrado: febrero de 1966), p. 151, asegura que el sistema industrial a veces realmente
adopta la forma de anarquía o dictadura.

[9] J. Woodward, *Industrial Organization, Theory and Practice* (Londres: Oxford University Press, 1965).

los tomadores de decisiones. Esta variable también se controló mediante la elección de dos organizaciones similares.[10]

3. Cuenca cultural

Los "modos populares", para usar el término acuñado por Katz y Kahn,[11] tienen su efecto en la participación en la toma de decisiones. Esto resulta especialmente importante en un país como Yugoslavia, donde la diversidad de características nacionales podrían haber deformado de modo importante los hallazgos, si el autor no hubiese elegido empresas localizadas en la misma región y cuyos trabajadores procedían de pueblos prácticamente idénticos.

4. Proporción entre el número de hombres y el de mujeres

Se esperaba que la organización con una fuerza de trabajo que contenía proporcionalmente más mujeres podría seguir una pauta diferente en la toma de decisiones que otra con mano de obra predominantemente masculina. El estudio se ocupa de la gerencia yugoslava, donde cada miembro de la organización debe participar en la toma de decisiones. Las mujeres que tienen que atender sus hogares, y que trabajan como una contribución suplementaria al ingreso familiar, pueden intervenir menos en los asuntos de la compañía que los hombres, responsables de sostener a sus familias. Será siempre mayor el interés de los hombres, puesto que la calidad de sus decisiones pueden afectar los resultados globales de la compañía y, en consecuencia, sus salarios. Para evitar cualquier deformación en las pautas de la toma de decisiones causada por esta diferencia se mantiene constante la proporción entre hombres y mujeres.

5. Mercados similares

El estudio de Joan Woodward [12] nos indica que las demandas del mercado conducen a diferentes pautas en la toma de decisiones en las organizaciones. La deformación potencial de este factor quedó nulificada manteniendo conceptualmente similares, tanto los mercados, como los canales de distribución.

---

[10] Katz y Kahn, p. 64.
[11] Ibid., p. 65.
[12] Woodward, cap. 8.

6. Políticas económicas externas y leyes mercantiles

Resultan importantes estos dos factores cuando nos ocupamos de una economía mixta como la de Yugoslavia. Las diversas primas oficiales, los subsidios y las tasas de interés pueden afectar marcadamente el rendimiento económico de las compañías estudiadas y podrían también conformar los patrones de toma de decisiones en éstas. Las leyes externas, que rigen la forma como deben manejarse las organizaciones (estructurarse), varían con el tamaño, tipo de industria y un tanto con la república. Tanto los instrumentos económicos como las leyes quedaron neutralizados por la elección de dos compañías similares a este respecto.

7. Edad de la compañía

Las organizaciones tienen memoria.[13] Podría anticiparse que una compañía nueva, que no ha tenido que atravesar por todo el medio cambiante de Yugoslavia, se comportará de modo distinto que otra establecida antes de la segunda Guerra Mundial, y que todavía recuerda cómo se hacían las cosas durante la fase capitalista. "La memoria de la organización" es especialmente importante donde hay trabajadores con antigüedad de treinta o cuarenta años. La movilidad de mano de obra ha sido comparativamente baja, y por ello la edad de la compañía podía ser importante para analizar su comportamiento de organización. El efecto que pueden tener diferentes memorias de la organización sobre la toma de decisiones quedó eliminado al elegir dos compañías contemporáneas.

8. Estructura de organización y composición de los organismos de autogestión

La estructura de organización repercute en la pauta de comunicación y, por tanto, en el proceso de la toma de decisiones. La composición de los organismos tomadores de decisiones reviste importancia, porque junto con la educación, el adiestramiento y el contenido del puesto, puede modificar la participación.[14] Ambos factores fueron constantes en este estudio.

---

[13] Katz y Kahn, cap. 2.
[14] Frank Reisman, "Workers' Attitude Towards Participation and Leadership" (tesis doctoral, inédita, Universidad de Columbia, 1955).

MÉTODO QUE SE ADOPTÓ PARA OBTENER LOS DATOS

El autor llegaba a la fábrica junto con los trabajadores, a las 6:00 a.m., cuando comenzaba a trabajar el primer turno y generalmente permanecía allí hasta que concluía sus labores el segundo turno, a las 10:00 p.m. En ABC se ubicaba en el departamento legal, y en XYZ en el de planificación y análisis.

Hubo varias razones para elegir esas ubicaciones. Por las limitaciones legales sumamente complicadas impuestas al proceso de toma de decisiones en Yugoslavia, la mayoría de éstas tenían que ser estudiadas en el departamento legal. Tanto para la contratación, como los despidos y aplicación de disciplina a los trabajadores, e inclusive para todo lo relativo a las decisiones de autogestión, el departamento legal tenía una autoridad concomitante para comprobar que todas las decisiones fueran acordes a la ley. Esto permitía realizar excelentes observaciones del proceso de la toma de decisiones en esa ubicación. Todo el departamento, que constaba de siete personas, trabajaba en una pequeña habitación, por lo que no era necesario ir de una oficina a otra para asistir a los debates.

· El departamento de planificación es otro cuerpo medular en la toma de decisiones, por su relación con "el exterior". La presión de hacer adaptaciones entre las necesidades externas y las limitaciones internas radica en el departamento de planificación. Al ubicarse allí, el autor pudo presenciar las frustraciones y las dificultades enfrentadas en los numerosos intentos de los planeadores para casar las necesidades con los recursos dentro de un marco político y de organización interna determinados.

El autor disponía en cada uno de estos lugares de un escritorio, donde se reunía cada mañana con los funcionarios del departamento. Su "trabajo" consistía en leer las actas de las reuniones de los diversos cuerpos responsables de las decisiones, para realizar un análisis del contenido de lo que estos grupos habían tratado durante sus reuniones. Mientras hacía este análisis, pudo presenciar todas las actividades que tenían lugar a su derredor y anotarlas sin hacerse demasiado conspicuo, para no afectar el comportamiento de los observados.

El autor iba alternando sus actividades entre ambas compañías cada diez o doce días, para evitar hacerse demasiado conspicuo o inclusive en convertirse en presencia molesta. Estas interrupciones no tuvieron repercusiones disfuncionales en la actitud de los observados hacia el investigador. Las ausencias no generaron dudas respecto a la finalidad de su presencia en la compañía; por lo contrario, crearon una sensación de "ser echado de menos", y gracias a ello siempre se le recibía bien a su regreso, lo cual le permitía seguir inquiriendo acerca de todo.

No había un horario específico, ni tenía asignado cierto lapso de tiempo. Por lo general solía pasar la mayor parte del tiempo durante un turno en estos departamentos, haciendo observaciones y analizando las actas. El investigador pasó el resto del tiempo entrevistando o visitando las máquinas de producción para observar a los obreros en su sitio de trabajo. Las entrevistas se proyectaban con anticipación, pero no estaban estructuradas, en el sentido de que el autor no trató de restringir al entrevistado a temas específicos, sino que le permitió una amplia libertad para explayarse sobre temas que a su parecer venían al caso o que estaban dispuestos a comentar. Esta falta de "restricción" a la estructura de la entrevista tenía por objeto evitar la impresión del interrogatorio. Este enfoque generó una gran cantidad de datos con contenido emocional, en vez de un marco desorganizado, pero el autor descubrió que el permitir la expresión de las respuestas emocionales contenía valor en su intento para comprender la operación del sistema.

Por el carácter de los medios de producción, el ruido de la maquinaria de tejido, fue imposible hacer entrevistas en los talleres. Los obreros pocas veces conversaban durante sus labores por esta causa. Sin embargo, el investigador pudo hacer algunas observaciones de primera mano en la interacción de los obreros en sus sitios de trabajo. Visitó los talleres cerca de treinta veces, durante media hora cada vez. Estas visitas las hacía al azar durante cualquier hora del día o de la noche, y durante estas observaciones no investigaba ningún tema en especial.

El autor comía con diversos grupos, tratando de evitar crear la imagen de un hombre partidario de la gerencia, o del "espía", o del "hombre de los trabajadores". Durante las comidas, se realizaban entrevistas no programadas, que proporcionaban datos espontáneos sobre las actitudes de los trabajadores de la base acerca de las operaciones y los procesos de gerencia de la empresa. El modo de vestir de los individuos le resultó muy útil para dirigir y valorar estas discusiones. El personal de la gerencia (la función ejecutiva y la *Politikal Aktive*) siempre iban vestidos de traje o con chaquetas deportivas, con corbata, mientras que los obreros de ABC usaban monos o uniformes de trabajo, y en XYZ iban vestidos "de calle".

El autor participó personalmente en las reuniones celebradas por ambas empresas durante estos cuatro meses. En éstas se incluyen seis reuniones del Consejo de Trabajadores (dos de ellas de emergencia), veinte reuniones del Consejo Ejecutivo, seis de los Consejos de las Unidades Económicas, diez reuniones del Comité Disciplinario, cuatro de la *Politikal Aktive,* cuatro reuniones del *Collegium en Pleno,* dos de la célula del Partido Comunista, cuatro reuniones del Sindicato, varias reuniones para celebrar elecciones, y seis del *Collegium.* Estas reuniones duraban de una hasta ocho horas. Ninguna reunión de un grupo responsable de decisiones, ya fuera ejecutivo o administrativo, se descuidó en este sentido, con excepción solamente de las reuniones del *Collegium.* Sólo a estas reuniones no se le admitía ocasionalmente. El *Collegium* es el *cuerpo ejecutivo* más encumbrado de la organización, a cuyo cargo corre la *implementación* de las decisiones en la empresa, a diferencia del Consejo de Trabajadores, que se ocupa de la *toma de decisiones.* Dado que resulta difícil hacer una distinción rígida entre la función de toma de decisiones y la función ejecutiva, el *Collegium* puede haberse aventurado por la toma de decisiones, que constitucionalmente no le está permitida. No era deseable exponer esta infracción, por lo que naturalmente se mostraban poco dispuestos a permitir al autor la obtención de información de primera mano que pudiera resultar incriminatoria para ellos. El autor obtuvo datos acerca de estas reuniones a través de las entrevistas.

Cometido del autor

Se siguieron las prácticas del enfoque antropológico de observación en la participación, con excepción de las siguientes alteraciones que el investigador consideró necesarias bajo las circunstancias dadas. Como ya se señaló, siempre había la posibilidad de que el autor se viera obligado a abandonar su labor si la compañía decidía que su presencia no era conveniente. Esto podría haber ocurrido de haber dado la impresión de ser un "espía", o de haber considerado la empresa que podría comprometer a algunos individuos en sus hallazgos. Además, la atmósfera no era de lo más propicio para realizar esta investigación, por las razones políticas expresadas en el capítulo II.

Para minimizar la posibilidad de que se pidiera su retiro, se hizo necesario un cambio en el método de la observación con participación clásica, para mantenerse sin compromiso alguno y poco conspicuo.

1. El autor hizo todas sus anotaciones en servo-croata y las esparcía por la mesa para que cualquiera las pudiera ver. Hasta donde él sabe, nadie las revisó jamás.

2. El autor entraba en discusiones privadas sobre temas ya comentados por la organización y expresaba sus opiniones siempre que se le solicitaban. Nunca lo hizo voluntariamente, pero cuando se le pedía, ofrecía todo su conocimiento profesional y los datos que había adquirido en la empresa. En cierto caso, fue interrogado acerca de la decisión tomada por la empresa, de instalar una computadora. Cuando se le preguntó en qué medida consideraba que esto afectaría el sistema de autogestión de la empresa, expresó su opinión, que mencionaba las dificultades que podrían encontrar como resultado del cambio. Hasta donde él sabe, sus opiniones de ninguna manera influyeron sobre las decisiones tomadas; de esta forma, fue mínima la desventaja de mostrar su actividad sólo a nivel de conversaciones privadas. La ventaja fue que el autor quedó aceptado como "uno de ellos". No se hizo ningún esfuerzo excepcional por ocultarle cosas. La crítica abierta del autor de ciertas facetas de sistema de autogestión, junto con su defensa de otras, evitó que se le aplicara cualquier estereotipo o dogmatismo desagradables. Muchas veces, cuando algún miembro de la organización acudía al investigador para discutir con él de política, economía, etcétera, ésta resultaba una entrevista útil no programada.

Durante las reuniones a que asistió, el autor nunca hablaba, ni se le pidió que lo hiciera. Se sentaba en diferentes lugares en cada reunión, para que no se le pudiera asociar con algún grupo. Siempre se sentaba con algún conocido, para poder entender la "información interna" que se encontraba "detrás" de la discusión. Esta "interpretación subjetiva" se usó más tarde como trampolín para continuar con las entrevistas. Una vez que el entrevistado determinaba cuánto sabía el autor, se sentía menos inhibido para contribuir más de sus propios conocimientos. Hacia el final de su estancia, el autor era señalado como "la persona que sabe más que nosotros".

Al minimizar las posibilidades de suspicacia acerca de sus intenciones en la empresa, al comportarse en forma activa y de participación, el expresar con todo candor sus opiniones, al ofrecer a revisión sus datos sin esconder sus descubrimientos, todo ello contribuyó a establecer la confianza y, con el tiempo, hubo libertad irrestricta para entrevistar en las empresas y permanecer todo el tiempo que deseara. (Como en 1967 comenzó la guerra árabe-israelí, el investigador consideró prudente abandonar Yugoslavia.)

CUESTIONARIO

1. Se presenta aquí un método de análisis de un medio en proceso de adaptación. ¿Cuál le parece la mejor manera de estudiar un medio competitivo? ¿Habrá necesidad de repetir el estudio diez años más tarde? ¿Es necesario el análisis a largo plazo? ¿Cuánto tiempo llevaría analizar la eficiencia de los sistemas capitalista y de planeación centralizada? Si ha de analizarse un nuevo sistema por sus efectos a largo plazo, ¿cuál sería el plazo adecuado?

2. ¿Puede usted extraer de este apéndice una metodología para entrevistar en un medio políticamente hostil?

3. ¿Por qué se le llama "sistema abierto" al método aquí descrito? ¿Cuáles serían otros métodos que nos permitieran lograrlo?

4. ¿Por qué se llama "antropológico" este método? ¿Qué lo distingue de otros métodos que se podrían haber aplicado?

5. Se dice aquí que el sistema yugoslavo de tomar decisiones es muy rígido en sus procedimientos legales y que al mismo tiempo tiene una fuerte similitud de objetivos, tanto en alcance, como en adaptación en la práctica. ¿Le parece esto una paradoja? ¿Cómo se explica?

ORGANIGRAMAS SUGERIDOS

EL Instituto Yugoslavo de Productividad recomienda la presentación de la estructura organizativa de la autogestión en un organigrama, como aparece en la gráfica XIV (no incluye los cuerpos sociopolíticos). Los elementos de un organigrama son:

1. La organización en general, o sea la colectiva.

2. El Consejo de Trabajadores de la compañía.

3. El Comité Directivo de la compañía.

4. Los comités y demás grupos consultivos del Consejo de Trabajadores.

5. Unidades Económicas.

6. Cuerpos directivos de las Unidades Económicas.

7. La Unidad Económica de organización y asuntos económicos. Esta Unidad Económica ofrece servicios y prepara material para la toma de decisiones de los organismos directivos y los cuerpos ejecutivos a nivel de empresa y ofrece servicios de carácter similar a las Unidades Económicas.

8. Organismo directivo, Consejo de la Unidad Económica para Organización y Economía.

9. El Director, el principal organizador de la empresa y el *Collegium.*

10. Jefes de Unidades Económicas, o sea sobrestantes.

11. Interdependencia directa entre las Unidades Económicas y el Consejo de Trabajadores de la empresa.

12. Interdependencia económica y tecnológica entre las Unidades Económicas.

13. Relaciones entre las Unidades Económicas y el Comité Directivo.

14. Relación directa entre el Director, el *Collegium* profesional y la Unidad Económica de Administración con el Comité Directivo en el Consejo de Trabajadores.

15. Relación entre el Director, el *Collegium* y los jefes; es decir los sobrestantes de las Unidades Económicas —y las Unidades Económicas mismas.

XIV - ORGANIGRAMA DE UNA COMPAÑIA
CON UNIDADES ECONOMICAS NO
CONSTITUIDAS EN PLANTAS

FUENTE: Problemi organizacije ekonomskih jedinica i unutrasnje respodele u. proizvodnim preduzecima (Belgrado, Jugoslovenski Zavod za Produktivnost Rada, 1964), p. 110

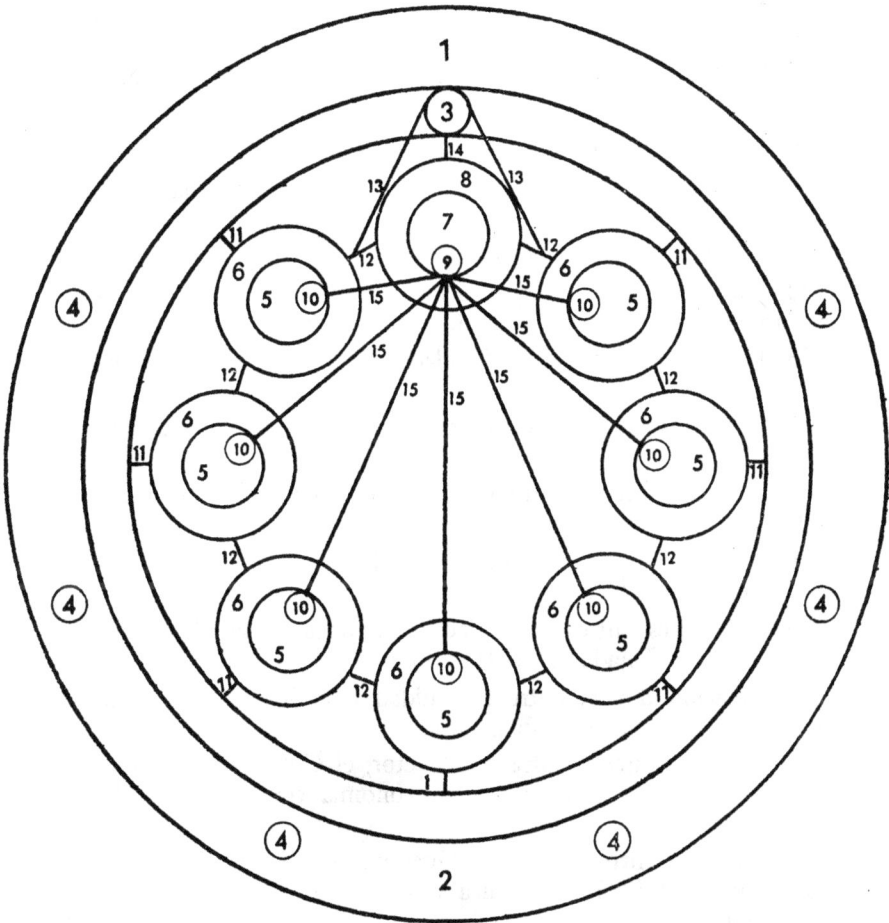

Surge un esquema de organización más sorprendente aun cuando una organización contiene varias plantas y Unidades Económicas independientes. Los elementos de tal organigrama son:

1. La organización general; es decir, la colectiva de trabajo.

2. El Consejo de Trabajadores de la empresa.

3. Comité Ejecutivo.

4. Comités y otros grupos consultores del Consejo de Trabajadores.

5. Planta.

6. Consejo de Trabajadores de la planta.

7. Unidad Económica que no pertenece a ninguna planta.

8. Organismos directivos de la Unidad Económica.

9. Unidad Económica de Economía y Organización.

10. Organismos directivos de la Unidad Económica para economía y organización.

11. El Director y el *Collegium*.

12. Un grupo para la organización y coordinación del trabajo en la planta (el Director de la planta pertenece a este grupo).

13. Los sobrestantes de las Unidades Económicas; es decir, los líderes.

14. Los organismos directivos de la Unidad Económica de una planta.

15. Relación directa entre las Unidades Económicas y el Consejo Central de Trabajadores.

16. Relaciones entre el Consejo de Trabajadores de la planta y el Consejo Central de Trabajadores.

17. Relaciones entre la Unidad Económica de la planta con el Consejo de Trabajadores de la planta.

18. Relación directa entre la Unidad Económica de la planta y el Consejo Central de Trabajadores.

19. Relación directa entre el Director, el *Collegium* y la Unidad Económica para la organización y economía con el Comité Directivo y el Consejo de Trabajadores.

20. Relación entre el Comité Directivo y el Consejo de Trabajadores con la Unidad Económica y las plantas.

21. Relación económica y tecnológica entre las Unidades Económicas y las plantas.

XV - ORGANIGRAMA DE UNA COMPAÑIA
CON UNIDADES ECONOMICAS INDEPENDIENTES
Y UNIDADES ECONOMICAS UNIDAS EN PLANTAS

FUENTE: Problemi organizacije ekonomskih jedinica i unutrasnje raspodele u proizvodnim produzecima (Belgrado: Jugoslovenski Zavod za Produktivnost Rada, 1964), p. 111

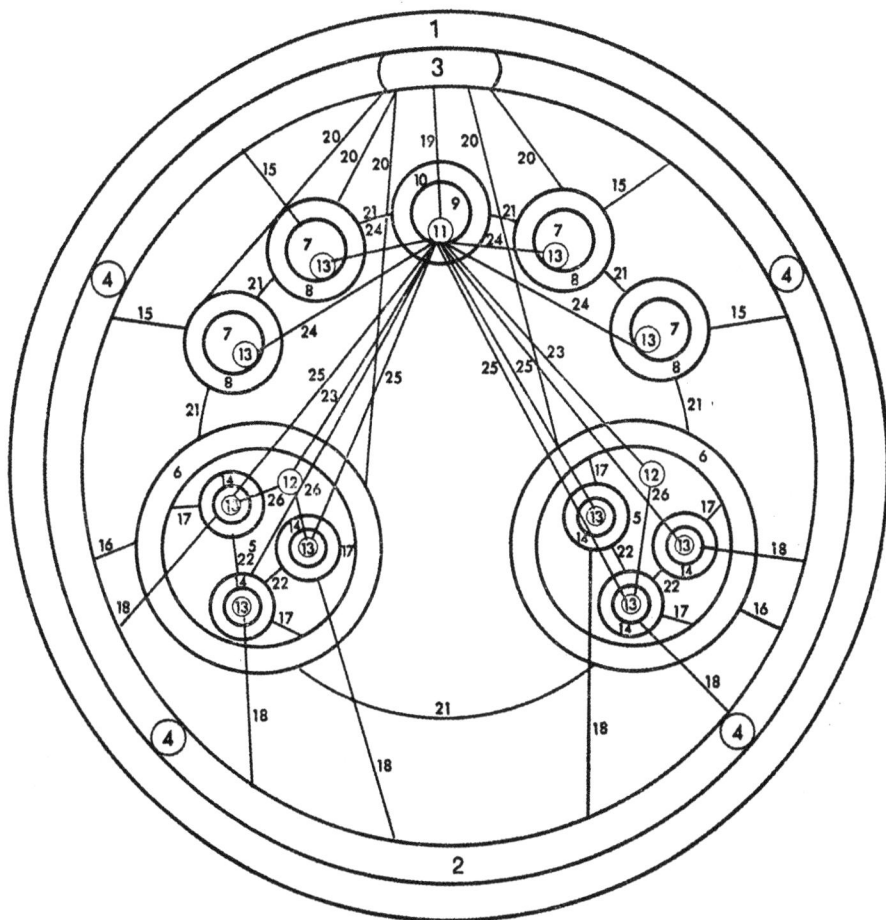

APÉNDICE B

XVI - ORGANIGRAMA DE UNA UNIDAD ECONOMICA

Nota: a partir de estas gráficas, nadie puede decir quién está a cargo de qué. Además, nadie puede identificar a nadie como responsable de algo. La gráfica representa la "totalidad" e igualdad de la compañía yugoslava. FUENTE: Problemi organizacije ekonomskih jedinica i unutrasnje raspodele u proizvodnim preduzecima (Belgrado: Jugoslovenski Zavod za Produktivnost Rada, 1964), p. 112

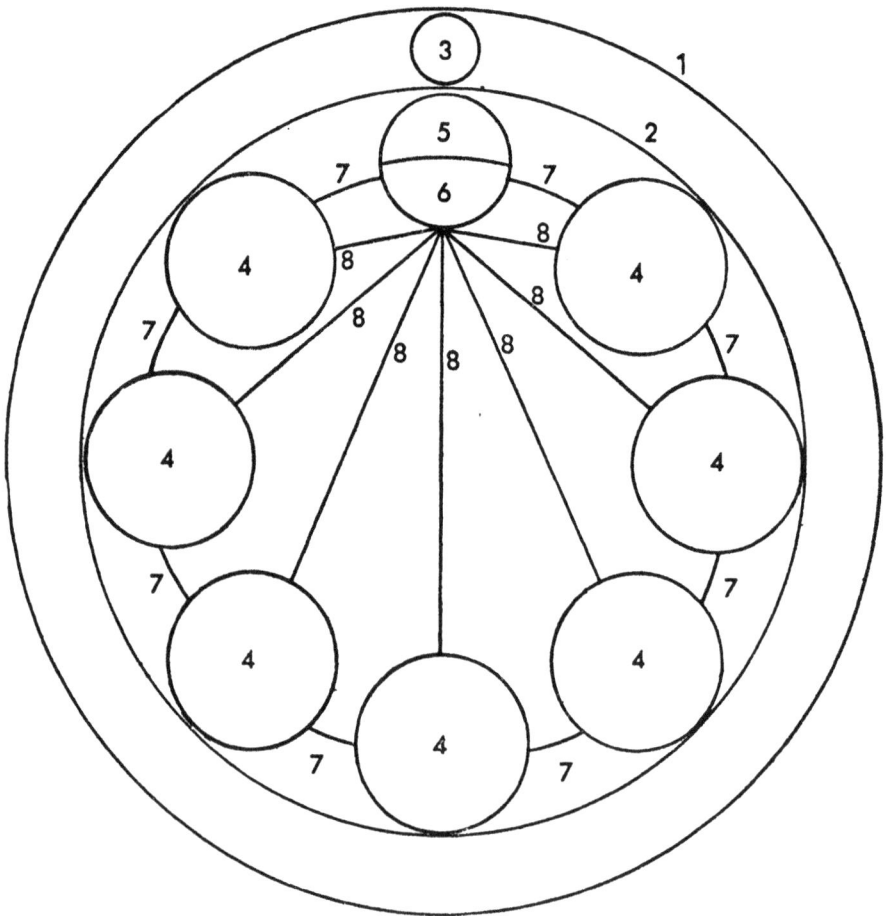

22. Interrelación económica y tecnológica entre las Unidades Económicas de las plantas.

23. Relación entre el Director y el *Collegium* con los líderes, es decir, los Directores de cada planta y la unidad de organización y coordinación de las plantas.

24. Relación entre el Director y el *Collegium* con los líderes de las Unidades Económicas, o sean los sobrestantes de cada Unidad.

25. Relaciones entre el Director y el *Collegium* con los líderes, es decir, los sobrestantes de las Unidades Económicas dentro de cada planta.

26. Relaciones entre los líderes de las plantas y el grupo de Organización y Economía de la planta.

En el organigrama de la entidad organizativa más pequeña, la Unidad Económica tiene los siguientes elementos:

1. Esta línea simboliza las líneas limítrofes que aislan a las Unidades Económicas de otras, caracterizándolas como unidad tecnológica, económica y social.

2. Los organismos directivos de la Unidad Económica. Esto suele ser la asamblea de todos los trabajadores de la Unidad Económica, la Convención.

3. Comité Directivo de la Unidad Económica. Suele ser el Consejo de Trabajadores de la Unidad Económica. Además de este organismo directivo, la Convención de toda la Unidad Económica puede decidir y establecer otros comités y grupos de toma de decisiones en la Unidad Económica.

4. Sitios de trabajo, que pueden ser diferentes tareas o diferentes grupos de trabajadores que realizan ciertos procesos tecnológicos.

5. El grupo responsable de la organización y coordinación de las Unidades Económicas.

6. El líder, es decir el organizador del trabajo en las Unidades Económicas; para ser consistentes con nuestra terminología, lo llamaremos sobrestante.

7. Las interrelaciones tecnológicas y económicas entre los sitios de trabajo y los grupos de trabajo.

8. Relaciones entre el líder, o sea el sobrestante y la Unidad Económica de organización y coordinación con los sitios de trabajo y grupos de trabajo.

ÍNDICE

Primera Parte

INTRODUCCIÓN

Tercera Parte

EL MEDIO Y LA ESTRUCTURA DE ORGANIZACIÓN

Este libro se acabó de imprimir el día 31 de marzo de 1977 en los talleres de Gráfica Panamericana, S. C. L., Parroquia 911, México 12, D. F. Se tiraron 5 000 ejemplares y en su composición se usaron tipos Electra de 14, 10:11, 9:10 y 8:9 puntos.

www.ingramcontent.com/pod-product-compliance
Lightning Source LLC
Chambersburg PA
CBHW060814220326

41598CB00022B/2610